Frédéric Taddeï
Marie-Isabelle Taddeï

d'Art d'Art !

sur une idée originale de
Natalie Boels-Kugel et Tim Newman

chêne

Sommaire

Notes :

Le soulignement de certains noms d'artistes dans les biographies indique qu'une œuvre qu'ils ont réalisée est traitée au sein de l'ouvrage. Lorsque le nom d'un artiste est souligné deux fois, cela indique qu'une de ses œuvres est abordée aussi dans le tome 1 de la collection *d'Art d'Art*.

Toutes les dimensions des œuvres sont à entendre comme suit : hauteur x largeur x profondeur.
Cela permet de comprendre aisément leur sens de lecture.

« L'art doit surgir là où on ne l'attend pas, par surprise. »

Jean Dubuffet

Dans ce temps où tellement d'œuvres semblent conçues et formatées pour le musée, cette vivifiante et nécessaire suggestion de Dubuffet pourrait – tant elle semble coller à « l'esprit » de l'émission – ouvrir très justement cet ouvrage sur *d'Art d'Art*. En espérant qu'un jour, ayant une meilleure place, l'art n'apparaisse plus comme une rare surprise à la télévision.

Ernest Pignon-Ernest

Je n'aime pas les cathédrales, les pyramides,
la tétralogie de Wagner ou les encyclopédies,
enfin, tout ce qui est très grand, très lourd ou très long.
Une de mes devises favorites était même « vite et mal »
acceptant pour l'amour de la rapidité
(dans les commentaires et toutes autres productions)
le mal qu'elle génère immanquablement,
m'avait-« on » dit. Eh bien « on » se trompait
et *d'Art d'Art* l'a très brillamment démontré.

François Morellet

« D'Art d'Art »,
il s'agit de se donner
à l'art chaque jour.

Le style de ces courts portraits aux mots exquis
est concis, précis et affûté comme un dard
aiguillonnant l'amateur qui est en nous ;
c'est un précipité de culture pour tous.

Jean-Michel Othoniel

Sculpture en bas-relief d'un saumon,

25 000 avant J.-C., longueur : 1,08 m, Les Eyzies-de-Tayac, Musée national de la préhistoire.

« Les travaux de découpage du précieux poisson sont arrêtés net. »

Cette *Sculpture en bas-relief d'un saumon* d'un mètre de long est la plus ancienne représentation connue d'un poisson dans le monde. Elle date du paléolithique. Un de nos ancêtres l'a gravée dans la roche il y a vingt-cinq mille ans. Et on a l'impression qu'il a pris soin de l'encadrer. Mais non, ces marques nous rappellent qu'au début du XXe siècle on a tenté de découper le saumon pour le voler. En 1912, un certain Jean Marsan découvre fortuitement cette sculpture magnifique dans l'un des sites préhistoriques du vallon des Gorges d'Enfer, sur la commune des Eyzies-de-Tayac. Et cela fait grand bruit ! Car les fouilles sont alors nombreuses dans le Périgord, une région qui attire beaucoup d'archéologues… et de marchands. Les objets préhistoriques font en effet l'objet d'un commerce fructueux. Dans la nuit du 9 décembre 1912, Denis Peyrony, un préhistorien de la région, entend parler d'une transaction secrète menée par Jean Marsan pour vendre sa découverte. L'acheteur serait un antiquaire spécialisé dans le commerce d'objets préhistoriques, un Allemand nommé Otto Hauser ! Peyrony alerte le sous-secrétaire aux Beaux-Arts et, quarante-huit heures plus tard, le préfet de Dordogne arrive avec les gendarmes. Les travaux de découpage du précieux poisson, qui ont bel et bien commencé, sont arrêtés net. Le mois suivant, « l'abri du poisson » comme on l'appelle désormais, est classé Monument historique et propriété de l'État. De la tentative d'enlèvement ne subsisteront que ces traces de perforation… Quant à Otto Hauser, on sait aujourd'hui qu'il n'y était pour rien. Le commanditaire du rapt était bien allemand, mais ce n'était pas un marchand sans scrupules. C'était le professeur Carl Schuchhardt, le directeur du Musée anthropologique de Berlin en personne. Qu'est-ce qu'on n'aurait pas fait pour s'emparer du plus vieux poisson du monde !

L'art préhistorique prend son ampleur au début du paléolithique supérieur, soit entre 3 millions d'années et 12 000 avant J.-C. L'*Homo sapiens* et peut-être aussi l'homme de Neandertal pratiquent l'art pariétal, c'est-à-dire qu'ils peignent, sculptent ou gravent sur les parois des grottes. Pour graver ou sculpter sur des surfaces argileuses, ils utilisent leurs mains. Et lorsqu'il s'agit de parois plus dures, ils s'aident d'outils en pierre, en silex, en os ou encore en bois, et représentent des figures animales, humaines mais souvent schématiques, ainsi que de nombreux signes. L'interprétation de leur art pariétal reste hypothétique. Il peut s'agir d'une représentation symbolique de la société, de rituels chamaniques, d'une magie de la chasse ou de représentations spécifiques à un lieu et une tribu.

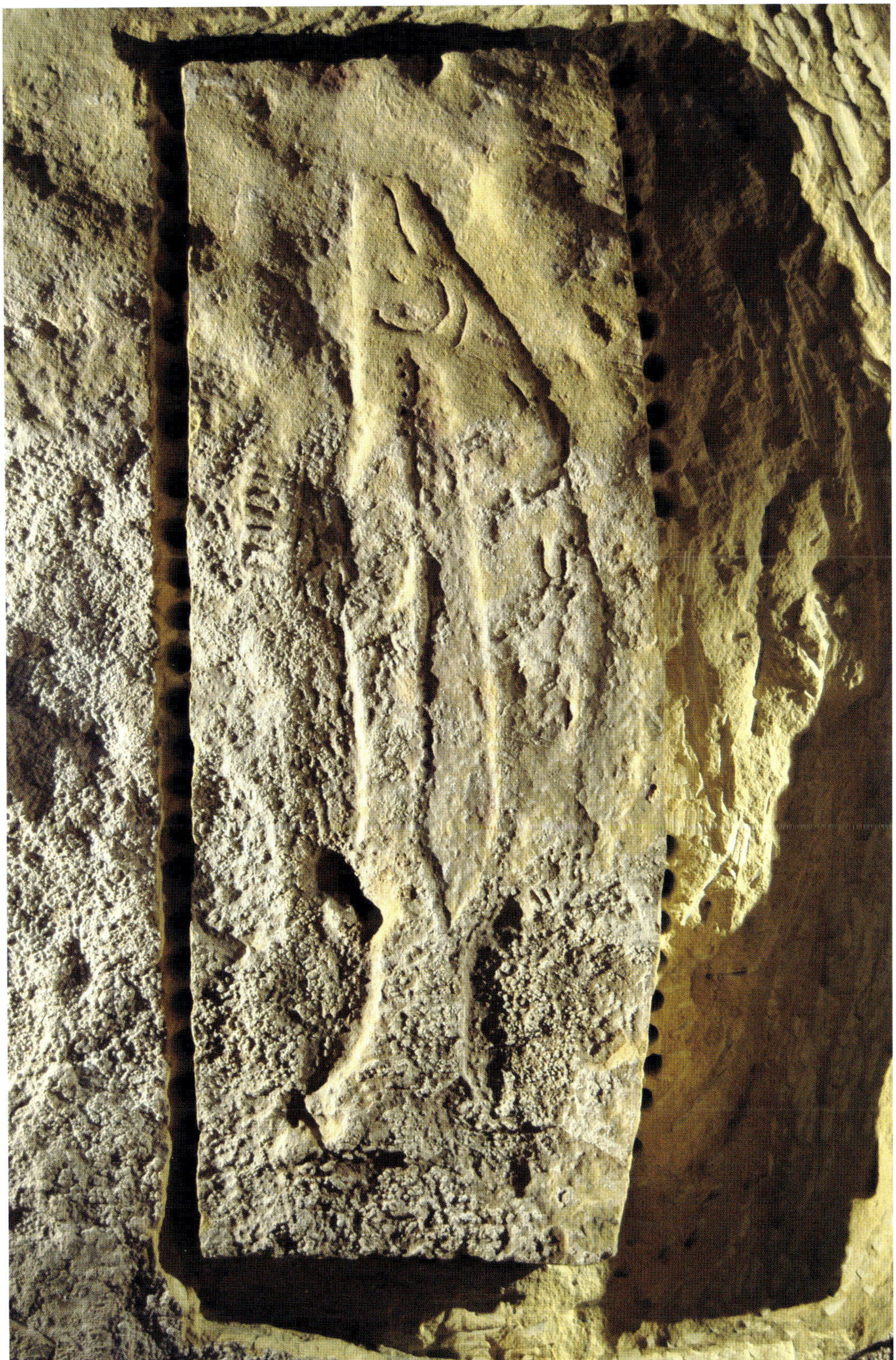

Le Grand Sphinx,

Ancien ou Moyen Empire, datation incertaine : vers 2600 avant J.-C. ou 2033-1710 avant J.-C., provenance : Tanis, au nord-est du delta du Nil, granite rose, 1,83 × 4,80 × 1,54 m, Paris, musée du Louvre.

« Des prises de guerre de Napoléon, il ne reste rien ! »

Sculpté il y a quatre mille ans environ dans un bloc de granite rose de plus de 4 mètres de long, *Le Grand Sphinx* est l'un des fleurons du Louvre. Vous devez penser qu'il fait partie du butin rapporté d'Égypte par Napoléon, comme l'obélisque de la Concorde. Mais pas du tout. Ce sphinx a été acheté par le roi Charles X en 1826. Quant à l'obélisque, il a été offert à la France en 1830. Des prises de guerre de Napoléon, il ne reste rien ! Et cela malgré les efforts de Dominique Vivant Denon ! Parti en Égypte comme graveur-dessinateur aux côtés de Bonaparte, c'est lui qui affirme que « la République française, par sa force, la supériorité de ses lumières et de ses artistes, est le seul pays au monde qui puisse donner un asile inviolable à ces chefs-d'œuvre ». C'est encore lui qui crée, en 1803, le musée Napoléon, futur musée du Louvre. Et c'est lui qui va le remplir, grâce aux nombreuses conquêtes de l'Empire. Mais, en 1815, l'Empire s'effondre et les nations dépouillées exigent la restitution de leurs chefs-d'œuvre. Contraint de détruire l'œuvre de sa vie, Dominique Vivant Denon donne sa démission à Louis XVIII. Et c'est à Jean-François Champollion, le déchiffreur des hiéroglyphes, nommé conservateur en 1826, que l'on doit l'acquisition du *Grand Sphinx* et d'une bonne partie des 55 000 pièces, toutes payées rubis sur l'ongle, qui font du département des antiquités égyptiennes du musée du Louvre l'une des plus importantes collections du monde.

Découvert en 1825 dans les ruines du temple d'Amon-Rê de Tanis, son attribution et sa datation n'ont toujours pas été élucidées. Car les textes d'origine ont été martelés pour être remplacés par des inscriptions plus récentes. On y a gravé, par exemple, les noms des pharaons Merenptah, de la XIXe dynastie, et Checonq Ier, de la XXIIe dynastie, et pourtant aucun d'entre eux ne l'a érigé. D'ailleurs, son visage ne leur ressemble pas, ni à aucun autre portrait de roi connu d'ailleurs. Devant autant de mystères et d'incertitudes, les égyptologues débattent toujours. Certains l'attribuent à la XIIe dynastie, d'autres optent pour la VIe, quant aux derniers, ils penchent pour la IVe…

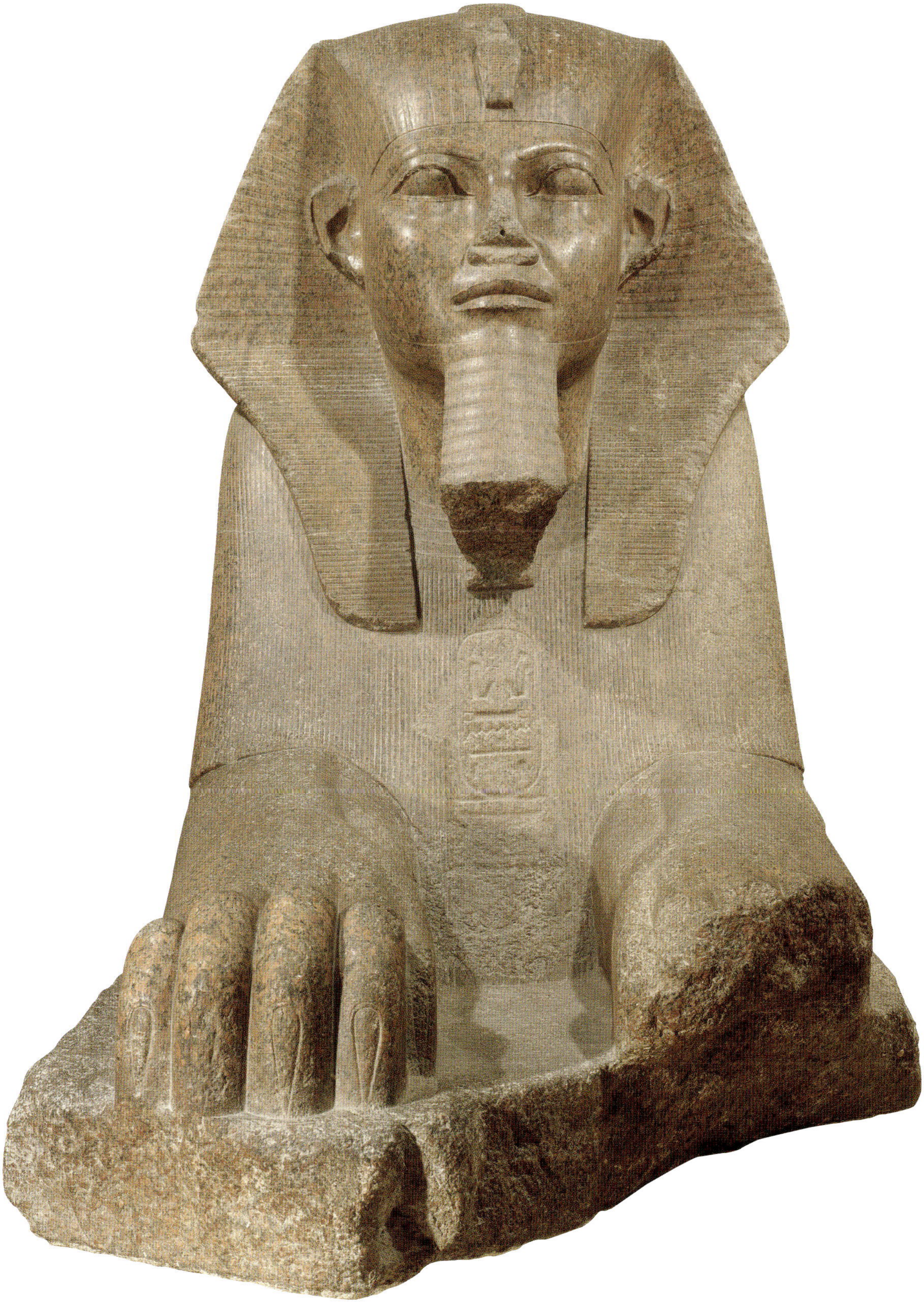

Stèle du code de Hammurabi,

1792-1750 avant J.-C., civilisation babylonienne, Iran, Suse, basalte, 0,65 x 2,25 m, Paris, musée du Louvre.

« Il édicta un code resté célèbre. »

Cette stèle de 2,25 mètres de haut, taillée dans un bloc de basalte, est le symbole de la naissance de l'État de droit. Y figure en effet l'une des plus anciennes lois écrites de la planète : le code de Hammurabi, gravé en caractères cunéiformes à Babylone, l'ancêtre de Bagdad, vers 1750 avant J.-C., au temps du roi Hammurabi, représenté ici devant Shamash, le dieu mésopotamien du Soleil et de la Justice. En 1750 avant J.-C., Rome n'existait pas encore, les Celtes commençaient à peine à peupler l'ouest de l'Europe, le Moyen-Orient était le centre du monde. C'est là qu'étaient apparues les villes, l'agriculture, l'écriture… Au XVIIIe siècle avant J.-C., Babylone était à son apogée avec, à sa tête, Hammurabi, qui, le premier, venait de conquérir l'ensemble de la Mésopotamie, l'Irak actuelle. Souverain éclairé, grand législateur, il fut le premier à vouloir homogénéiser le droit dans toutes les régions qu'il avait conquises. Il édicta donc un code resté célèbre, composé de 282 articles fixant les règles de la vie courante, la hiérarchisation de la société, la protection sociale, les prix, les salaires, le fonctionnement de la justice et, bien entendu, les peines encourues. Et, pour que nul ne puisse ignorer la loi, il fit graver son code sur des stèles, qu'il installa sur les places publiques, à travers tout l'empire. Celle-ci est la seule qui reste. Elle a été découverte en 1901, à Suse, en Iran. Elle est au musée du Louvre.

Hammurabi, Hammourabi Hammu-rapi ou Khammurabi, fils de Sin-Muballit, est le sixième roi de Babylone. En 1792 avant J.-C., il débute son règne, au cours duquel il achève la conquête de Sumer et d'Akkad, puis anéantit la dernière dynastie sumérienne des Isin. Devenu le premier roi de l'empire babylonien, il fait adopter une langue unique, l'akkadien, une seule religion et une seule loi, le code de Hammurabi. Il développe ainsi une culture commune dans tout son empire et la fait respecter jusqu'à sa mort en 1750 avant J.-C. Et même au-delà, puisque son code restera en vigueur près de mille cinq cents ans.

Taureau ailé à tête humaine,

vers 706 avant J.-C., copie en albâtre gypseux, 4,20 × 4,36 × 0,97 m, Paris, musée du Louvre.

« Cette cinquième patte en dit long sur la civilisation assyrienne. »

Ce *Taureau ailé à tête humaine* a été découvert en 1843 dans le village de Khorsabad, au nord de l'Irak, par le consul de France Paul-Émile Botta et confié au Louvre trois ans plus tard, où l'on se presse depuis pour l'admirer. D'abord parce qu'il compte parmi les rares vestiges assyriens, mais aussi parce qu'il a cinq pattes au lieu de quatre. Et cette cinquième patte en dit long sur une civilisation assyrienne que l'on a rangée peut-être un peu vite dans la catégorie des empires barbares et cruels. Cruel, quel pays ne l'était pas à l'époque ? Pour dominer le Moyen-Orient comme l'ont si longtemps fait les Assyriens, en particulier sous le règne de Sargon II, de 722 à 705 avant J.-C., il fallait forcément se montrer impitoyable, mais il fallait être aussi de fins stratèges, ce qui nécessite beaucoup d'intelligence et d'éducation. Et cette intelligence, cette éducation, c'est cette cinquième patte qui en est la preuve. En effet, en 706, Sargon fait sculpter des « lamassou », des génies protecteurs, à chaque entrée de son tout nouveau palais dans sa toute nouvelle capitale de Khorsabad : ce sont ces taureaux ailés monumentaux, de 4 mètres de long sur 4 mètres de haut, dotés d'une tête humaine et d'une cinquième patte. Pourquoi une cinquième patte ? Pour simuler le mouvement ! Regardez ce « lamassou » de face, il est au repos. Regardez-le de côté : il avance. Pour parvenir à ce prodige, il fallait une cinquième patte et les Assyriens l'ont faite. Alors, on pourra dire ce qu'on veut, des « sauvages » n'auraient jamais eu une idée artistique aussi géniale. En Europe, à la même époque, on n'était pas moins cruel, et on se contentait de façonner des amphores...

Les sculpteurs assyriens sont tout d'abord sous l'influence de l'art babylonien. Mais ils affirment leur style à partir du XIIIe siècle avant J.-C. sous l'influence des grandes conquêtes de leurs souverains. Et au siècle suivant, pendant le règne de Tukulti-Ninurta Ier, ils développent la sculpture monumentale et la frise narrative. Ils décorent alors les palais de bas-reliefs, sculptés dans l'albâtre gypseux de la haute vallée du Tigre, qui évoquent les chasses et les batailles de leurs souverains ou de gigantesques animaux mythologiques censés protéger les portes des palais.

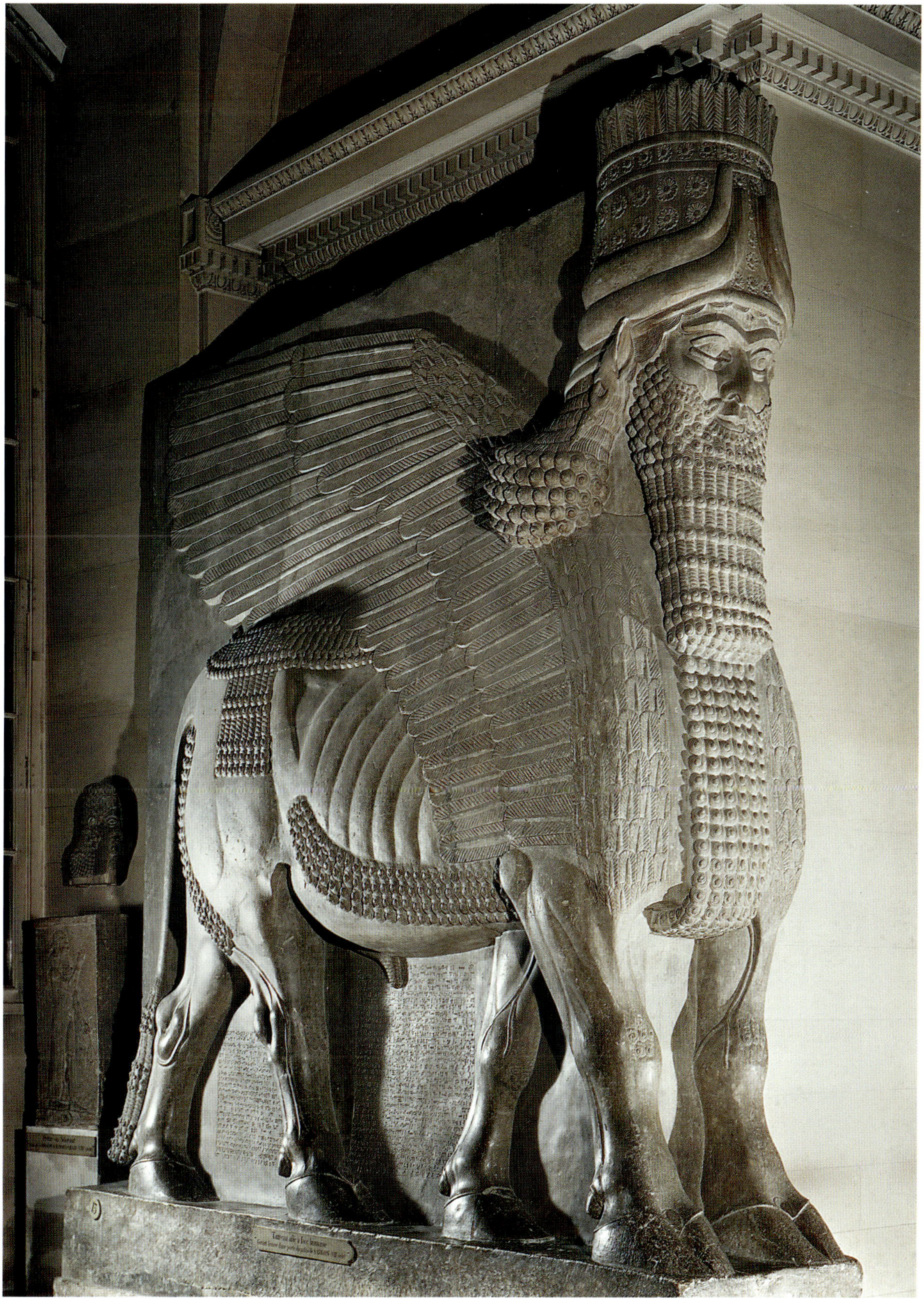

Torse féminin copiant l'*Aphrodite de Cnide*,

copie romaine d'un original attribué à Praxitèle et exécuté vers 350 av. J.-C., œuvre d'époque romaine impériale (IIe siècle), marbre de Paros, hauteur : 1,22 m, Paris, musée du Louvre.

« choqués par cette nudité offerte à tous les regards, ils choisirent la version habillée. »

Voici l'œuvre considérée comme le premier nu de l'histoire de l'art occidental : l'*Aphrodite de Cnide* exécutée vers 350 avant J.-C. par Praxitèle. Et si c'est l'une des plus célèbres œuvres de l'Antiquité, si elle a été copiée des centaines de fois, comme ici par un sculpteur romain du IIe siècle après J.-C., si elle a inspiré des milliers d'artistes, elle a failli ne jamais voir le jour. Beaucoup trop suggestive ! À l'origine, Praxitèle réalisa deux statues représentant Aphrodite avant ses ablutions rituelles. La première, selon la tradition antique, encore vêtue et dont on devinait le corps sous le drapé. Et l'autre entièrement nue, couvrant son sexe de la main droite, et tenant une draperie de la main gauche – détails malheureusement absents sur cette copie puisqu'il ne nous reste que son torse. La posture en revanche, ô combien sensuelle, accentuée par l'arrondi de la hanche, le rapprochement des cuisses et la cambrure des reins, est bien là. Elle n'a pas échappé à l'artiste qui l'a reproduite... Pas plus qu'elle n'échappa aux citoyens de Cos, à qui Praxitèle présenta ses *Aphrodite* et qui, choqués par cette nudité offerte à tous les regards, choisirent la version habillée. Leur refus a peut-être été également influencé par la mauvaise réputation de celle qui avait servi de modèle à Aphrodite, Phryné, la maîtresse de Praxitèle, une célèbre courtisane aux mœurs dissolues. Heureusement pour Praxitèle, et pour nous, les habitants de Cnide, moins puritains que leurs voisins, s'empressèrent d'acquérir la version nue. Et l'*Aphrodite de Cnide*, à la nudité révolutionnaire, devint le prototype de la statuaire antique pour les vingt-cinq siècles à venir.

Praxitèle
vers 400 avant J.-C. - vers 326 avant J.-C.

Sculpteur grec, il se forme dans l'atelier du sculpteur Céphisodote que certains tiennent pour son père, ou du moins pour son beau-père. On suppose qu'il vit à Athènes grâce à une inscription où il se proclame citoyen athénien. Il connaît succès, gloire et fortune de son vivant, et atteint son apogée artistique lors de la 104e olympiade entre 364 et 361 avant J.-C. Les Romains sont les premiers à lui vouer un véritable culte. Et même s'il est difficile aujourd'hui de discerner les originaux des copies ou des pastiches de ses œuvres, il est de tout temps le sculpteur antique le plus admiré et le plus copié.

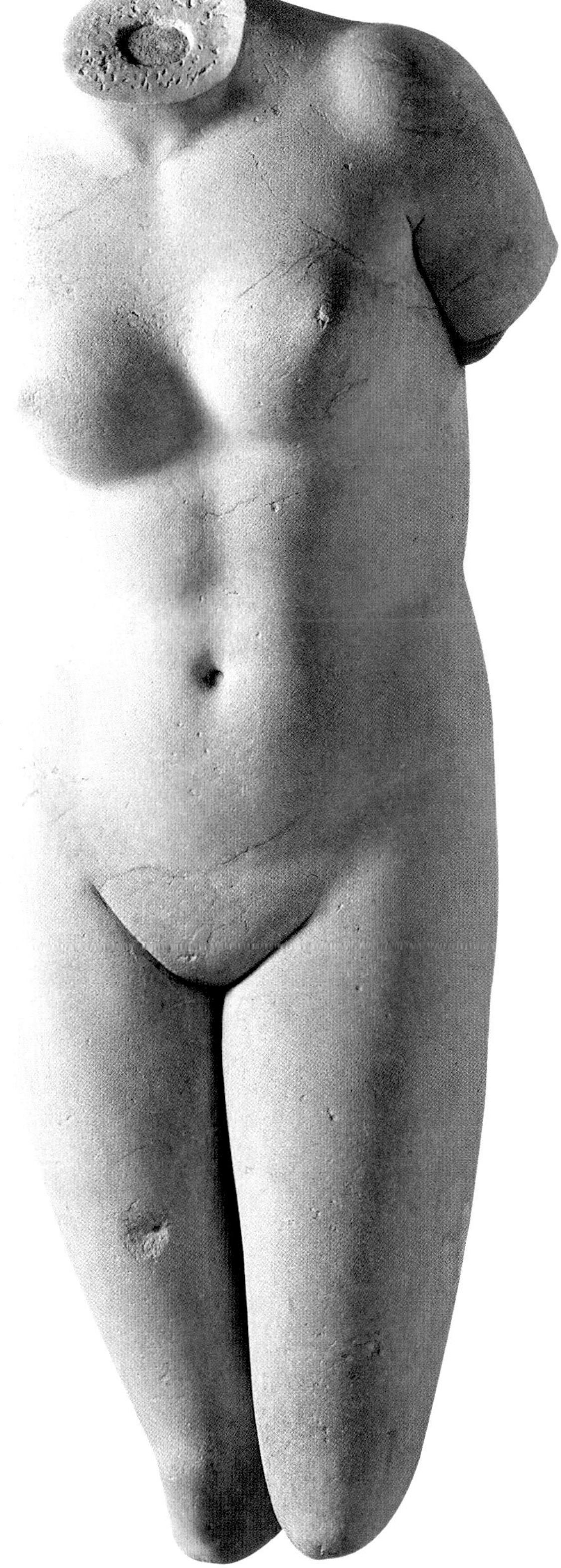

Victoire de Samothrace,

vers 190 avant J.-C., île de Samothrace, Grèce, marbre gris de Lartos pour le bateau, marbre blanc de Paros pour la statue, hauteur : 3,28 m, Paris, musée du Louvre.

« Zut, il manque la tête et les bras. »

Sculptée environ 200 ans avant J.-C., la *Victoire de Samothrace* est l'une des statues grecques les plus célèbres au monde, mais c'est au compte-gouttes que ses secrets nous ont été révélés. Tout a commencé en 1863, à Samothrace. C'est là que Charles Champoiseau, vice-consul de France à Andrinople, exhume les premiers morceaux : jambes, torse, zut, il manque la tête et les bras. Néanmoins, ces ailes déployées sur un buste féminin permettent au Français de l'identifier sans hésitation : c'est Niké, la déesse de la Victoire. Douze ans plus tard, une mission archéologique autrichienne fouille de nouveau le site et découvre de gros blocs de marbre gris ressemblant à la proue d'un navire. C'est le socle de la *Victoire*. Regardez la position avancée de sa jambe droite, c'est pour maintenir son équilibre face aux caprices de la mer, et le rendu du drapé qui épouse sensuellement ses formes, ce sont les effets du vent ! Le socle rejoint donc les autres morceaux au Louvre, où elle est rétablie dans sa forme originale en 1884. Mais ce n'est pas fini. En 1950, c'est la découverte de sa main droite, qui permet de lever un autre mystère. Celle-ci étant largement ouverte, on sait désormais qu'elle ne tenait rien dans la main, qu'elle ne soufflait donc pas dans une trompette comme certains l'avaient imaginé. Ou alors, elle était gauchère et ça, après tout, nous n'en savons rien. Enfin, tant qu'on n'a pas retrouvé son autre main…

Son attribution n'a jamais été élucidée. Pour certains, elle célèbre la victoire de Démétrios Poliorcète à Salamine en 308 avant J.-C., et elle aurait été sculptée à cette époque à Samothrace. Mais après la découverte de son socle en marbre de Lindos, une cité de Rhodes, d'autres ont conclu à une victoire rhodienne de la fin du IIIe siècle ou du début du IIe siècle avant J.-C. Et ils ont supposé qu'elle pouvait être l'œuvre du sculpteur Pythocritos. Car Champoiseau avait découvert un fragment en marbre sur le même site portant la signature « Σ ΡΟΔΙΟΣ / …S RHODIOS », ce qui pourrait correspondre à « Pythocritos de Rhodes ». Enfin, certains lui ont vu une ressemblance avec des personnages de la frise du *Grand Autel* de Pergame, chef-d'œuvre de l'époque hellénistique érigé au IIe siècle avant J.-C…

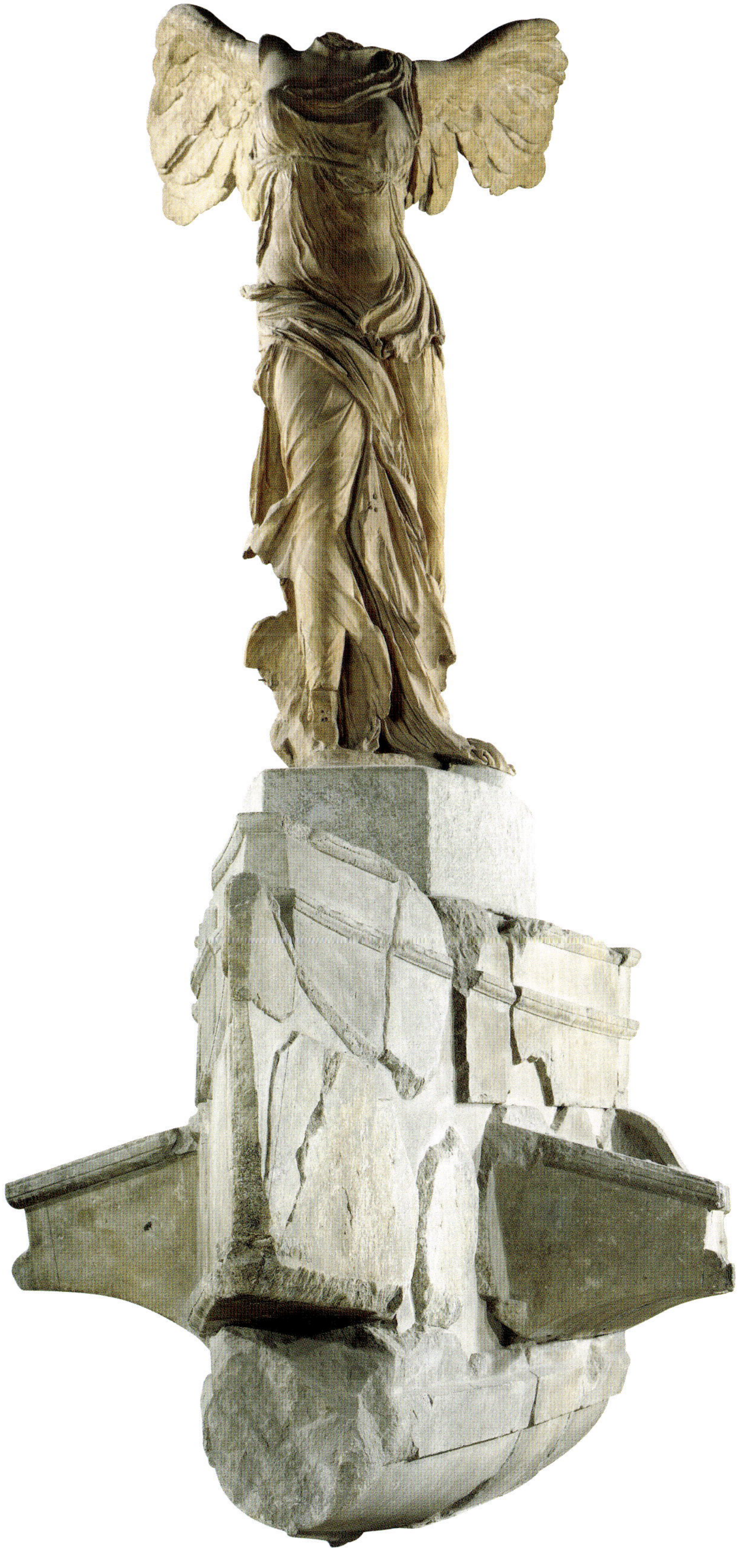

Fragment de peinture murale : Dieu Fleuve et deux nymphes

vers 70-79, Pompéi (Italie), Maison des Vestales, peinture murale, mortier, 1,78 × 0,92 m, Paris, musée du Louvre.

« C'est cette ville prospère qu'ils auraient mis sous globe. »

Cette peinture murale représentant le dieu Fleuve et deux nymphes a beau avoir deux mille ans, elle est en parfait état. Pas le moindre signe d'érosion, ni le plus petit éclat. Et ce grâce à la plus célèbre catastrophe naturelle de l'Antiquité ! Car c'est à Pompéi que cette peinture a été découverte, intacte, en 1785. Pompéi que les Romains surnommaient la terre des dieux parce qu'elle était bâtie à proximité de la mer et d'une route traversant l'Italie – ce qui favorisait les échanges commerciaux – et qu'elle se trouvait au pied du Vésuve, un volcan éteint depuis des siècles dont les anciennes retombées de lave favorisaient la fertilité de la terre. Et voyez comme le hasard fait bien les choses… Si les dieux avaient nourri le projet insensé de garder pour l'éternité le souvenir d'une cité romaine au temps de sa splendeur, c'est Pompéi, cette ville prospère de 12 000 habitants qu'ils auraient mis sous globe, avec ses villas richissimes et ses inestimables trésors artistiques… Or, c'est exactement ce qui s'est passé le 24 août 79. Ce jour-là, le Vésuve s'est réveillé. Une éruption de force 5 a déversé sur la ville des tonnes de cendres et de lave. En quelques heures, Pompéi fut engloutie avec ses habitants sous plusieurs mètres de matériaux volcaniques. Mais en 1763, on redécouvrit Pompéi et – miracle ! – la cité avait été parfaitement conservée. La lave et les cendres avaient brûlé les tissus vivants, mais elles s'étaient ensuite déposées pour créer une gaine protectrice. Et voilà comment le dieu Fleuve et ses deux nymphes ont franchi deux millénaires et s'offrent aujourd'hui à notre admiration comme un vivant témoignage de l'extraordinaire civilisation romaine.

Les peintres de fresques du IVe style, ou style fantastique, entre 45 et 90, font un retour à la perspective architecturale et à l'illusionnisme. Ils préservent le goût ornemental caractéristique des deux styles précédents, les décors exubérants, les dorures et les reliefs en stuc. Mais leurs couleurs plus nettes développent les oppositions chromatiques. Et ils représentent des thèmes mythologiques ou naturalistes, des natures mortes, des portraits ou encore des scènes de la vie quotidienne. Et transforment les maisons pompéiennes en véritable musée imaginaire.

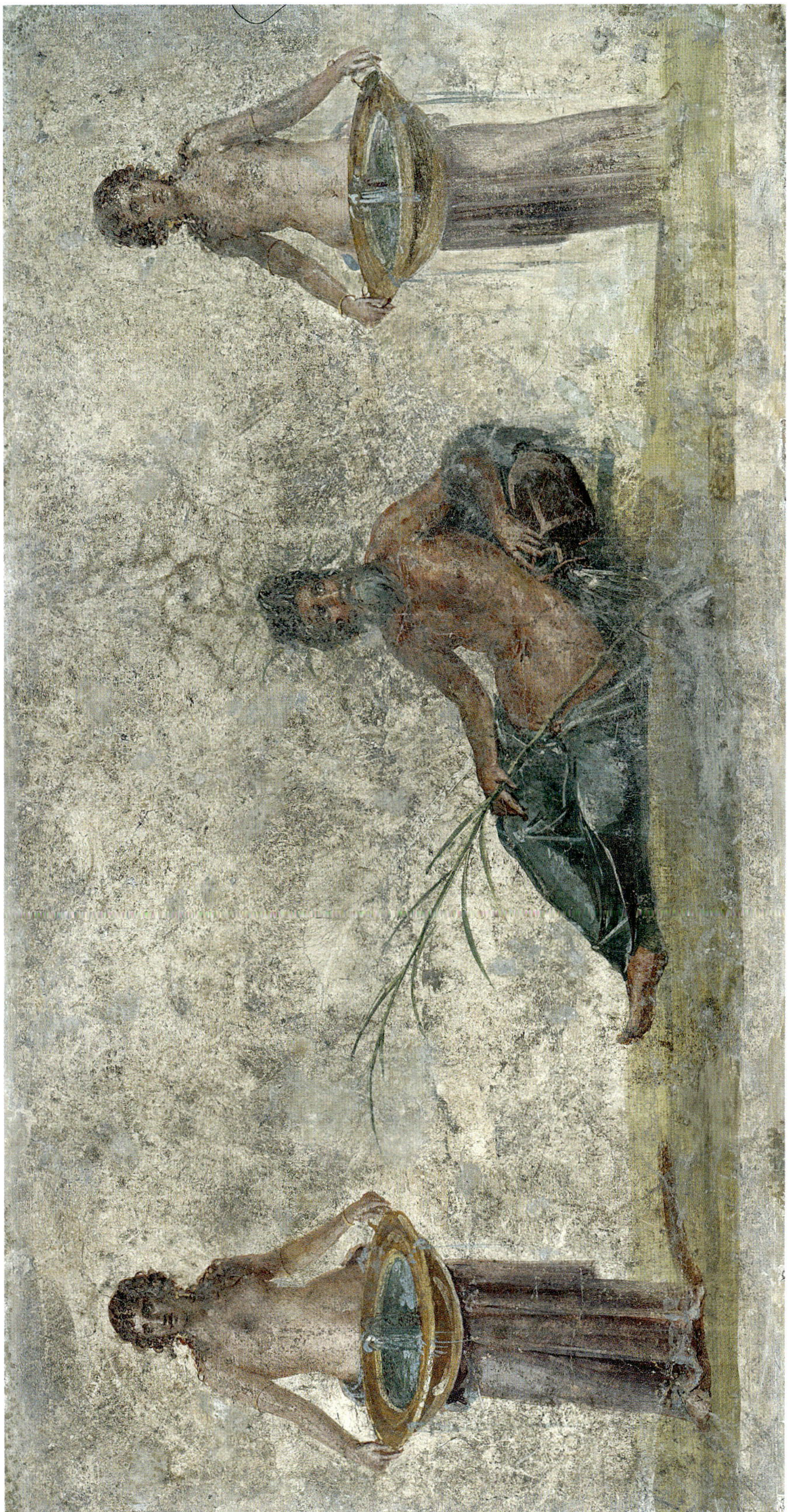

Hermaphrodite endormi,

œuvre romaine d'époque impériale, IIe siècle, *Gian Lorenzo Bernini (dit le Bernin ou Cavaliere Bernini)* 1619, marbre, 1,69 × 0,89 m, Paris, musée du Louvre.

« Enfin, je ne devrais pas dire "la jeune femme". »

Comme elle est sensuelle, cette belle endormie ! Et quelle cambrure ! Quelle chute de reins ! Peu importe que ce chef-d'œuvre de l'art romain du IIe siècle après J.-C. soit, comme c'est probable, une copie d'un original grec sculpté quatre cents ans plus tôt, c'est un si beau marbre qu'en 1619 son propriétaire, le cardinal Scipion Borghèse, demanda au plus grand sculpteur italien de son époque, le Bernin, de réaliser le matelas sur lequel repose la jeune femme. Enfin, je ne devrais pas dire « la jeune femme ». Car, regardez bien, elle a un sexe d'homme ! Eh oui, des seins de femme et un sexe d'homme, car il s'agit de *Hermaphrodite endormi*. Vous connaissez l'histoire de Hermaphrodite ? Fils d'Hermès et d'Aphrodite, il repoussa les tentatives de séduction de la nymphe Salmacis. Celle-ci obtint alors de Poséidon que son corps et celui de son bien-aimé soient réunis pour toujours. Et le résultat, vous l'avez sous les yeux : un être bisexué, à la fois mâle et femelle, dont l'ambiguïté est magnifiée par le contraste – et la proximité – entre la grâce féminine et la virilité masculine ! Du reste, le mythe d'Hermaphrodite fascinait les Romains, on en a trouvé plusieurs représentations à Pompéi, et continua d'inspirer les artistes, que ce soit Balzac ou Lautréamont. Le chevalier d'Éon, le célèbre espion de Louis XV, qui a réellement existé, fut soupçonné d'être hermaphrodite. De nos jours, ce sont plutôt les sportives, que ce soit la championne du monde de ski Erika Schinegger ou, plus récemment, l'athlète sud-africaine Caster Semenya. En France, la médecine dénombre environ cinq cents cas de vrais hermaphrodites, avec à la fois un pénis, une prostate, un vagin et un utérus…

Grâce au développement du commerce maritime et à l'immigration de populations grecques vers le sud de la péninsule italienne aux VIIIe et VIIe siècles avant J.-C., les sculpteurs romains découvrent l'art helléniste grec. Ils s'inspirent alors des modèles grecs qui idéalisent la beauté et la virilité, et magnifient les corps athlétiques à travers les nus. Et sur lesquels sont réduits au strict minimum les détails ou les traits caractéristiques permettant de personnaliser les statues. Et sculptent à leur tour des dieux et héros mythiques représentés dans leur plus simple appareil.

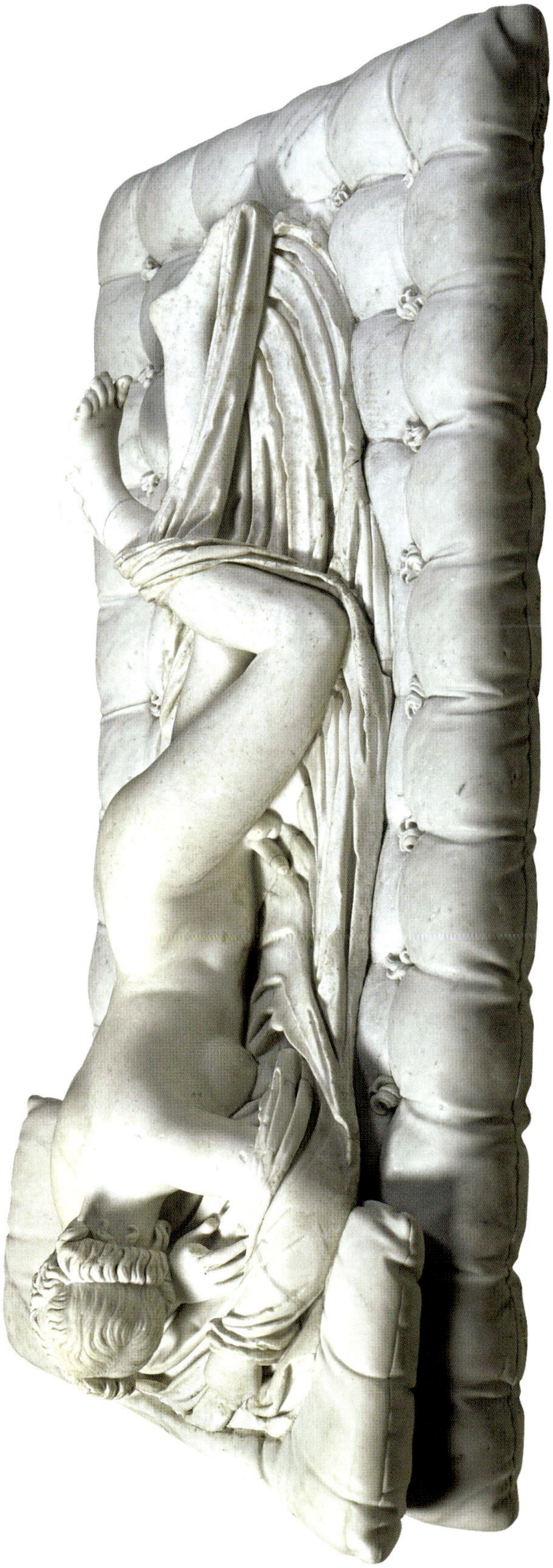

Couronne votive,

VIIe siècle, or, pierres précieuses, perles, cristaux de roche et verroteries, hauteur totale : 67,3 cm, diamètre : 16,8 cm, Paris, musée de Cluny.

« Les Wisigoths ont juste le temps d'enterrer leur trésor dans le cimetière de Guarrazar. »

Cette pièce d'orfèvrerie wisigothique du VIIe siècle, composée d'or et de pierres précieuses, est une couronne votive, c'est-à-dire offerte à une église par un souverain, ou un seigneur, en signe d'adoption de la religion chrétienne. Mais c'est surtout l'un des plus grands témoignages de l'art de ceux que l'on considérait comme des barbares. Le plus amusant, cependant, c'est l'histoire de cette couronne. Au Ve siècle, les Wisigoths envahissent l'Espagne et installent leur capitale à Tolède. Durant leur règne, ils font réaliser par leurs orfèvres des couronnes votives qu'ils offrent aux églises locales. Mais, en 711, c'est au tour des Arabes d'envahir l'Espagne. Et les Wisigoths, avant de décamper, ont juste le temps d'enterrer leur trésor dans le cimetière de Guarrazar à Guadamur, non loin de leur capitale. Et c'est là que cette couronne va demeurer pendant plus de mille ans. Soudain, le 24 août 1858, des pluies diluviennes s'abattent sur la région. Des paysans découvrent dans un verger de Guarrazar des croix en or que l'eau a fait remonter à la surface. Ils s'empressent de les revendre. Heureusement, un officier français à la retraite, Adolphe Herouart, propriétaire d'une parcelle du verger, entreprend des fouilles. Et voilà le trésor des Wisigoths qui sort de terre : vingt-six couronnes votives, dont celle-ci, et les couronnes des rois Swinthila et Receswinthe, et des dizaines de croix en or. Une partie a été achetée par l'État français, comme celle-ci. Celle du roi Swinthila n'a pas eu autant de chance. Achetée par la reine d'Espagne, Isabelle II, et déposée à l'Arsenal royal de Madrid, elle a été volée en 1921. On ne l'a jamais revue…

Les orfèvres wisigoths exercent principalement à Tolède. Jusqu'à la fin du VIe siècle, ils produisent essentiellement des bijoux, des parures de vêtements, des fibules et des boucles de ceintures. Mais à partir du IIIe concile de Tolède en 589, lorsque le roi Recarède abandonne l'arianisme et se convertit officiellement au catholicisme, ils intègrent à leurs créations les symboles du christianisme et les influences byzantines. Et leur production s'enrichit notamment des couronnes votives, fleurons de l'art wisigoth.

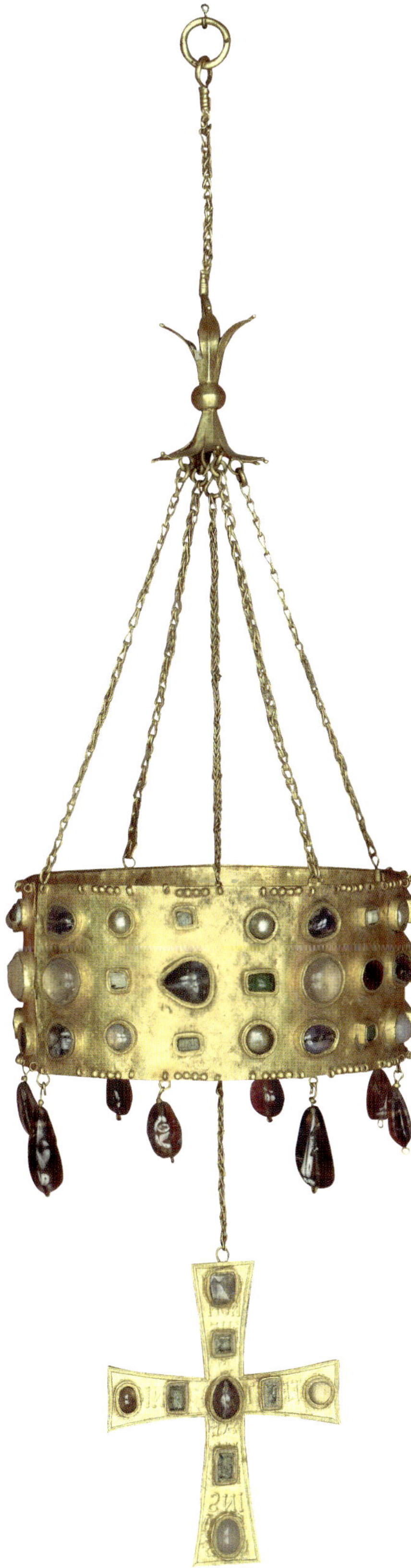

Statuette équestre, Charlemagne ou Charles le Chauve,

cheval : Bas-Empire ou IXe siècle, restauré au XVIIIe siècle ; cavalier : IXe siècle, bronze autrefois doré, hauteur du cavalier : 19,5 cm, hauteur du cheval : 21 cm, Paris, musée du Louvre.

« La statuette serait donc un portrait d'un empereur carolingien en nouveau César. »

Cette statuette équestre représente Charlemagne dans de nombreux manuels d'histoire. Seulement, on ignore si c'est Charlemagne ou son petit-fils, Charles le Chauve. Tout ce que nous savons, c'est que ce bronze se compose de trois parties, fondues chacune dans des alliages de métaux différents, que le cheval a été retouché pour s'adapter au cavalier et que la selle couvre en partie les rênes. Le cheval a toutes les caractéristiques des chevaux du Bas-Empire romain. Certains spécialistes en concluent qu'il date du Bas-Empire et qu'on l'a récupéré au IXe siècle pour le glisser sous notre mystérieux cavalier carolingien, d'où les retouches. Mais d'autres spécialistes n'y voient qu'une inspiration. La statuette ressemble en effet à celle de l'empereur Marc-Aurèle à Rome. Sauf qu'au IXe siècle, on croyait que c'était Constantin, le premier empereur romain à s'être converti au christianisme. La statuette serait donc un portrait d'un empereur carolingien en nouveau César, écrasant à son tour le paganisme. Charlemagne à coup sûr, couronné empereur en l'an 800 et dont l'effigie, sur les pièces de monnaie, ressemble énormément à la tête du cavalier. Sauf que Charles le Chauve ressemblait trait pour trait à son grand-père si l'on en croit les enluminures, lui aussi fut empereur et lui aussi entendait écraser le paganisme ; on l'a d'ailleurs surnommé « le Chauve » parce que le jour de sa consécration par le pape il s'est rasé le crâne en signe de soumission à l'Église, alors que la coutume franque voulait qu'un roi porte les cheveux longs... Impossible donc de trancher pour l'un ou l'autre. À défaut, nous nous contenterons d'admirer ce rare témoignage de l'art du bronze carolingien...

Les sculpteurs carolingiens travaillent le bronze sous l'impulsion de Charlemagne qui cherche ainsi à renouer avec une des techniques qui fit la renommée de l'art romain. Ils exécutent donc de nombreuses œuvres en bronze qui ont malheureusement disparu pour la plupart, fondues en raison de la valeur marchande du précieux métal, ou transformées en balles et boulets de canon à la Révolution...

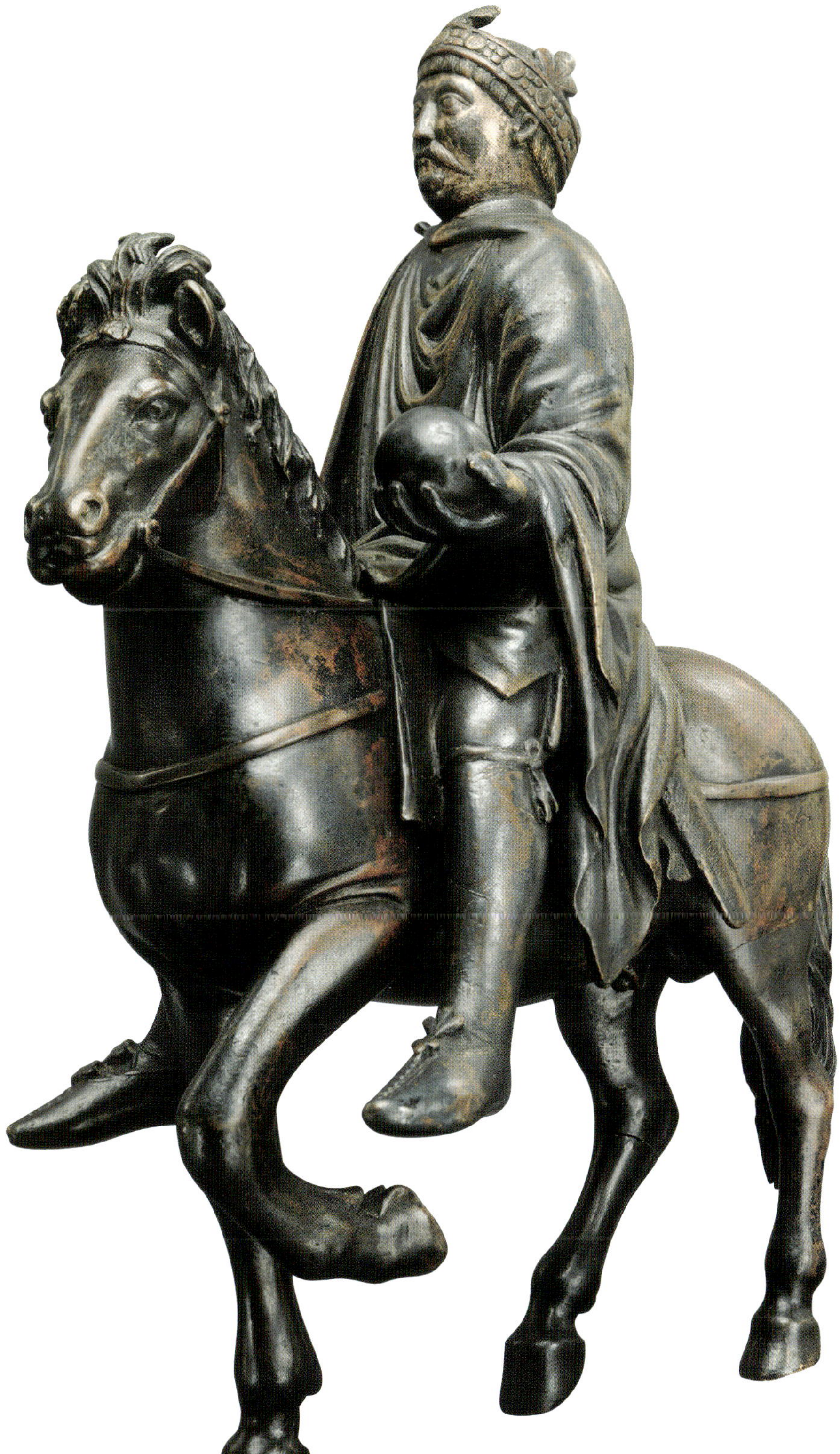

Encensoir aux Hébreux dans la fournaise,

vers 1160, laiton fondu, ciselé et doré, 16 × 10,4 cm, Lille, palais des Beaux-Arts.

« Le roi menaça de les faire jeter dans une fournaise. »

L'*Encensoir aux Hébreux dans la fournaise*, exécuté vers 1160 par un dinandier de la vallée de la Meuse, servait à brûler de l'encens lors des cérémonies religieuses. Mais contrairement à ce que l'on pourrait croire, il s'agit d'un encensoir chrétien et non juif. Car, au VIe siècle, l'Église, d'abord réfractaire à cette pratique païenne, admit l'encens dans sa liturgie. La fumée parfumée symbolisait la prière, la purification et la montée aux cieux. D'abord basiques, munis d'un manche et dépourvus de couvercle, les encensoirs devinrent des objets fermés, suspendus à des chaînettes. Celui-ci est composé de deux coupes hémisphériques, ajourées, d'où la fumée peut s'échapper. La fonction des encensoirs étant d'encenser, on grava des personnages à la surface : Jésus, la Vierge, des anges, des martyrs... D'où la présence sur le nôtre de Hananiah, Michaël et Azariah, les trois jeunes martyrs hébreux enlevés par Nabuchodonosor, le roi de Babylone. Nabuchodonosor les trouvant intelligents, il leur donna donc une charge à la Cour. Mais le jour où il fit élever une statue d'or que toute la population devait adorer, ils refusèrent de renier leur foi et de se prosterner devant l'idole. Le roi menaça de les faire jeter dans une fournaise, mais ils persistèrent : « Notre Dieu nous délivrera », disaient-ils. Et, en effet, tous trois survécurent. Nabuchodonosor les vit attendre au milieu des flammes, protégés par un ange. Celui que l'on voit ici, trônant au sommet de l'encensoir. Le plus étrange, toutefois, c'est que les chrétiens du Moyen Âge avaient beau célébrer ce miracle, cela ne les empêchait pas d'envoyer au bûcher des juifs qui refusaient de renier leur foi...

Les dinandiers tirent leur nom de la ville de Dinant dans la vallée de la Meuse en Belgique, où dès le XIe siècle ils développent l'art de la dinanderie. S'inspirant d'un procédé de l'art islamique pour l'exécution d'ouvrages en cuivre repoussé et orné d'incrustations, ils réalisent des pièces d'une seule feuille de métal plat, préalablement chauffé, qu'ils referment sur elle-même en la martelant avec un maillet en buis avant de la décorer. Et créent ainsi divers récipients utilitaires tels que des chaudrons, des bassines ou des pichets. Mais ils développent rapidement une production d'objets liturgiques, châsses, reliquaires, croix, encensoirs en cuivre, laiton ou bronze d'une qualité exceptionnelle qui font leur renommée. Ils exportent même leurs œuvres jusqu'en Angleterre.

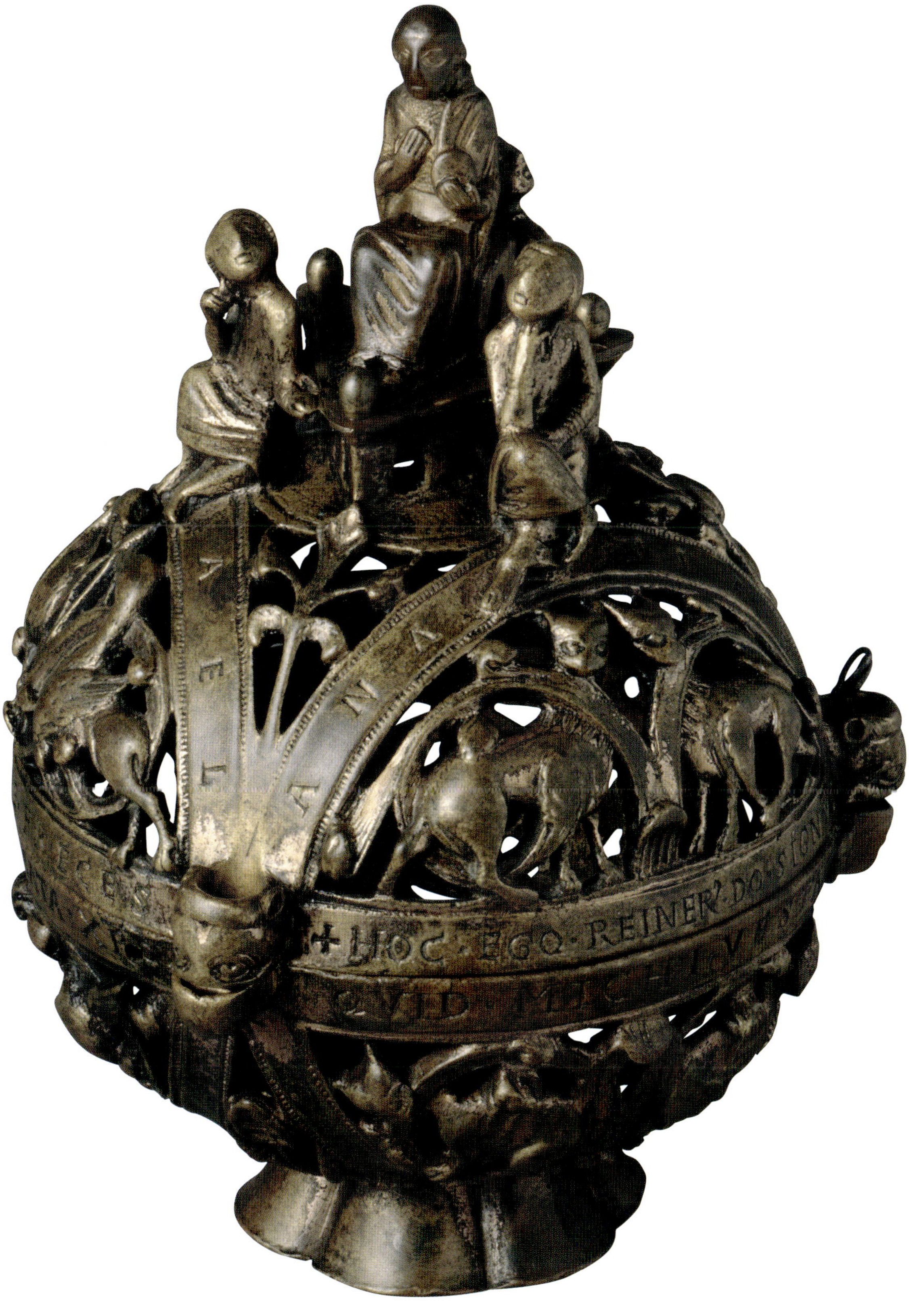
+ HOC · EGO · REINER
QVID

Vitraux de la Sainte-Chapelle,

XIIe siècle, verre coloré, fenêtres de la nef : 15,35 x 4,70 m ; fenêtres de l'abside : 13,45 x 2,10 m, Paris, Sainte-Chapelle.

« Il fallait que ce soit beau, bien sûr, mais surtout, pédagogique. »

Voici les vitraux de la Sainte-Chapelle, à Paris. Huit cent mille personnes affluent chaque année pour admirer les quinze verrières d'environ 15 mètres de haut, surmontées d'une rose à six lobes et deux quadrilobes, le tout composé de 1 113 panneaux peints à la main. Le chef-d'œuvre de l'art du vitrail gothique ! C'est le roi Saint Louis qui édifia la Sainte-Chapelle pour y abriter la couronne d'épines et autres reliques de la Passion du Christ acquises à Constantinople en 1239. L'écrin se devait d'être à la hauteur du joyau. Dans l'enceinte de son palais de l'île de la Cité, le roi fit donc construire entre 1241 et 1248 une chapelle reliquaire. Il engagea les meilleurs artisans. Il fallait que ce soit beau, bien sûr, mais surtout, pédagogique. La grande majorité de la population était analphabète. Les rares qui savaient lire ne comprenaient pas tous le latin. Or les bibles vernaculaires, traduites en français, n'apparaîtront qu'à la fin du XIIIe siècle. Alors, que restait-il pour transmettre les dogmes de la chrétienté ? L'image, bien sûr. Le vitrail, en particulier. Cet assemblage de morceaux de verre n'était rien moins qu'une bande dessinée sans bulles qui racontait la Bible aux fidèles. Un art délicat et merveilleux, au sens littéral du terme, que Saint Louis porta à son apogée à la Sainte-Chapelle. Sur les 1 113 panneaux sont dessinées des scènes de la Bible, de la vie du Christ, le couronnement du roi, des scènes de batailles et d'idolâtrie, soit un savant mélange historico-religieux destiné à persuader les hommes d'œuvrer pour leur salut et que le roi est leur meilleur guide sur Terre en attendant d'aller au Ciel. Une leçon de morale peut-être plus tout à fait lisible pour les Français du XXIe siècle mais qui, pendant huit cents ans, a connu un certain succès.

Les peintres verriers parisiens du XIIIe siècle bénéficient de l'essor de l'art du vitrail, lié au développement de l'architecture gothique initié au siècle précédent, qui privilégie le vide sur le plein et donne aux fenêtres une place prépondérante. Et à celui de Paris devenue la capitale artistique de l'Occident chrétien. Les commandes affluent, et ils s'illustrent avec virtuosité dans leur habileté à découper le verre, mais surtout à y peindre les modèles inspirés des meilleurs enlumineurs, peintres ou graveurs du moment, et à les assembler dans les plus parfaites et séduisantes harmonies de couleurs. Cette maîtrise totale de leur art leur vaut des commandes royales, et notamment celle de la Sainte-Chapelle.

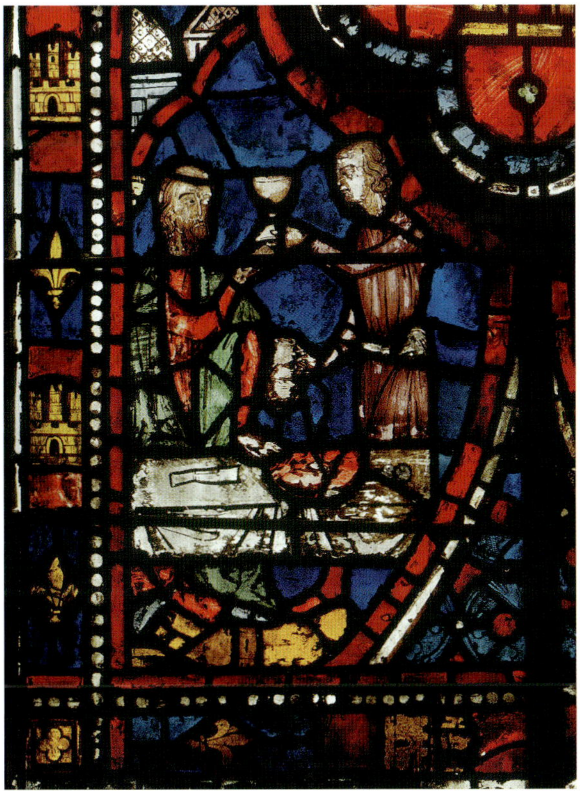
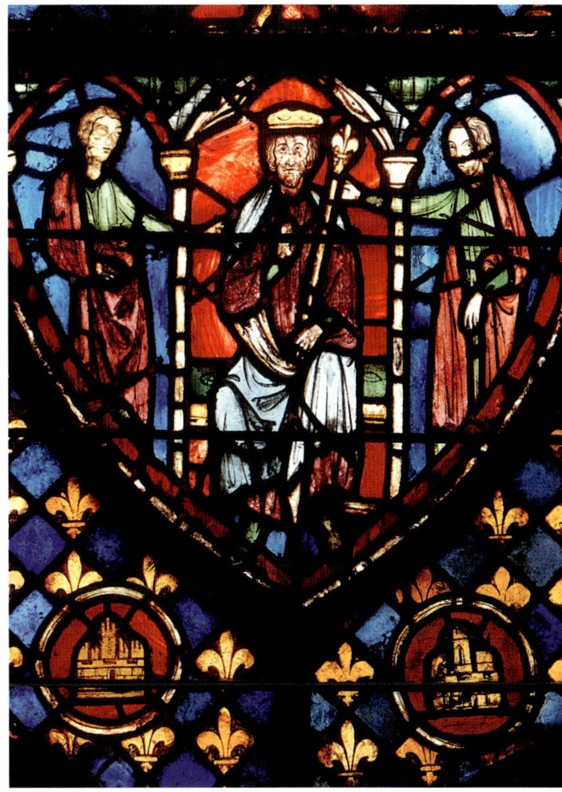
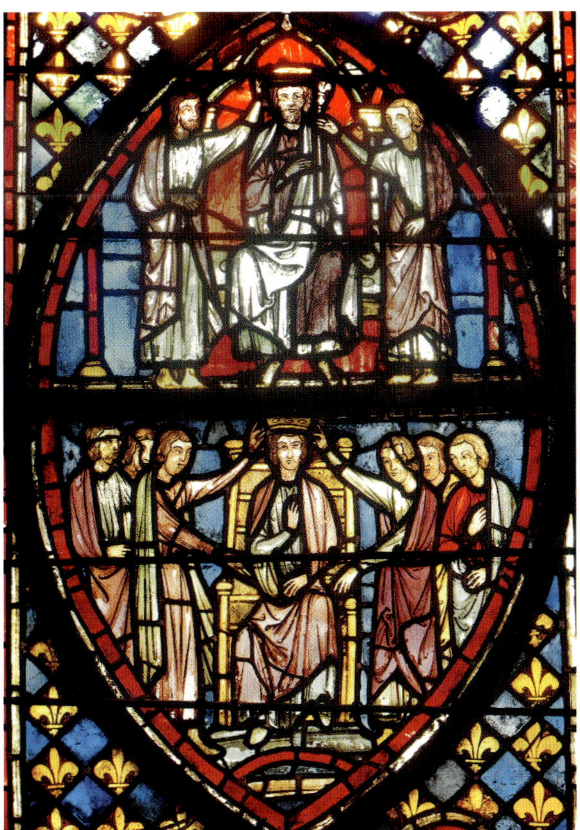
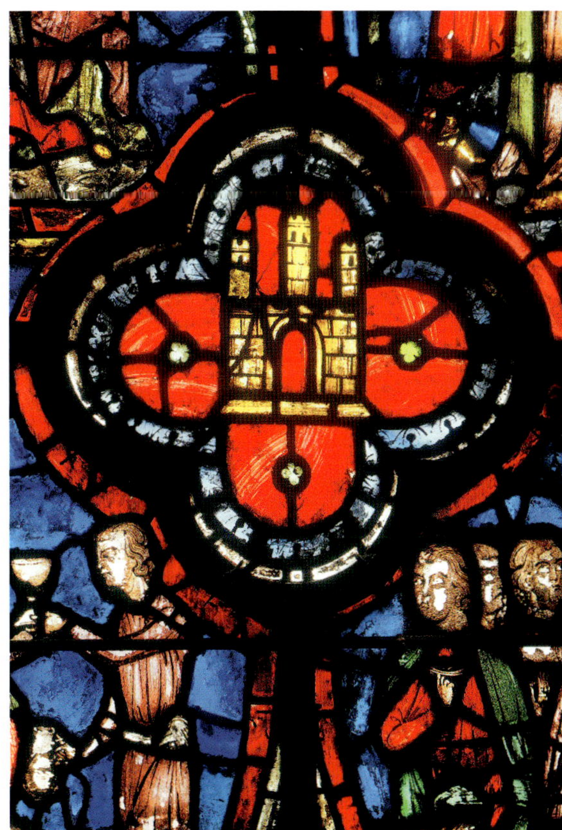

Christ en Croix,

XIIe siècle, Auvergne, bois polychrome (peuplier), hauteur : 1,58 m, Paris, musée national du Moyen Âge (thermes et hôtel de Cluny).

« Il s'agit d'un "Christus dolens", un Christ souffrant. »

Ce célèbre *Christ en Croix* de 1,58 mètre de haut, sculpté dans du bois de peuplier, date du XIIe siècle. C'est l'un des rares témoignages de la sculpture de dévotion de l'époque romane en France. Mais il suffit de le regarder pour savoir qu'il date de la fin du monde roman, qu'il annonce le style gothique. Car il y avait au Moyen Âge une iconographie christologique. Les détails de son visage, de son corps, sa posture sur la Croix obéissaient aux conventions de l'époque. Celui-ci a les yeux clos. Sa tête penche vers la droite, dans une attitude accentuée par la position des bras en « Y ». Quant à son abdomen, il se relâche au niveau du nombril. C'est un Christ affaissé, qui pèse son poids terrestre. Il s'agit donc d'un *Christus dolens*, un Christ souffrant. Or, depuis Charlemagne, qui avait fait du Christ le symbole de l'unité de son empire, le Christ triomphant était en vogue. Qu'il s'agisse de pièces d'orfèvrerie, de vitraux, ou de statues à l'intérieur et sur les tympans des églises, les artistes romans le représentaient le plus souvent tête haute, parfois même tournée vers les cieux, les yeux grand ouverts et le corps droit. Le Christ triomphant était un Christ vivant, léger, détaché des souffrances de la Croix, très différent du Christ mort de la peinture byzantine, et qui n'avait rien à voir non plus avec celui que vous avez sous les yeux, mourant dans la Passion. Comme il est lourd de souffrances, celui-là ! Comme il est humain ! C'est cette humanité, cette proximité avec l'homme, que vont s'attacher à représenter les artistes gothiques du nord de l'Europe, suivis par les primitifs italiens, et qui va s'imposer ensuite, à partir du XIIIe siècle, à tout l'art occidental. Un Christ souffrant, mais qui souffre pour nous…

Les sculpteurs romans en Auvergne bénéficient de la richesse et de la puissance de leur région, amplifiées par l'appel à la croisade lancée par le pape Urbain II à Clermont le 27 novembre 1095, et de son choix de nommer l'évêque du Puy-en-Velay pour la diriger. Leur région devenue le cœur de cet événement fondamental du christianisme, les chantiers d'églises se multiplient et les commandes de sculpture sur pierre monumentale destinée à s'intégrer dans l'architecture affluent. Mais en parallèle, ils exécutent également des centaines d'œuvres en bois destinées à décorer l'intérieur des églises. Et réalisent ainsi des vierges, des saints ou des christs en Croix qu'ils placent derrière les autels.

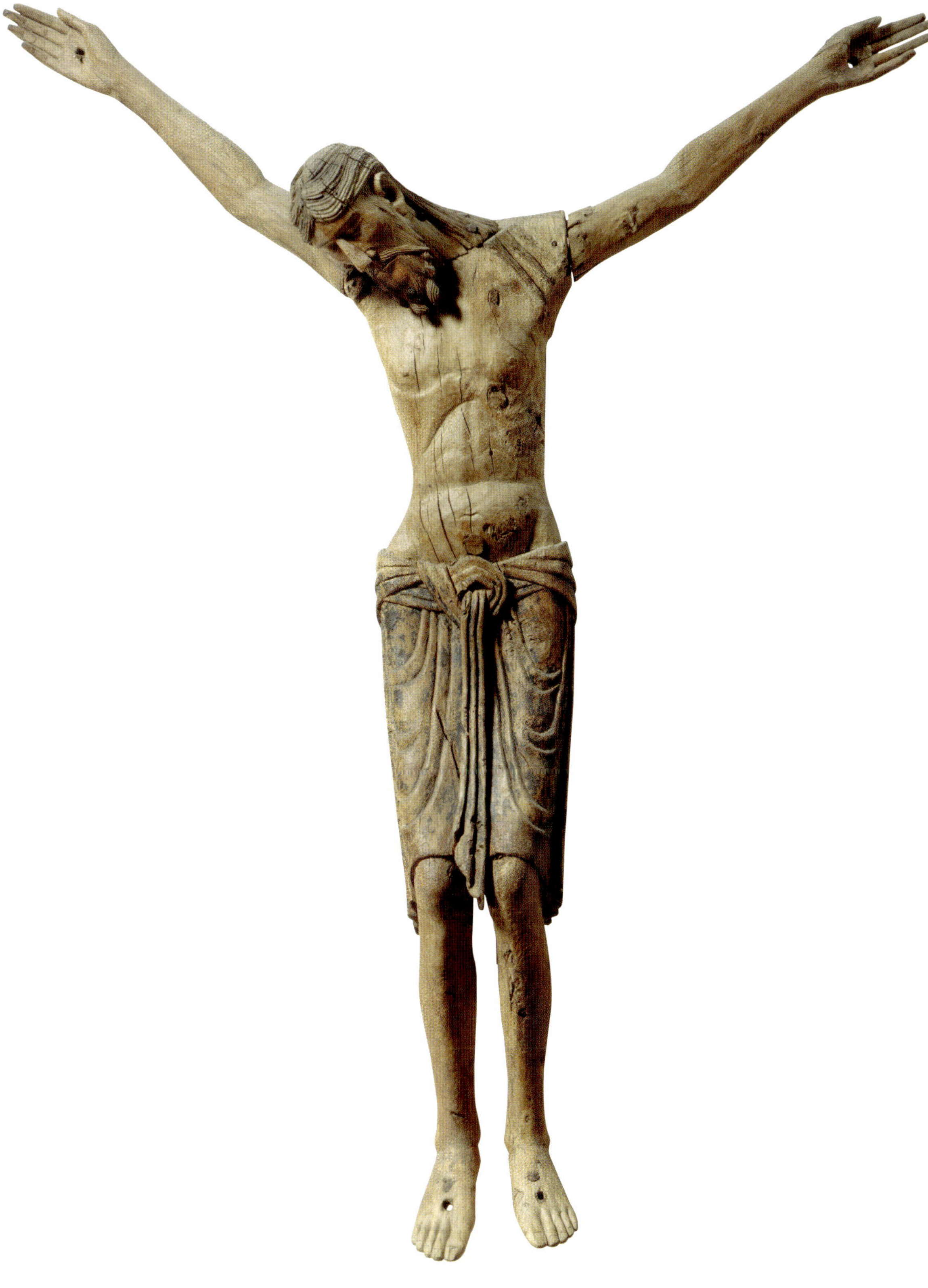

Façade occidentale de la cathédrale Notre-Dame d'Amiens,

Robert de Luzarches, Thomas de Cormont, Renaud de Cormont, 1220-1288, Amiens.

« Tout était peint ! »

La cathédrale d'Amiens est un édifice typiquement gothique, à un détail près : sa façade « incolore ». Au XIIIe siècle, la pierre n'était jamais nue, la couleur était partout dans les églises du Moyen Âge. Sur les sculptures, dans les fresques, jusqu'aux objets du culte, tout était peint ! L'ornementation rompait avec la grisaille de l'époque. Une fois décoré, le chœur d'une église était un endroit où les fidèles se sentaient bien et leur dévotion s'en trouvait renforcée. L'écrin était évidemment à la hauteur du bijou, et la façade aussi éclatante de couleurs que la nef. Regardez-la ! À la tombée de la nuit, les statues s'animent à la lueur des lampes à huile. À travers toute la ville, la cathédrale brille de mille feux. La population accourt pour recevoir le message de Dieu et, là encore, les couleurs jouent un rôle. Sur le manteau de la Vierge, le bleu rappelle qu'elle est la Reine du Ciel, le rouge, sur celui du Christ, évoque le sang de son sacrifice. Hélas, le symbole de chacune de ces pierres colorées a été effacé par le temps, l'usure ou les intempéries. Et le bleu, sur le visage d'un Roi mage, les couleurs dans les yeux du Christ ou encore la recoloration éphémère par la lumière sont les dernières traces de la polychromie des édifices gothiques.

Robert de Luzarches
vers 1180 Luzarches - vers 1222

Architecte, certainement formé dans la région de Laon et Soissons, initiateur de la construction de la cathédrale. En 1220, il est choisi pour l'excellence de ses dessins et ses capacités de meneur d'hommes. Il réalise le plan de l'édifice, réorganise le chantier, pose les fondements puis commence la construction de la nef et de la façade.

Thomas de Cormont
Architecte, à la mort de Luzarches vers 1222, il reprend la direction de la construction en suivant le plan de son prédécesseur. Il dirige l'édification des chapelles de l'abside et adopte le triforium à claire-voie pour le chœur. Il conduit ses travaux jusqu'à la naissance des voûtes en 1228.

Renaud de Cormont
Architecte , il succède à son père Thomas en 1228 et, durant soixante ans, dirige l'édification de la cathédrale qu'il achève en 1288. Celle-ci subira de nombreuses transformations jusqu'aux restaurations du XIXe siècle.

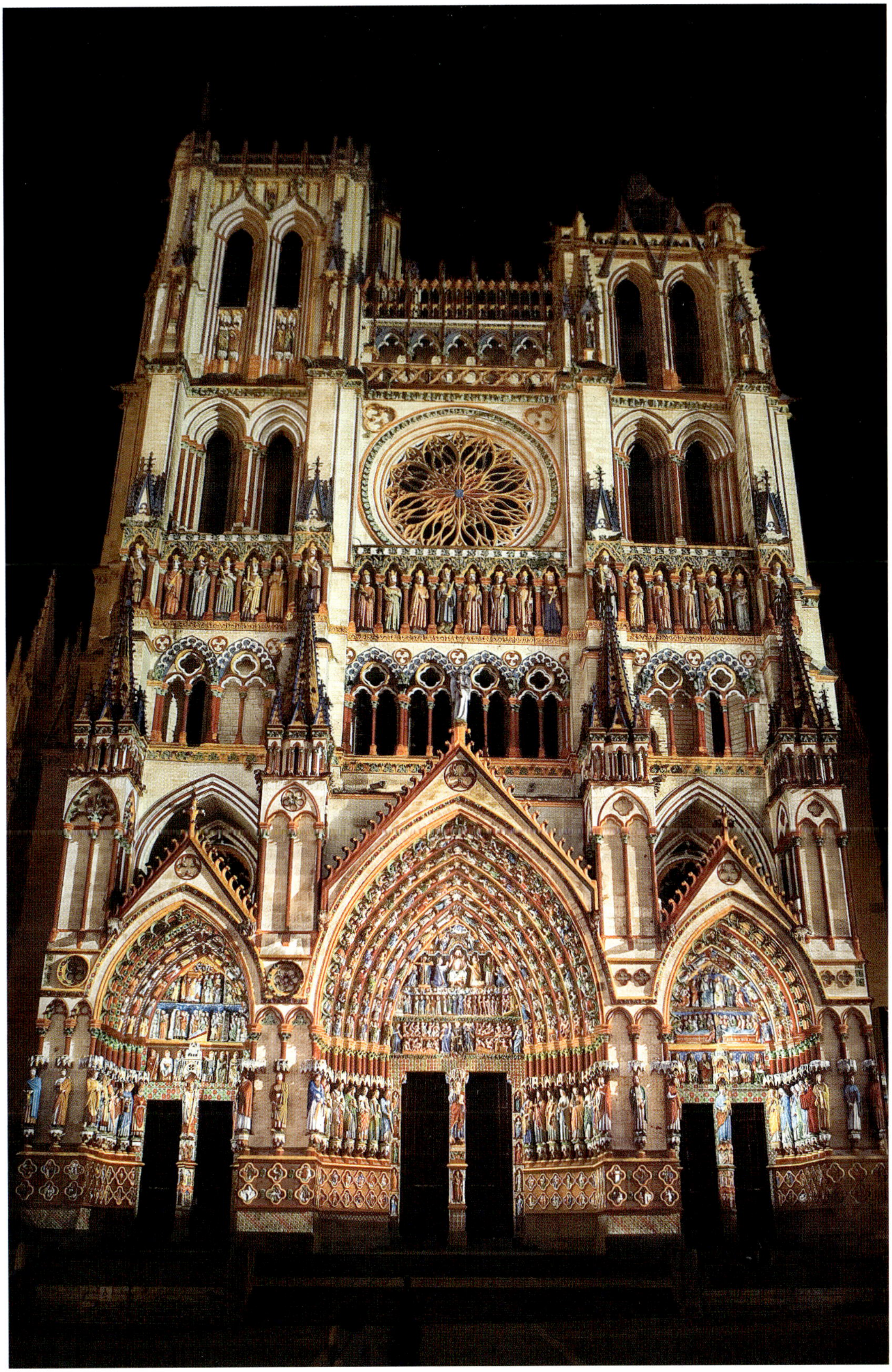

L'Assemblée,

vers 1300, valve de miroir en ivoire, diamètre : 13,8 cm, Paris, musée national du Moyen Âge (thermes et hôtel de Cluny).

« Eh oui, la noblesse française du Moyen Âge était plus raffinée qu'on ne l'imagine. »

L'Assemblée est considérée comme un chef-d'œuvre de l'ivoirerie gothique de la fin du XIIIe siècle. On y voit un roi et une reine, foulant un lion et un dragon. C'est l'extraordinaire minutie des détails, dans l'expression des visages et la délicatesse des draperies, qui fait notre admiration. D'autant que la surface n'est pas grande. Elle mesure un peu moins de 14 centimètres de diamètre. Quelle prouesse artistique. Digne d'un souverain ! Philippe le Bel s'en est-il servi pour se recoiffer ? Possible. Car *L'Assemblée* est en fait une valve de miroir. C'est-à-dire la face extérieure d'un miroir de poche ! Eh oui, la noblesse française du Moyen Âge était plus raffinée qu'on ne l'imagine. Après une bataille ou un tournoi, un chevalier ne détestait pas vérifier si la raie de ses cheveux était bien en place. Même chose pour sa dame, obligée de voyager en chariot sur des routes empoussiérées et qui désirait se refaire une beauté avant d'arriver à destination. On eut donc l'idée de coller une feuille de métal poli sur une valve qui s'emboîtait sous une autre servant de couvercle. Et ainsi on inventa le miroir de poche. *L'Assemblée* est l'un des plus anciens et des plus précieux qui soient parvenus jusqu'à nous, mais il n'est pas le seul. Au XIIIe siècle, Paris va devenir la ville de l'ivoire. Les défenses d'éléphant étaient transformées dans les ateliers parisiens en quantité d'objets usuels. Les valves de miroir étaient tellement à la mode qu'elles finirent par adopter une taille standard, entre 10 et 12 centimètres de diamètre, qui nous fait penser qu'elles étaient produites en série. Et tous ces objets de luxe restent parmi les plus belles expressions du style français de cette époque !

Les ivoiriers français connaissent un regain d'activité à la fin du Moyen Âge, lorsqu'on autorise la prière hors de l'église. Leur travail, jusque-là délicat et coûteux du fait des dimensions réduites et du prix élevé des défenses d'éléphant, devient rentable. En effet, leurs créations de petits objets d'une minutie et d'une précision remarquables s'adaptent parfaitement à la dévotion privée. Ils s'inspirent donc de thèmes religieux, et représentent des christs, des saints et bien sûr des vierges que les croyants s'arrachent. Et ils deviennent alors les principaux producteurs d'ivoire gothique tant religieux que profanes.

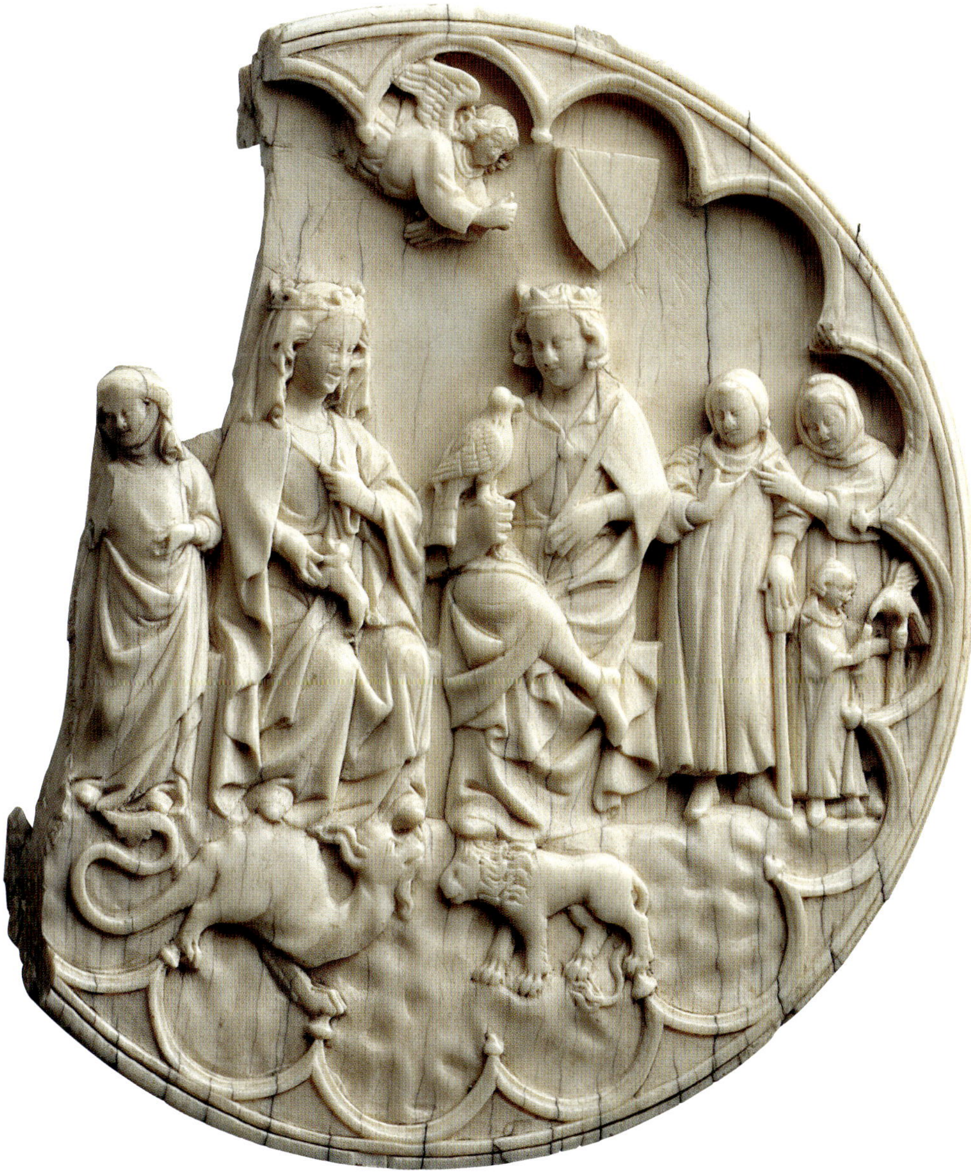

Aquamanile, licorne,

fin du XIIIe siècle-début du XIVe siècle, bronze, 28,5 × 35 × 10,5 cm, Paris, musée national du Moyen Âge (thermes et hôtel de Cluny).

« Je veux que les hommes prient en tous lieux avec des mains pures ».

Regardez cette licorne en bronze dotée d'un robinet. Elle a été fabriquée en Basse-Saxe à la fin du XIIIe ou au début du XIVe siècle. Des aquamaniles comme celui-ci – du latin *aqua* qui veut dire « eau » et *manus* qui veut dire « main » – apparurent sur les tables européennes à la fin du Moyen Âge. C'étaient un peu les ancêtres des lavabos, car ils permettaient aux convives de se laver les mains avant le repas. À la fois dans un souci de propreté, mais surtout de purification. Depuis la naissance des religions, l'eau purifie l'âme en purifiant le corps des fidèles, c'est ce que l'on appelle les ablutions. Et celle des chrétiens respecte l'exhortation de saint Paul qui a dit : « Je veux que les hommes prient en tous lieux avec des mains pures. » Ce que fait le prêtre à l'église avant de dire la messe, grâce à une carafe avec laquelle il se verse lui-même de l'eau sur les mains. Au XIIIe siècle sont arrivés d'Orient les aquamaniles, des petits réservoirs à eau. C'étaient de véritables petits bijoux artistiques, à l'apparence d'animaux exotiques, qui plurent aux chrétiens. Les bronziers du nord de l'Europe se dépêchèrent de les imiter en représentant des animaux et des créatures chimériques, inspirés du répertoire symbolique de l'Église, si chère à l'esprit fantasque des gens du Moyen Âge. Et leur succès fut rapide. Après les prêtres, qui les utilisèrent pour la messe, les seigneurs et les riches bourgeois s'offrirent leurs propres aquamaniles de table, sous le robinet desquels ils se « purifiaient » les mains avant de manger. Ce qui n'était franchement pas du luxe, étant donné qu'ils mangeaient encore à l'époque avec les doigts, les couverts n'ayant pas encore été inventés.

Les bronziers de Basse-Saxe bénéficient de l'exceptionnelle richesse minière du massif de Rammelsberg où l'argent, le cuivre, le zinc et l'or abondent depuis le IIIe siècle. Au XIIe siècle, le développement de la ville de Goslar – où l'empereur du Saint Empire romain germanique Henri II fait bâtir son palais – entraîne l'essor de l'extraction, du travail des métaux et de leur commerce. L'activité des ateliers des bronziers s'amplifie tout au long des siècles suivants et connaît son apogée vers 1450.

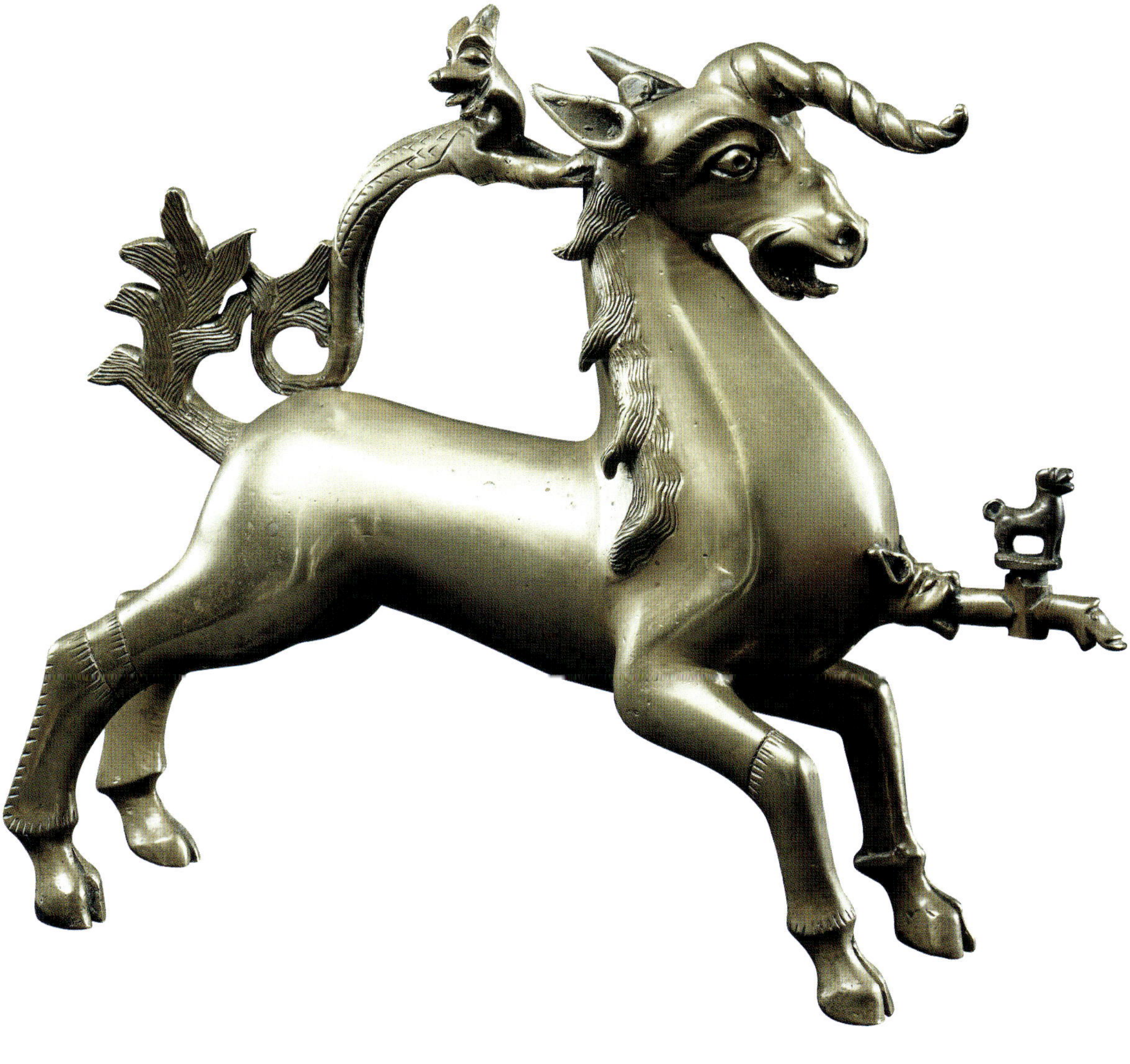

La Crucifixion,

Giotto di Bondone, 1320-1325, tempera sur bois, 45 × 33 cm, Strasbourg, musée des Beaux-Arts.

« *Giotto va balayer tout cela en inventant la peinture moderne.* »

Voici un panneau de Giotto datant de 1320-1325 devant lequel tous les amateurs d'art s'agenouillent. Non pas parce qu'il représente la Crucifixion, mais parce qu'il opère une révolution capitale dans l'histoire de la peinture. Pour comprendre de quoi il retourne, il faut revenir au Moyen Âge, à l'époque de Dante et de Marco Polo. Depuis la fin du IXe siècle, c'est la peinture byzantine qui règne en Italie. Celle-ci se prête idéalement aux souhaits de l'Église, soucieuse d'éduquer ses fidèles avec des images accessibles à tous, à savoir un fond doré sans profondeur ni réalité spatiale, des figures sacrées aux visages sans émotion, des couleurs marquées de symbolisme religieux, le tout frappé d'une lumière divine. Bref, pas de perspective, ni d'art des proportions, ni d'unité de temps et de lieu, ni de réalisme... Giotto, un ancien petit berger toscan, va balayer tout cela en inventant la peinture moderne. Et ouvrir la voie pour les siècles à venir ! C'est en gardant les chèvres et en observant la nature que Giotto a commencé à dessiner. Il reproduit donc la réalité qui l'entoure. Et il est le premier. Ses personnages existent. Ce sont des gens vivants, pas les éléments désincarnés d'une composition. Quant à Jésus, le sujet principal du panneau, il n'est pas plus grand que les autres, comme le voulait la tradition byzantine. Les cavaliers à l'arrière, en revanche, sont plus petits. Ce qui constitue une approche de la perspective des plus réalistes. Même chose pour le rendu des drapés et le jeu de lumière qui accentue les formes et les détails. Et pourtant, nous sommes un siècle avant Masaccio, cent cinquante ans avant Léonard de Vinci. Giotto, à ce moment-là, est la Renaissance à lui tout seul.

Giotto di Bondone
vers 1267 Colle di Vespignano - 8 janvier 1337 Florence

Peintre, sculpteur et architecte italien, fils de paysans, enfant, il garde les chèvres de son père et dessine avec du charbon sur les pierres des pâturages. Et c'est là qu'à 12 ans, selon la légende, le peintre florentin Cimabue le découvre et, émerveillé par son talent, l'emmène dans son atelier pour le former. À moins qu'ils ne se soient tout simplement rencontrés à Florence. Où très vite son talent exceptionnel éclipse celui de son maître et lui ouvre les portes du succès et de la célébrité. Il réalise notamment les fresques de la basilique Saint-François à Assise, avant de se rendre à Rome en 1298, puis à Padoue de 1303 à 1306. De retour à Florence, il est nommé architecte en chef de la cathédrale Santa Maria del Fiore en 1334. Où il est enterré en grande pompe trois ans plus tard...

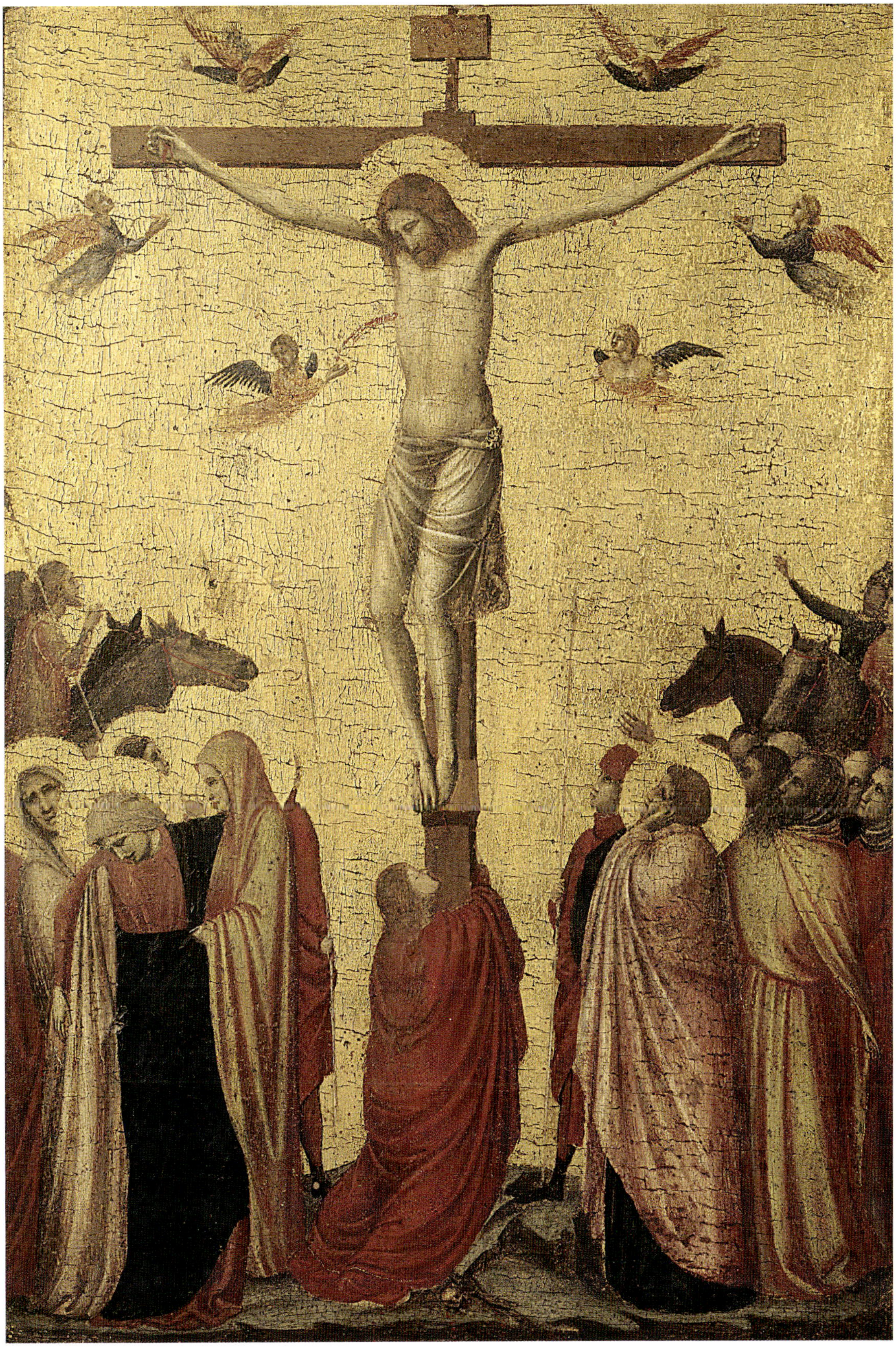

Rose d'or,

Minucchio Jacobi da Sienna, 1330, Avignon, or et verre coloré, hauteur : 60 cm, Paris, musée national du Moyen Âge (thermes et hôtel de Cluny).

« Le pape offrait une rose d'or à un personnage important ou à une institution. »

Voici la plus ancienne rose d'or conservée au monde. Sur les centaines qui ont été créées au Moyen Âge à partir du XIe siècle, il n'en reste que trois, dont celle-ci qui date de 1330. Grâce aux armoiries ajoutées sur son pied, on sait qui en fut le destinataire. Il s'agit de Rodolphe III de Nidau, comte de Neuchâtel. La remise de la rose d'or avait lieu tous les ans, le quatrième dimanche de Carême, appelé dimanche de Laetare, du latin « réjouis-toi » car c'était un jour de fête annonciateur de Pâques. Le pape offrait une rose d'or, symbolisant la douleur et la passion du Christ à un personnage important ou à une institution dont il voulait honorer la foi et les actes de piété. Récemment, le pape Benoît XVI a offert une rose d'or à la basilique d'Aparecida au Brésil. Notre rose d'or quant à elle a été offerte à Rodolphe III par le pape Jean XXII. En 1316, ce dernier avait choisi Avignon comme cité pontificale et Louis IV de Bavière, à la tête du Saint Empire romain germanique, en avait profité pour faire valoir ses droits sur l'Italie. C'est là qu'intervint Rodolphe. Il se mit au service du pape et partit en guerre contre Louis IV de Bavière qui fut définitivement mis hors de combat en 1330. Une victoire qui méritait bien une rose d'or. Jean XXII fit donc appel à Minucchio, l'un des meilleurs orfèvres siennois installé à Avignon. Celui-ci exécuta une branche de rosier formée de cinq roses découpées dans une fine feuille d'or. Lors du dimanche de Laetare, Jean XXII a béni cette magnifique pièce d'orfèvrerie, il l'a parfumée de baume et de musc, et l'a tenue pendant sa liturgie avant de la porter lors d'une procession à Rodolphe. Cela se passait ainsi il y a sept cents ans et cela se passe encore comme ça aujourd'hui.

Minucchio Jacobi da Sienna
Sienne - vers 1347 Avignon

Orfèvre italien, de son éventuelle activité dans sa ville natale il ne reste aucune trace, sinon la mention d'un orfèvre nommé Minucchio en 1311 à Sienne… En revanche, son nom apparaît une trentaine de fois dans les comptes de la chambre apostolique d'Avignon entre 1327 et 1347 sous les formes suivantes : Minuchio, Menuchio, Minucion, Menuchius, Jacobi de Senis ou da Siena. Pendant cette période, il travaille successivement pour les papes Jean XXII, Benoît XII et Clément VI. Mais il réalise également des commandes pour les franciscains d'Avignon. Et il a la charge du contrôle du poids des monnaies d'or et d'argent d'Avignon. Il s'éteint certainement en 1347, peut-être victime de la terrible peste noire qui sévit à ce moment-là.

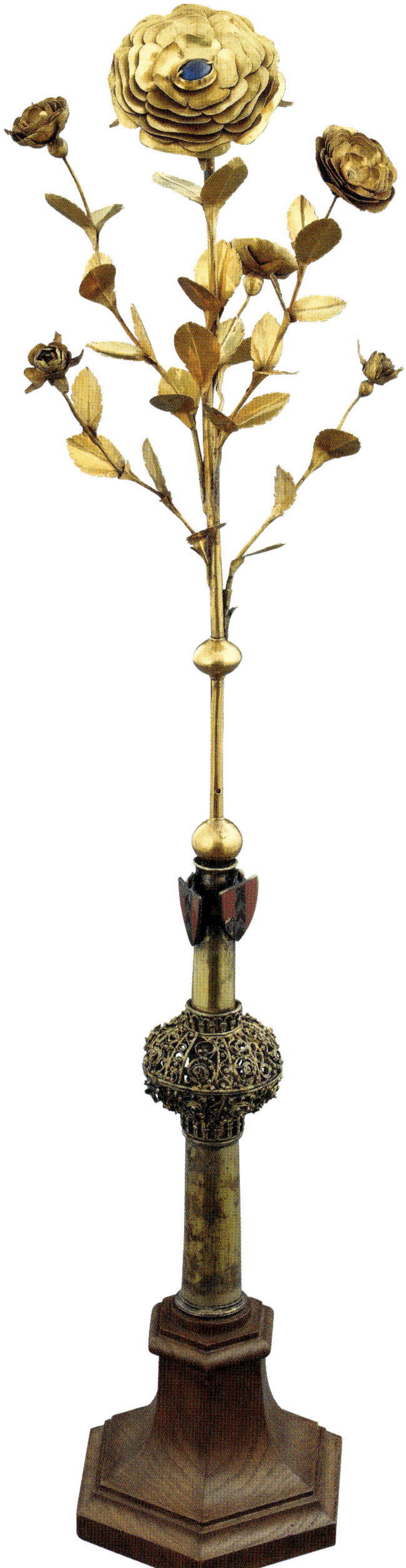

Vierge Marie,

Simone Martini, 1340, panneau d'un polyptyque de la Passion, détrempe sur panneaux de bois, 24 x 15 cm, Anvers, palais des Beaux-Arts.

« Martini les a obtenus grâce à de l'or, et du lapis-lazuli. »

Voilà un tableau précieux. Cette *Vierge Marie* était un des panneaux du retable intitulé *Polyptyque de la Passion* réalisé par le maître de Sienne, Simone Martini, vers 1340. Admirez la délicatesse de son trait, le chatoiement des couleurs, sa luminosité éclatante... Eh bien, cette luminosité et ce bleu magnifique, Martini les a obtenus grâce à de l'or, le métal précieux le plus cher du monde, et du lapis-lazuli, la pierre semi-précieuse qui, à l'époque, vu les difficultés de son extraction et de son acheminement depuis l'Asie, coûtait encore plus cher que l'or ! Alors, folie des grandeurs ? Tape-à-l'œil ? Non, plutôt une astuce technique. Nous sommes au début du XIVe siècle, la peinture à l'huile n'est pas encore entrée dans les mœurs. Martini en est réduit à broyer ses couleurs dans l'eau, puis à les délayer avec de l'œuf, du lait, de la gomme ou un liant à la colle. Le résultat est souvent terne et sans éclat. Or l'Italie est en plein essor. Le développement de son commerce et de ses banques l'a considérablement enrichie. Et dans des villes aussi prospères que Florence, Sienne ou Venise, les familles de la classe dirigeante sont devenues des mécènes exigeants et raffinés, qui attendent des artistes qu'ils fassent en sorte que leurs œuvres soient le reflet de leur splendeur. Et c'est dans la tradition des icônes byzantines que les primitifs italiens vont trouver la solution. Eux aussi vont peindre sur des feuilles d'or, ou sur de la poudre d'or, pour donner aux couleurs une transparence particulière. Et pour obtenir un beau bleu outremer, pourquoi se priver ? Ils vont en fabriquer à partir du lapis-lazuli, puisque c'est lui qui donne le plus beau pigment bleu ! Et le résultat, c'est le « tableau-bijou » que vous avez sous les yeux.

Simone Martini
vers 1284 Sienne - 1344 Avignon

Peintre italien, il fait sans doute son apprentissage dans l'atelier du maître siennois Duccio, où il acquiert les techniques de la fresque et de la tempera sur bois. Il subit également l'influence du sculpteur Giovanni Pisano, et celle des orfèvres et des ivoiriers gothiques français.
En 1315, il réalise la fresque de la *Maestà* pour le Palazzo Pubblico de Sienne, qui assure sa notoriété.
Et, deux ans plus tard, le roi de Naples Robert d'Anjou le fait chevalier.
Mais c'est à la cour de Provence, en Avignon, qu'il s'installe vers 1340 et où il s'éteint quatre ans plus tard. Son influence perdure et son goût pour le gothique influence de nombreux artistes en Italie.

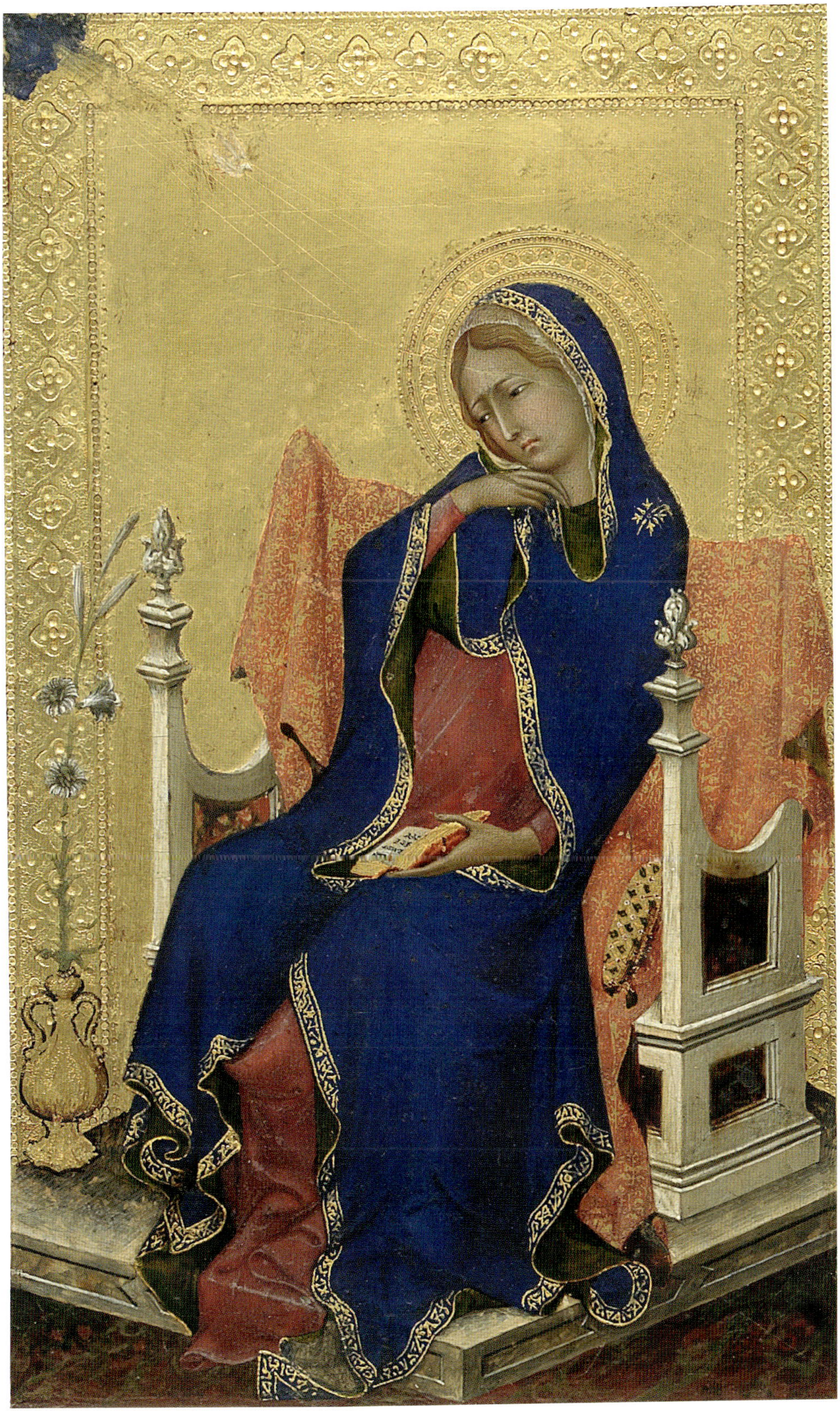

Plat à inscription arabe,

fin XIVe-début XVe siècle, céramique, décor peint aux oxydes de cobalt, de cuivre et d'argent sur glaçure stannifère, hauteur : 8 cm, diamètre : 36 cm, Lyon, musée des Beaux-Arts.

« L'inscription "al-afiya", "bonne santé", est empruntée au Coran. »

Ce plat qui servait à présenter la viande dans les riches banquets de la Renaissance est caractéristique des faïences « hispano-mauresques ». Il vient en effet de la région de Valence en Espagne, or la péninsule Ibérique a été conquise par les Arabo-Berbères en 711 et ce plat date de la fin du XIVe siècle ou du début du XVe siècle, soit bien après la reconquête de Valence par les souverains chrétiens en 1238... Alors, hispanique ou mauresque ? Les deux ! Regardez les arabesques qui le recouvrent. C'est typiquement musulman. L'islam interdisant toute représentation humaine, les artistes musulmans s'étaient spécialisés dans ces motifs, géométriques et abstraits. De même, l'inscription *al-afiya*, « bonne santé », est empruntée au Coran. Mais, le plus important, c'est que cette céramique, une fois cuite, a été recouverte d'oxyde de cobalt bleu avant d'être recuite à plus faible température. D'où cette glaçure exceptionnelle qui donne l'aspect du métal doré à un plat en terre. Ce procédé, le lustre métallique, a été mis au point par des potiers de Mésopotamie au VIIIe siècle. Ce sont les Arabes qui l'ont introduit en Espagne. À partir du Xe siècle, des artisans musulmans fabriquaient à Malaga de somptueuses céramiques aux reflets changeants. Il eût été dommage, après la Reconquista, de se priver d'un tel savoir-faire. Don Pedro Buyl, seigneur de Manisès, près de Valence, fit donc venir des potiers arabes d'Andalousie, qui était encore sous domination maure, pour continuer à fabriquer cette vaisselle de luxe. Et c'est ainsi qu'à la fin du XIVe siècle et au début du XVe, les céramiques « hispano-mauresques » étaient exportées de Valence vers l'Italie, la Hollande ou la France...

Les potiers musulmans introduisent le procédé du lustre métallique en Espagne au Xe siècle. Ils développent alors une production de faïence lustrée, notamment en Andalousie où Malaga devient rapidement leur principal centre de production. Au fur et à mesure de la reconquête chrétienne de la péninsule Ibérique, les potiers mudéjars – de l'arabe « domestiqué », c'est-à-dire des musulmans devenus citoyens du royaume chrétien d'Espagne –, dirigent toujours les ateliers de céramiques hispano-mauresques. À partir du XIVe siècle, ils s'installent principalement dans la région de Valence où leur art atteint son apogée. Et jusqu'au XIVe siècle – et l'expulsion de tous les musulmans non convertis –, ils exportent leurs créations à travers toute l'Europe.

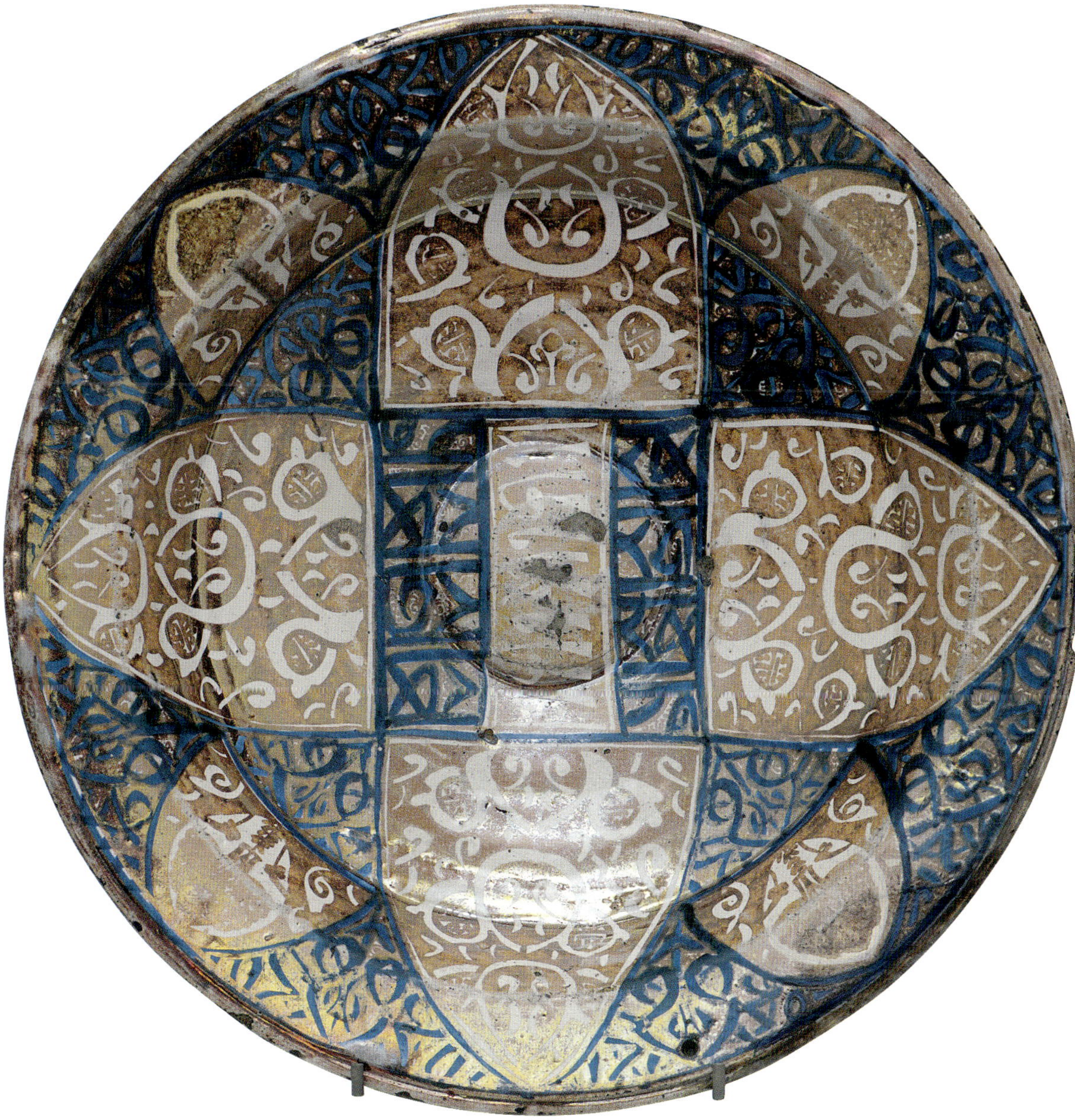

L'Offrande du cœur,

vers 1400-1410, laine et soie, 2,47 × 2,09 m, Paris, musée du Louvre.

« Pour la première fois,
les femmes ne font pas partie du butin,
il faut se donner à elles. »

L'Offrande du cœur est le titre de cette tapisserie d'environ 2,50 mètres sur 2 mètres réalisée vers 1400-1410. L'offrande du cœur est aussi l'un des thèmes majeurs de l'amour courtois. Appelé à l'époque *fin'amor*, « amour parfait », l'amour courtois est un concept littéraire et poétique apparu au XIIe siècle et qui enchantera l'aristocratie française jusqu'à la fin du Moyen Âge. C'est Guillaume IX d'Aquitaine qui en fut l'un des précurseurs en composant à son retour de croisade les premiers poèmes lyriques évoquant son amour des femmes. C'est dans cette brèche que s'engouffrèrent Guillaume de Lorris puis Jean de Meung en rédigeant le *Roman de la Rose* : 22 000 vers sur l'amour idéal. Pour la première fois, les femmes ne font pas partie du butin, il ne faut pas les prendre, il faut se donner à elles. C'est ça, l'amour courtois, et ça va se diffuser de château en château grâce aux troubadours, et par l'intermédiaire de l'iconographie décorative des coffres et des tapisseries. Regardez *L'Offrande du cœur*. Un homme, élégamment vêtu, aux jambes puissantes, un chevalier à n'en pas douter, mais un chevalier sans arme ; à la place, il tient un cœur à la main, le sien, qu'il tend à la dame de ses pensées. Et la dame, tout aussi richement habillée, a un faucon posé sur sa main gantée, signe de son appartenance à la noblesse. Pour comprendre l'amour courtois, il faut se souvenir que la féodalité reposait sur un lien de vassalité entre un guerrier et son suzerain, le premier jurant fidélité au second. Eh bien, l'amour courtois, c'est le même lien de vassalité, mais entre un homme et une femme. En lui jurant fidélité, il ne lui donne pas son épée, il lui donne son cœur.

L'art de la tapisserie conjugue plusieurs savoir-faire car sa réalisation s'élabore en trois étapes : la création du modèle dit « maquette » ou « petit patron », le dessin en taille réel dit « carton » et enfin le tissage. On attribue aujourd'hui la réalisation du carton à un atelier parisien. Quant au tissage, il s'agit probablement du travail d'un atelier d'Arras dans les Flandres, qui était alors le principal centre de production de tapisserie en Europe. À tel point que la ville a donné son nom au mot italien signifiant tapisserie : *arrazi*.

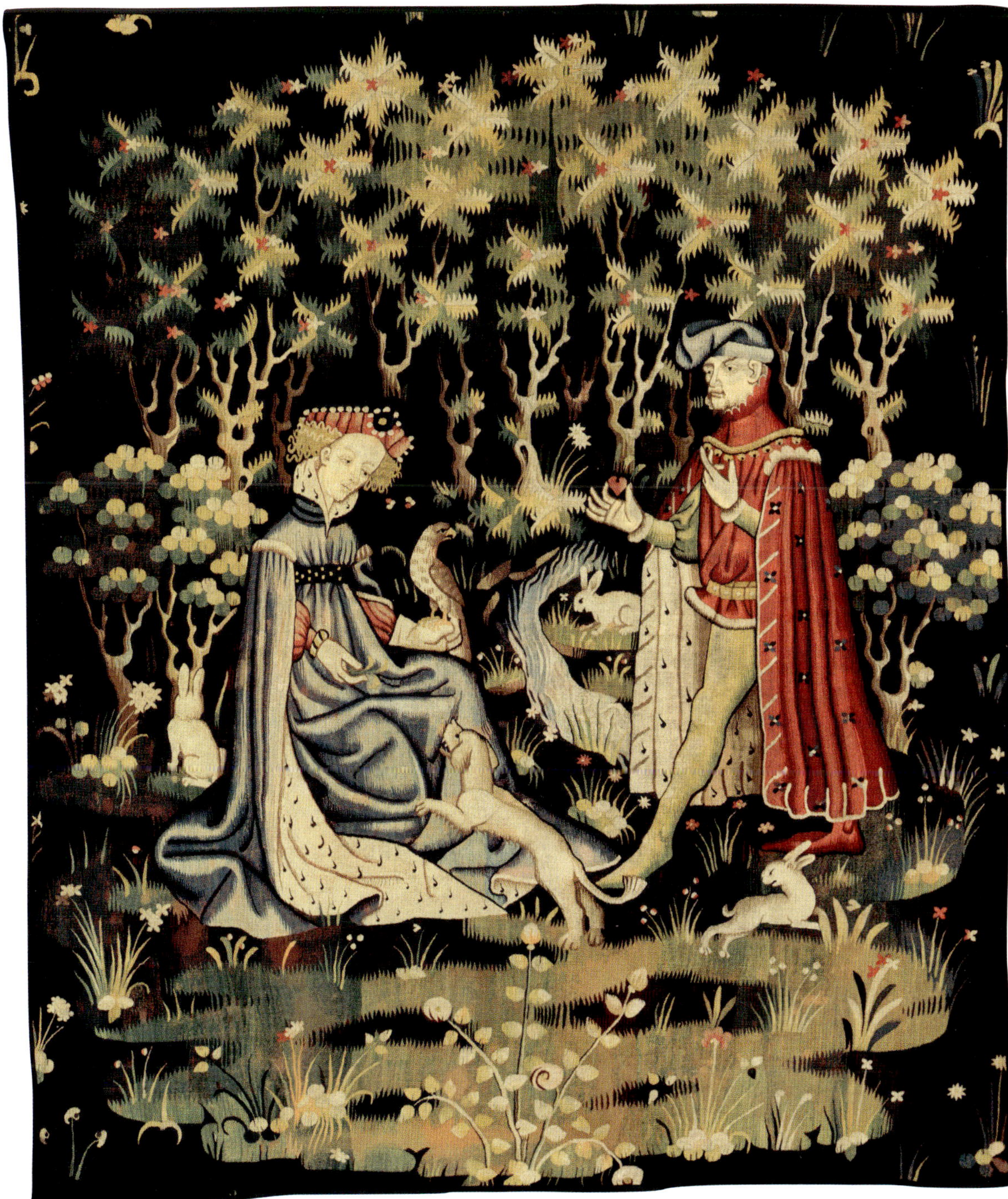

Vierge à l'Enfant et reliquaire du Saint Nombril,

1407, argent doré, verre coloré (capsule de verre moderne), 33,4 × 18,9 × 17,2 cm, Paris, musée national du Moyen Âge (thermes et hôtel de Cluny).

« Le Saint Nombril a été détruit... d'un coup de dent. »

C'est par testament qu'en 1407 un bourgeois nommé Thibault Des Abbés fit réaliser cette *Vierge à l'Enfant* pour la collégiale de Notre-Dame-en-Vaux. Un véritable joyau de l'art gothique français mais, pour son commanditaire, c'est ce qu'il y avait à l'intérieur qui avait le plus de valeur. Car il s'agit d'un reliquaire. La statuette contient une petite capsule de verre portant cette inscription latine : *De Umbilico Domini Jesu Christi*, ce qui veut dire : « De l'ombilic du Seigneur Jésus-Christ » ! Oui, vous avez bien compris : la statuette était destinée à servir d'écrin à un bout du cordon ombilical de Jésus ! Et si aujourd'hui elle est vide, c'est que le Saint Nombril a été détruit... d'un coup de dent. Cela faisait pourtant des siècles que les paroissiens de Châlons-en-Champagne vénéraient leur Saint Nombril. Charlemagne l'avait soi-disant reçu de l'empereur de Byzance et l'avait donné au pape, puis un autre pape, le Français Clément V, en avait donné un bout à l'évêque de Châlons au début du XIVe siècle. Mais en 1707, au siècle des Lumières, les légendes de ce genre ne passaient plus aussi facilement qu'au Moyen Âge et, pour la première fois peut-être, une relique fut expertisée sur ordre de l'évêque en personne. On sortit le cordon ombilical de la statuette. Un médecin mordit dedans et déclara : « C'est un corps sans odeur ni saveur dont je ne peux reconnaître la nature. » Et voilà, plus de Saint Nombril ! L'évêque le fit carrément disparaître. Au grand dam de ses ouailles, qui lui firent un procès, car elles étaient habituées à prier le Saint Nombril, mais à la grande satisfaction de Voltaire, qui salua le geste de l'évêque dans son *Traité de la tolérance* ! Résultat, la *Vierge à l'Enfant* est vide, mais ça reste un chef-d'œuvre.

Les orfèvres sont les héritiers de saint Éloi, ce Limougeaud de l'époque mérovingienne, qui non seulement fut le ministre de Dagobert, mais porta également l'art de l'orfèvrerie à sa perfection. À la période gothique, ces artisans de l'or bénéficient de l'essor de l'orfèvrerie française en Europe. Leur production profane et religieuse se multiplie grâce au développement du mécénat royal et princier, et à l'évolution de la piété. Regroupés en associations de métier, ils perdent leur anonymat, apposant tout d'abord le poinçon de leur ville sur leurs œuvres, et plus tard celui du maître.

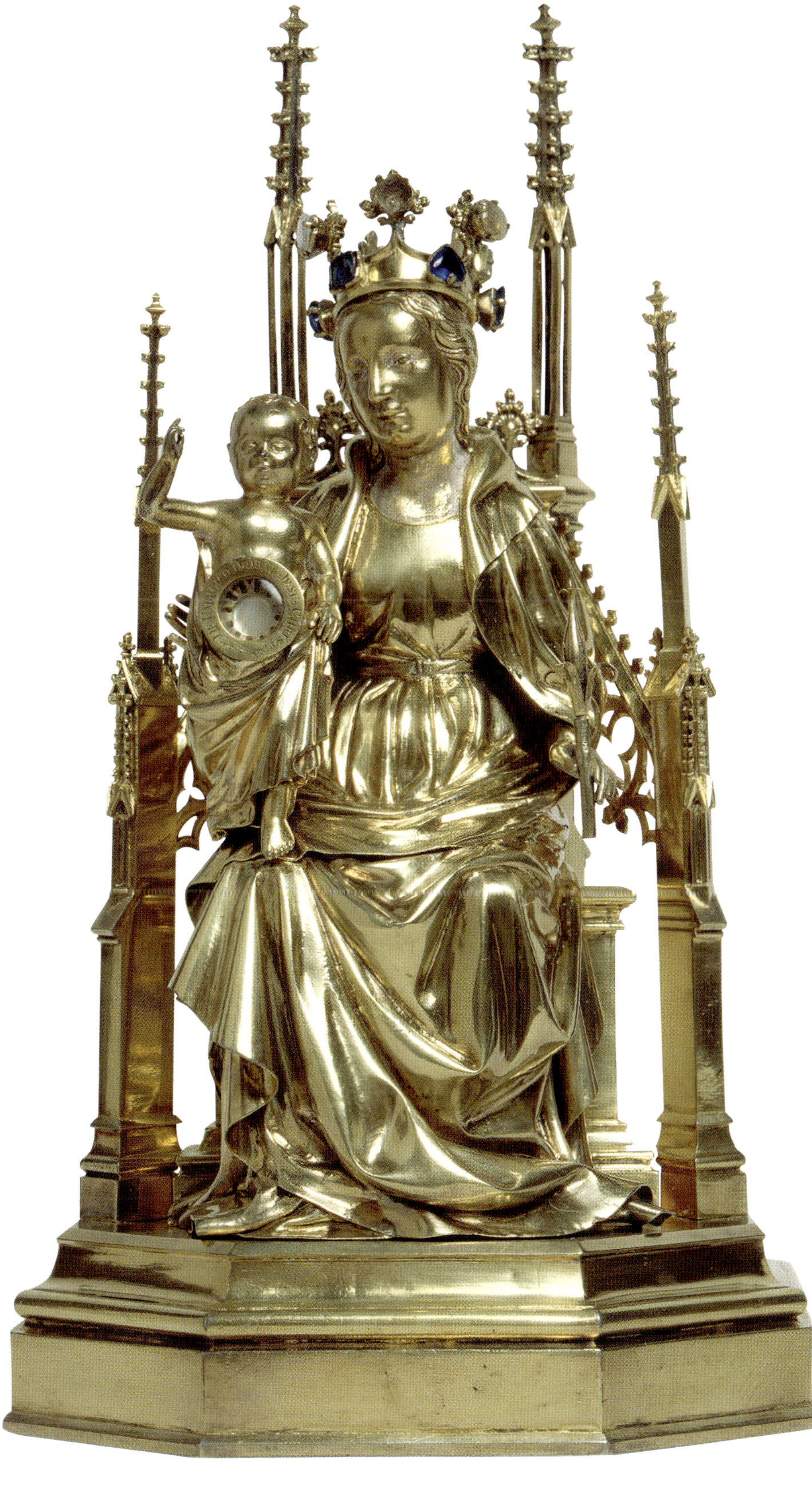

Tombeau de Philippe le Hardi,

Claus Sluter, Jean de Marville, Claus de Werve et leurs ateliers, 1384-1410, sculpture en albâtre doré et polychromé, soubassement et dalle en marbre noir de Dinant, pleurants en marbre de Vizille, 2,43 × 3,60 × 2,54 m, Dijon, musée des Beaux-Arts.

« En 1389, il est le premier à décéder. »

Voici le *Tombeau de Philippe le Hardi*, ou plutôt son cénotaphe, le monument à sa mémoire dont la forme rappelle celle d'un tombeau mais qui ne contient pas de corps. Et pourtant, il en a enterré plus d'un ! À commencer par Philippe le Hardi lui-même, qui l'avait commandé, en 1381, mais comme il fallut trente ans pour le terminer, le pauvre s'éteignit six ans trop tôt. Et trois sculpteurs furent nécessaires, les deux premiers étant morts avant terme. Il faut dire que le monument en impose : plus de 2 mètres de large sur 3 mètres de long. La difficulté est venue de la taille et du nombre de personnages sculptés autour du tombeau : les « pleurants ». C'est le cortège formé par les membres du clergé, la famille du défunt et ses gens de maison lors des funérailles. La tradition veut qu'on les représente sur les tombeaux des rois de France. Or, Philippe le Hardi, duc de Bourgogne, est le fils du roi Jean II le Bon. Jean de Marville, l'imagier du duc, chargé de l'exécution du tombeau, sculpte donc une galerie dans laquelle il aménage quarante arcades pour y loger les « pleurants ». En 1389, il est le premier à décéder. Le sculpteur néerlandais Claus Sluter prend la suite. Presque tout reste à faire et Sluter a d'autres travaux en cours. Bref, Philippe le Hardi meurt en 1404 sans tombeau. Son fils, Jean sans Peur réagit et donne quatre ans à Sluter pour le terminer. Mais celui-ci doit s'adapter à un cadre dont il n'est pas l'auteur. Il fait néanmoins des prouesses. Regardez ses « pleurants », leur émotion, pathétique, et leurs attitudes, l'un consolant son voisin, l'autre s'épanchant. Du grand art ! Mais Sluter n'en verra pas la fin. Au bout de dix-sept ans de travail, il meurt à son tour en 1406. C'est son neveu, Claude de Werve, qui terminera le *Tombeau de Philippe le Hardi* en 1410.

Claus Sluter
vers 1355 Haarlem - janvier 1406 Dijon

Sculpteur néerlandais, il fait son apprentissage dans la région de Bruxelles. Entre 1350 et 1388, il apparaît sur les registres des tailleurs de pierre de Bruxelles, mais on suppose qu'il exerce en Brabant vers 1380. Trois ans plus tard, il est attaché à la cour de Philippe le Hardi qui le fait venir à Dijon en 1385 pour travailler sur la chartreuse de Champmol sous la direction de Jean de Marville. À la mort de celui-ci en 1389, il devient le sculpteur attitré du duc de Bourgogne et dirige l'atelier des sculpteurs composés essentiellement d'artistes d'origine flamande. Malade depuis 1404, il s'éteint deux ans plus tard.

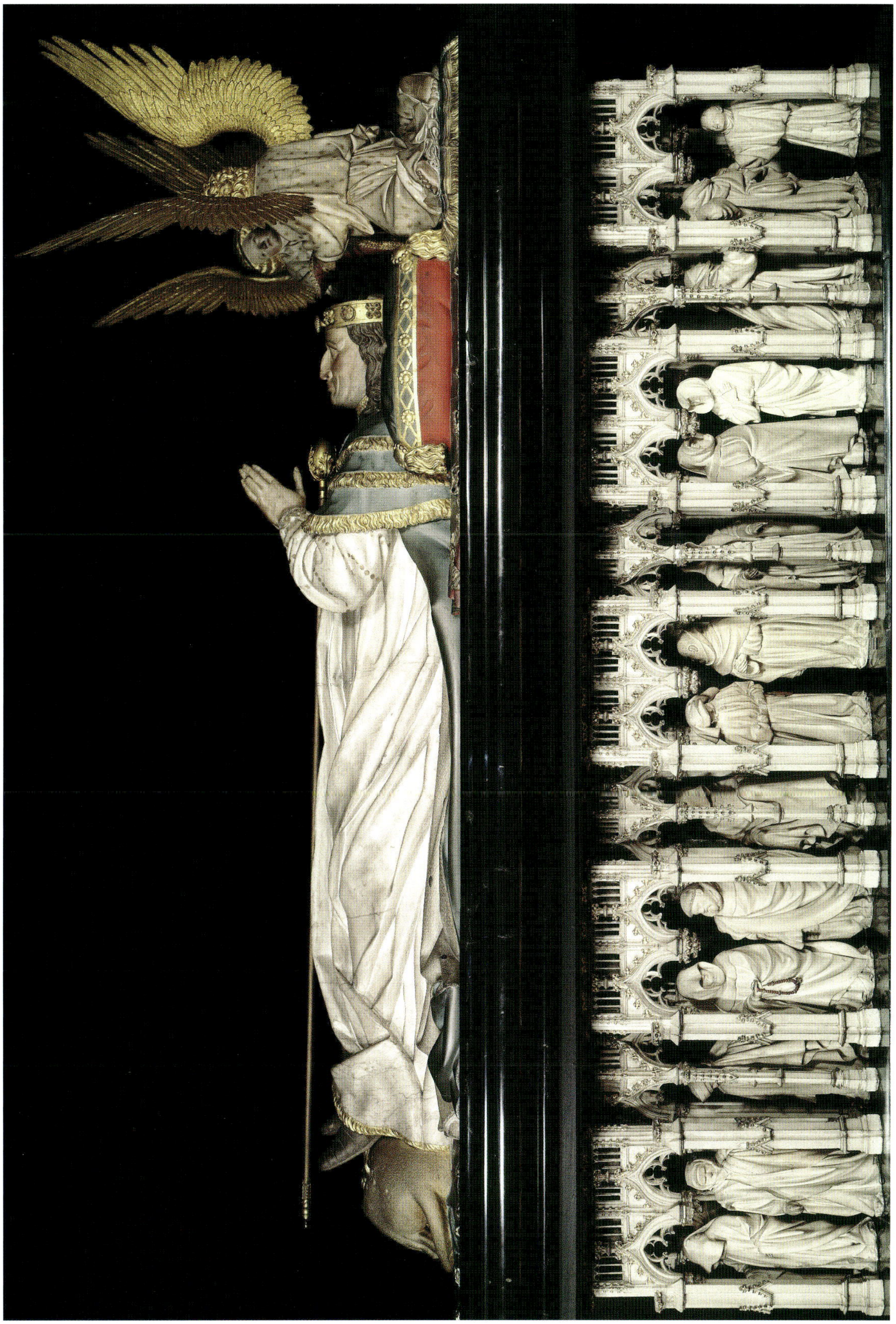

La Nativité,

Robert Campin (dit le Maître de Flémalle), 1420, huile sur bois, 87 × 70 cm, Dijon, musée des Beaux-Arts.

« Et la seconde, qui en doutait, eut la main desséchée en voulant vérifier. »

Lorsque Robert Campin, dit le Maître de Flémalle, peint *La Nativité* en 1420, il n'est évidemment pas le premier à représenter cette scène capitale du christianisme. Mais il la montre sous un jour nouveau. Comme ses prédécesseurs, il emprunte aux Évangiles, à celui de Luc en particulier, le récit de la naissance de Jésus et l'Adoration des bergers. Mais il diversifie ses sources d'inspiration. Marie, par exemple, est vêtue de blanc, et non du bleu céleste traditionnel ; et sa chevelure rousse flotte sur ses épaules. Cette image de la Vierge ne vient pas de Luc, c'est la vision qu'en a eue sainte Brigitte de Suède dans la grotte de la Nativité à Bethléem en 1372. Et il va encore plus loin. Vous voyez ces deux femmes à droite du tableau ? Il s'agit d'Azel et Salomé, les deux sages-femmes qui assistèrent à la naissance du Christ. La première constata que Marie était toujours vierge malgré sa grossesse. Et la seconde, qui en doutait, eut la main desséchée en voulant vérifier. Elle guérit peu après, sur les conseils de l'ange, en touchant le divin enfant. Cet épisode non plus ne se trouve pas dans les Évangiles. Il apparaît pour la première fois dans le *Protévangile* de Jacques, antérieur aux Évangiles, un évangile apocryphe, « soustrait au regard, caché, secret », qui englobe les écrits non reconnus par l'Ancien ou le Nouveau Testament et qui permet, dit-on, de combler les « trous », les « zones d'ombre » de la Bible. Là encore, Robert Campin a une vision nouvelle de la Nativité, à laquelle vient s'ajouter un souci d'observation qui tranche avec la peinture du Moyen Âge. Voyez le paysage, la perspective. C'est tout cela qui fait du Maître de Flémalle le grand précurseur de la peinture flamande de la Renaissance.

Robert Campin
Vers 1378 Valenciennes - 1444 Tournai

Peintre flamand, identifié aujourd'hui avec une quasi-certitude comme le Maître de Flémalle, il commence son apprentissage à Dijon. À partir de 1406, il s'installe comme peintre à Tournai. Entre 1418 et 1432, il forme de nombreux élèves dans son atelier et notamment Rogier Van der Weyden et Jacques Daret. Et il fait certainement la connaissance de Jan Van Eyck lors des visites de celui-ci à Tournai. À partir de 1423, il s'engage en politique et participe activement à la gestion municipale dans les guildes d'artisans. Mais, en 1428, il est condamné et interdit de fonction publique pour avoir refusé de témoigner contre un bourgeois.

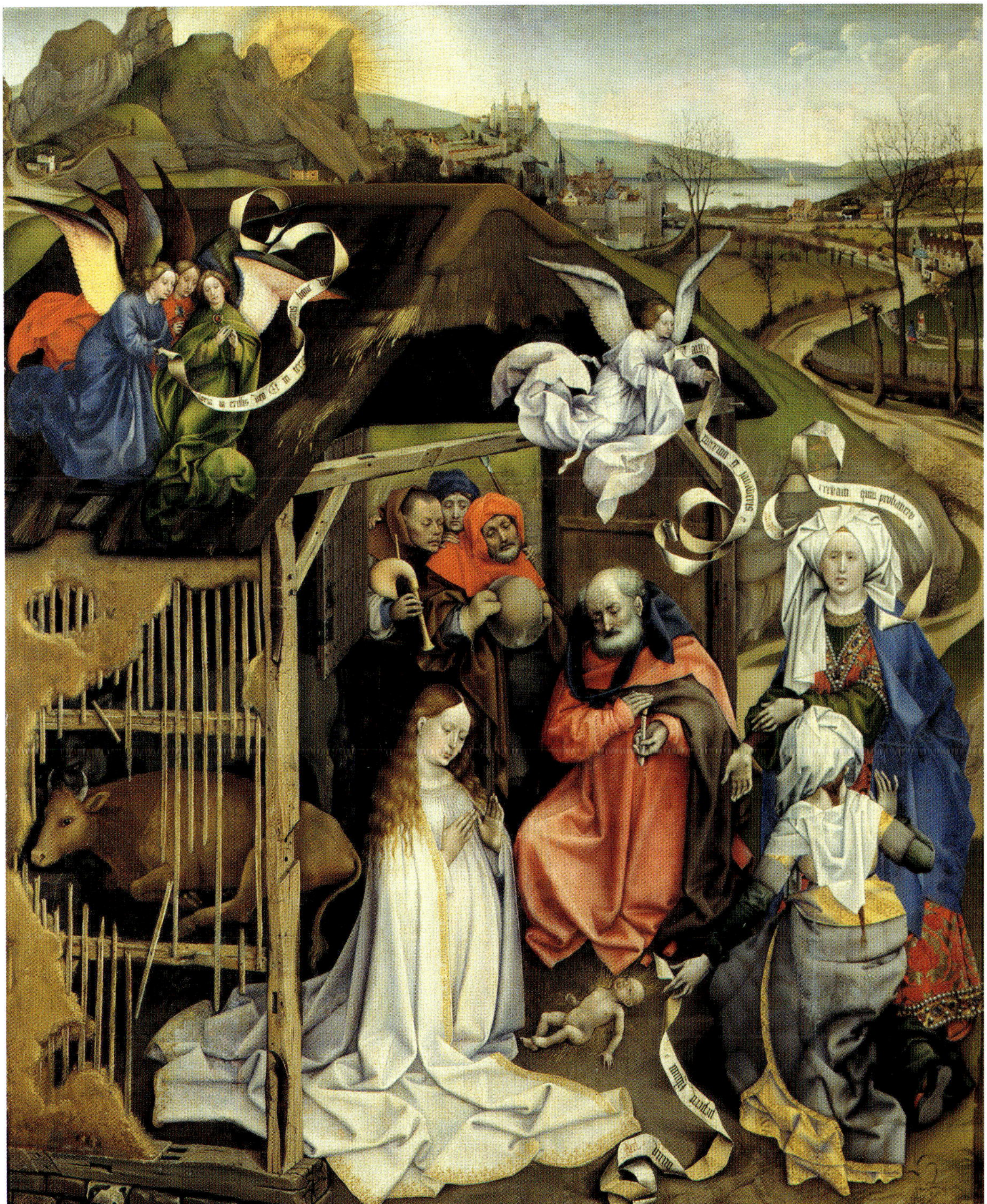

Le Festin d'Hérode,

Donato di Niccolò di Betto Bardi (dit Donatello), vers 1435, marbre, 50 x 71 cm, Lille, musée des Beaux-Arts.

« C'est toute la chronologie de cet épisode de la Bible que Donatello a sculptée. »

Vers 1435, avec ce panneau de marbre représentant *Le Festin d'Hérode*, Donatello invente le *rilievo schiacciato*, en français le « relief écrasé ». Un effet d'optique qui constitue une étape importante dans l'histoire de l'art, car ce sculpteur de génie introduit pour la première fois de la profondeur dans un relief et fait la jonction entre la sculpture antique et la théorie de la perspective. Et il en profite pour raconter l'histoire de Salomé dansant pour son beau-père Hérode en échange de la tête de saint Jean-Baptiste. Au centre du panneau, à l'arrière-plan, Salomé est en train de danser. C'est encore elle au premier plan, qui détourne la tête. Et pour cause, dans la partie gauche, voici la table du festin où l'on présente à Hérode la tête de saint Jean-Baptiste sur un plateau. Une vision qu'elle n'est pas seule à ne pas pouvoir supporter : l'un des convives éclate en reproches, un autre quitte la table, un troisième se voile la face. Dans la salle derrière le banquet, les musiciens continuent de jouer, tandis qu'on distingue à travers les arches des personnages encore inconscients du drame. C'est toute la chronologie de cet épisode de la Bible que Donatello a sculptée sur un panneau de 50 centimètres sur 71 centimètres à travers neuf plans successifs, en respectant les proportions des personnages et des décors. Pour y parvenir, il a utilisé les règles de la perspective élaborées vingt ans plus tôt par son ami Brunelleschi et appliquées pour la première fois en peinture par Masaccio en 1425. Mais ici, il s'agit de sculpture. Et cette dilatation de l'espace poussée à ses limites, Donatello l'a obtenue par la perspective centrée et une graduation imperceptible des reliefs : le relief écrasé.

Donatello
vers 1386 Florence -
13 décembre 1466 Florence

Sculpteur italien, il étudie dès son adolescence dans sa ville natale de Florence chez le maître Lorenzo Ghiberti, et durant deux ans à Rome où il étudie les modèles antiques. De retour à Florence, il connaît très vite le succès et la célébrité. Il participe au chantier de la cathédrale de Florence. En 1428, il y crée son propre atelier. Son renom lui vaut six ans plus tard la protection de Cosme de Médicis, grâce à laquelle ce mauvais gestionnaire mais grand sculpteur peut se permettre d'oublier les soucis d'argent et se consacrer à son art. Ce qu'il fait jusqu'à sa mort, malgré la paralysie progressive dont il souffre.

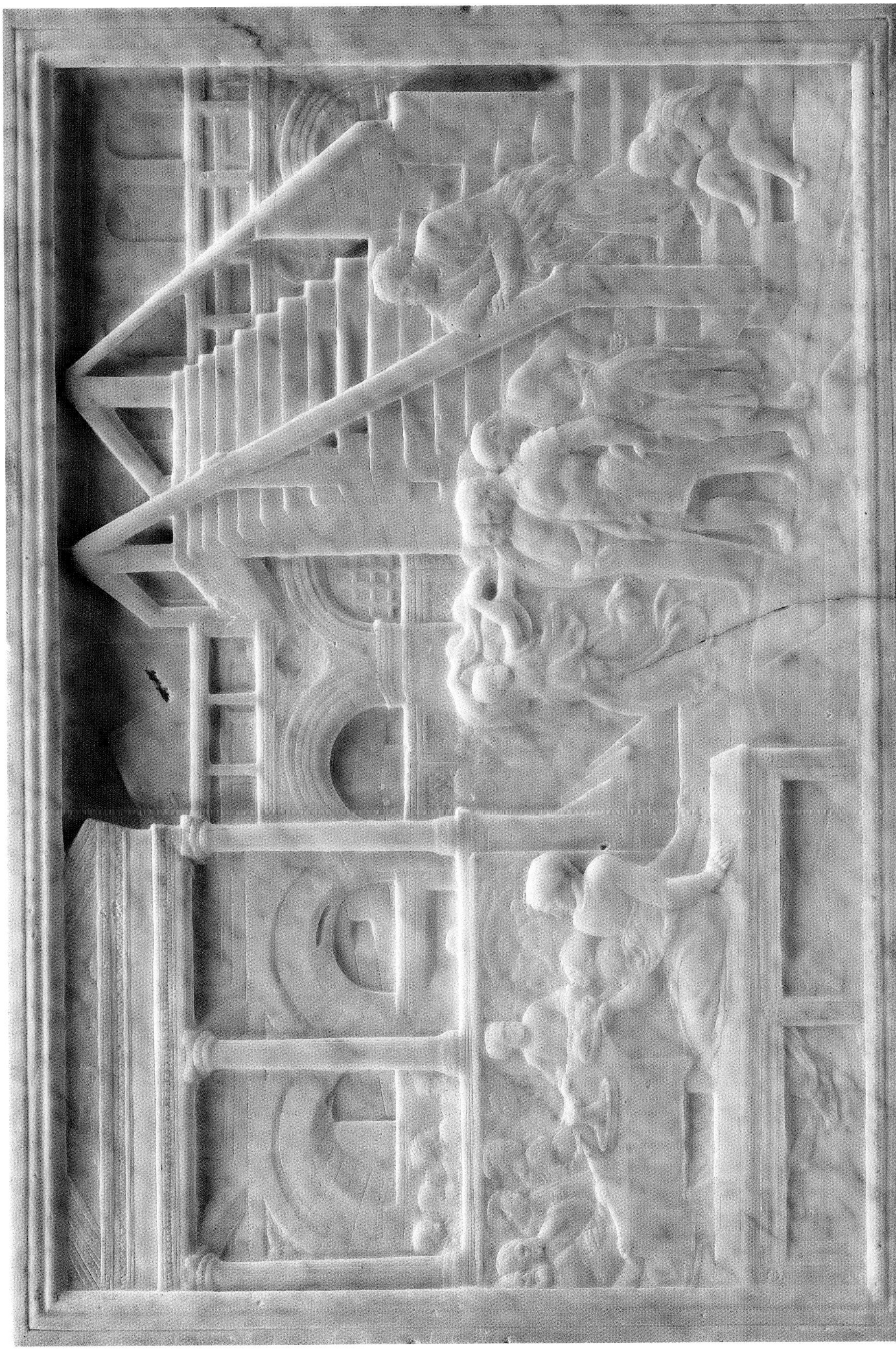

La Vierge à la fontaine,

Jan Van Eyck, 1439, huile sur panneau de bois, 19 × 12 cm, Anvers, palais des Beaux-Arts.

« La révolution Van Eyck ne s'arrête pas là. »

C'est avec des œuvres comme cette *Vierge à la fontaine*, peinte en 1439, que Jan Van Eyck a donné le coup d'envoi de ce que l'on appelle « l'ère des primitifs flamands ». Une révolution dans l'histoire de l'art ! Van Eyck n'est pas à proprement parler l'inventeur de la peinture à l'huile, mais il est le premier à ajouter de l'huile à ses pigments d'une manière systématique. Grâce à quoi il obtient un éclat, une transparence, une précision incomparables. Voyez le résultat : la chaleur des couleurs, la luminosité et la qualité du trait ! Mais la révolution Van Eyck ne s'arrête pas là. Regardez *La Vierge à la fontaine*. Nous sommes en 1439. C'est encore le Moyen Âge. Et pourtant, comme on est loin des enluminures, des figures d'extase ou des madones aux traits figés. Le visage de Marie a la grâce et la douceur de toutes les jeunes mères regardant leur enfant. Quant à Jésus, c'est un vrai nourrisson, potelé, tendrement lové contre sa mère. C'est ça, la révolution de Jan Van Eyck et des « primitifs flamands » : le réalisme. Pour la première fois, des peintres observent le monde qui les entoure et cherchent à le copier le plus fidèlement possible. Les personnages sont terriblement vivants. Les étoffes ont de l'épaisseur. L'anatomie, la perspective, les proportions sont respectées. Même chose pour le décor. L'herbe, la fontaine, les feuillages sont peints avec un soin minutieux. Et quel relief ! « *Als ich kan* », a écrit Van Eyck sur le cadre original de *La Vierge à la fontaine*, ce qui veut dire en français : « Au mieux de mes capacités ». Elles étaient énormes. Il a créé un univers parfait où le monde terrestre et la vie divine se rejoignent, confondus dans un même réalisme, et dans une même réalité.

Jan Van Eyck
vers 1390 Masseyck - 1441 Bruges

Peintre flamand, probablement natif du village de Masseyck dans la vallée de la Meuse, il fait peut-être son apprentissage à Liège. En 1422, il entre au service de Jean de Bavière, comte de Hollande, à La Haye. Trois ans plus tard, il est nommé peintre et valet de chambre de Philippe le Bon, duc de Bourgogne et comte de Flandre, et s'installe à Lille. Entre 1426 et 1429, il est envoyé en mission en Espagne et au Portugal. Et l'année suivante, il est nommé peintre de cour et s'établit à Bruges où il acquiert honneur et célébrité. Après sa mort, considéré comme l'inventeur de la peinture à l'huile et le maître de l'École flamande de la Renaissance, sa gloire s'étend à toute l'Europe.

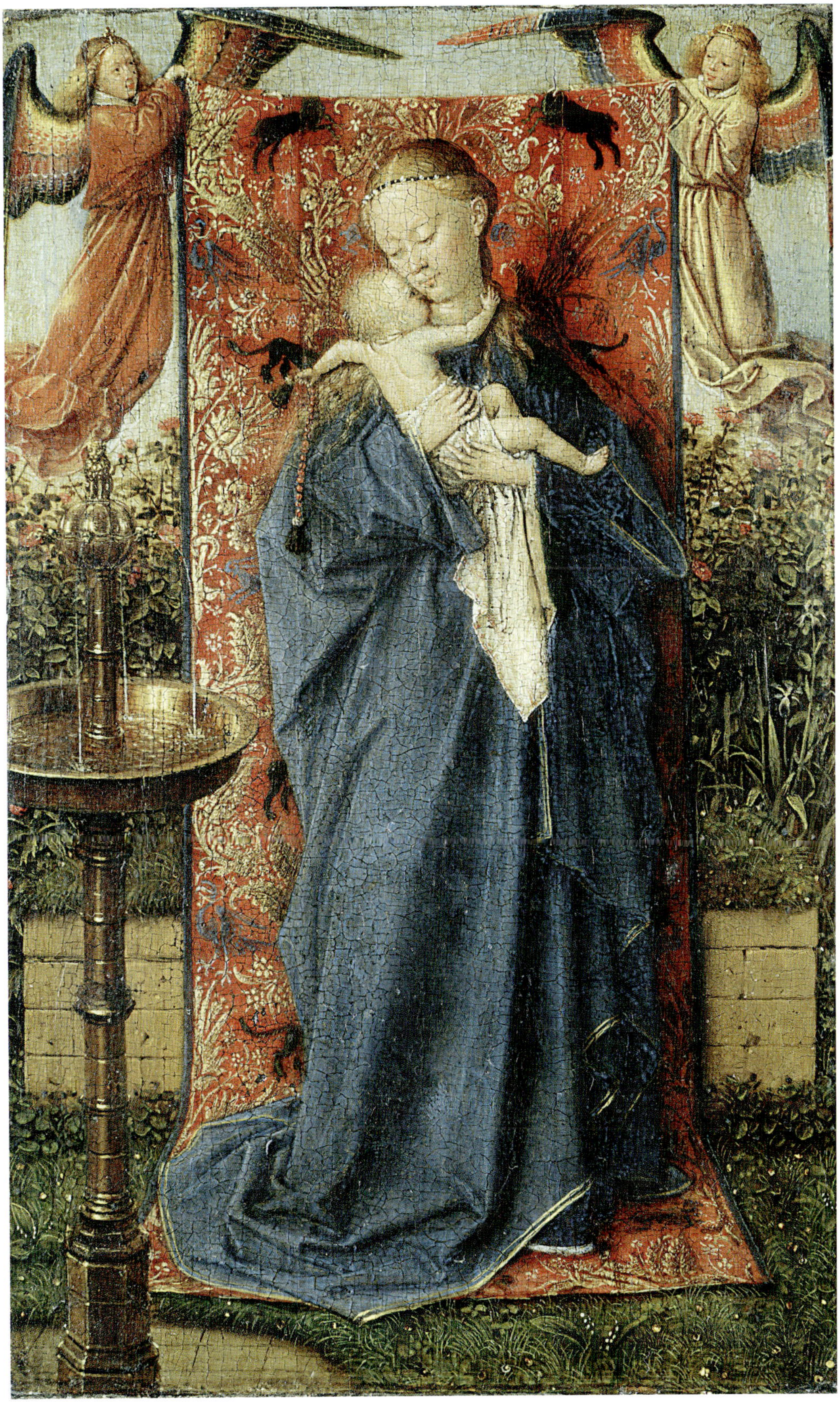

PORTRAIT DE CHARLES VII,

JEAN FOUQUET, vers 1445, huile sur panneau de bois, 86 × 71 cm, Paris, musée du Louvre.

« Un roi victorieux, mais un homme au destin et à la personnalité compliqués. »

Au milieu du XVe siècle, le *Portrait de Charles VII* par Jean Fouquet constitue une révolution dans l'art de la représentation royale. En effet, le peintre ne se contente pas, comme c'est l'usage, de réaliser un tableau destiné à faire connaître le visage du roi, il s'applique à ce que ce soit un portrait réaliste doté de psychologie. Charles VII n'est pas un roi comme les autres. Répudié par son père au profit du roi d'Angleterre, il a gagné son trône en chassant les Anglais hors de France, exploit accompli avec l'aide d'une jeune fille, Jeanne d'Arc, qu'il a pourtant abandonnée au bûcher. Un roi victorieux, qui a mis fin à une guerre interminable, mais un homme au destin et à la personnalité compliqués. Et c'est cet homme que Fouquet nous dévoile. En utilisant une grande toile presque carrée où, contrairement à la représentation traditionnelle des souverains, il ne le peint pas en pied, mais le cadre à mi-corps, comme dans les images de dévotion, et non pas de face ou de profil, mais de trois quarts. Résultat, Charles VII apparaît pratiquement grandeur nature et nous pouvons distinguer chacun des traits de son visage inquiet : son regard désabusé, ses lèvres molles, sa méfiance maladive. Voilà pour l'homme. Quant au roi, Fouquet, là encore, innove en bannissant de son portrait tous les regalia du pouvoir monarchique. Il n'a ni couronne, ni sceptre, ni blason, mais il est vêtu de rouge, couleur de la charité, son couvre-chef est zébré d'or et d'azur, couleurs des armoiries royales, et il apparaît dans un décor nu, entre deux rideaux blancs tirés, telle une icône, offerte à la contemplation. En dépit de son naturalisme, ce tableau plein de majesté va faire école, devenant le prototype du portrait officiel.

JEAN FOUQUET
1420 Tours - vers 1480 Tours

Peintre et enlumineur français, il fait certainement son apprentissage à Paris, avant de fréquenter l'atelier du maître flamand Jan Van Eyck à Bruges. Il voyage ensuite en Italie. Il séjourne notamment dans la Florence des Médicis et des artistes novateurs du Quattrocento. Puis à Rome, où sa maîtrise du portrait lui vaut de réaliser celui du pape Eugène IV. De retour en France vers 1450, il s'installe à Tours, où il devient, vingt-cinq ans plus tard, peintre du roi Louis XI. Célèbre jusqu'à la fin du XVIe siècle, il est ensuite oublié avant d'être redécouvert par les romantiques au XIXe siècle.

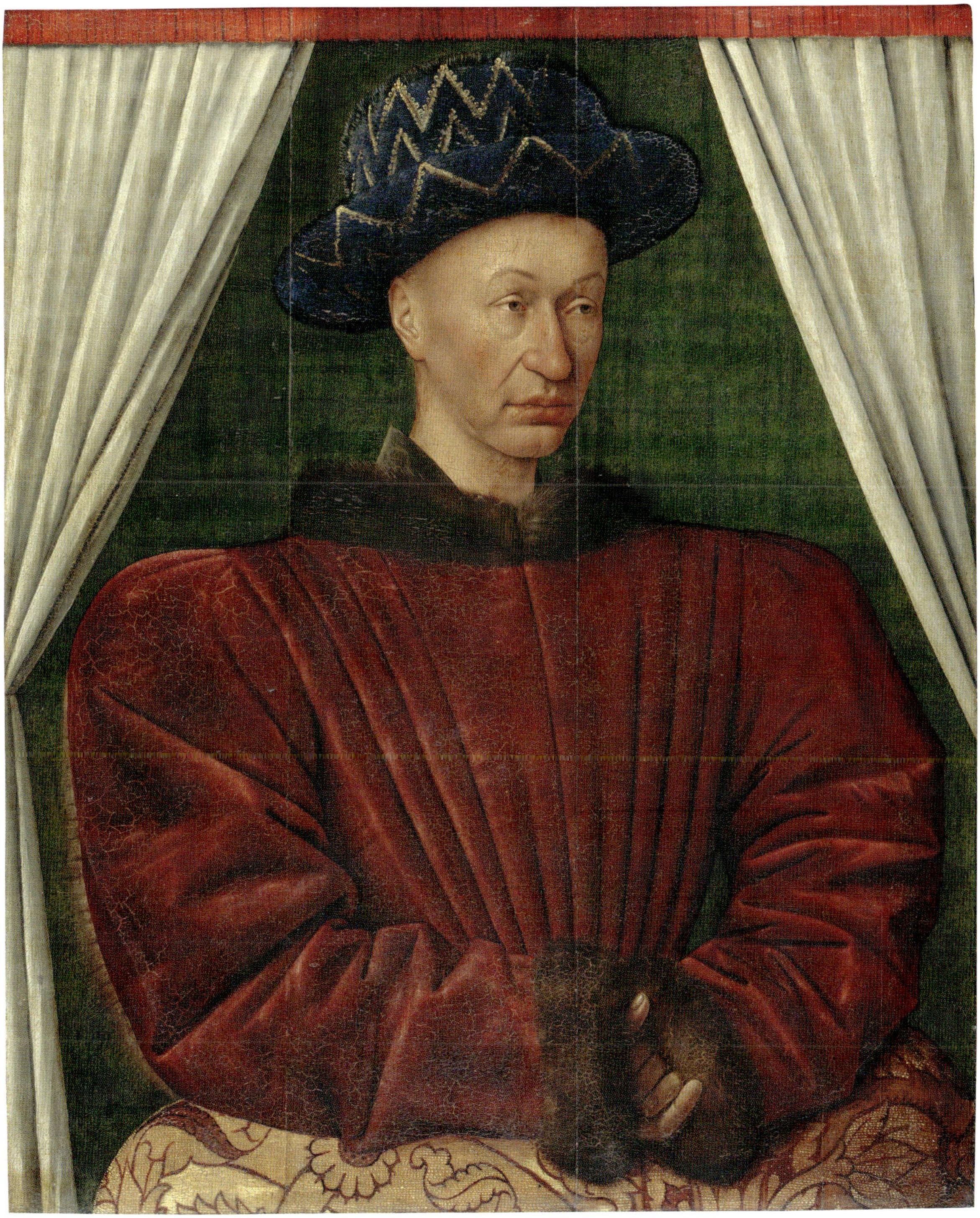

La Chute des damnés,

Dirk Bouts (ou Dieric Boots), vers 1470, huile sur bois, 115 × 69,5 cm, Lille, musée des Beaux-Arts.

L'Ascension des élus,

Dirk Bouts (ou Dieric Boots), vers 1470, huile sur bois, 115 × 69 cm, Lille, musée des Beaux-Arts.

« Leur mission : donner corps à la menace, la rendre explicite, donc effrayante. »

Voici *La Chute des damnés*, peinte par Dirk Bouts vers 1470. Avec son pendant, *L'Ascension des élus*, ces œuvres faisaient partie d'un triptyque consacré au Jugement dernier. Le Jugement dernier doit avoir lieu à la fin des temps, lorsque le Christ reviendra sur Terre et que Dieu jugera chacun d'entre nous. Les élus monteront au paradis, les damnés seront précipités dans les abîmes de l'enfer. Cette menace, le clergé l'agite de toutes ses forces à partir du Moyen Âge et les artistes sont mis à contribution. Leur mission : donner corps à la menace, la rendre explicite, donc effrayante. Dirk Bouts, par exemple, s'inspire d'un des rares témoignages rapportés de l'au-delà. Celui du chevalier Owein, tel qu'il figure dans le *Purgatoire de saint Patrick* rédigé en 1189 par un moine irlandais. Au Vᵉ siècle, le Seigneur avait indiqué à saint Patrick qu'une des portes de l'enfer était une fosse située dans une grotte irlandaise. Eh bien, c'est par là que serait passé Owein. Et voilà ce qu'il a vu. Une grande roue où sont suspendus des damnés. D'autres qu'un vent violent précipite dans un fleuve noir. D'autres encore s'effondrant dans les profondeurs, assaillis par des monstres démoniaques… Peinture d'autant plus cauchemardesque que *L'Ascension des élus* montre exactement l'inverse : un paysage de rêve où les bons chrétiens, conduits par des anges, s'acheminent vers la félicité éternelle… À noter que le récit d'Owein accrédite l'idée d'Abélard, datant de la même époque, selon laquelle il y aurait deux jugements, l'un individuel le jour de notre mort, et l'autre, tous en bloc, à la fin des temps. S'il n'y en avait qu'un, le dernier, l'enfer aurait été vide lorsque notre brave chevalier l'a visité et il le resterait jusqu'à… la fin des temps.

Dirk Bouts
vers 1420 Haarlem - 1475 Louvain

Peintre néerlandais, si l'on ne sait rien de son apprentissage, il est certain qu'il a été très fortement influencé par Rogier Van der Weyden et Jan Van Eyck. À la fin des années 1450, il épouse une jeune femme issue de la riche bourgeoisie de Louvain, alors en pleine expansion économique et artistique, où il exerce à partir de 1457. Il est nommé peintre officiel de la ville onze ans plus tard. Deux de ses fils, Dirk II ou le Jeune et Albrecht Bouts sont également peintres.

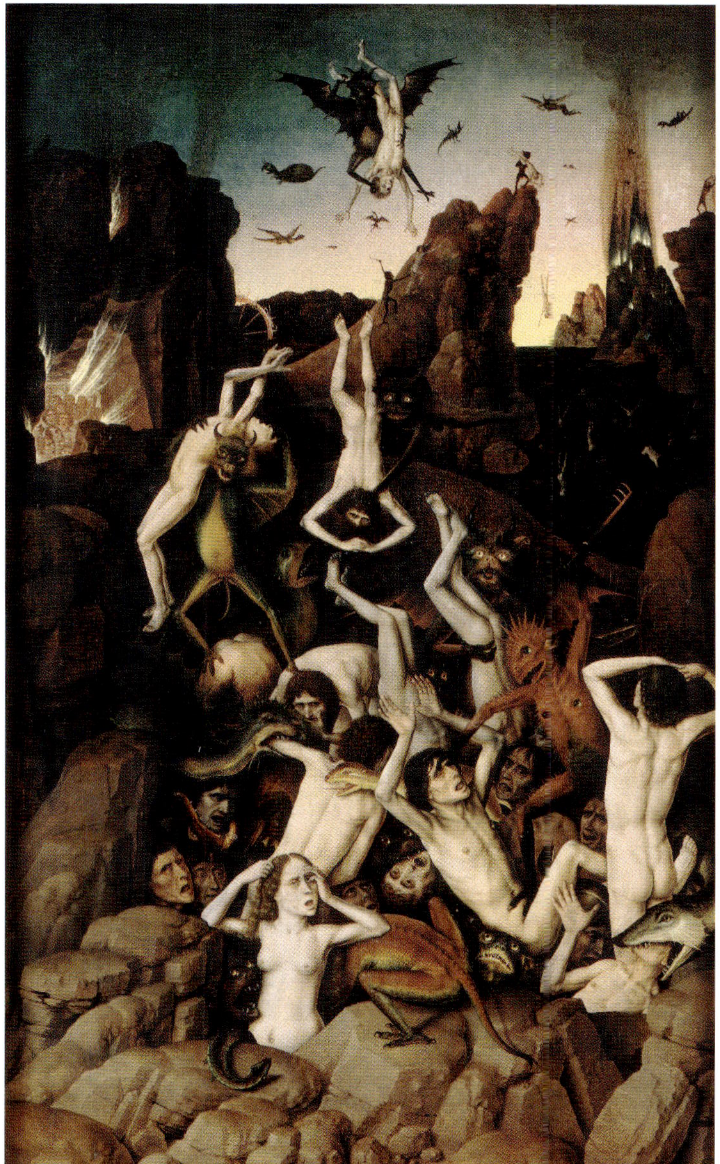

La Chute des damnés

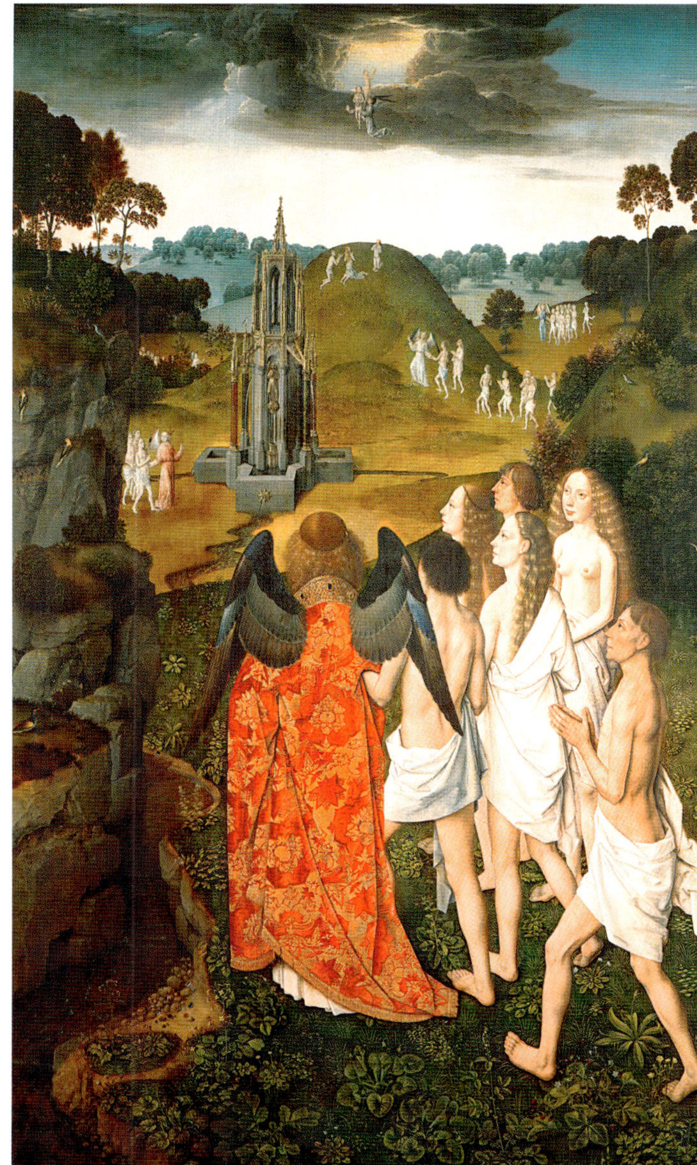

L'Ascension des élus

Autoportrait ou Portrait de l'artiste tenant un chardon

Albrecht Dürer, 1493, peinture à l'huile, parchemin collé sur toile, 56,5 × 44,5 cm, Paris, musée du Louvre.

« Il ira même jusqu'à donner ses propres traits au Christ ! »

En 1493, avec cette peinture à l'huile, Albrecht Dürer signe le premier véritable autoportrait de l'histoire de l'art. Certes, les peintres égyptiens de l'Antiquité se représentaient sur les murs des pyramides, mais c'était pour évoquer leur travail et signer en quelque sorte leurs œuvres. De même, les artistes européens du Moyen Âge qui, dans les enluminures, ajoutaient leur visage à côté de leur signature. Dürer, lui, est un peintre de la Renaissance – les débuts de l'individualisme – et, à 22 ans, il fait de sa personne l'unique sujet du tableau, un sujet à part entière. Il en fera même le sujet principal de son œuvre, puisqu'il multipliera les autoportraits tout au long de sa carrière. Notre homme était-il complètement narcissique ? On peut le supposer. Dans certaines de ses peintures religieuses, il se représente un peu à l'écart, et portant un panneau, pour être bien visible, bien reconnaissable. Un jour, il ira même jusqu'à donner ses propres traits au Christ ! Mais on peut également penser que Dürer s'étudiait lui-même. Regardez bien son autoportrait. Il n'est encore qu'un jeune homme et, pourtant, voyez son regard, son attitude hautaine, ses vêtements raffinés, qui sont ceux d'un homme accompli. Et voyez la phrase inscrite sur la toile, qui signifie : « Les choses m'arrivent comme il est écrit là-haut. » Peut-être s'agit-il d'un portrait « philosophique » ou d'un examen de conscience. Allez savoir…

Albrecht Dürer
21 mai 1471 Nuremberg - 1528 Nuremberg

Peintre, graveur et mathématicien allemand, fils d'un orfèvre d'origine hongroise, à 13 ans il commence son apprentissage auprès de son père. Et, en 1486, il entre dans l'atelier du peintre Michael Wolgemut où il étudie également la gravure sur bois. Il voyage en Italie à deux reprises, en 1494 et 1505, où Jacopo de Barbari l'initie aux mathématiques et à la perspective. En 1512, il est anobli et fait peintre de la Cour par l'empereur Maximilien de Habsbourg, et sa célébrité atteint toute l'Europe. Mais il contracte la malaria en 1527 et s'éteint l'année suivante. Laissant derrière lui une œuvre majeure de la Renaissance et de l'humanisme allemand, et après avoir imposé la gravure comme un art majeur et autonome.

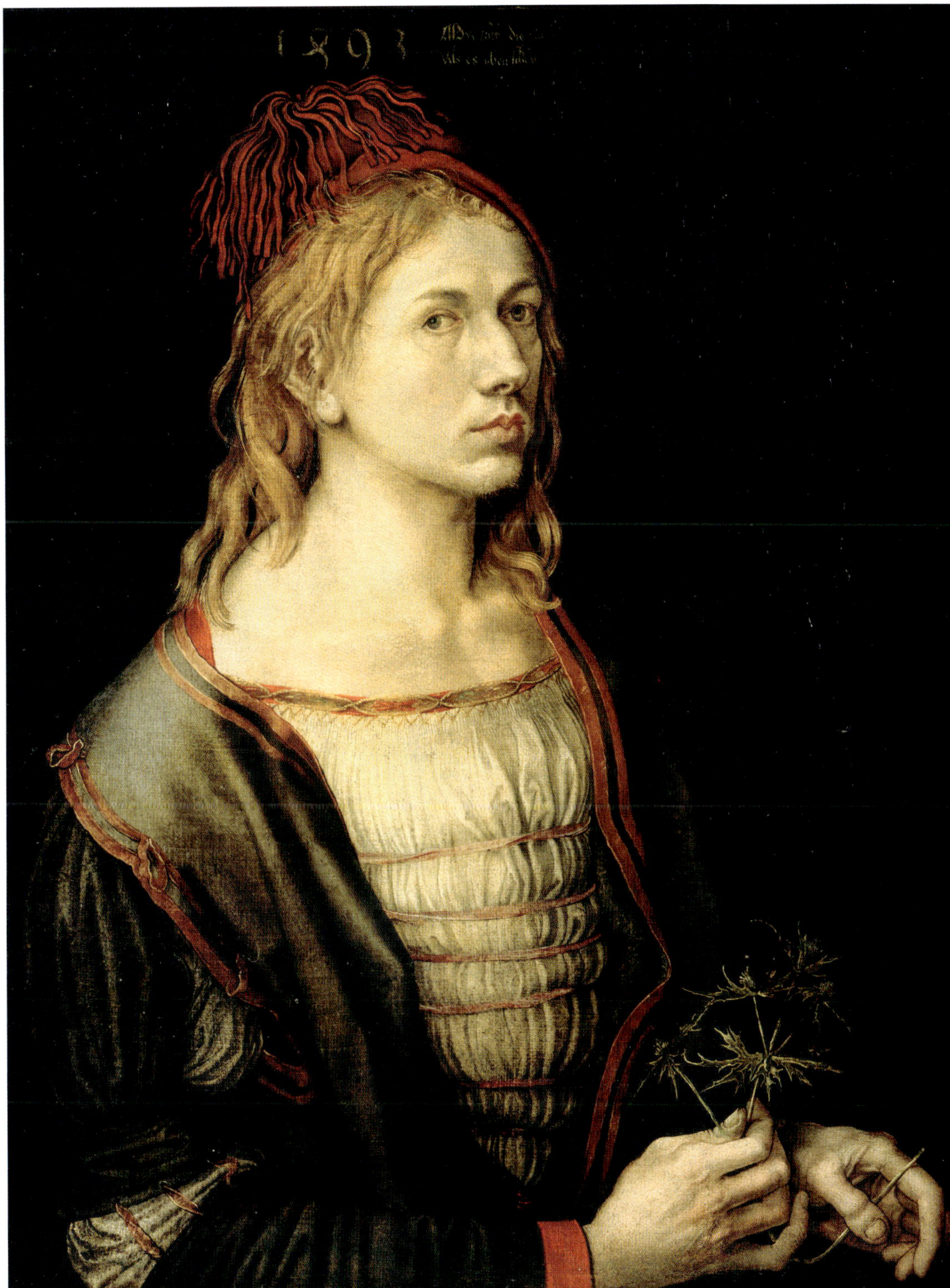

Le Dauphin Charles-Orland,

Le Maître de Moulins, 1494, huile sur panneau de bois, 39 × 33 cm, Paris, musée du Louvre.

« À l'époque, les commanditaires étaient plus célèbres que les artistes. »

Il arrive que la datation de certains tableaux soit difficile, voire impossible, à dix ou vingt ans près. Ce n'est pas le cas de ce portrait. Il est très précisément daté : décembre 1494 ! Alors que l'identité même de l'artiste qui en est l'auteur reste encore aujourd'hui sujette à caution… On ne possède en effet quasiment aucun document concernant celui qu'on appelle le Maître de Moulins. Et pourtant, c'est le peintre français du XVe siècle dont on possède le plus grand nombre de tableaux, une quinzaine en tout, plus un vitrail, une miniature et un dessin. On les lui a tous attribués en fonction du style. Et c'est en identifiant les modèles de ses portraits que l'on a établi une chronologie de son travail assez précise. À l'époque, en effet, les commanditaires étaient plus célèbres que les artistes. On peut ainsi reconnaître sur les tableaux du Maître de Moulins : Charles de Bourbon fait cardinal en 1476 ; Marguerite d'Autriche vers 1490 alors qu'elle était fiancée à Charles VIII ; Anne de France et sa fille Suzanne vers 1493. Quant à ce bambin, c'est encore plus facile, son nom est inscrit sur le cadre. Il s'agit de Charles-Orland, le dauphin de France. Premier fils du roi Charles VIII et d'Anne de Bretagne, il vint au monde le 10 octobre 1492, à la grande joie de ses parents. Joie malheureusement de courte durée puisqu'il fut emporté par la rougeole le 16 décembre 1495, à l'âge de 3 ans. Ce portrait fut exécuté un an auparavant. Il était destiné à être envoyé à Charles VIII parti guerroyer en Italie. Il fut gardé en souvenir de l'enfant mort. On peut d'ailleurs se demander ce qu'il serait devenu si ce dernier avait survécu et s'il était devenu roi à son tour, le roi Charles-Orland… Allez savoir si son portrait bébé n'aurait pas fini dans quelque cul-de-basse-fosse.

Le Maître de Moulins

Peintre anonyme, il exerce son activité entre 1480 et 1500 à la cour des ducs de Bourbon. Il tient son nom de son œuvre la plus connue, le *Triptyque de la Vierge en gloire entourée d'anges* de la cathédrale de Moulins. Et d'après un document contenu dans les archives du duc Pierre II de Bourbon qui cite « Maistre Jehan le paintre », on suppose qu'il se prénommait Jehan, ou Jean selon la forme moderne de ce prénom. Certains historiens ont donc tenté de l'identifier avec des artistes connus de l'époque, comme Jean Hay (Hey), Jean Perréal ou encore Jean Prévost. Mais à ce jour, le débat reste ouvert…

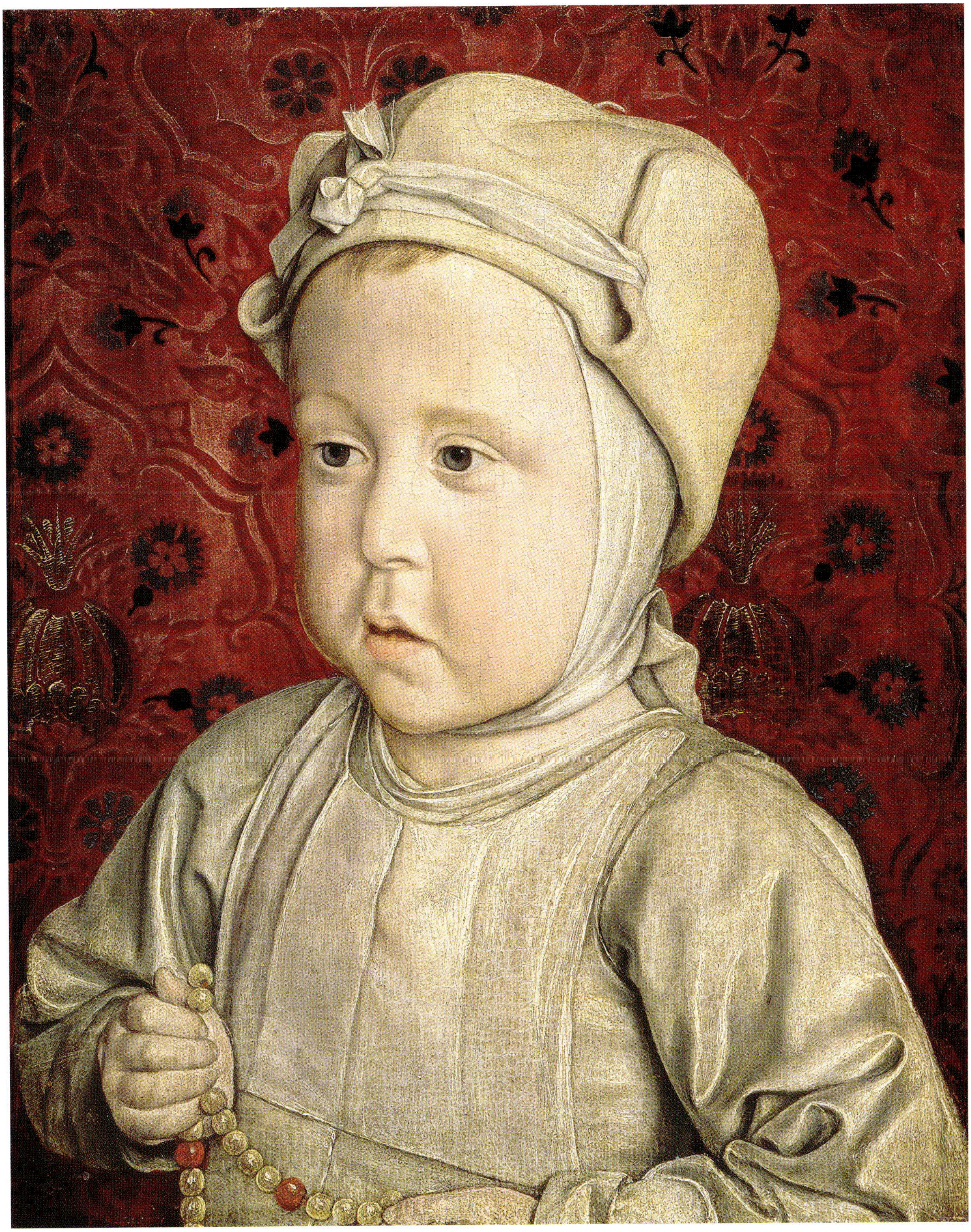

La Vierge à l'Enfant avec sainte Anne,

Leonardo di Ser Piero da Vinci (dit Léonard de Vinci), 1500-1513, huile sur panneau de bois, 1,68 × 1,30 m, Paris, musée du Louvre.

« Quelqu'un va bâtir sur ce tableau son propre "Da Vinci Code". »

La Vierge à l'Enfant avec sainte Anne, peinte par Léonard de Vinci vers 1510, représente la Trinité mariale : Jésus dans les bras de Marie, elle-même assise sur les genoux de sainte Anne, sa propre mère, la grand-mère du Christ. Quatre siècles plus tard, quelqu'un va bâtir sur ce tableau son propre « Da Vinci Code ». Il s'agit de Freud, qui y voit la preuve de l'homosexualité de Léonard ! En 1910, le père de la psychanalyse s'est intéressé au seul souvenir d'enfance dont le grand peintre de la Renaissance ait fait état dans ses carnets. Il aurait été attaqué dans son berceau par un rapace : « Un vautour vint à moi, m'ouvrit la bouche avec sa queue, et plusieurs fois me frappa avec la queue entre les lèvres. » Pour Freud, l'interprétation est évidente : comme dans la mythologie égyptienne, Mout, la mère, est une déesse vautour, il en déduit que Léonard a transposé un souvenir d'allaitement, sa mère essayant de lui donner le sein, en agression phallique, en fantasme de fellation, clef de son homosexualité. Et quelques années plus tard, il trouve la preuve de ce qu'il avance. Que voit-il – ou croit-il voir – dans *La Vierge à l'Enfant avec sainte Anne*, tableau que Léonard a centré sur la mère ? Il voit à gauche, dans le drapé de Marie, la tête d'un vautour et à droite, entre la bouche de l'enfant Jésus et le menton de sa mère… la queue du vautour. Une théorie dont psychanalystes et historiens d'art débattent encore aujourd'hui.

Léonard de Vinci
15 avril 1452 Vinci - 2 mai 1519 Amboise

Peintre, sculpteur, scientifique, ingénieur, inventeur, anatomiste, architecte, urbaniste, botaniste, musicien, poète, philosophe et écrivain florentin, il est l'élève du célèbre peintre Andrea del Verrocchio. À 20 ans, il est déjà membre de la guilde des artistes peintres de Saint-Luc à Florence. Deux ans plus tard, il rejoint l'atelier d'Uccello pour apprendre la perspective. Très vite, ses talents d'architecte et d'ingénieur se révèlent à leur tour. Durant quarante ans, il œuvre dans toute l'Italie avant de devenir le « premier peintre, premier architecte et premier ingénieur » du roi François Ier jusqu'à sa mort.

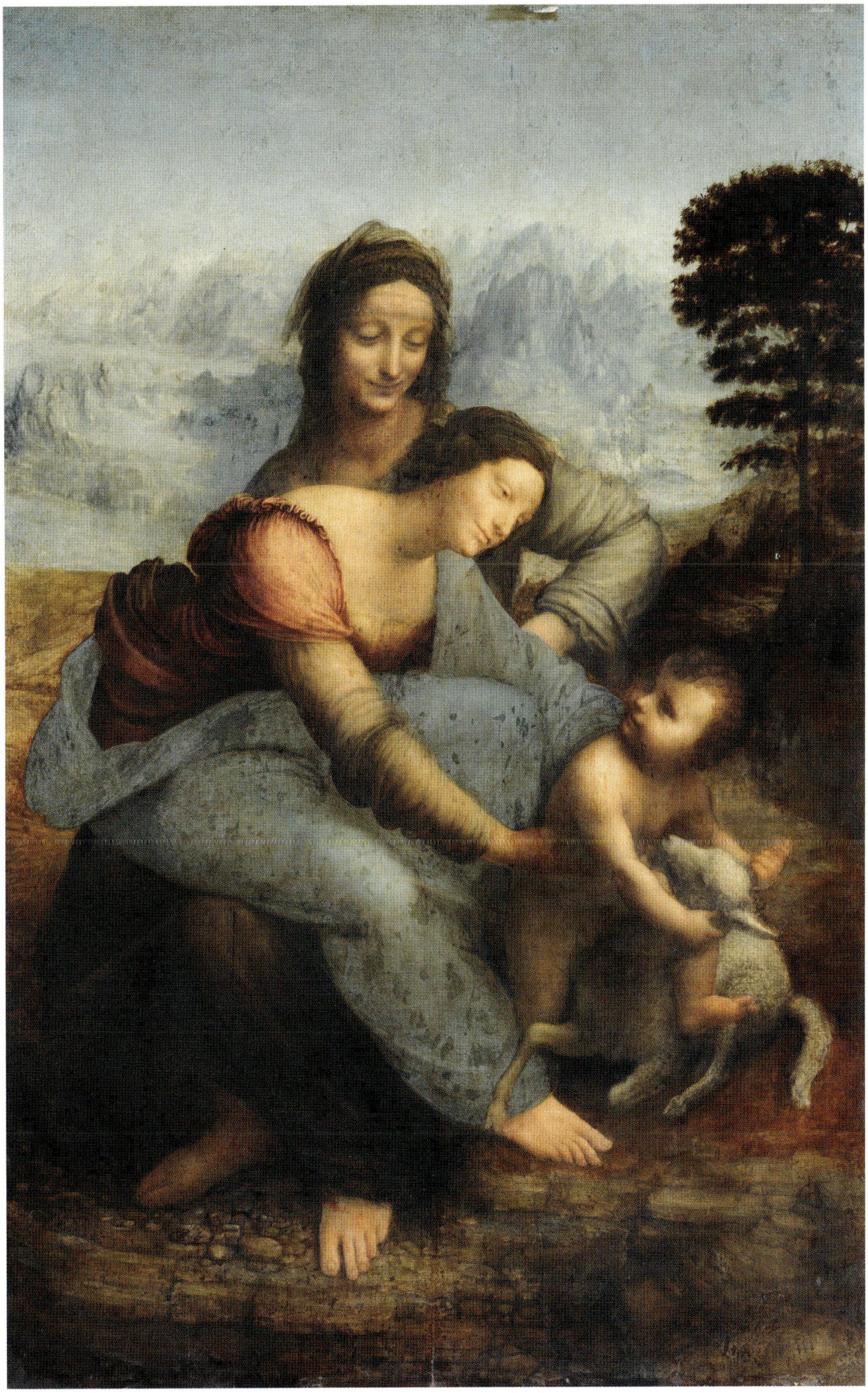

Le Prêteur et sa femme,

Quentin Metsys, 1514, huile sur panneau de bois, 70 × 67 cm, Paris, musée du Louvre.

« On l'appelait "miroir de sorcière" ou "miroir de banquier". »

Le Prêteur et sa femme, peint par Quentin Metsys en 1514 à Anvers, est une bonne illustration de la naissance du capitalisme en Flandres. Le prêteur, qu'on appelait aussi « banquier », dans la boutique duquel se monnayaient lettres de change contre pièces d'or et bijoux, en était alors la figure emblématique et mal aimée. Metsys, en bon peintre de genre, dénonçant dans des scènes de la vie quotidienne les vices de l'humanité, nous montre donc un capitaliste chez qui l'obsession du bénéfice est en contradiction avec la piété de son épouse. Mais il ne nous montre pas que cela. Regardez ce petit miroir convexe au premier plan. On l'appelait « miroir de sorcière » ou « miroir de banquier », parce qu'il permettait aux banquiers de surveiller leur boutique. Sauf que Metsys l'a tourné vers nous. Ce n'est donc pas la boutique qu'il reflète, mais un autre personnage, à l'extérieur de la toile, dont nous distinguons parfaitement le visage, la coiffe, l'habit rouge, le livre qu'il est en train de lire… Et derrière lui, on aperçoit une fenêtre, des arbres, et la maison voisine. Cette prouesse technique, réalisée par Metsys sur quelques centimètres carrés, c'est Jan Van Eyck qui en a été le précurseur en 1434 dans son célèbre tableau *Les Époux Arnolfini*. Et jusqu'à aujourd'hui, on s'interroge sur ce que reflétait son astucieux jeu de miroir. Jan Van Eyck et son assistant en train de peindre la toile ? Deux témoins de la noce ? Les suppositions ne manquent pas… Comme elles ne manquent pas pour *Le Prêteur et sa femme*. Se pourrait-il, par exemple, que cet homme en rouge soit le commanditaire de la toile, une fois le tableau accroché chez lui ?

Quentin Metsys
vers 1466 Louvain - 1530 Anvers

Peintre flamand, il suit une formation de forgeron à Louvain. Mais il s'éprend de la fille d'un peintre local et choisit alors la peinture pour conquérir sa dulcinée. On ne sait rien de son apprentissage, mais il subit certainement l'influence de Léonard de Vinci à travers les reproductions qui existent alors dans les écoles nordiques. Et celles de ses contemporains Lucas de Leyde et Mabuse. En 1491, il s'installe à Anvers et devient maître de la guilde des peintres de la ville. Où jusqu'à sa mort il participe activement au renouveau de l'art flamand dans la lignée de Van Eyck et Van der Weyden.

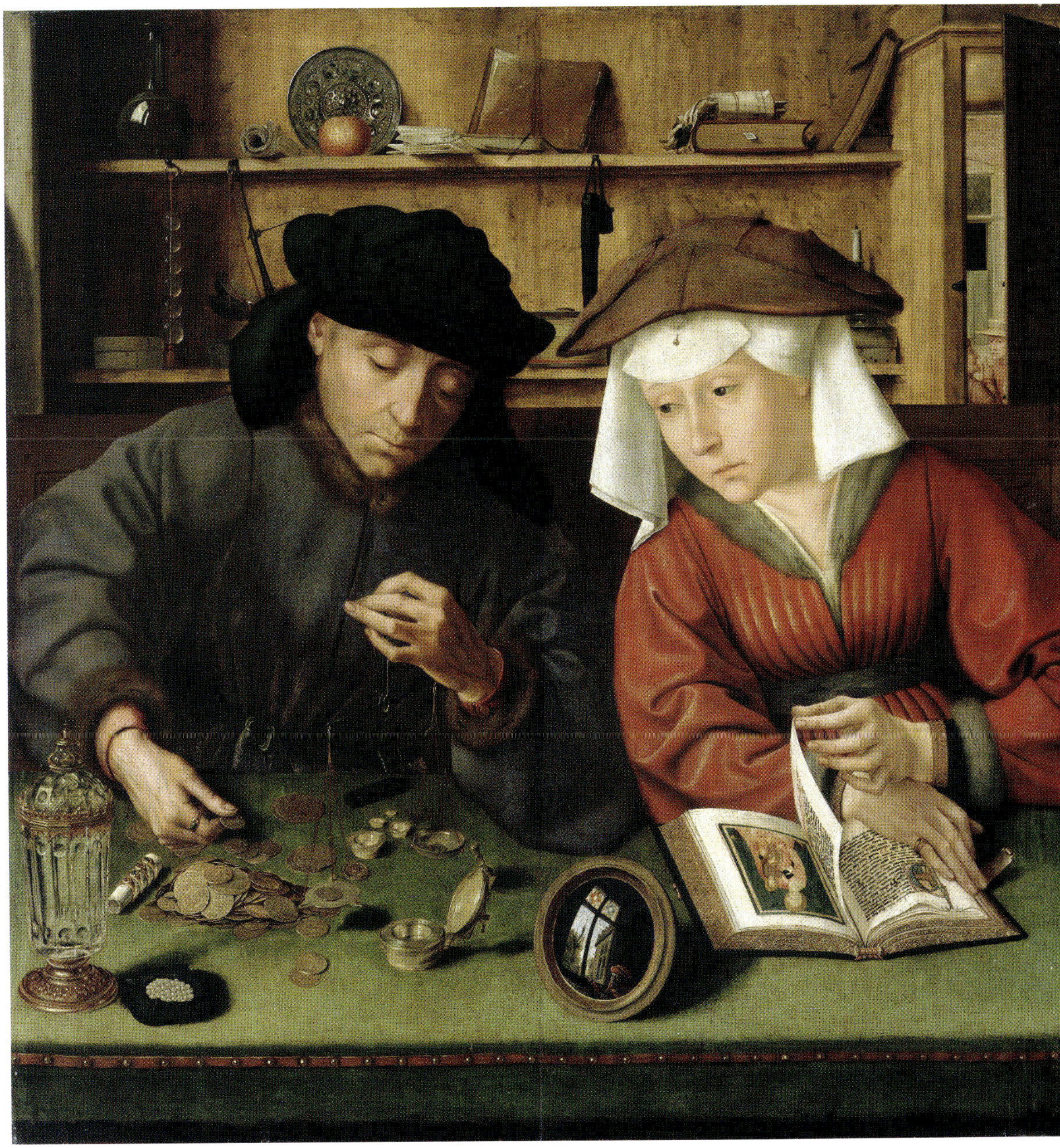

Vénus et l'Amour,

Jean Gossaert (dit Mabuse), 1521, huile sur panneau de bois, 36 × 23,5 cm, Bruxelles, Musées royaux des beaux-arts de Belgique.

« Et qu'a-t-il vu, à Rome ? Il a vu des nus ! »

Avec *Vénus et l'Amour*, Jean Gossaert, dit Mabuse, réalise au début du XVIe siècle l'un des premiers nus de l'histoire de l'art flamand. Par la même occasion, il crée une école de peinture, celle des romanistes. Les romanistes, ce sont ceux qui suivent l'exemple de Rome, où Mabuse a été le premier peintre flamand à se rendre en 1508. Et qu'a-t-il vu, à Rome ? Il a vu des nus ! Sur les statues antiques, bien sûr, mais aussi dans les tableaux des peintres italiens de la Renaissance, qui déshabillent leurs modèles à loisir en s'inspirant de scènes mythologiques. C'est Botticelli qui a lancé le mouvement en 1485, avec sa *Naissance de Vénus*. Et tous lui ont emboîté le pas, trouvant dans la représentation du nu l'expression même de leur nouvelle esthétique, de leur humanisme aussi, car le nu est un bon moyen de replacer l'être humain au centre de l'univers. De retour en Flandres, Mabuse commence à distiller de la Renaissance italienne dans ses œuvres. Il se contente d'abord de la délicate apparition d'un sein dans ses scènes bibliques. Puis il se laisse aller à de véritables scènes de nus antiques, où l'homme et la femme sont placés, comme en Italie, au centre de la composition. Toutefois, ses tableaux garderont toujours leurs bases flamandes : voyez les coloris chauds de *Vénus et l'Amour*, la sévérité du décor, et son réalisme, que l'on qualifierait aujourd'hui de photographique. Ce qui fera dire à Dürer, venu voir ses tableaux : « C'est meilleur du point de vue de l'exécution que du point de vue de l'intention. »

Mabuse
vers 1478 Maubeuge - 1er octobre 1532 Middelburg

Peintre, dessinateur et graveur flamand, il latinise sa signature en Johannes Malbodius – Jean Maubeuge –, d'où son surnom de Mabuse, mais est aussi appelé Jan de Waele, Jennin de Hainaut, Janin de Waele ou encore Jehanin de Maubeuge. En 1503, il est admis comme franc-maître à la guilde de Saint-Luc d'Anvers et dirige un atelier jusqu'en 1507. L'année suivante, il entre au service de Philippe de Bourgogne, amiral et évêque d'Utrecht, qu'il accompagne à Rome. De retour aux Pays-Bas en 1509, il s'installe en Zélande et entre à la guilde de Middelburg. En 1523, il travaille à la cour de Marguerite d'Autriche à Malines. Deux ans plus tard, il rentre à Middelburg où il s'éteint.

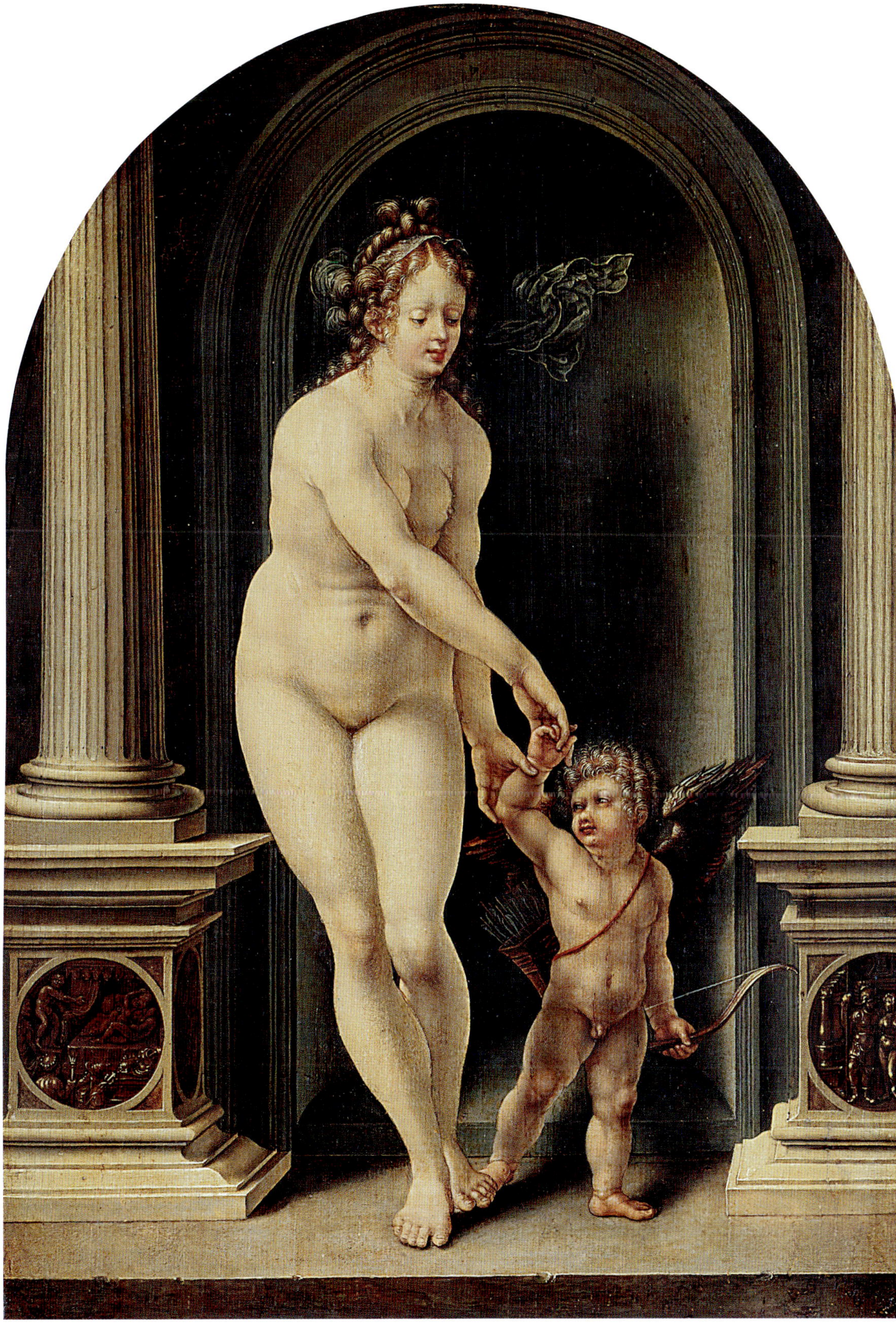

Figurine de Xipe Totec,

1350-1521, roche volcanique de couleur grisâtre (trachyte), 44 x 26 x 24 cm, Paris, musée du quai Branly.

« Son culte consistait en d'effroyables sacrifices humains. »

Cette figurine en roche volcanique, originaire du Mexique, a été réalisée entre 1350 et 1521, sous l'empire aztèque. Elle est liée au culte de Xipe Totec et on pourrait se dire qu'il s'agissait d'un culte assez pacifique, la figurine étant assise, les jambes croisées, les mains sur les genoux... Pourtant, c'est probablement le dieu aztèque qui inspira le plus d'effroi aux conquistadors ! Xipe Totec signifie « notre seigneur l'écorché » en aztèque. Dieu de l'Agriculture, du renouveau de la nature, il s'écorche lui-même pour nourrir son peuple. Son culte se déroulait le deuxième mois du calendrier aztèque, celui de l'« écorchement des hommes », et consistait en d'effroyables sacrifices humains. Les uns étaient des sacrifices de masse, où l'on arrachait le cœur des prisonniers de guerre. Les autres étaient réservés à l'élite des guerriers ennemis, forcés de se battre contre des guerriers aztèques. À ceux-là aussi, on finissait par arracher le cœur, mais, une fois morts, les prêtres leur découpaient la peau du visage et du buste. Seules les jambes étaient épargnées, enfin si l'on peut dire, car elles servaient de nourriture aux prêtres avant qu'ils ne se parent de la dépouille du sacrifié... Oui, vous avez bien entendu : ils portaient la peau du mort, son visage servant de masque, et cela pendant vingt jours, pendant lesquels ils personnifiaient Xipe Totec. Regardez la figurine. Les marques à la base du cou, des poignets et des genoux, au-dessus de la poitrine et au milieu du dos indiquent qu'elle est revêtue d'une peau humaine. Et pendant ces vingt jours, la peau jaunissait, évoquant une feuille d'or. Ah oui, je ne vous l'avais pas dit, Xipe Totec était aussi le patron des orfèvres.

Les sculpteurs aztèques s'inspirent de l'art de plusieurs civilisations amérindiennes du Mexique. Tout d'abord des Toltèques, qu'ils considèrent comme les inventeurs de la science et des arts, et notamment de la mosaïque. Mais ils subissent également l'influence du style « Mixteca-Puebla » ou encore celle des Huaxtèques. Et s'illustrent dans l'art du masque et de la statuaire religieuse ou profane. Ils sculptent leurs dieux et leurs déesses dans la pierre, et réalisent également des bas-reliefs représentant la faune ou la flore sur les palais et les sanctuaires. Mais ils exécutent aussi de petits objets d'une minutie et d'une dextérité étonnantes en cristal de roche.

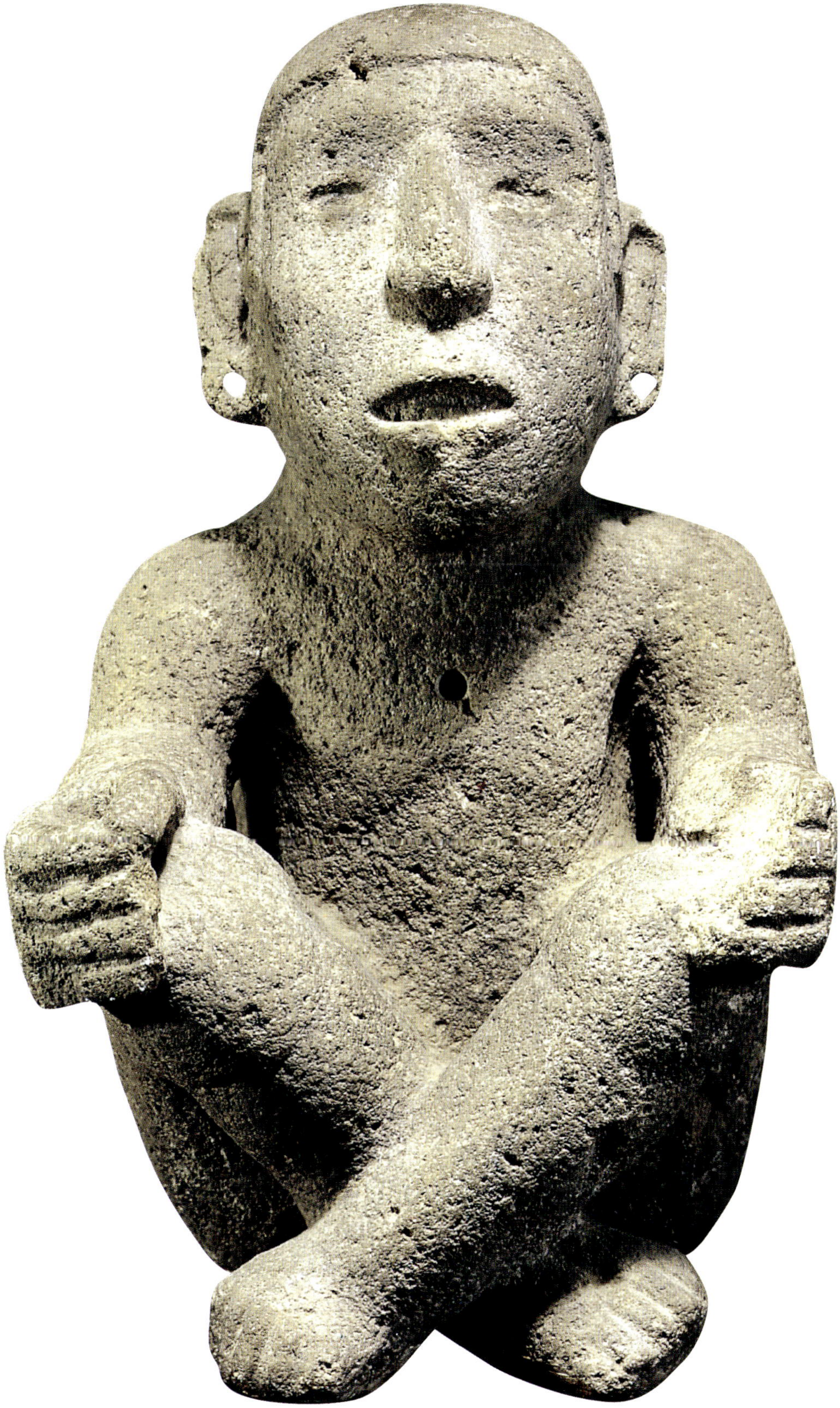

Les Fiancés,

Lucas de Leyde, vers 1525, huile sur panneau de bois, 28 × 33,5 cm, Strasbourg, musée des Beaux-Arts.

« La femme est tournée vers nous, ce qui la met en valeur. »

Ce tableau peint par Lucas de Leyde vers 1525 s'intitule *Les Fiancés*, en référence à la bague que l'homme passe au doigt de sa promise. N'en concluez pas pour autant qu'il s'agit d'une scène angélique, à la gloire du mariage. Avec Lucas de Leyde, il faut se méfier des apparences. Car l'artiste hollandais, spécialiste des scènes tirées de la vie quotidienne, avait coutume d'y glisser des messages cachés. La position du couple, par exemple. Nos deux tourtereaux ne sont pas représentés à égalité, de face et côte à côte, comme le voulait la tradition. L'homme est de dos, le visage de profil, alors que la femme est tournée vers nous, ce qui la met en valeur. En plus, elle le domine des épaules, du regard, et même du geste, avec sa main posée sur son épaule. Voilà qui en dit long… Pour représenter une femme ayant le dessus sur son futur époux, à une époque où la misogynie régnait sans partage en Europe, il fallait que Lucas de Leyde ait quelques projets satiriques en tête… Pour finir de s'en convaincre, il suffit d'observer le fiancé. Celui-ci n'est plus tout jeune. De là à y voir une union mal assortie, due à une trop grande différence d'âge ou de condition sociale, avec, à la clef, la supériorité future de la femme, gagnée grâce à un contrôle sans partage sur le foyer, et les conséquences d'un tel décalage, le mari trompé, il n'y a qu'un pas, que les spectateurs du XVIe siècle devaient franchir allègrement. Ce tableau n'a donc rien d'innocent. C'est un avertissement. Du même ordre que celui qui figurait en toutes lettres sur une autre de ses œuvres : « Marie-toi en hâte, repens-toi à loisir. » *Les Fiancés* nous disent, à la manière de Lucas de Leyde, qu'un mari doit être le maître chez lui et que celui-ci est mal parti…

Lucas de Leyde
1494 Leyde - 1533 Leyde

Peintre et graveur hollandais, fils du peintre Hugo Jacobsz, il est tout d'abord formé par son père et, en 1508, entre dans l'atelier de Cornelis Engebrechtsz. La même année, il commence à peindre des scènes de genre de petit format et exécute ses premières gravures sur cuivre. Et dès 1511, s'illustre également dans la gravure sur bois. Neuf ans plus tard, il s'initie à la technique de l'eau-forte. En 1521, il rencontre Albrecht Dürer à Anvers qui fait son portrait à la pointe d'argent. De retour à Leyde l'année suivante, il délaisse la gravure pour se consacrer à la peinture. Il y réalise son chef-d'œuvre entre 1526 et 1527, le triptyque du Jugement dernier de l'église Saint-Pierre.

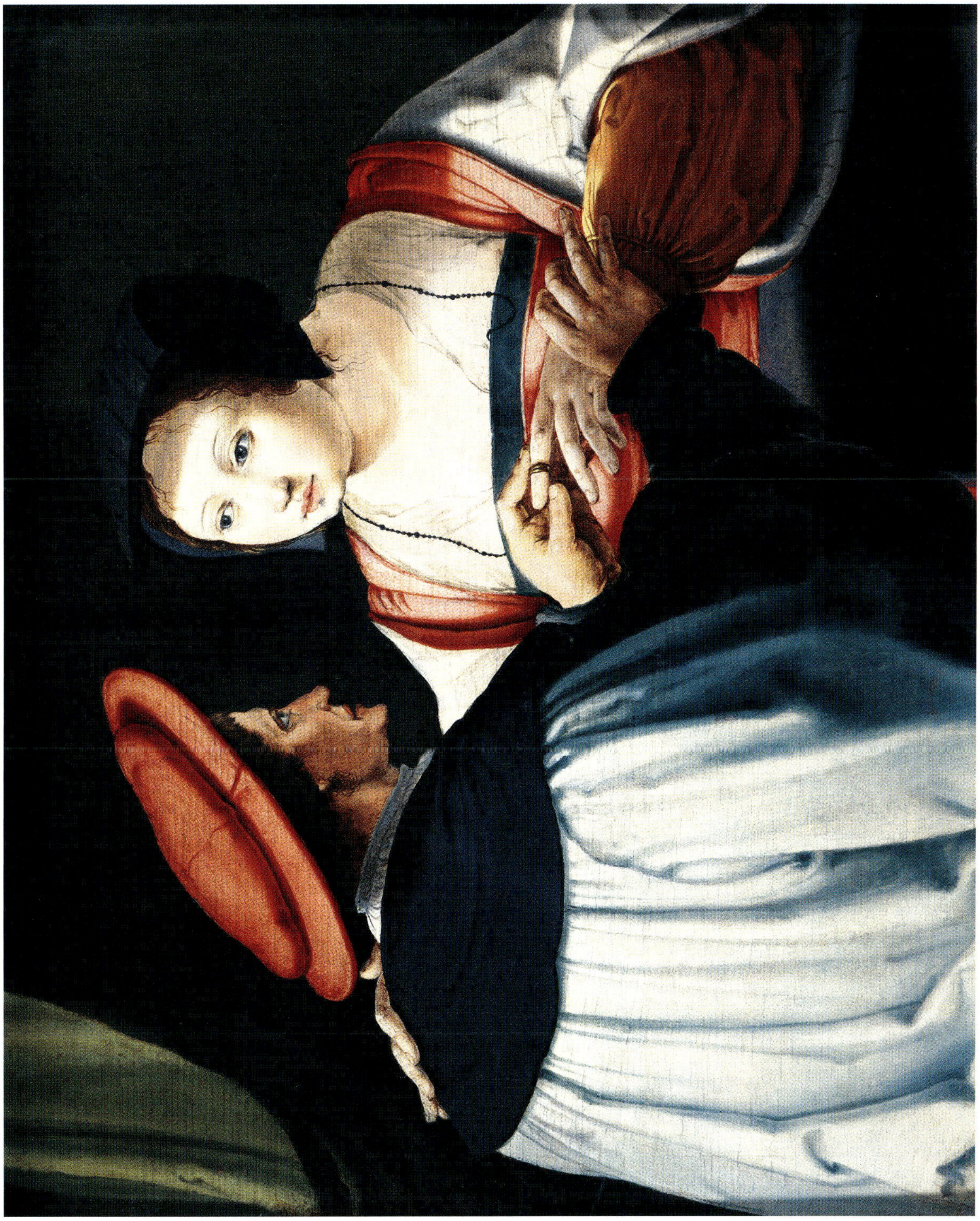

La Nymphe de Fontainebleau,

Benvenuto Cellini, 1542-1543, bronze, 2,05 × 4,09 m, Paris, musée du Louvre.

« Vous avez devant vous l'une des œuvres les plus habilement détournées de l'histoire de France. »

La Nymphe de Fontainebleau, sculptée par Benvenuto Cellini en 1542-1543, surmontait le portail du château d'Anet, que Henri II fit construire pour Diane de Poitiers. Et tous les visiteurs ont toujours cru y reconnaître la maîtresse du roi, sublimée en Diane chasseresse. Et pourtant, il n'en est rien. Vous avez devant vous l'une des œuvres les plus habilement détournées de toute l'histoire de France. Car c'est François Ier, le père de Henri II, qui fit appel à l'orfèvre italien Benvenuto Cellini, et c'était pour orner la porte dorée de son nouveau château de Fontainebleau. Cellini devait s'inspirer d'une anecdote de chasse, selon laquelle un chien du roi nommé Bliaud avait découvert une source, appelée fontaine de Bliaud, et qui avait donné le nom de Fontainebleau. Cellini représenta donc une nymphe accoudée à une urne, personnifiant la source dans l'art gréco-romain, et l'entoura de nombreux animaux de la forêt, notamment d'un cerf, emblème de François Ier, que la jeune femme enlace. Un chef-d'œuvre de maniérisme qui devait accueillir le roi lorsqu'il entrerait dans son château… Alors, que s'est-il passé ? Eh bien, François Ier se fâcha contre Cellini, qu'il trouvait talentueux, mais insupportable. L'artiste dut quitter la France en 1545. Et, deux ans plus tard, François Ier mourut. Quant à *La Nymphe de Fontainebleau*, elle fut oubliée dans l'ancien atelier du sculpteur. C'est là que l'architecte Philippe Delorme la découvrit quelques années plus tard et, trouvant qu'on pouvait la prendre pour Diane, la déesse de la Chasse, modèle poétique de Diane de Poitiers, il eut l'idée de la placer sur le portail du château d'Anet où elle fit parfaitement illusion.

Benvenuto Cellini
1er novembre 1500 Florence - 13 février 1572 Florence

Sculpteur et orfèvre italien, fils d'un façonnier d'instruments de musique, il est exilé de Florence à 16 ans à cause d'une rixe. Il étudie alors chez des orfèvres à Bologne, à Pise et enfin à Rome. Où il est remarqué par le pape Clément VII qui le prend à son service. En 1527, il s'illustre par sa bravoure lors du sac de Rome où, selon lui, il tue le connétable de Bourbon Charles III. Durant dix ans, ses talents d'orfèvre et de sculpteur lui valent notoriété et protection auprès des grands de son temps. Mais, en 1537, il est emprisonné pour un double assassinat. Il parvient à s'évader et, trois ans plus tard, il arrive à la cour de François Ier. De retour en Italie, il retrouve la gloire et le succès qui perdurent jusqu'à aujourd'hui.

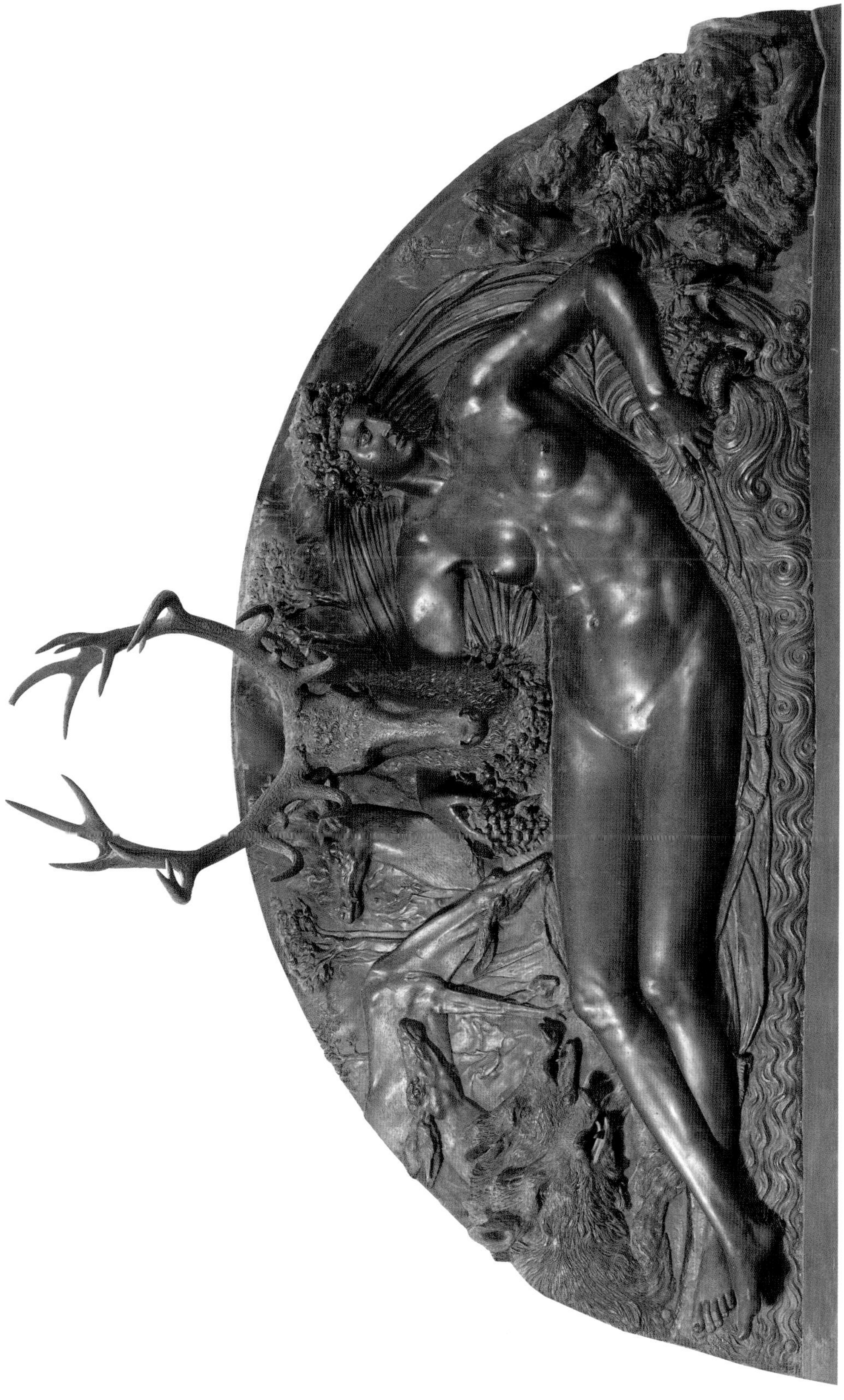

Dulle Griet,

Pieter Bruegel (dit Bruegel l'Ancien), vers 1562, huile sur panneau de bois, 1,17 × 1,62 m, Anvers, musée Mayer Van den Bergh.

« Cette géante hallucinée pourrait donc être l'incarnation de la folie guerrière. »

Dulle Griet est un tableau de Pieter Bruegel, dit Bruegel l'Ancien. *Dulle Griet*, c'est un personnage de mégère emprunté au folklore flamand ; c'est cette femme en furie, disproportionnée, qui s'avance au premier plan. En français, on dit « Margot la Folle » ou « Margot l'Enragée ». Après qui en a-t-elle ? Depuis que Bruegel l'Ancien l'a plongée dans ce chaos, vers 1562, on se pose la question. S'agit-il d'une allégorie de la guerre, de la folie, de l'Apocalypse ? Difficile à dire. Derrière les montagnes, un incendie fait rage. Voilà qui sent la guerre. Et c'est vrai que les champs de bataille ne manquaient pas au XVIe siècle. Les souverains européens s'affrontaient sans répit. La répression espagnole sévissait aux Pays-Bas, où vivait Bruegel. Cette géante hallucinée, casquée, cuirassée, et tenant une épée, pourrait donc être l'incarnation de la folie guerrière. Mais regardez le reste de sa troupe : des femmes, vêtues comme elle en paysannes, qui assomment et ligotent des démons ! Et que dire de l'étrange personnage au-dessus de la chaumière, en train de sortir des pièces de son derrière… Satanisme ? Hérésie ? Car les hérétiques ne manquaient pas non plus. Depuis la réforme de Luther, en 1517, les protestants étaient pourchassés. L'Inquisition dressait ses bûchers en Flandres et aux Pays-Bas. Sans oublier la chasse aux sorcières, lancée par le pape Innocent VIII en 1484. *Dulle Griet* serait-elle la conséquence de toutes ces horreurs ? La personnification de l'enfer, de la haine, de la rapacité, du fanatisme ? Comme l'a dit son ami Abraham Ortelius, « Bruegel a peint ce qui ne peut pas être peint ». Et comme il n'a pas dit non plus ce qu'il peignait, libre à nous d'interpréter ses visions cauchemardesques…

Bruegel l'Ancien
vers 1525 Breda - 1569 Bruxelles

Peintre flamand, il est certainement l'élève de Pieter Coecke van Aelst. En 1551, il est reçu maître dans la guilde de Saint-Luc à Anvers. L'année suivante, il voyage en Italie, où il a probablement travaillé avec le miniaturiste Giulio Clovio à Rome. À partir de 1555, il réalise des dessins pour des estampes chez l'éditeur Jérôme Cock. En 1559, il simplifie son nom et signe Bruegel et non plus Brueghel. Intégré dans le milieu artistique et humaniste d'Anvers, il fréquente aussi le monde paysan et se fait volontiers inviter lors des noces villageoises. En 1562, il s'installe à Bruxelles, où deux ans plus tard naît son fils aîné Pieter Bruegel le Jeune, dit Bruegel d'Enfer. Et, en 1568, son deuxième fils, Jan, dit Bruegel de Velours.

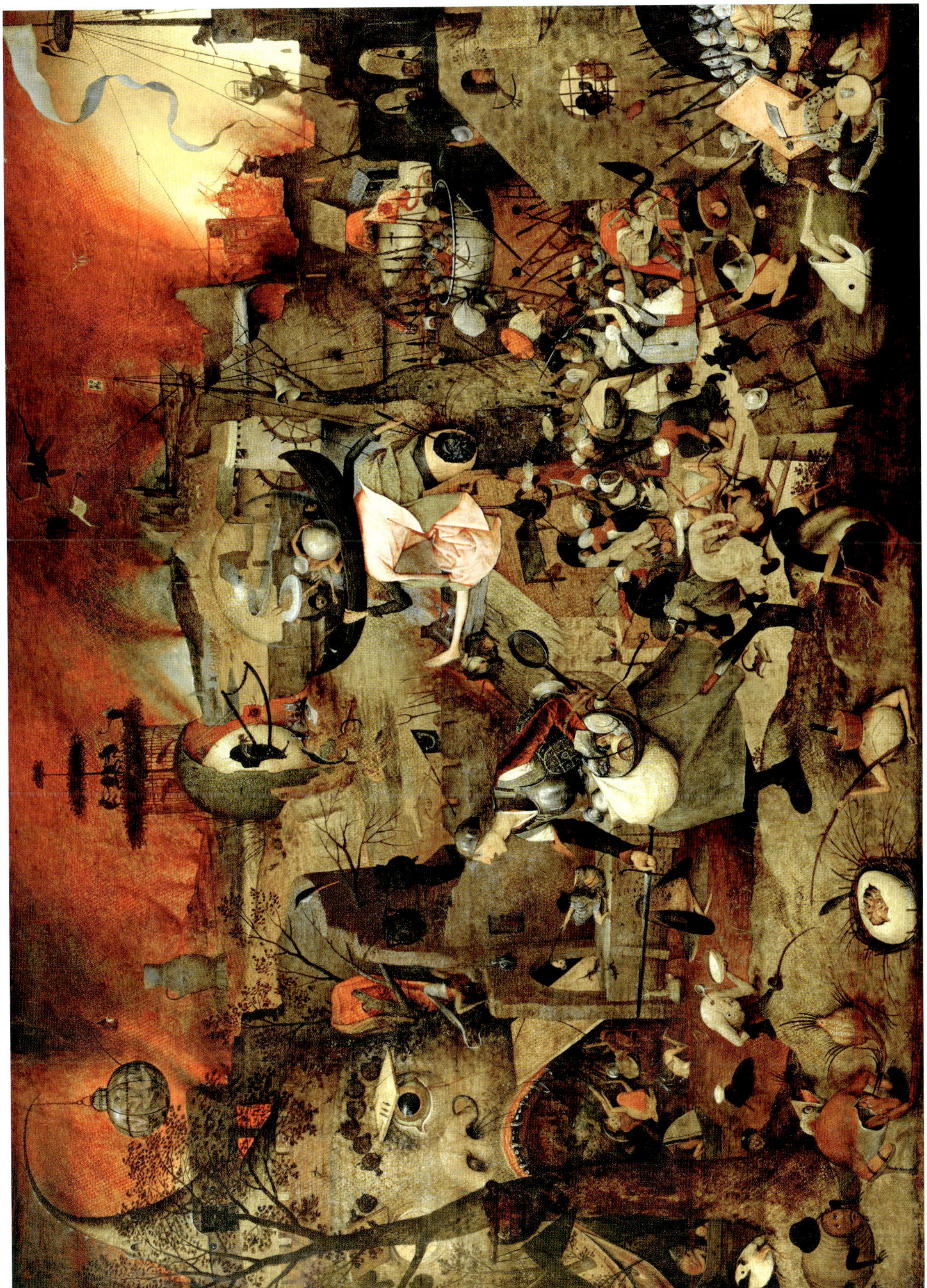

Le Repas chez Simon le Pharisien,

Paolo Caliari (dit Véronèse), 1570, huile sur toile, 4,54 × 9,74 m, Versailles, châteaux de Versailles et de Trianon.

« S'il est ici, c'est grâce à une bagarre entre domestiques ! »

Le Repas chez Simon le Pharisien se trouve dans le salon d'Hercule du château de Versailles. Ils semblent d'ailleurs faits l'un pour l'autre. À croire qu'il s'agissait d'une commande de Louis XIV et que Véronèse l'a peint sur place. Eh bien non. S'il est ici, c'est grâce à une bagarre entre domestiques ! En effet, Véronèse l'a peint en 1570 pour orner le réfectoire du couvent des Servi di Maria à Venise. C'est là que le voit Pierre de Bonzi, l'ambassadeur de France, en 1663. Bonzi veut l'acheter pour Louis XIV, mais le duc de Mantoue et des émissaires espagnols sont également sur le coup, les moines font donc monter les enchères. Et, pour couronner le tout, seul le Sénat vénitien peut en autoriser l'exportation. Bref, Bonzi rentre bredouille. Heureusement, quelques mois plus tard, éclate la fameuse bagarre. Elle oppose des palefreniers du Roi-Soleil aux domestiques de l'ambassadeur de Venise. Une aubaine ! Car Louis XIV a la bonne idée d'envoyer Bonzi présenter ses excuses au Sénat vénitien. Touchés par la démarche, et nécessiteux de l'aide de la France dans la guerre qu'ils mènent contre les Turcs, les sénateurs achètent *Le Repas chez Simon le Pharisien* et l'offrent au roi, qui reçoit la toile aux Gobelins en décembre 1664, mais c'est en 1730, sous le règne de Louis XV, qu'elle trouve enfin sa place dans le tout nouveau salon d'Hercule. Et ce n'est pas fini ! En 1832, on l'envoie au Louvre. Il faudra attendre 1961 et une décision d'André Malraux pour qu'elle regagne définitivement le salon d'Hercule. Et encore, il a fallu scier la balustrade d'une fenêtre pour la faire entrer, car il était devenu impossible de démonter son cadre.

Véronèse
1528 Vérone - 19 avril 1588 Venise

Peintre maniériste italien formé dans l'atelier de son père, Piero di Gabriele, architecte et tailleur de pierre, il est ensuite placé chez son oncle, le peintre de Vérone, Antonio Badille. À 20 ans, il réalise ses premiers chefs-d'œuvre, comme le retable de la chapelle des Bevilacqua-Lazise. Cette renommée lui permet d'exécuter des commandes hors de Vérone, notamment à Trévise, et ensuite à Venise, où il s'installe en 1553. Favori de la noblesse et du clergé, il y devient très vite le « peintre de la République » et, malgré ses défis à l'Inquisition, le reste jusqu'à sa mort, emporté par une pneumonie.

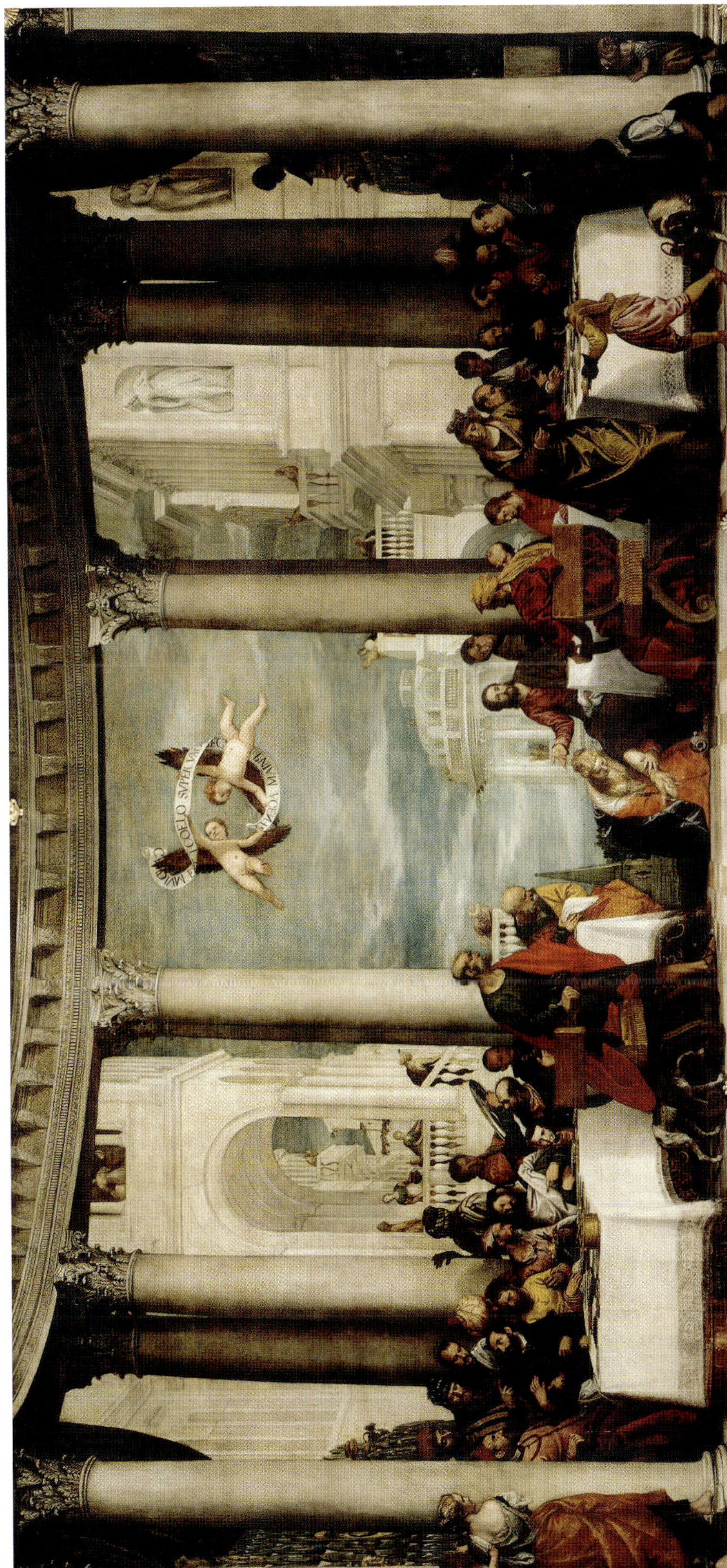

BASSIN EN FORME DE NACELLE,

BERNARD PALISSY, fin du XVIe siècle, terre cuite à glaçure plombifère de grand feu, 75,5 × 45,5 × 13,8 cm, Lyon, musée des Beaux-Arts.

« Il doit brûler ses meubles et son plancher. »

Ce *Bassin en forme de nacelle* est une poterie vernissée de la fin du XVIe siècle de Bernard Palissy ou, plus exactement, un plat en terre cuite à glaçure plombifère de grand feu. Un procédé mis au point par le célèbre céramiste, qui lui vaudra une place éminente dans tous les livres d'histoire de France et lui sauvera même la vie le 14 août 1572 lors du massacre de la Saint-Barthélemy. Mais commençons par le commencement, lorsque le jeune Palissy tombe en pâmoison devant une coupe de terre émaillée. Il va s'acharner, vingt années durant, à percer le secret de fabrication de l'émail blanc italien qui la recouvre. Vingt années pendant lesquelles il accumule les ratages et connaît toutes les misères, en particulier lors de ce jour mémorable où, n'ayant plus de bois de chauffe, il doit brûler ses meubles et son plancher. Vingt années de travail qui aboutissent enfin, en 1556, lorsqu'il invente un procédé lui permettant de mouler sur nature des végétaux ou des petits animaux revêtus d'une sorte de vernis qui recouvre les reliefs sans les émousser. Comme sur ce *Bassin en forme de nacelle* où il a moulé trente-trois animaux issus de neuf espèces différentes… C'est ce même procédé qu'il applique ensuite à toutes sortes d'ustensiles décoratifs qu'il intitule « Rustiques figulines » et qui lui valent le « brevet d'inventeur des rustiques figulines du Roy » en 1563. Deux ans plus tard, il est mandé par la reine mère, Catherine de Médicis, pour édifier une grotte rustique dans le jardin des Tuileries. Il se retrouve donc logé au Louvre et, bien que protestant, protégé par la famille royale, qui ne va tout de même pas faire assassiner son céramiste préféré. Il est ainsi épargné pendant le massacre de la Saint-Barthélemy.

BERNARD PALISSY
vers 1510 Agen - 1590 Paris

Céramiste potier, émailleur, peintre, verrier, écrivain et savant français issu d'une famille modeste, il est autodidacte et ne parle ni le grec ni le latin. Il se convertit au protestantisme en 1546. Treize ans plus tard, il est emprisonné à cause de sa religion, mais échappe au supplice grâce à l'intervention du roi. Mais, en 1586, il est à nouveau arrêté comme huguenot et condamné à mort. La peine est toutefois commuée en emprisonnement à vie, mais épuisé par la faim, le froid et les mauvais traitements, il s'éteint à la Bastille trois ans plus tard.

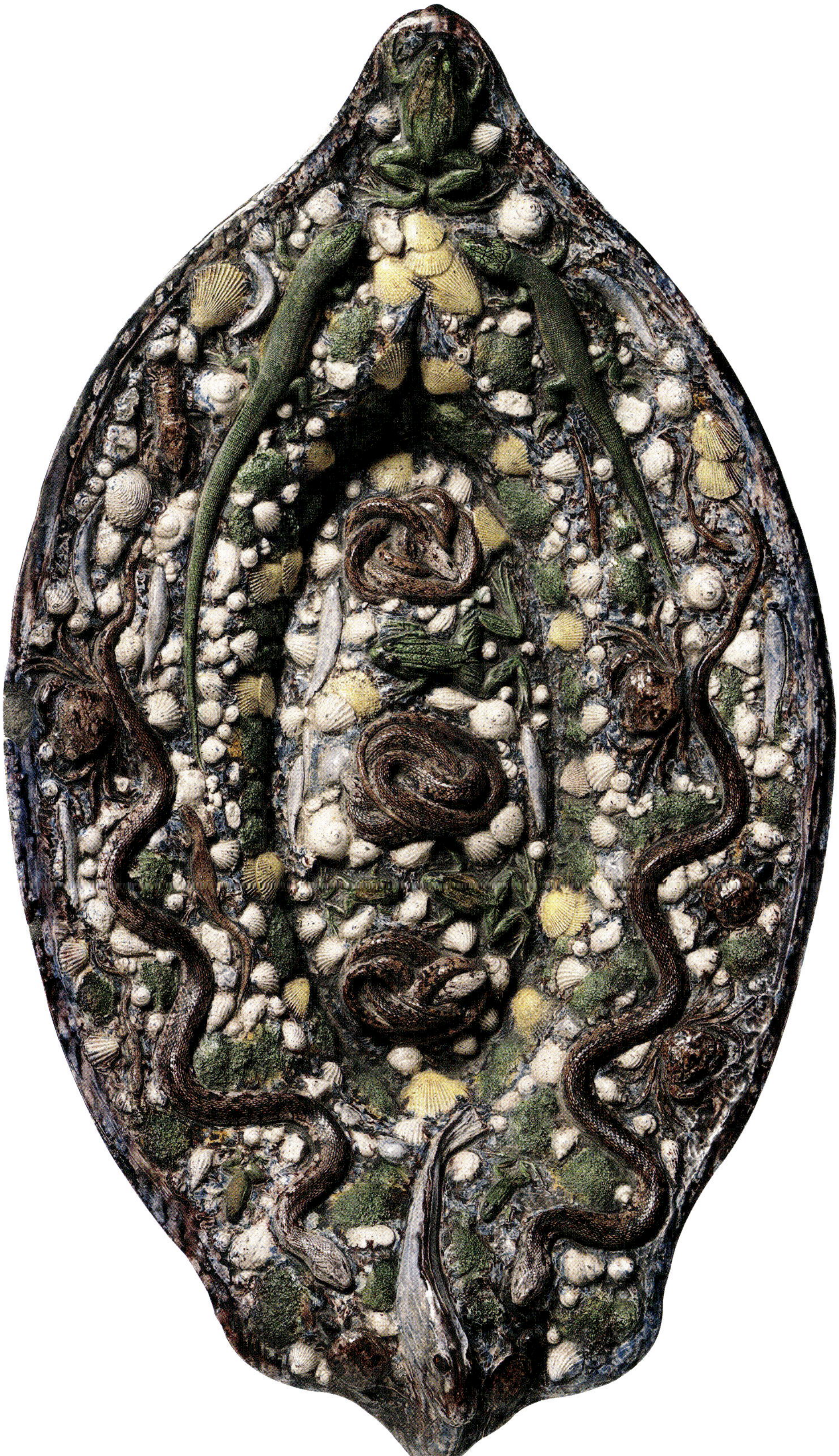

Vieux Pêcheur, dit Sénèque mourant,

IIe siècle, restauré après 1594, à Rome, marbre noir et albâtre, vasque en brèche violette, hauteur : 1,83 m.

« Comme souvent, hélas, avec les antiquités, la sculpture était mutilée. »

Voici une sculpture en marbre noir et en albâtre de 1,83 mètre. Son titre peut paraître énigmatique : *Vieux Pêcheur, dit Sénèque mourant*. C'est, en réalité, le résultat d'un travail de restauration. Au début de la Renaissance, les humanistes italiens avaient le culte de la Rome antique. Rome devint donc un vaste champ de fouilles d'où l'on faisait surgir des statues, des pierres gravées ou des pièces de monnaie, que les princes et les prélats s'arrachaient à prix d'or. C'est ainsi que fut découverte en 1594 cette sculpture, exécutée par un artiste romain du IIe siècle. Celui-ci avait copié une statue grecque en représentant un vieillard, vêtu d'un pagne, qui scrute la mer avec effroi. D'où son titre : *Vieux Pêcheur*. Comme souvent, hélas, avec les antiquités, la sculpture était mutilée. Le vieux pêcheur n'avait plus de pieds. Son premier propriétaire, le duc Altemps, ou bien le deuxième, le cardinal Scipion Borghèse, on ne sait plus très bien, fit donc appel à un artiste pour la restaurer. Ce dernier reconnut alors dans le visage du pêcheur celui du philosophe Sénèque. Le visage apeuré prenait tout son sens : c'était Sénèque qui venait de s'ouvrir les veines après avoir été condamné à mort par Néron ! Ni une ni deux, il remplaça les pieds manquants par une vasque remplie de sang. Et c'est sous ce titre, *Sénèque mourant*, que la statue connut une renommée internationale. Seulement voilà, en 1813, on a découvert un buste antique portant l'inscription « Sénèque » dont les traits n'ont pas la moindre ressemblance avec notre pêcheur. En revanche, il existe au musée Clementino du Vatican une statue d'un pêcheur africain qui lui ressemble beaucoup... Alors, vieux pêcheur ou Sénèque mourant ? Chacun fera son choix.

Les sculpteurs italiens de la Renaissance bénéficient doublement du retour à l'antique qui frappe toute la péninsule dès le Quattrocento. Tout d'abord parce qu'ils tirent les leçons de l'art gréco-romain, tant sur le plan des sujets représentés que de la facture des sculptures. Et s'inspirent de la mythologie, du nu, jusqu'alors tabou dans le domaine artistique, des statues équestres ou encore de l'utilisation du bronze. Mais aussi parce que l'état de conservation des œuvres antiques entraîne souvent un travail de restauration commandé par les mécènes friands d'antiquités gréco-romaines. Ils travaillent ainsi sur des œuvres d'une qualité exceptionnelle comme le groupe du *Laocoon* ou *L'Apollon du belvédère* découverts à Rome au début du XVIe siècle.

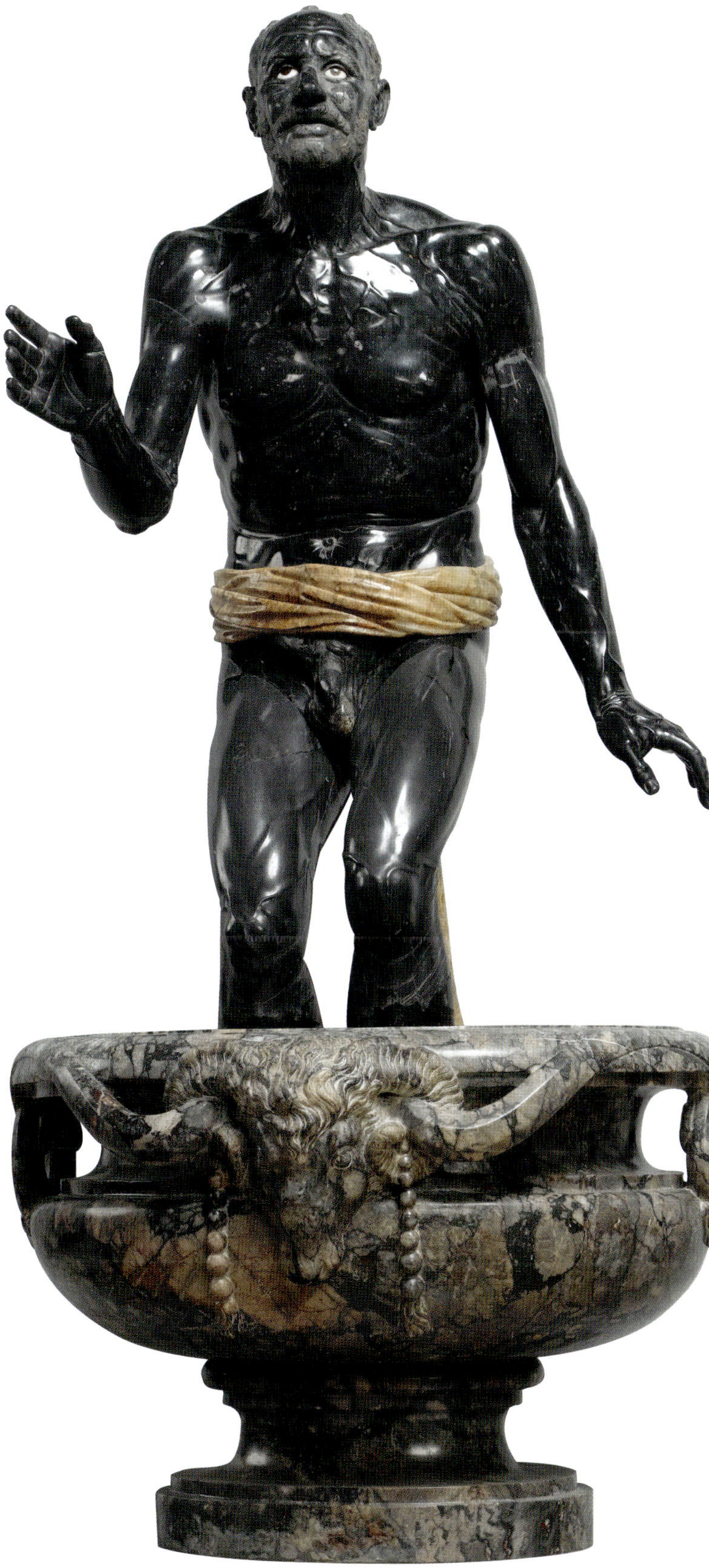

Le Château de Mariemont,

Jan Bruegel (dit Bruegel de Velours), 1612, huile sur toile, 1,86 × 2,92 m, Dijon, musée des Beaux-Arts.

« Et puisqu'on était dans le domaine de l'image, Bruegel n'avait pas intérêt à mégoter. »

Lorsque Jan Bruegel réalisa *Le Château de Mariemont* en 1612 pour les gouverneurs des Pays-Bas méridionaux, les archiducs Albert et Isabelle de Habsbourg, le peintre flamand et ses commanditaires n'en étaient pas à leur premier contrat. Et pour cause. Le second fils de Pieter Bruegel l'Ancien, celui que l'on surnomme Bruegel de Velours pour la finesse de son trait et de ses coloris, était le peintre officiel de la cour de Bruxelles depuis trois ans. Seulement, cette fois, la tâche s'avérait délicate. Car le château de Mariemont était la demeure favorite des archiducs. À tel point que depuis douze ans le château subissait de pharamineux travaux. Pas seulement pour le rendre plus confortable. C'était surtout une question d'image. La taille, la beauté et la magnificence de leur demeure devaient être le reflet de leur puissance et de leur souveraineté. Et puisqu'on était dans le domaine de l'image, Bruegel n'avait pas intérêt à mégoter. Contrairement à l'habitude de l'époque qui consistait à peindre les paysages sur de petits tableaux de bois ou de cuivre, il choisit une toile de 1,86 mètre sur 2,92 mètres ! Il découpa ensuite son tableau en plans horizontaux et parallèles. Au premier plan, un grand espace où se devinent des animaux et des personnages, représentatifs de la vie à la campagne et à la Cour. Au second plan, un paysage formé de bosquets et d'allées menant au château. Et enfin, la ligne d'horizon et le ciel placés très hauts pour amplifier l'immensité du domaine. Résultat : une vision quasi aérienne du château de Mariemont, à la hauteur de ses souverains... Jan Bruegel a tellement bien réussi son contrat que Louis XIV, devenu propriétaire du domaine en 1668, ajouta le tableau à ses collections...

Bruegel de Velours
1568 Bruxelles -
13 janvier 1625 Bruxelles

Peintre flamand, fils cadet de Pieter Bruegel l'Ancien, orphelin à un an, il est élevé et formé au dessin par sa grand-mère Maria Bessemers, miniaturiste de renom. Il poursuit son apprentissage à Anvers, puis part en Italie en 1590. À Rome, il travaille essentiellement pour le cardinal Federico Borromeo, qu'il suit cinq ans plus tard à Milan où les commanditaires se multiplient. En 1596, il rentre à Anvers où il continue à travailler pour ses mécènes italiens et également pour ses compatriotes. À partir de 1609, il devient l'un des peintres favoris des gouverneurs des Pays-Bas méridionaux, et peint également pour l'empereur d'Allemagne ou le roi de Pologne.

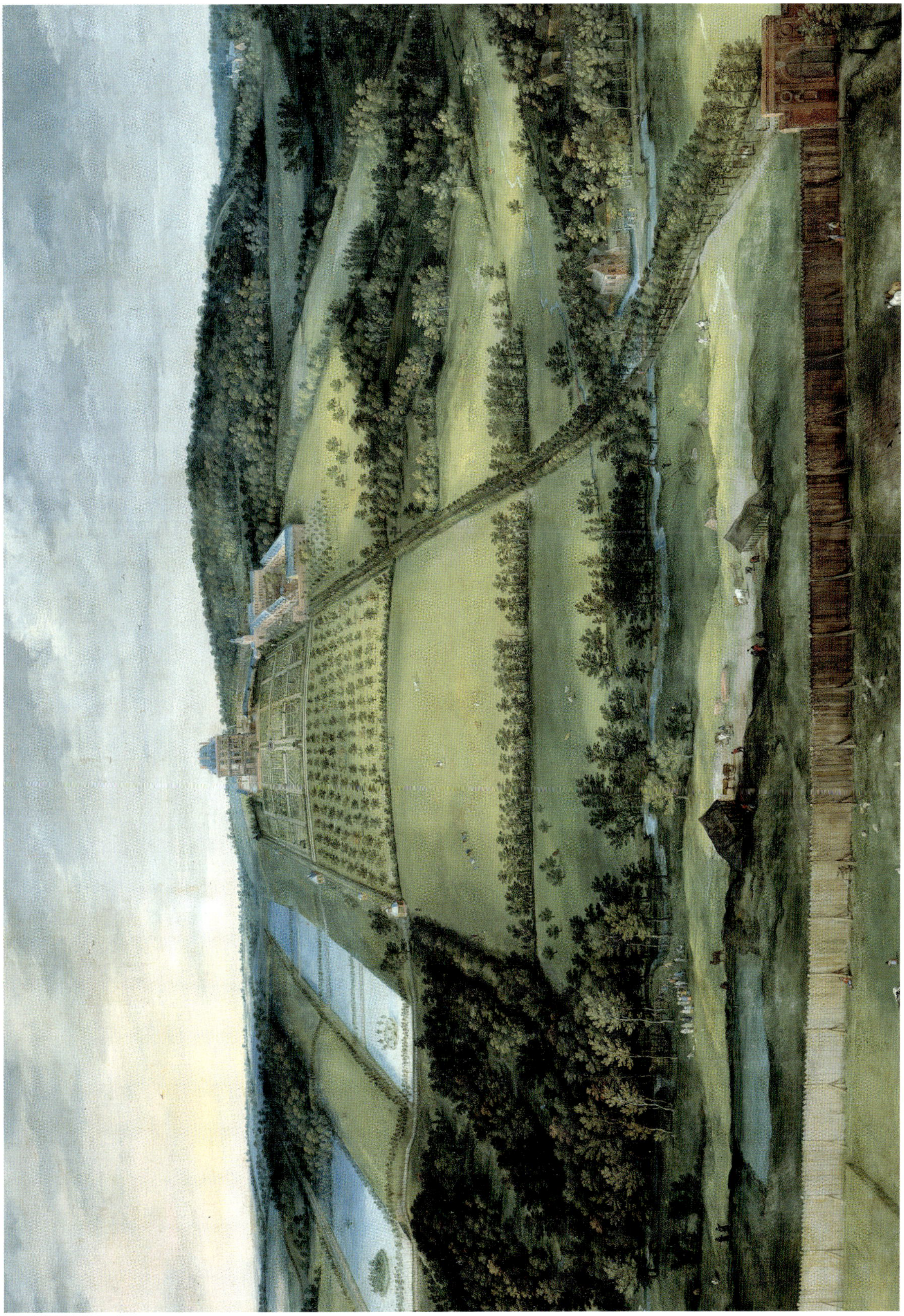

Portrait du cardinal Jean de Bonsy,

Domenico Zampieri (dit le Dominiquin), vers 1615-1620, huile sur toile, 1,53 × 1,03 m, Montpellier, musée Fabre.

« Il le roua de coups avant de le chasser. »

Ce *Portrait du cardinal Jean de Bonsy*, peint par Domenico Zampieri, dit le Dominiquin, vers 1615-1620 est un témoignage exceptionnel de l'art du portrait européen du XVIIe siècle. Et pourtant, c'était le premier exécuté par le Dominiquin, qui excellait jusqu'alors dans les sujets religieux ou les sujets d'histoire. Drôle de destin que celui de ce grand artiste bolonais qui eut toujours à souffrir de la jalousie de son milieu. La première attaque vint de son premier maître, Denis Calvaert. Ce dernier prit mal que son élève osât s'inspirer d'un autre que lui, en l'occurrence d'une gravure d'Augustin Carrache. Il le roua de coups avant de le chasser. Un mal pour un bien car Zampieri entra ainsi dans l'atelier des célèbres Carrache, où il bénéficia de l'enseignement d'Augustin et de son frère Annibal. Mais ses condisciples le surnommèrent le « Bœuf » à cause de son habitude d'effacer, de corriger et de refaire inlassablement le même dessin. Annibal, qui louait son souci de perfection, leur prédit que « le bœuf labourerait un jour le champ de la peinture et le ferait prospérer ». Ce qui arriva. Le « Bœuf », devenu « Domenichino », le petit Dominique en italien, ou le Dominiquin, connut très vite le succès, mais aussi beaucoup d'envieux. À Naples, où il réalisait les fresques de la chapelle du Trésor, ses concurrents soudoyèrent ses domestiques et son neveu pour entrer dans son atelier et détériorer ses œuvres. Ils le menacèrent même de mort ! Et le Dominiquin s'éteignit subitement le 15 avril 1641. De chagrin pour certains, empoisonné pour d'autres... Mais ce n'était pas fini. Giovanni Lanfranco, son rival le plus acharné, persuada des commanditaires napolitains de remplacer les œuvres du défunt par les siennes, et que la veuve leur rembourse les sommes perçues par son mari.

Le Dominiquin
21 octobre 1581 Bologne - 15 avril 1641 Naples

Peintre italien, fils d'un cordonnier, il commence son apprentissage dans l'atelier du maître flamand Denis Calvaert d'où il est chassé en 1595. Il entre alors dans l'académie bolonaise des frères Carrache, Augustin et Annibal et leur cousin Ludovic. Où il se distingue rapidement par son exceptionnel talent de dessinateur. Trois ans plus tard, il participe à la décoration de l'oratoire de San Colombano à Bologne. Au début du XVIIe siècle, il rejoint Annibal à Rome et collabore avec lui à la galerie du palais Farnèse. Et il connaît très vite un grand succès personnel. En 1621, il est nommé architecte pontifical par le pape Grégoire XV. Neuf ans plus tard, il s'installe à Naples pour décorer la chapelle San Gennaro au Dôme, qu'il n'achèvera pas car il s'éteint prématurément en 1641.

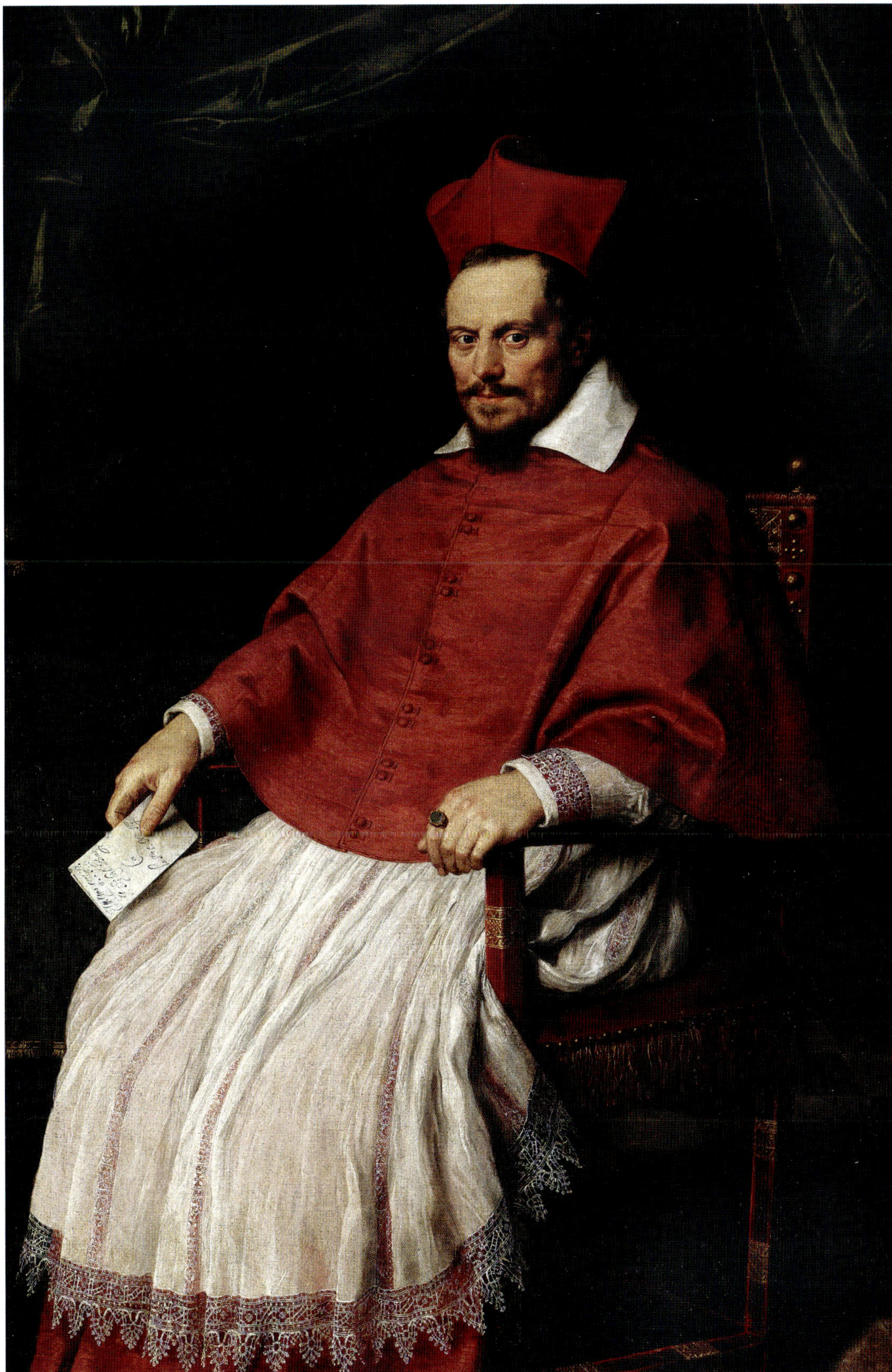

La Descente de Croix,

Pierre Paul Rubens, vers 1617, huile sur toile, 4,25 × 2,95 m, Lille, palais des Beaux-Arts.

« Son détonateur fut un essai intitulé "Dialogue sur le coloris" publié en 1673. »

Cette *Descente de Croix* a été commandée en 1616 à Rubens par les capucins de Lille pour le maître-autel de la chapelle de leur couvent. Ce que ni les moines, ni l'artiste flamand ne pouvaient imaginer, c'est qu'une soixantaine d'années plus tard ce chef-d'œuvre serait à l'origine de la « querelle du coloris », un débat esthétique des plus virulents qui divisa les peintres français à la cour de Louis XIV ! Son détonateur fut un essai intitulé *Dialogue sur le coloris* publié en 1673 par Roger de Piles. Dans son ouvrage, celui que l'on considère comme l'un des premiers critiques d'art, faisait l'éloge de *La Descente de Croix* de Rubens dont la composition reposait sur la couleur et non sur le dessin. Et c'est là que le bât blessa. Car encenser Rubens et ses couleurs, c'était critiquer un autre artiste, français celui-là, le maître du dessin, Nicolas Poussin. D'un côté donc, on glorifiait « les ombres colorées », c'est-à-dire l'ombre qui prend sur la couleur voisine et qui construit le mouvement de *La Descente de Croix*. On chantait les louanges du spectacle lumineux orchestré par Rubens, où la beauté des rouges, des verts, des blancs, des bleus précède l'intensité dramatique de la scène. De l'autre, on vantait l'organisation plastique adaptée au sujet, le désir de fixer l'idée avant d'enchanter par les couleurs et, bien sûr, la pureté du dessin de Nicolas Poussin. Et ce fut finalement Rubens et sa chatoyante *Descente de Croix* qui l'emportèrent. Néanmoins, le débat reprit de plus belle au siècle suivant, opposant cette fois le néoclassicisme d'Ingres, le dessinateur, au romantisme de Delacroix, le coloriste, qui disait de Rubens qu'il était le « Homère de la peinture ». Et la couleur, une fois encore, l'emporta.

Pierre Paul Rubens
1577 Siegen - 1640 Anvers

Peintre flamand, il commence à 12 ans son apprentissage à Anvers, dans les Pays-Bas espagnols, auprès de peintres éminents, comme Adam van Noort et Otto van Veen. Et c'est sur leurs conseils qu'en 1600 il part en Italie où, durant huit ans, il étudie les œuvres des maîtres de la Renaissance italienne, notamment Raphaël, le Caravage et Titien, dont il assimile les styles et les couleurs. À son retour d'Italie, il est nommé peintre officiel de la cour des Pays-Bas espagnols. Reconnu dans toute l'Europe comme l'un des plus grands artistes de l'époque, il l'est également pour ses talents de diplomate. Anobli par Philippe IV d'Espagne en 1624, il est fait chevalier par le roi Charles Ier d'Angleterre.

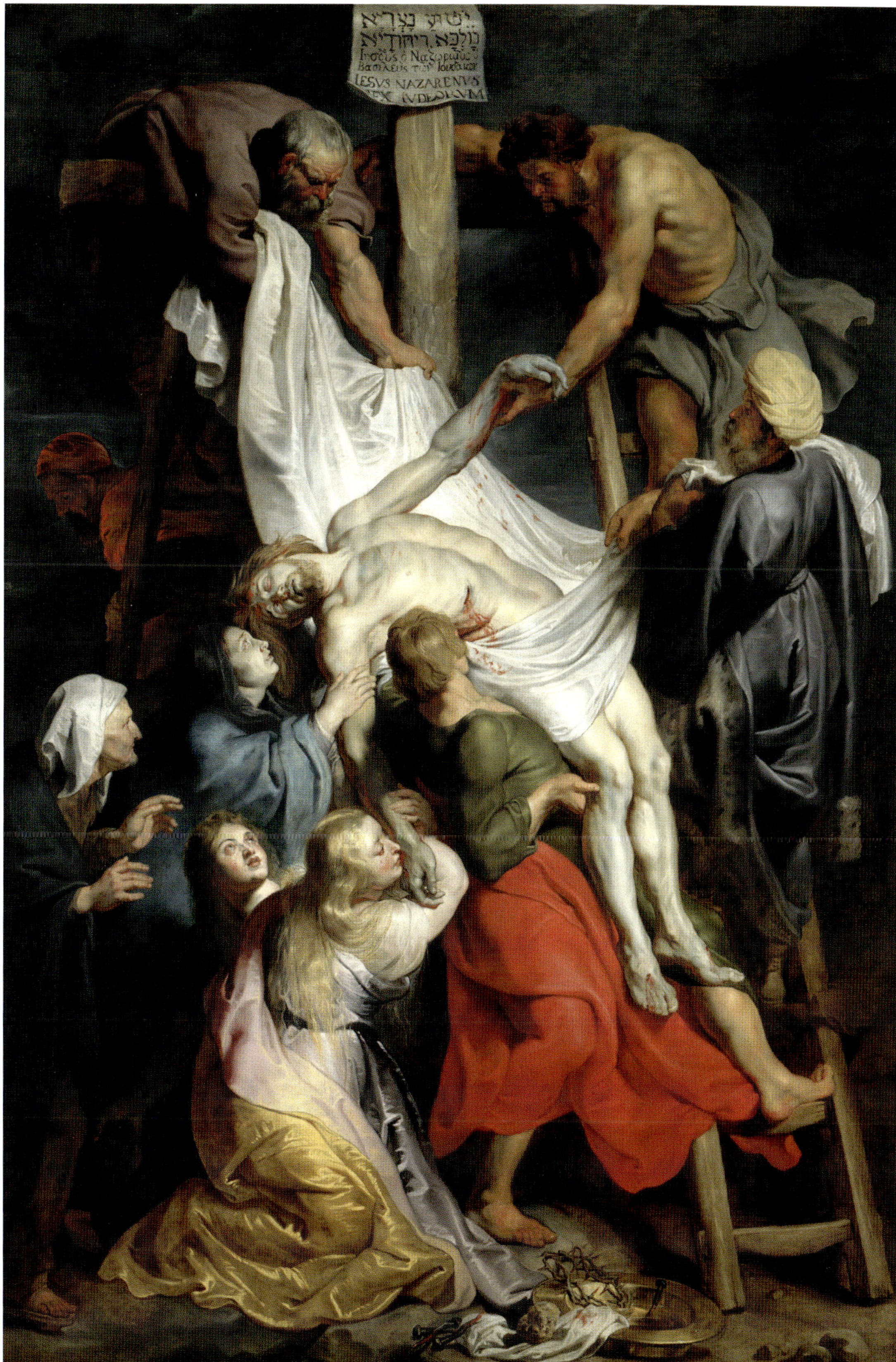
IESVS NAZARENVS

Les Oiseaux,

Anonyme, 1619, huile sur toile, 1,41 × 0,96 m, Strasbourg, musée des Beaux-Arts.

« Si elles figurent ici, c'est grâce à Christophe Colomb. »

Son auteur a bien daté la toile que vous avez sous les yeux, en 1619, mais il ne l'a pas signée ni intitulée. On ne sait donc pas qui a peint ce tableau fascinant, que l'on rattache à l'école française du XVIIe siècle. Pour le titre, en revanche, on n'a pas eu beaucoup à hésiter. On l'a appelé *Les Oiseaux*. Il y en a partout, de toutes les couleurs et de toutes les tailles. Soixante-dix espèces de volatiles harmonieusement enchevêtrées sur 141 centimètres de haut et 96 centimètres de large. Et chaque oiseau est parfaitement reconnaissable grâce à la forme de son bec ou à la couleur de ses plumes. Pour atteindre un tel degré d'exactitude, l'artiste a dû travailler d'après des modèles naturalisés. Or, s'il n'était pas très compliqué de trouver un coq ou une effraie des clochers en Europe en 1619, il n'en allait pas de même pour un flamant rose, un toucan à ventre rouge ou un ara, ces espèces étant originaires d'Amérique… Si elles figurent ici, c'est grâce à Christophe Colomb. En découvrant l'Amérique en 1492, il a également découvert une grande variété de perroquets et autres psittacidés. Dès son retour triomphal à Barcelone l'année suivante, il en rapportait une quarantaine de spécimens vivants. Leurs merveilleux plumages bigarrés déclenchèrent chez les Espagnols un formidable engouement pour les oiseaux exotiques. Chacun se devait d'en posséder un, vivant ou empaillé. La passion des oiseaux gagna bientôt toute l'Europe. Ce qui explique qu'en 1619, notre peintre anonyme a pu trouver les soixante-dix modèles nécessaires à la composition de son tableau. Les oiseaux arrivaient d'Afrique et d'Amérique tels des envoyés des nouveaux mondes.

Les peintres animaliers ornithologiques européens apparaissent au XVIIe siècle suite au développement des sciences naturelles. Leurs créations ne sont plus seulement artistiques, mais aussi un support à l'étude scientifique des espèces animales. Ils s'appliquent donc à représenter les espèces en respectant les caractéristiques de chacune d'entre elles. Et travaillent donc sur des modèles naturalisés, les animaux vivants étant trop remuants et incapables de poser des heures ou des jours durant… Et jusqu'au début du XXe siècle et la généralisation des techniques photographiques, ils poursuivent leur œuvre artistico-scientifique.

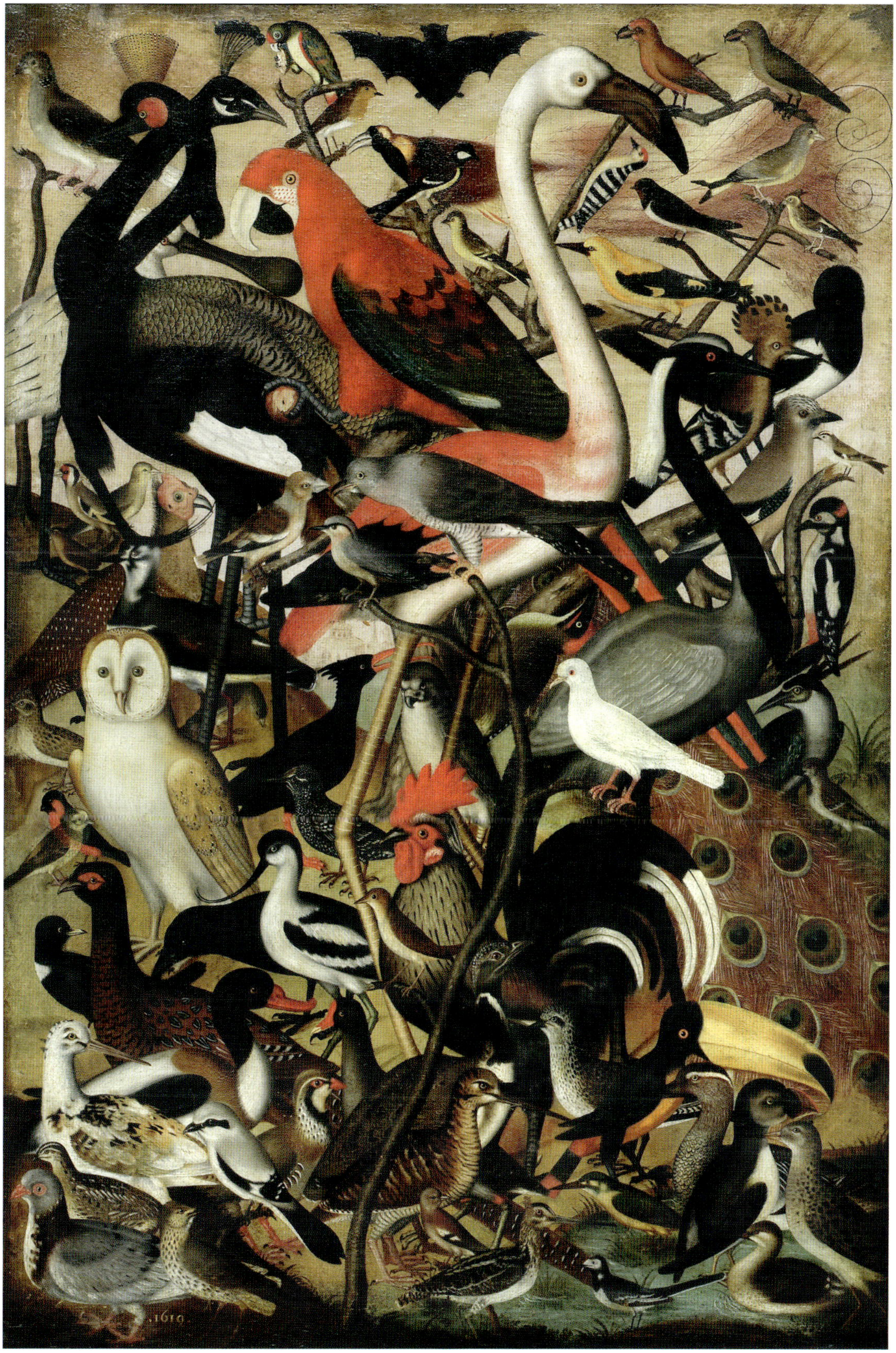
.1619.

Manneken-Pis,

Jérôme Duquesnoy l'Ancien, 1619, bronze, 1,86 × 2,92 m, Bruxelles, fontaine à l'angle de la rue de l'Étuve et de la rue du Chêne.

« Qui a eu l'idée saugrenue de faire pisser un môme dans une fontaine ? »

Voici l'une des plus célèbres sculptures de la planète. Les touristes en visite à Bruxelles ne manquent jamais d'aller admirer le *Manneken-Pis*, « le môme qui pisse » en dialecte bruxellois, à l'angle des rues de l'Étuve et du Chêne. Et sans doute se demandent-ils qui a eu l'idée saugrenue, au début du XVIIe siècle, de faire pisser un môme dans une fontaine destinée à alimenter le quartier en eau potable. Eh bien, ce sont les autorités de la ville qui commandèrent en 1619 cette statuette en bronze au sculpteur bruxellois, Jérôme Duquesnoy l'Ancien. Et si ce dernier a choisi de représenter un petit garçon en train de se soulager, c'est que la fontaine en pierre qui se trouvait là auparavant montrait déjà un garçonnet dans la même position. D'après un texte de 1388, on l'appelait Petit Julien. Mais, dans un autre, datant de 1452, il était désigné lui aussi comme le « Manneken-Pis ». Toujours est-il que le gamin potelé de Duquesnoy l'Ancien, urinant en toute innocence, plut tellement aux Bruxellois qu'ils en ont fait le symbole de leur indépendance d'esprit. Le *Manneken-Pis* est devenu un héros aux multiples légendes. C'est cet enfant qui aurait sauvé la ville en pissant sur une mèche pour éviter une explosion. Ou cet autre, surpris par le roi en train d'uriner au passage de son carrosse. Ou celui qui a été ensorcelé après avoir fait pipi sur la porte d'une sorcière. Et il y a les aventures que la statue a vraiment vécues. Les Anglais ont voulu s'en emparer en 1745. Deux ans plus tard, c'était un soldat français. En 1817, un forçat évadé l'a volée et même endommagée. Depuis, l'original aurait été mis à l'abri à la Maison du Roi. Eh oui, ce serait une copie du *Manneken-Pis* que les touristes photographiraient.

Jérôme Duquesnoy l'Ancien
1570 - 1641

Sculpteur flamand, maître de la guilde des Quatre Couronnés, il participe activement à la reprise artistique après les émeutes iconoclastes conduites par les calvinistes dans les Pays-Bas méridionaux à la fin du XVIe siècle. Établi à Bruxelles, il réalise de nombreuses sculptures pour des églises, notamment le tabernacle monumental de Saint-Martin d'Alost en 1604. Mais il exécute également de nombreuses œuvres pour de riches commanditaires et des institutions de la ville. Ses deux fils, François et Jérôme, deux sculpteurs aussi célèbres que leur père, perpétuent la dynastie après sa mort.

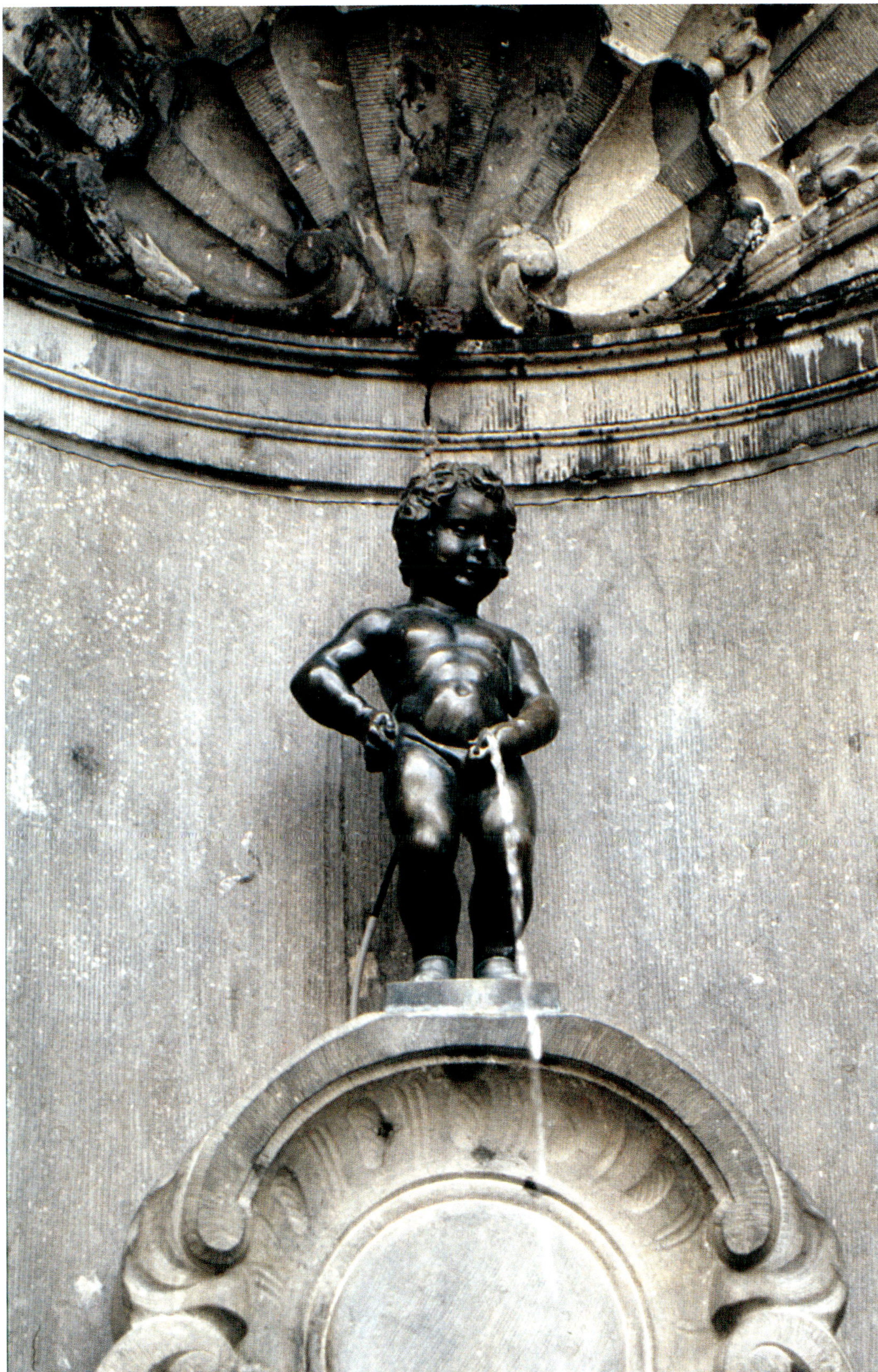

Le Tricheur à l'as de carreau,

Georges de La Tour, vers 1630, huile sur toile, 1,06 × 1,46 m, Paris, musée du Louvre.

« C'est le pigeon à plumer ! »

Le Tricheur à l'as de carreau, peint par Georges de La Tour vers 1630, aurait pu s'intituler d'une sentence très en vogue à cette époque : « L'amour, le vin et le jeu ont perdu plus d'un homme. » Car le peintre lorrain ne s'est pas contenté de représenter une banale partie de prime, l'ancêtre du poker, où l'un des protagonistes s'apprête à tricher. C'est carrément une fable qu'il nous raconte, une mini tragédie où chacun tient son rôle. Une fable contre les dangers du jeu, alors interdit par le roi et condamné par l'Église, qui menaçait les joueurs d'excommunication, mais aussi contre ses deux complices : l'alcool et le sexe. Regardez bien la toile, vous allez comprendre. À droite, un jeune homme étalant fièrement son tas de pièces d'or. Il est richement vêtu et coiffé d'un chapeau à large plume. C'est le pigeon à plumer ! Observez maintenant la femme à sa droite. Elle aussi arbore une toilette de prix et de nombreux bijoux. Se pourrait-il que ce soit sa mère ? Que nenni ! Sous le règne de Louis XIII, les perles ne sont plus symbole de pureté comme au Moyen Âge, mais de sensualité, d'amours vénales. Il s'agit d'une courtisane, et c'est elle qui distribue le jeu. D'un geste de la main et d'un regard oblique, elle indique à ses comparses la conduite à suivre. À sa servante de verser le vin destiné à enivrer le jeune crédule et, dans la foulée, à dissimuler le geste du tricheur, un professionnel à n'en pas douter. Car les aiguillettes des deux garçons nous renseignent également sur leur personnalité : dénouées sur les vêtements du tricheur, ce qui est un signe de relâchement, de libertinage, elles sont impeccablement lacées chez sa victime. Enfin, le choix des cartes n'est pas non plus un hasard. Le carreau annonce argent et commerce sexuel, alors que le pique est signe de malheur. Ah, ce La Tour, comme il dit bien les choses !

Georges de La Tour
14 mars 1593 Vic-sur-Seille - 30 janvier 1652 Lunéville

Peintre du duché de Lorraine, il s'installe à Lunéville en 1620, sous le règne de Henri II de Lorraine, grand admirateur du Caravage. Sa femme, issue d'une grande famille lunévilloise, lui permet de pénétrer la noblesse puis de rapidement faire connaître et apprécier ses œuvres. Dès le début de la guerre de Trente Ans, il est l'un des plus riches bourgeois de la ville. Mais, en 1639, lorsque les combats redoublent, il préfère gagner Paris. Il rencontre Louis XIII durant son séjour et, à son retour à Lunéville, se présente sous le titre de « peintre particulier du roi ». Après sa mort, son œuvre est oubliée jusqu'au début du XXe siècle.

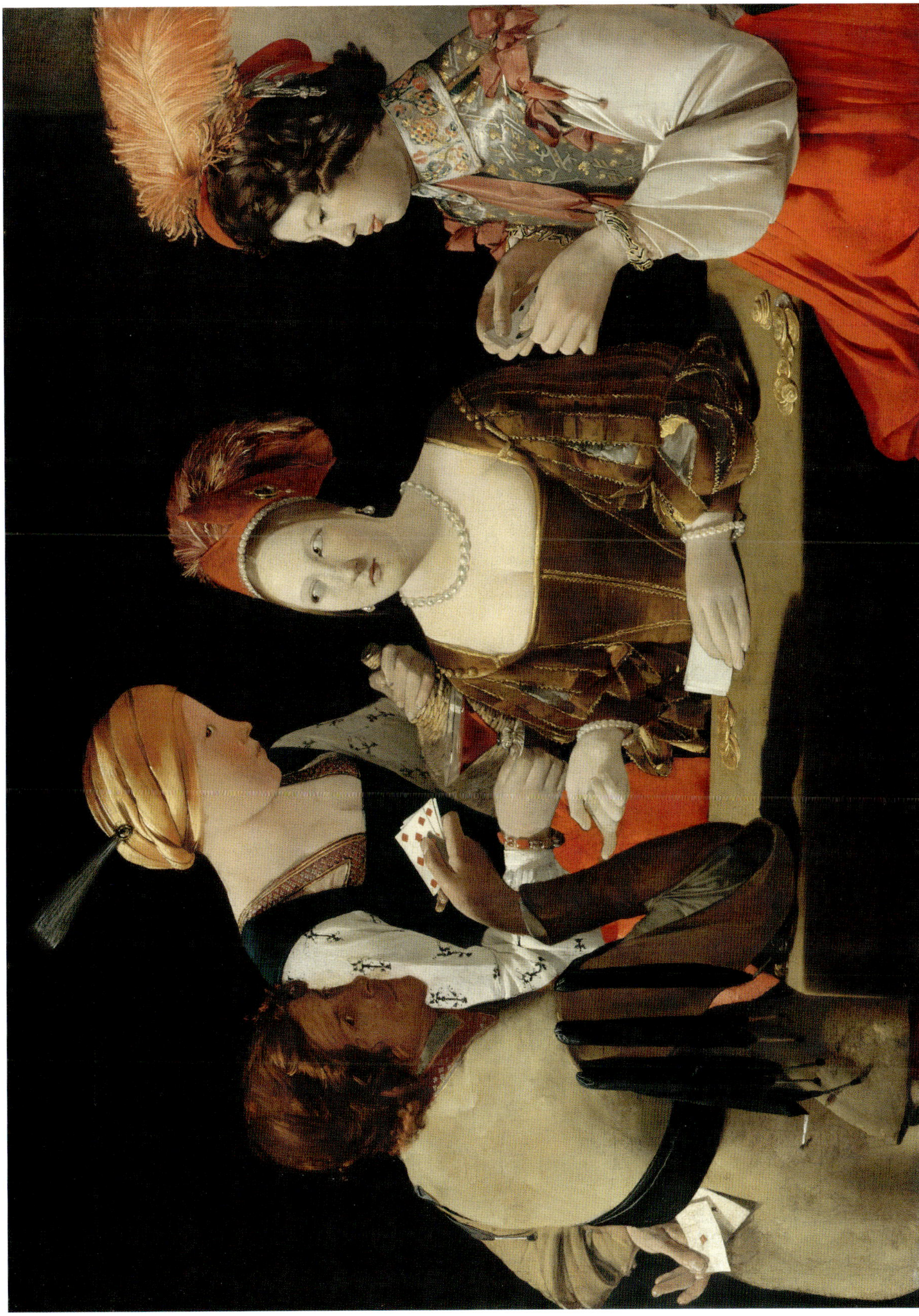

Le Pied-Bot,

Jusepe de Ribera, 1642, huile sur toile, 164 × 94 cm, Paris, musée du Louvre.

« C'est finalement le docteur Franck Fitoussi qui les a tous mis d'accord. »

Peint par Jusepe de Ribera en 1642, *Le Pied-Bot* n'a livré son secret qu'en 2004, et ce grâce au diagnostic d'un médecin. En effet, depuis plus de deux siècles, les historiens d'art décortiquent ce tableau et s'interrogent sur la nature de l'infirmité de son jeune modèle. La toile s'est d'ailleurs intitulée successivement *Le Nain*, puis *Le Nain, portrait d'un jeune mendiant*, et ne porte son titre actuel, *Le Pied-Bot*, que depuis son entrée au musée du Louvre en 1870. Et bien c'est finalement le docteur Franck Fitoussi, chirurgien orthopédiste à l'hôpital Robert Debré à Paris, qui les a tous mis d'accord. En établissant que si ce garçon se tenait sur la pointe du pied droit, c'est qu'il souffrait, non d'un pied-bot, mais d'un équin, une anomalie souvent due aux hémiplégies infantiles. Hypothèse renforcée par la flexion anormale de son poignet droit et de ses doigts recroquevillés sur le chapeau. Car la déformation de deux membres d'un même côté du corps est caractéristique d'une hémiplégie. Quant à la béquille qu'il porte fièrement sur l'épaule, elle prouve une faiblesse musculaire, autre symptôme de l'hémiplégie. Et qui dit hémiplégie droite, dit lésion du cerveau gauche, où se situe le centre du langage. Or, à l'époque, les vagabonds devaient présenter un permis de mendier dans les rues de Naples. C'est ce papier qu'il tient dans sa main gauche, sur lequel est inscrit en latin « Donne moi l'aumône pour l'amour de Dieu », et sans doute la preuve de ses problèmes d'expression. Quant à son air rigolard, il s'agit probablement d'un effet de son handicap mental. Il ne reste donc plus, au Louvre, qu'à rebaptiser une dernière fois le tableau de Ribera, en l'intitulant *L'Enfant hémiplégique*.

Jusepe de Ribera
12 janvier 1591 Xàtiva - 1652 Naples

Peintre et graveur espagnol, fils d'un cordonnier, il fait peut-être son apprentissage dans l'atelier de Francisco Ribalta à Valence. Vers 1610, il part en Italie et s'installe à Rome. Où il subit l'influence du Caravage, tant sur le plan artistique que sur sa manière de vivre. Six ans plus tard, il part pour Naples où il bénéficie de la protection du vice-roi espagnol, le duc d'Osuna. Surnommé Spagnoletto – « le petit Espagnol » – en raison de sa petite taille, il devient très vite le peintre le plus célèbre de la ville. Et si le soulèvement anti-espagnol de 1647 ternit quelque peu son aura chez les Napolitains, il reste l'une des plus grandes figures du baroque et le déclencheur de l'école napolitaine.

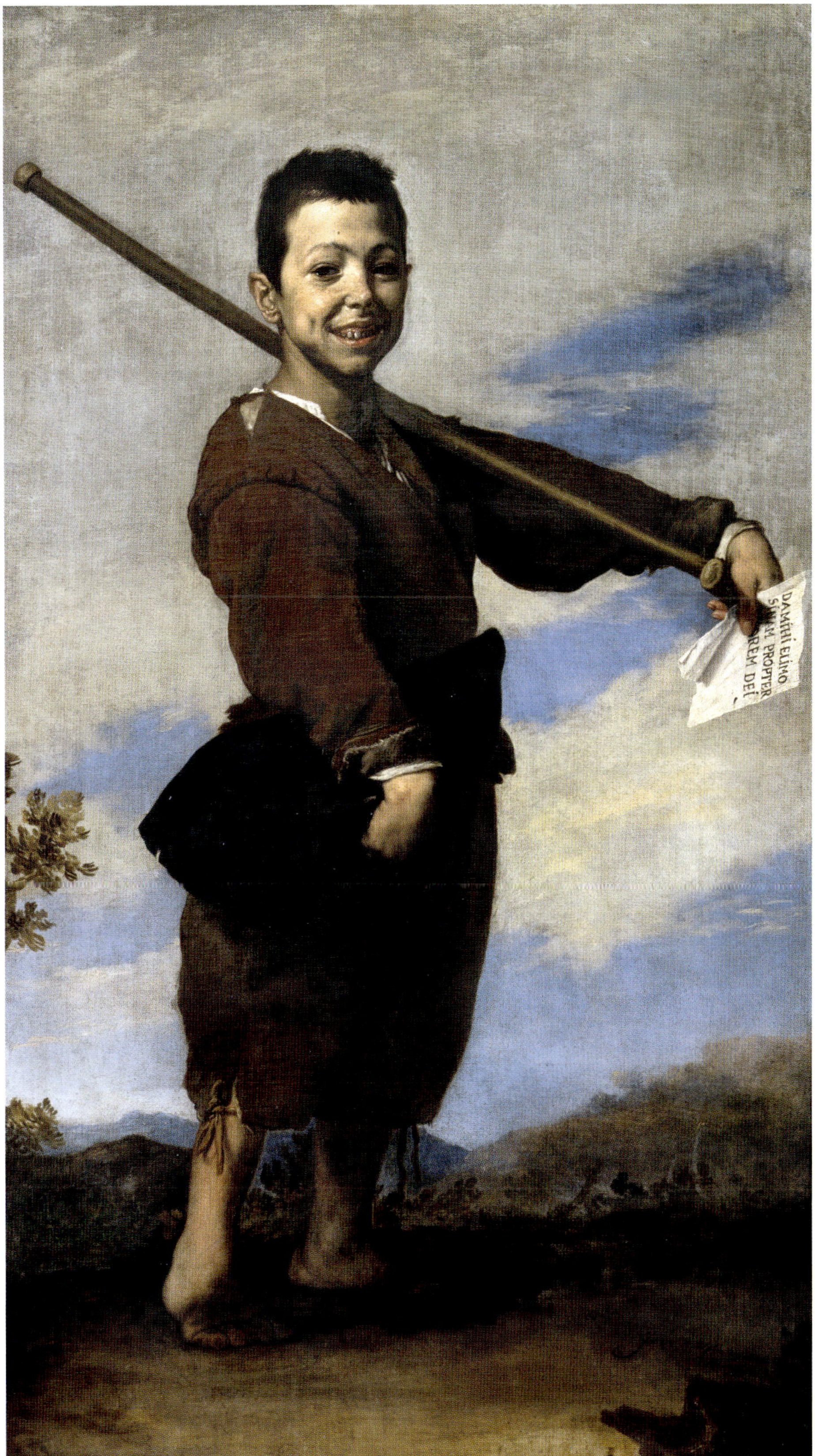
DA MIHI ELIMO
PROPTER
REM DEI

Le Bac,

Salomon Jacobsz van Ruysdael, 1647, huile sur toile, 91 × 130,5 cm, Bruxelles, Musées royaux des beaux-arts de Belgique.

« Il raffole de son pays, dont un tiers de la surface est au-dessous du niveau de la mer. »

Voici *Le Bac*, peint en 1647 par le Hollandais Salomon Jacobsz van Ruysdael. S'y mêlent, dans une douce monochromie, une calme étendue d'eau et un ciel chargé de nuages où perce la clarté du soleil. Van Ruysdael est l'un des initiateurs du paysage hollandais tel que nous l'entendons aujourd'hui. Au siècle précédent, « le paysage » s'est émancipé de la peinture religieuse et de la peinture d'histoire pour devenir un genre à part entière. Et cela sous l'impulsion du premier « paysagiste » de l'histoire de l'art, Joaquim Patinir, qui en a fait le sujet principal de ses tableaux. Van Ruysdael va lui donner ses lettres de noblesse. Comme tous ses compatriotes, il raffole de son pays, dont un tiers de la surface est au-dessous du niveau de la mer. Les côtes y sont nombreuses, les rivières abondent, ainsi que les étangs et les marécages. Et puis, comme il est tout plat, ce pays, l'horizon semble s'étendre et le ciel dominer la vue à l'infini. C'est cette sensation d'immensité qui fait le charme du paysage hollandais et qu'il est toujours difficile de faire entrer dans le cadre restreint d'un tableau. Van Ruysdael parvient à résoudre le problème. Au quart de la toile, il a placé un arbre. Celui-ci bouche l'horizon et coupe verticalement la toile en deux surfaces identiques, mais qui s'opposent par leur composition et leur tonalité. À gauche, en plan large, une étendue lumineuse et profonde. À droite, une masse sombre et compacte. C'est le plan rapproché. Van Ruysdael a été le premier à faire d'un arbre le pivot de la composition de son tableau. C'est tout simple, mais il fallait y penser.

Salomon Jacobsz van Ruysdael
Avant 1603 Naarden - 1670 Haarlem

Peintre hollandais, de son vrai nom Van Gooyer, il choisit Ruysdael en s'inspirant d'une propriété familiale. Fils d'un ébéniste d'art, il s'installe à Haarlem après la mort de son père, où il bénéficie certainement de l'enseignement d'Esaias Van de Velde, et se lie à Jan Van Goyen. En 1623, il entre dans la guilde de Saint-Luc et acquiert très rapidement une certaine renommée auprès de ses concitoyens. En 1628, Samuel Van Ampzing le cite comme l'un des célèbres peintres de Haarlem dans sa *Description et les éloges de la ville*. En 1647, il est nommé officier de la guilde de Saint-Luc et, l'année suivante, diacre. Il poursuit sa carrière à Haarlem où il est hautement considéré jusqu'à sa mort à l'âge de 67 ans.

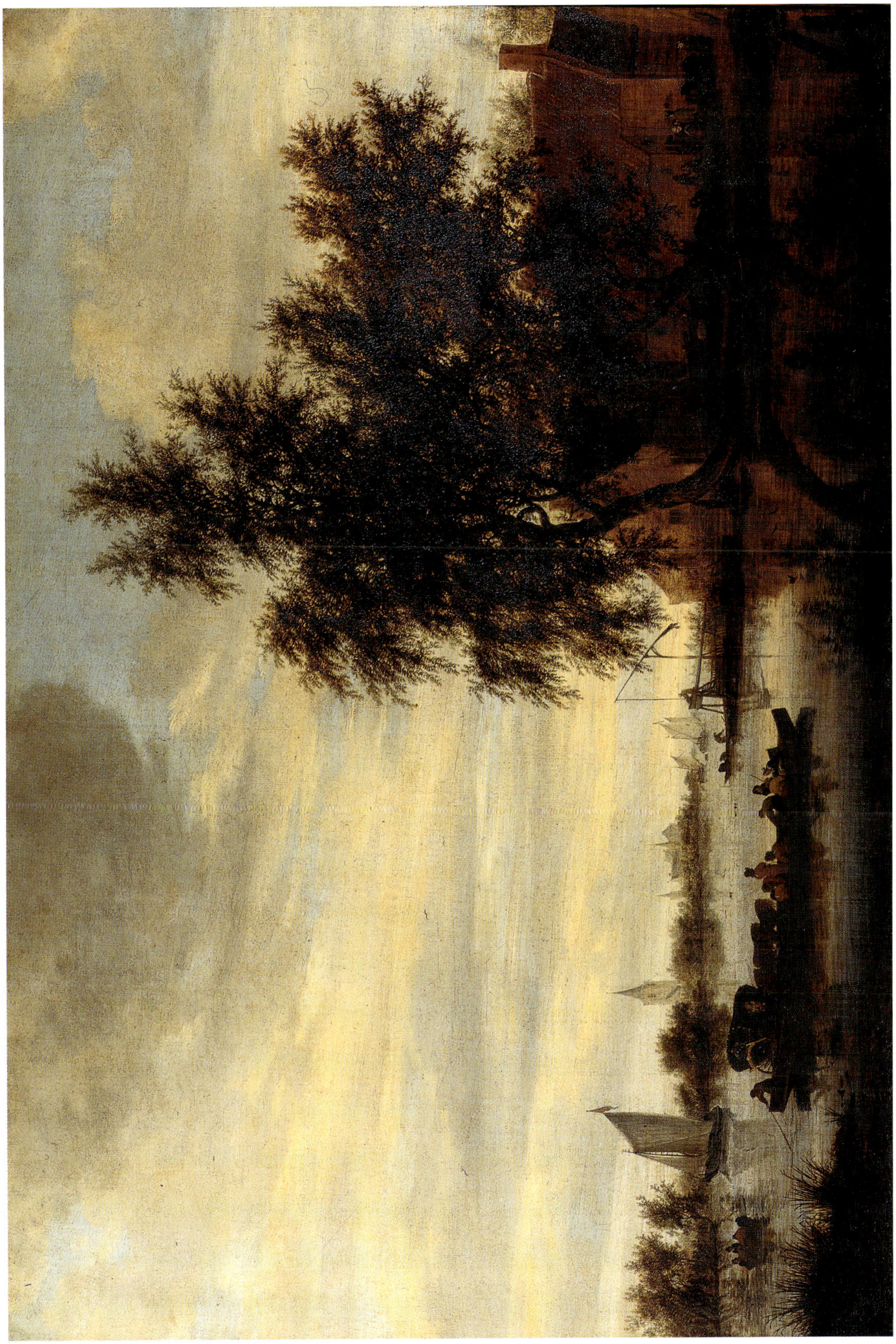

Le Jeune Mendiant,

Bartolomé Esteban Murillo, vers 1645-1650, huile sur toile, 1,34 × 1,10 m, Paris, musée du Louvre.

« Ce sont ces "picaros", comme on les appelait, que Murillo choisit de représenter. »

Ce qui frappe quand on regarde *Le Jeune Mendiant* d'Esteban Murillo, c'est l'humanisme de ce tableau. Voyez les haillons de ce garçon, les reliefs de son repas, ses pieds sales, sa gêne à se débarrasser de ses poux. Il faut savoir que Murillo l'a peint vers 1645-1650, soit près de deux siècles avant le réalisme de Goya ou Courbet. On était en plein Siècle d'or espagnol, et les peintres se devaient d'exprimer sa splendeur. Ce que l'on attendait d'eux, c'était de la peinture religieuse, bien efficace, si chère à la Contre-Réforme. Un domaine où Murillo excella, abreuvant l'Église d'innombrables madones qui le rendirent célèbre dans toute l'Europe. Mais Murillo était sévillan. Et si Séville, capitale artistique et religieuse de l'Espagne, brillait par son expansion, la misère n'épargnait pas ses rues. Des nuées de gamins y survivaient tant bien que mal, entre débrouillardise et filouterie, la main leste et l'estomac dans les talons. Ce sont ces *picaros* comme on les appelait, que Murillo choisit de représenter en parallèle de ses œuvres religieuses. Pour certains, il était influencé par la peinture flamande, où le sujet du pauvre était monnaie courante. Pour d'autres, il honorait une commande des franciscains, soucieux de voir représenter l'esprit de charité de leur doctrine. Murillo était peut-être aussi sous l'emprise du roman picaresque initié par les écrivains espagnols, où le héros était un anti-héros. Ou, plus simplement, n'avait-il pas oublié qu'il était lui-même orphelin et se sentait-il une familiarité avec les *picaros*... Il va donc les peindre à plusieurs reprises, sans concession ni misérabilisme. Comme ce *Jeune Mendiant*, le premier et le plus célèbre de la série.

Bartolomé Esteban Murillo
31 décembre 1617 Séville - 3 avril 1682 Séville

Peintre espagnol, fils d'un barbier-chirurgien, dernier de quatorze enfants, orphelin à 10 ans il est pris en charge par une de ses sœurs et son mari. En 1630, il commence son apprentissage auprès d'un artiste italianisant, Juan Del Castillo. Vers 1658, il séjourne à Madrid. Au début des années 1640, il reçoit ses premières commandes importantes, connaît rapidement une grande notoriété à Séville puis devient célèbre dans toute l'Espagne et en Europe. En 1660, il fonde l'académie de dessin de Séville. À 65 ans, il chute d'un échafaudage alors qu'il peint un retable au couvent des capucins de Cadiz et décède quelques mois plus tard à Séville.

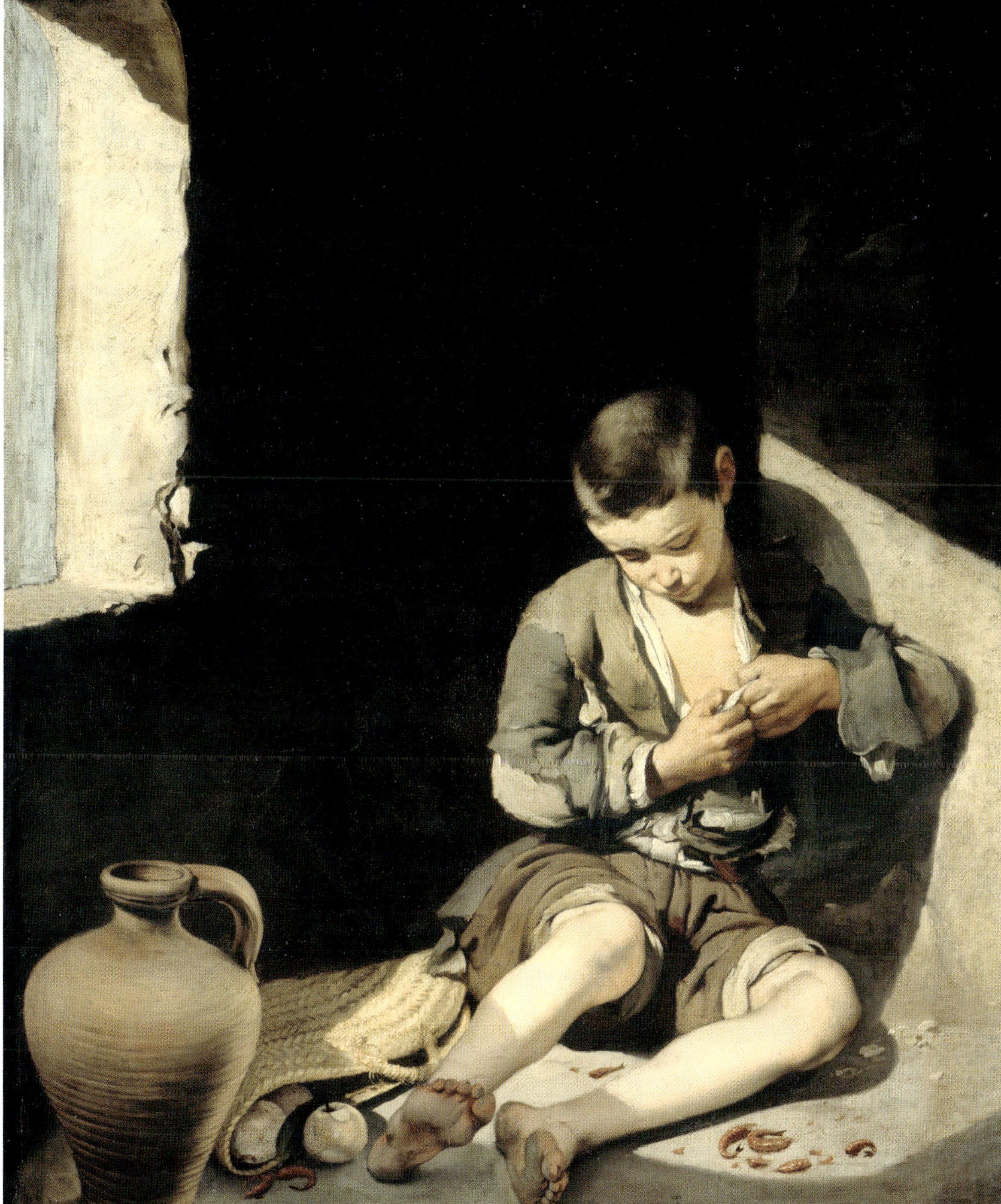

Vue d'intérieur ou Les Pantoufles (titre traditionnel donné au XIXe siècle),
Samuel Van Hoogstraten, entre 1654 et 1662, huile sur toile, 1,03 × 0,70 m, Paris, musée du Louvre.

« Contrairement aux scènes de genre habituelles, ici, il n'y a personne. »

Si la date de ce tableau reste hypothétique – entre 1654 et 1662 –, son auteur est aujourd'hui avéré, il s'agit de Samuel Van Hoogstraten. Un peintre hollandais qui s'est illustré dans la peinture de genre. C'est-à-dire une œuvre où sont représentés des anonymes saisis dans l'instantané de leur vie quotidienne. Or qu'avons-nous sous les yeux ? Une *Vue d'intérieur*, c'est le titre, d'un paisible foyer hollandais. Seulement, contrairement aux scènes de genre habituelles, comme celles de Vermeer, ici pas de dentellière, ni de laitière, ou de liseuse. Il n'y a personne. Alors, *Vue d'intérieur* ne serait pas une scène de genre, mais un habile jeu de perspectives et d'illusion spatiale, autre spécialité de Van Hoogstraten ? Oh que non ! Regardez dans la première pièce, ce balai posé contre le mur. À l'entrée de la chambre, ces pantoufles ôtées à la va-vite qu'on n'a même pas pris soin de glisser sous le lit. Et ce livre refermé et abandonné sur la table… Autant de signes de la présence d'une femme dans cet intérieur. Mais où est-elle passée ? Quel motif impérieux l'a obligée à abandonner ses activités ? Vous ne devinez pas ? Eh bien, regardez le tableau sur le mur du fond. Il s'agit d'une variante de *L'Admonestation paternelle* de Gerard ter Borch. Qui dit admonestation dit bien souvent plaisir de la chair. Eh oui, c'est pour commettre l'adultère que la maîtresse de maison a disparu brusquement… *Vue d'intérieur* est donc bien une scène de genre, mais aussi un petit conte moral – ou immoral – de Samuel Van Hoogstraten, parfaitement déchiffrable pour ses contemporains. Et même pour les générations futures puisque, depuis le XIXe siècle, afin d'aiguiller le regard des spectateurs, on a baptisé son tableau *Les Pantoufles*…

Samuel Van Hoogstraten
2 août 1627 Dordrecht - 19 octobre 1678 Dordrecht

Peintre, graveur et théoricien de l'art hollandais, fils du peintre Dirk Van Hoogstraten, il commence son apprentissage auprès de son père. Orphelin à 13 ans, il part à Amsterdam et entre dans l'atelier de Rembrandt, où il étudie jusqu'en 1648. Trois ans plus tard, il voyage en Allemagne, passe l'année 1652 à Rome et visite également Naples. Deux ans plus tard, il est de retour à Dordrecht où il exerce la fonction de directeur d'un hôtel des monnaies. Entre 1662 et 1666, il séjourne à Londres et, deux ans plus tard, à La Haye où il devient membre de la confrérie Pictura. Mais c'est dans sa ville natale qu'il s'éteint à l'âge de 51 ans.

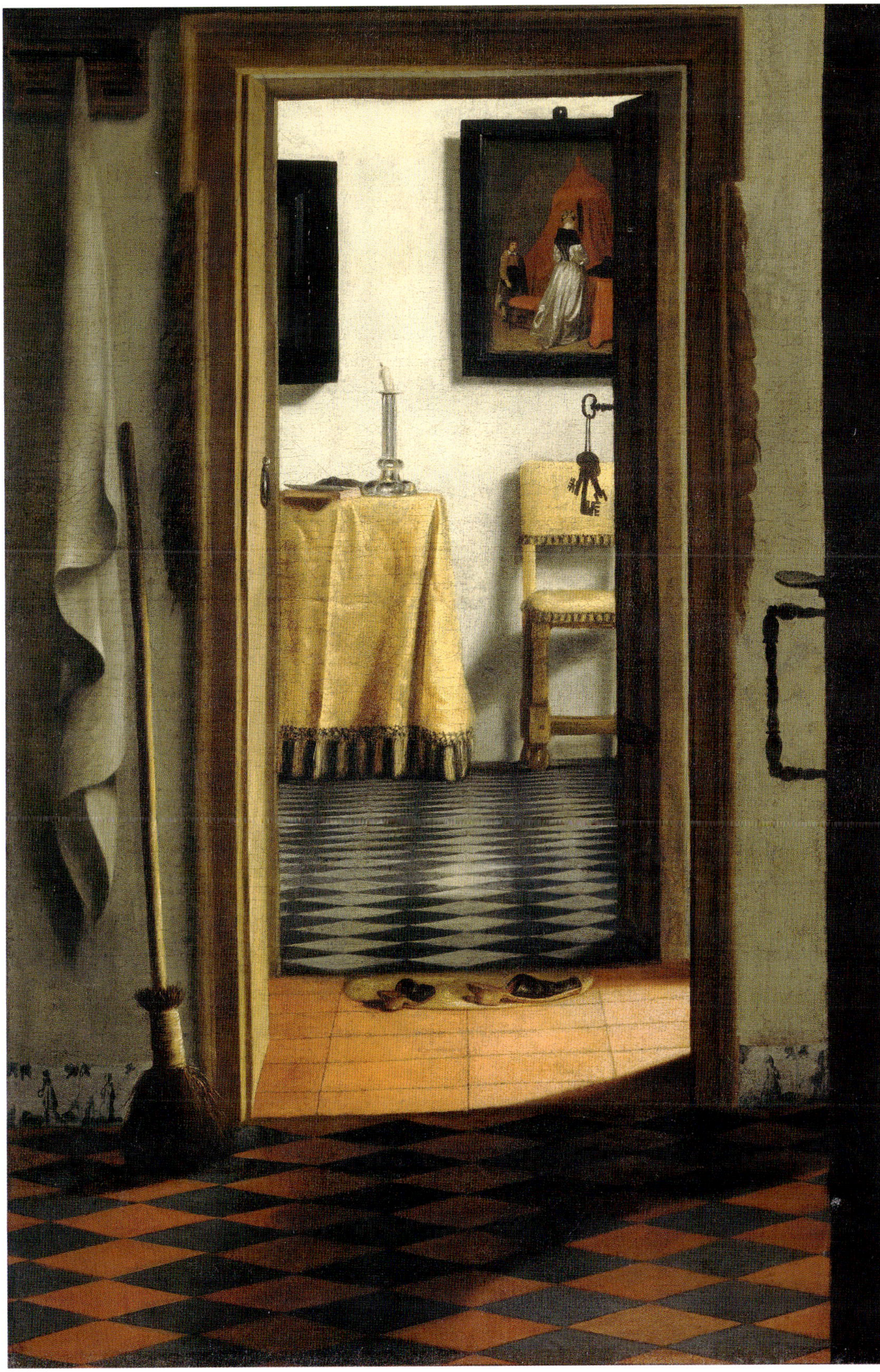

Insectes,

Jan Ier Van Kessel, 1660, huile sur cuivre, 17 × 23 cm, Strasbourg, musée des Beaux-Arts.

« Seul problème, elles étaient si minuscules qu'il était impossible de les étudier. »

Voici un tableau peint par Jan van Kessel en 1660, caractéristique de l'œuvre de cet artiste anversois. Pendant que ses compatriotes faisaient de grandes compositions colorées, ou des natures mortes typiquement flamandes, Kessel peignait des petits formats représentant essentiellement… des insectes. Ah, les insectes ! Cela faisait des siècles que les hommes étaient fascinés par ces créatures minuscules, capables de produire du miel, de tisser leur toile ou de tuer d'une piqûre des êtres mille fois plus gros qu'elles. Seul problème : elles étaient si minuscules qu'il était impossible de les étudier, non seulement à l'œil nu mais même à l'aide d'un verre convexe dont la faculté grossissante était connue depuis l'Antiquité. Or cet obstacle fut vaincu au milieu du XVIIe siècle. La tendance scientifique étant au « vouloir-voir », les recherches aboutirent à l'invention du microscope. Cet instrument génial permit soudain de grossir cent soixante fois ce que l'on observait. Une révolution pour les entomologistes, qui découvrirent enfin à quoi ressemblait exactement un pou ou un vers à soie. Et une aubaine pour Van Kessel, car cette invention décupla le goût de ses contemporains pour les insectes – les cabinets de curiosité regorgeaient d'insectes, vivants, naturalisés ou peints – et elle lui permit de les peindre tels qu'ils étaient. Voyez les dix insectes qui figurent sur ce tableau. Que ce soit la mygale, les fourmis ou la mante religieuse, ils sont tous plus grands que nature. Van Kessel a lui-même utilisé un microscope ! Et il a représenté ses modèles avec un tel souci du détail, jusqu'à reproduire leur ombre, que son tableau s'en trouve doté d'une inestimable valeur scientifique.

Jan Ier Van Kessel
1626 Anvers - 1679 Anvers

Peintre flamand, fils du peintre Hieronymus van Kessel, il commence son apprentissage dans l'atelier de Simon de Vos à Anvers. Et subit également l'influence de Daniel Seghers, un frère jésuite brabançon peintre. Il épouse la petite-fille de Jan Bruegel, dit Bruegel de Velours. Vers 1645, il entre à la guilde de Saint-Luc, et se fait rapidement une forte réputation dans les tableaux d'oiseaux et plus tard d'insectes. Il a treize enfants, dont deux sont peintres, notamment Jan van Kessel le Jeune.

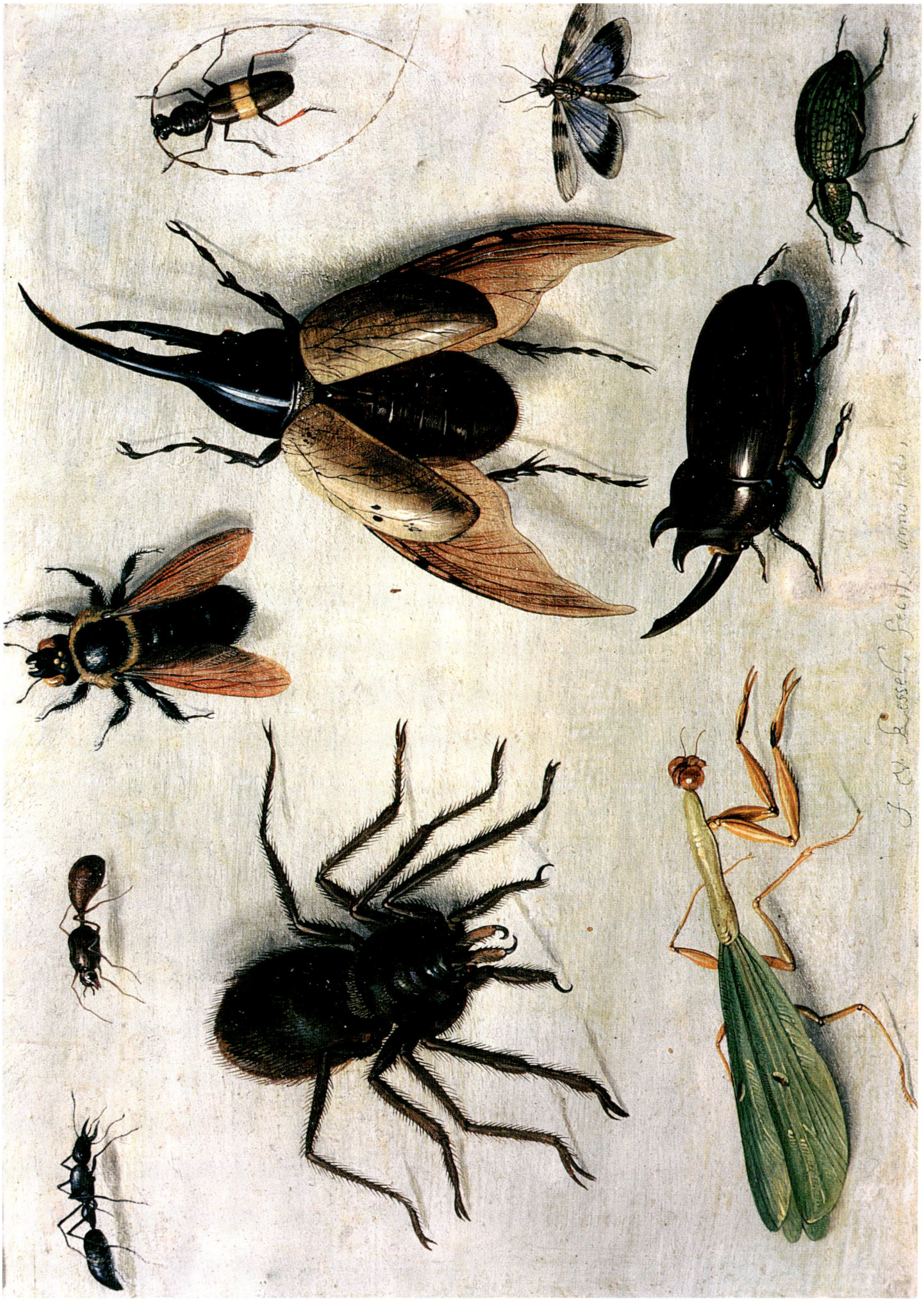

La Mère Catherine-Agnès Arnault et la Sœur Catherine de Sainte-Suzanne de Champaigne, dit Ex-Voto de 1662,

Philippe de Champaigne, 1662, toile, 1,65 × 2,29 m, Paris, musée du Louvre.

« Le vœu de Champaigne méritait bien un tel chef-d'œuvre puisqu'il s'agissait de la guérison de sa fille. »

Lorsque Philippe de Champaigne a peint *La Mère Catherine-Agnès Arnault et la Sœur Catherine de Sainte-Suzanne de Champaigne* en 1662, il était le peintre officiel de la cour de Louis XIII et l'on s'arrachait ses portraits. Il fut d'ailleurs le seul artiste autorisé à représenter Richelieu en habit de cardinal ! Et pourtant, il prit le temps de peindre ces deux religieuses sur une toile aux dimensions imposantes, 1,65 mètre sur 2,29 mètres, afin de l'offrir à l'abbaye de Port-Royal à Paris. Car il s'agit d'un ex-voto ; un objet, une plaque, ou comme ici un tableau, que l'on offre en remerciement d'un vœu ou d'une grâce obtenue. Et le vœu de Champaigne méritait bien un tel chef-d'œuvre puisqu'il s'agissait de la guérison de sa fille Catherine, que l'on voit allongée sur le tableau. Celle-ci avait pris le voile à Port-Royal à la demande de son père. Mais, devenue sœur Catherine de Sainte-Suzanne de Champaigne, elle souffrait depuis deux ans d'une maladie qui paralysait ses membres et cela sans espoir de guérison. Toutefois, dans un élan de foi typiquement chrétienne, la mère supérieure implora Dieu d'atténuer au moins ses souffrances. Et, tandis qu'elle priait devant l'infirme, elle eut la révélation de sa guérison. Miracle ! Dès le lendemain matin, Catherine se levait et faisait ses premiers pas, encore titubants, mais inespérés. Averti de la guérison miraculeuse de sa fille, Philippe de Champaigne décida de représenter l'instant où la mère Catherine-Agnès Arnault voit la grâce divine toucher sœur Catherine de Sainte-Suzanne de Champaigne. Et sur son tableau, appelé également *Ex-Voto de 1662*, il fit inscrire sa gratitude au Christ, qui avait entendu ses prières, et l'offrit aux religieuses de Port-Royal.

Philippe de Champaigne
26 mai 1602 Bruxelles - 12 août 1674 Paris

Peintre français classique issu d'une famille modeste, son père était sans doute tailleur. Il apprend pourtant le latin et, en 1621, il s'installe à Paris où il étudie l'art du paysage auprès de Jacques Fouquières. Il se lie avec Poussin et travaille dans les ateliers des maniéristes Georges Lallemand et Nicolas Duchesne. De retour à Bruxelles en 1627, il revient à Paris l'année suivante pour travailler auprès de Claude Maugis, intendant des bâtiments de Marie de Médicis. Naturalisé français en 1629, il entre au service de Louis XIII et du cardinal de Richelieu. Vingt ans plus tard, il se rapproche des jansénistes. En 1653, il est nommé professeur à l'Académie royale. Et jusqu'à sa mort bénéficie d'une célébrité qui dépasse les frontières françaises.

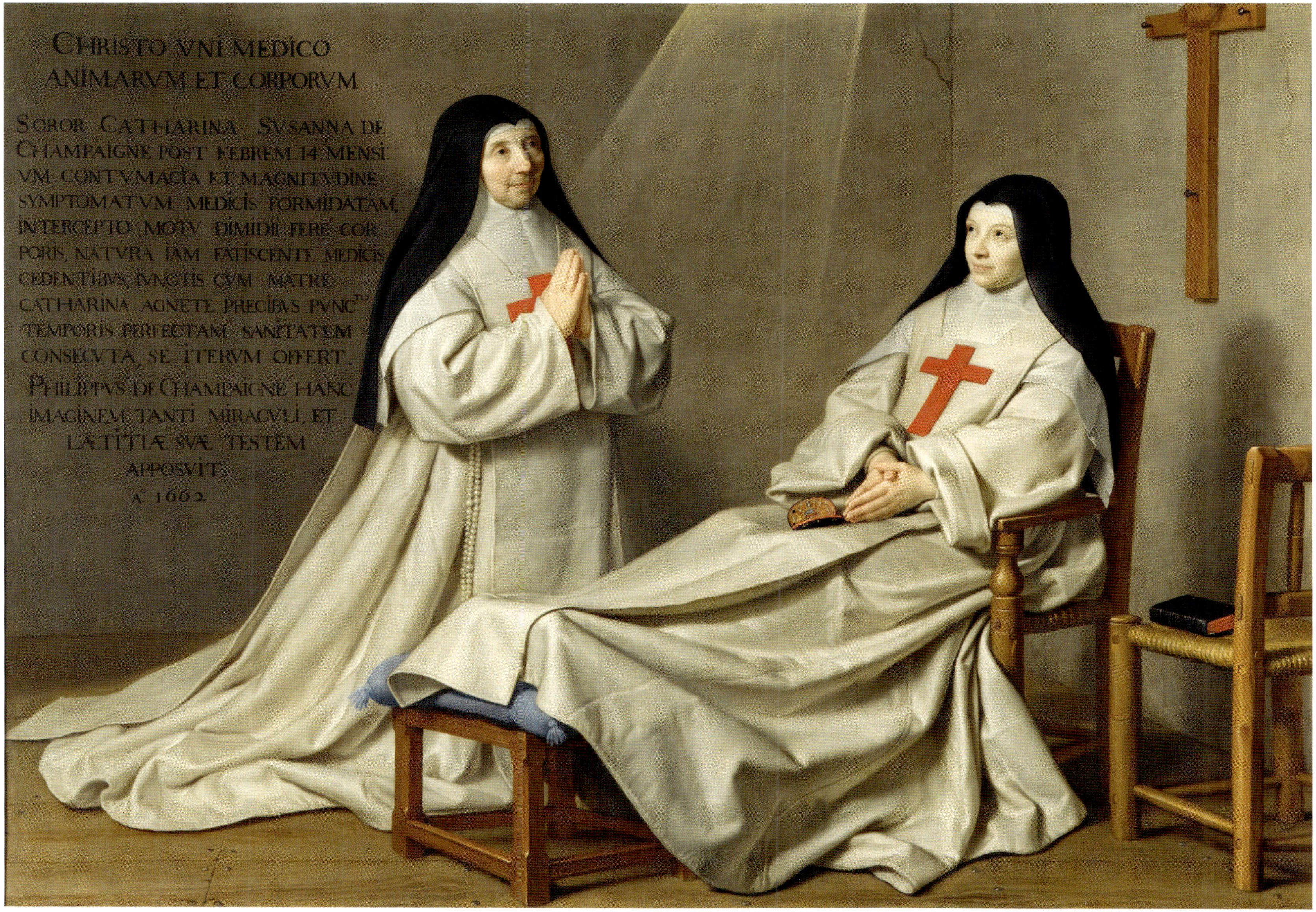
CHRISTO VNI MEDICO
ANIMARVM ET CORPORVM
SOROR CATHARINA SVSANNA DE
CHAMPAIGNE POST FEBREM 14 MENSI
VM CONTVMACIA ET MAGNITVDINE
SYMPTOMATVM MEDICIS FORMIDATAM,
INTERCEPTO MOTV DIMIDII FERE COR
PORIS, NATVRA IAM FATISCENTE MEDICIS
CEDENTIBVS, IVNCTIS CVM MATRE
CATHARINA AGNETE PRECIBVS PVNCTO
TEMPORIS PERFECTAM SANITATEM
CONSECVTA, SE ITERVM OFFERT.
PHILIPPVS DE CHAMPAIGNE HANC
IMAGINEM TANTI MIRACVLI, ET
LÆTITIÆ SVÆ TESTEM
APPOSVIT.
A° 1662.

Les Maisons royales,

Charles Le Brun (d'après), vers 1668-1682, laine et soie, basse lisse à or, 3,20 × 1,85 m, Pau, Musée national du château de Pau.

« C'est Louis-Philippe qui les fait sortir du garde-meuble de la Couronne en 1842. »

C'est Louis XIV qui commanda les tapisseries qui composent *Les Maisons royales* à Charles Le Brun, alors directeur de la Manufacture des Gobelins. Entre 1668 et 1682, quarante-neuf peintres et les meilleurs ateliers de lissiers participèrent à leur élaboration. Le résultat est magnifique. Des tentures en laine et soie de 3,20 mètres de haut sur 1,85 mètre à la gloire du Roi-Soleil et de ses châteaux, auxquels sont associés un mois de l'année et un signe du zodiaque, différents plaisirs royaux tels que la danse, la chasse ou la promenade, et les multiples richesses de la Cour, que ce soit de la vaisselle en or ou des animaux magnifiques... Si ces tapisseries se trouvent aujourd'hui au château de Pau, c'est par la volonté de Louis-Philippe, qui les fait sortir du garde-meuble de la Couronne en 1842. En mal de légitimité, il se veut « roi des Français » et entend bien réconcilier les monarchistes et les républicains, comme son glorieux ancêtre, Henri IV, à qui il voue un véritable culte, avait réconcilié les catholiques et les protestants. De l'austère forteresse de Pau, château natal du bon roi Henri, il veut donc faire une maison royale digne de ce nom. Les magnifiques tentures de Louis XIV viendront couronner les travaux de rénovation et lui donner une atmosphère de palais de la Renaissance. Louis-Philippe n'y habitera pourtant jamais. Il n'en aura pas le temps. La révolution de 1848 le balaiera, en même temps que la royauté. Celui qui en profitera, c'est l'émir Abd el-Kader, le héros de la résistance contre les Français en Algérie. Le château lui servira quelques mois de prison dorée en 1848. Chaque jour, le grand chef arabe passait devant *Les Maisons royales* du Roi-Soleil.

Charles Le Brun
24 février 1619 Paris - 12 février 1690 Paris

Peintre et décorateur français, fils du sculpteur Nicolas Le Brun, à 11 ans, il entre dans l'atelier de Simon Vouet puis de François Perrier. Entre 1642 et 1646, il fait le voyage en Italie avec Poussin. Dès son retour à Paris, il obtient des commandes officielles importantes. Et, en 1648, il participe à la fondation de l'Académie de peinture et de sculpture. Huit ans plus tard, Fouquet, le surintendant des finances du roi, lui confie la décoration de son château de Vaux-le-Vicomte. Et, dès 1660, il entre au service de Louis XIV puis concourt à la création de la Manufacture des Gobelins dont il prend la direction. Nommé premier peintre du roi et anobli en 1662, il prend la direction de l'Académie royale l'année suivante et fonde l'Académie de France à Rome en 1666. Il s'éteint aux Gobelins à 71 ans.

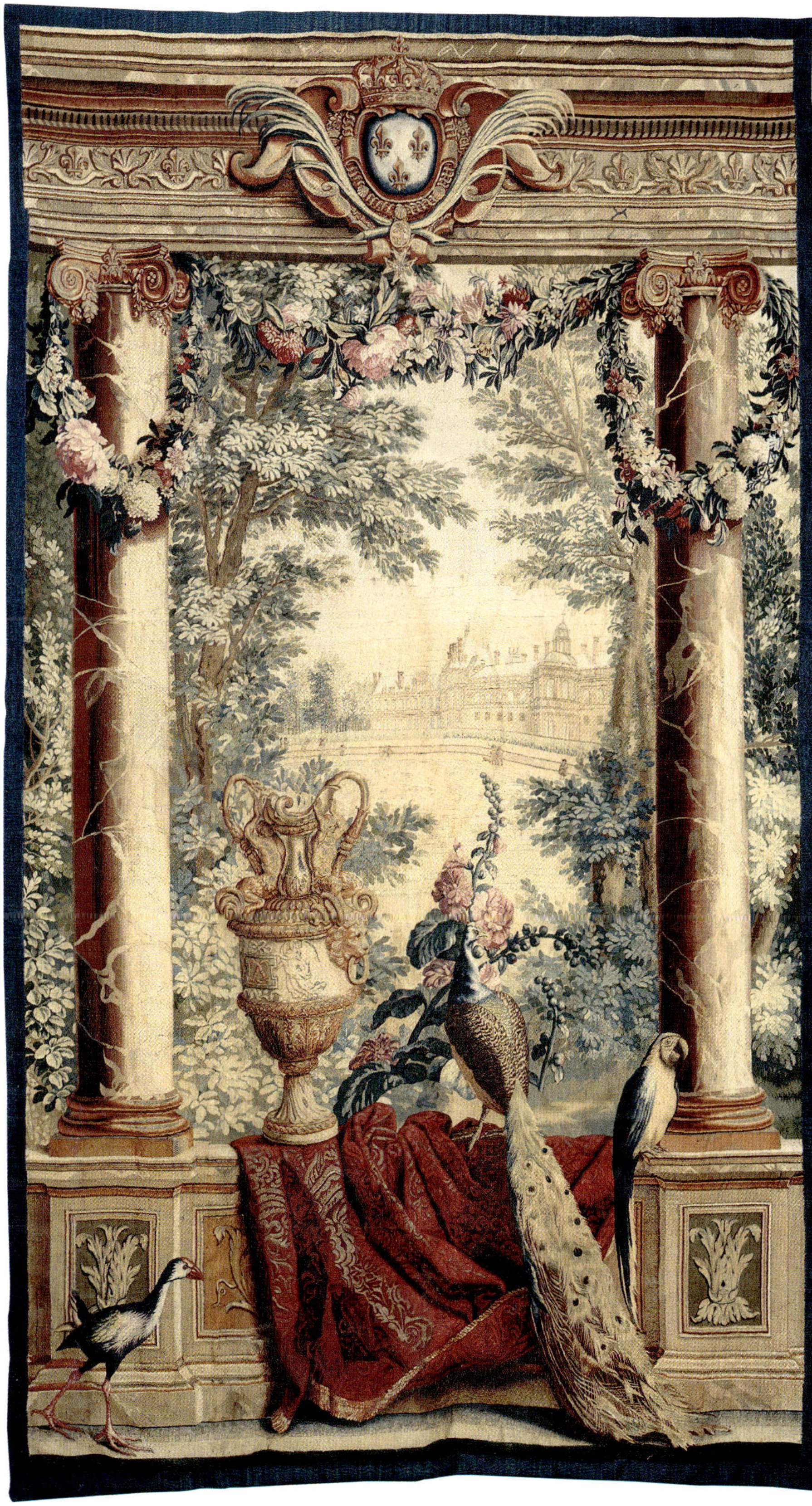

Statue équestre de Louis XIV transformé en Marcus Curtius,

Gian Lorenzo Bernini (dit le Bernin ou Cavaliere Bernini), François Girardon, 1671-1674, marbre blanc, hauteur : 3,85 m, longueur : 4 m, largeur : 1,3 m, Versailles, châteaux de Versailles et de Trianon.

« Le roi, en la découvrant, éclata dans une colère folle. »

Cette statue de Louis XIV a eu un destin tragique et miraculeux. Elle devait être la rencontre entre le plus grand roi de son temps et le plus grand sculpteur italien du XVIIe siècle. Hélas, commandée en 1665 par un Louis XIV de 27 ans à Gian Lorenzo Bernini, dit le Bernin, surnommé le nouveau Michel-Ange, elle causa au Roi-Soleil une terrible déception quand il la reçut vingt ans plus tard. Taillée directement dans un bloc de marbre de 8 mètres de haut, achevée à Rome en 1674, la statue n'arriva en France qu'en 1685, cinq ans après la mort du sculpteur, alors que Louis XIV avait 47 ans et qu'il avait beaucoup changé. Installée dans le nouveau bâtiment de l'Orangerie à Versailles, le roi, en la découvrant, éclata dans une colère folle. Il trouva « le cavalier et sa monture si mal faits qu'il résolut de la faire briser ». Puis il se contenta de l'éloigner jusqu'au bassin de Neptune et, deux ans plus tard, de la faire modifier par le sculpteur François Girardon. Celui-ci lui posa un casque sur la tête, transforma le rocher qui soutenait le cheval en buisson de flammes et la rebaptisa du nom d'un général romain de l'Antiquité : Marcus Curtius. Et la statue se retrouva exilée encore plus loin, tout au bout de la pièce d'eau des Suisses. Et c'est là que le miracle intervient : car son isolement et sa nouvelle identité la sauvèrent pendant la Révolution. La vindicte populaire détruisit toutes les statues royales, mais elle épargna Marcus Curtius, qui s'était jeté dans les flammes pour sauver la République romaine !

Le Bernin ou Cavaliere Bernini
7 décembre 1598 Naples - 28 novembre 1680 Rome

Sculpteur, architecte et peintre italien, il est l'élève de son père Pietro Bernini, peintre puis sculpteur maniériste florentin installé à Rome en 1605, employé par le cardinal Scipion Borghèse. Sous le patronage de ce membre de la famille papale, il est reconnu très jeune comme un sculpteur de talent. À 17 ans, il réalise des pièces décoratives pour le jardin de la villa Borghèse à Rome. Et huit ans plus tard, il s'affirme avec son *David* qui lui vaut le surnom de second Michel-Ange. Également surnommé le Cavalier, il se consacre aux grands travaux d'églises, notamment au chœur de la basilique Saint-Pierre de Rome et au tombeau des papes Urbain VIII et Alexandre VII, puis connaît un succès international. Deux ans après sa mort, la reine Christine de Suède demande à Filippo Baldinucci d'écrire *La Vie du chevalier de Bernin*.

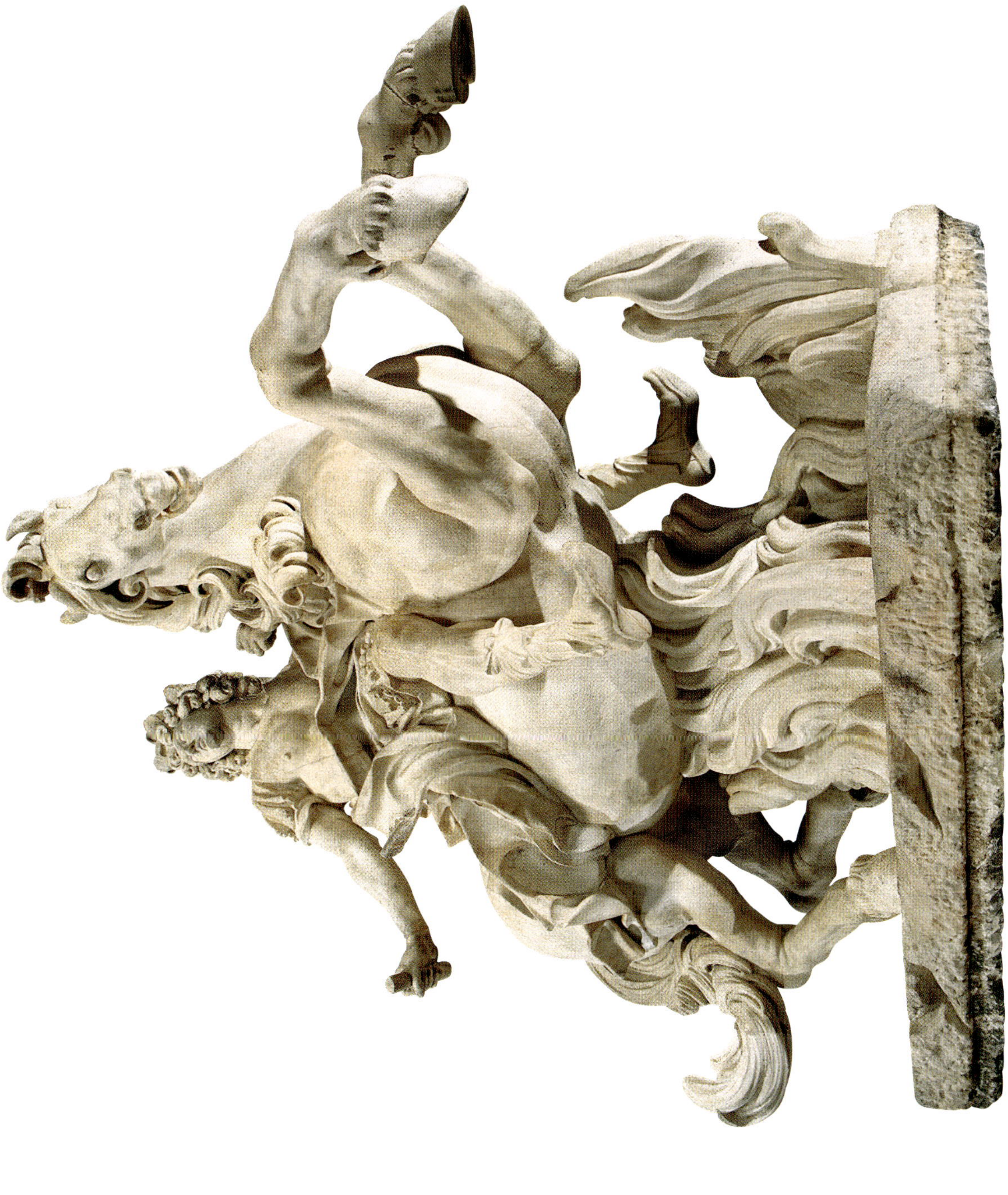

Portrait en pied de Louis XIV âgé de 63 ans en grand costume royal,

Hyacinthe Rigaud, 1702, huile sur toile, 3,13 × 2,05 m, Versailles, châteaux de Versailles et de Trianon.

« Il servira de modèle au portrait de tous les successeurs du Roi-Soleil. »

Destiné à son petit-fils, le jeune roi d'Espagne Philippe V, ce *Portrait en pied de Louis XIV en grand costume royal* plut tellement au Roi-Soleil qu'il en commanda sur-le-champ une réplique à son auteur, Hyacinthe Rigaud. Il faut dire que l'un des principaux mérites de ce tableau, qui date de 1702, est de le mettre en valeur. Se douterait-on, en effet, que Louis XIV est alors âgé de 63 ans et que la maladie le ronge ? Absolument pas. Le roi ressemble à ce qu'il a toujours voulu être : un monarque absolu. À tel point que le travail de Rigaud va faire école. Il servira de modèle au portrait de tous les successeurs du Roi-Soleil : de Louis XV à Charles X, en passant par Napoléon Ier. Même gigantisme de la toile, même posture du souverain, en pied et de trois quarts, même tenue, mêmes accessoires, même décor… Il faut dire que Rigaud n'a pas lésiné sur la symbolique. Haut de près de 3 mètres, Louis XIV en impose par la taille, mais aussi par la grandeur, dont il arbore tous les accessoires. Il a enfilé son costume de sacre, qui a pourtant eu lieu il y a quarante-huit ans, et ressorti tous ses regalia, c'est-à-dire l'ensemble des objets symboliques de la monarchie française : le sceptre renversé, l'épée à la ceinture, la couronne et la main de justice, toutes deux déposées sur un coussin aux couleurs royales. Sans oublier le trône, la colonne et la draperie rouge, qui sont autant d'emblèmes de son pouvoir de droit divin. Et voilà comment un portrait qui aurait pu rester banal, celui d'un vieux souverain pour son petit-fils, est devenu l'archétype du « portrait royal ».

Hyacinthe Rigaud
18 juillet 1659 Perpignan - 29 décembre 1743 Paris

Peintre portraitiste français, fils d'un tailleur également peintre et descendant d'une lignée d'artistes catalans, à la mort de son père en 1669, il est placé en apprentissage chez un doreur carcassonnais. Il poursuit sa formation à Montpellier puis à Lyon et s'installe à Paris en 1681. Où il étudie le dessin à l'Académie royale de peinture et de sculpture. L'année suivante, il remporte le premier prix de Rome en peinture mais ne fait pas le voyage initiatique en Italie sur les conseils du premier peintre du roi, Charles Le Brun. Six ans plus tard, il obtient sa première commande royale et est reçu à l'Académie en 1700. Et deux ans plus tard, grâce au succès de son portrait de Louis XIV, il devient le portraitiste le plus courtisé par la noblesse de France et d'Europe.

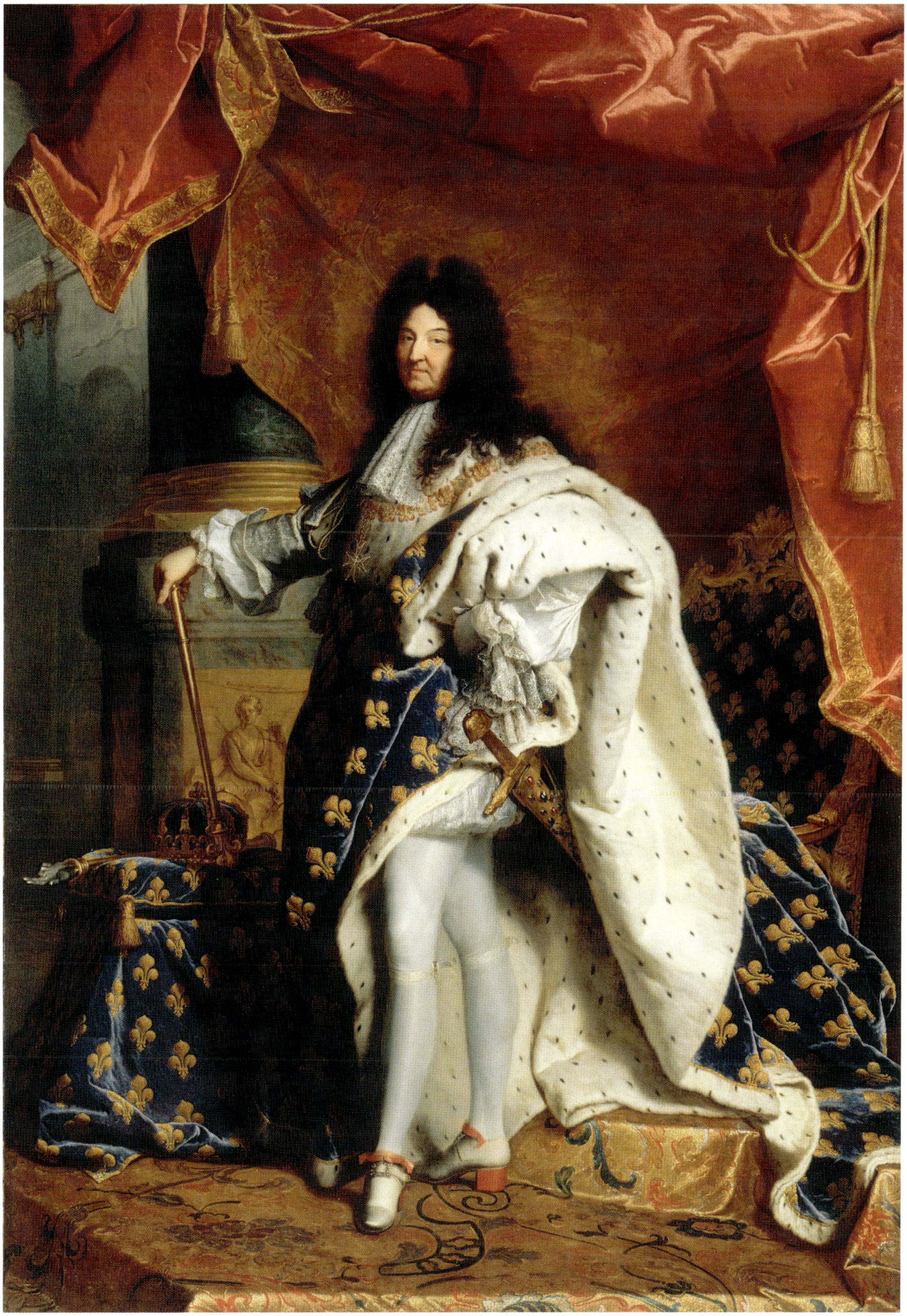

Vertumne et Pomone,

Jean Ranc, 1710-1722, huile sur toile, 1,70 × 1,20 m, Montpellier, musée Fabre.

« Satyres, et autres soupirants mal intentionnés s'y cassaient les dents. »

Ce tableau peint par Jean Ranc entre 1710 et 1722 est considéré comme son chef-d'œuvre. Portraitiste sans génie, celui-ci atteint ici à une sorte de perfection. Regardez la beauté de ce contre-jour, l'éclat de ces coloris, la subtilité des draperies soulevées par le vent. Et que dire de la délicatesse des visages ou de la tendresse qui émane du regard de la vieille femme ? On se croirait presque dans l'une des *Fêtes galantes* de Watteau... Et pour cause ! Il ne s'agit pas ici de n'importe quelle grand-mère racontant n'importe quelle histoire à sa petite-fille. Le tableau de Ranc s'intitule *Vertumne et Pomone*. Leurs amours sont contées par Ovide dans ses *Métamorphoses*. La nymphe Pomone ne s'intéressait qu'à une seule chose dans la vie : le jardinage. À un point tel qu'elle avait protégé ses « jardins de remparts de verdure et en défendait l'entrée aux hommes qu'elle fuyait ». Satyres, et autres soupirants mal intentionnés s'y cassaient les dents. L'un d'entre eux avait pourtant le cœur pur : Vertumne. Son nom en latin signifie « se transformer » : il avait donc le pouvoir de changer d'apparence. Pour contempler sa belle et tenter d'attirer ses regards, il se fit passer successivement pour un moissonneur, un faucheur, un vigneron, un pêcheur, et même un soldat... En vain. C'est seulement quand il se métamorphosa en vieille femme qu'il put enfin pénétrer dans le jardin de sa dulcinée. Et devinez ce que fit la vieille ! Ce qu'elle est en train de faire en ce moment même dans le tableau de Jean Ranc, avec une telle douceur. Elle conte les louanges de Vertumne. Et elle le fait si bien que Pomone tombe amoureuse de lui et finira par l'épouser. Et ils vécurent heureux et immortalisés par de nombreux artistes.

Jean Ranc
28 janvier 1674 Montpellier - 1er juillet 1735 Madrid

Peintre français, fils du peintre montpelliérain Antoine Ranc, il s'installe à Paris en 1696 où il entre dans l'atelier d'un ancien élève de son père, Hyacinthe Rigaud. En 1700, il est agréé à l'Académie royale de peinture et de sculpture. Et, trois ans plus tard, il y est reçu en tant que portraitiste. En 1707, il accède finalement au rang de peintre d'histoire. Il s'établit alors comme portraitiste de la bourgeoisie parisienne sous l'influence de son maître et ami. Et c'est toujours sous son influence qu'il part pour Madrid en 1724 où Philippe V attend de jeunes et talentueux portraitistes français. Il y crée une nouvelle iconographie des Bourbons d'Espagne alliant la touche fondue de Rigaud et la fougue de Vélasquez.

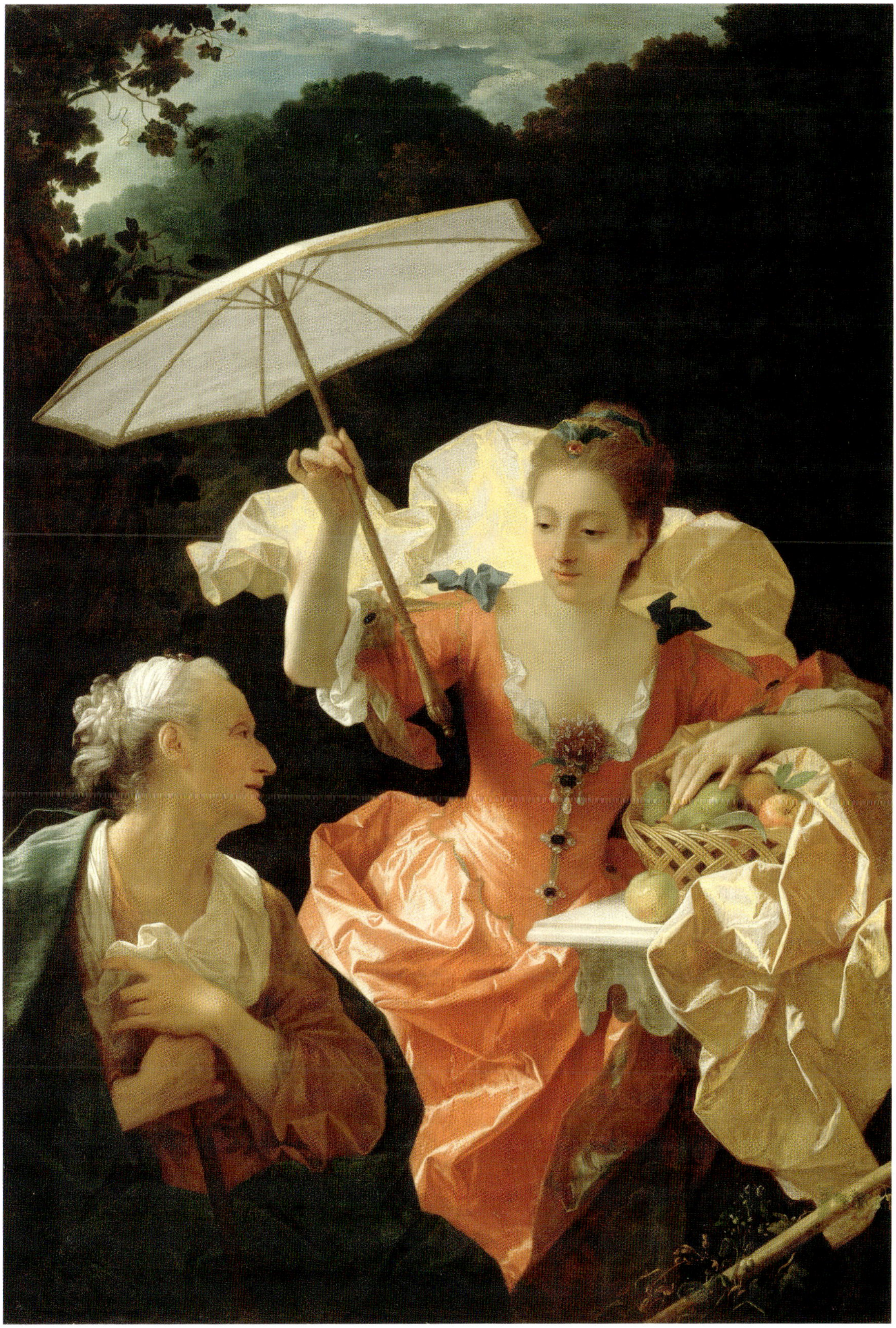

La Puce,

Giuseppe Maria Crespi, vers 1720-1725, 54 × 40 cm, Paris, musée du Louvre.

« Tellement accueillante, qu'une puce y a élu domicile. »

Giuseppe Maria Crespi a peint *La Puce* vers 1720-1725. On y voit une jeune femme, une cantatrice, se débattre avec une puce. Il s'agit d'une scène de genre – catégorie picturale dans laquelle ce peintre italien s'est particulièrement illustré. Notamment à travers une série de tableaux où il a retracé la vie de cette cantatrice, ses débuts difficiles, son ascension, pour finir par sa mort, confite dans la dévotion. *La Puce*, qui fait donc partie de la série, se situe au moment des premiers succès. L'épinette et les programmes de concert fixés sur le mur rappellent sa profession et, malgré la relative pauvreté de la chambre, le mini-chien de race qui se tient derrière elle et les élégantes pantoufles posées au pied de son lit montrent un commencement d'aisance matérielle, probablement due à la générosité d'un riche amant. Car elle ne manque pas de sensualité, notre cantatrice, surtout plongée dans ces tons bruns et chauds qui contrastent avec la blancheur accueillante de sa peau. Tellement accueillante, qu'une puce y a élu domicile, et ça, ce n'est pas très ragoûtant... Eh bien, détrompez-vous. Car cet insecte, qu'on associe de nos jours aux chiens et aux clochards, symbolisait, du temps de Crespi, non pas la saleté – personne n'était vraiment propre –, mais l'érotisme ! La puce, en effet, a le don de faire se tortiller sa victime, d'autant qu'elle peut se promener sur toutes les parties du corps de la femme, y compris les plus intimes. Ce qui fait dire à Rabelais : « Fille qui pense à son amant absent a la puce à l'oreille », sentence qui donnera l'expression « mettre la puce à l'oreille ». Quant à notre *Puce*, nul ne la voit, nul ne sait où elle est nichée, chacun est libre d'imaginer ce qu'il veut. Et ça, c'est la définition même de l'érotisme !

Giuseppe Maria Crespi
16 mars 1665 Bologne - 16 juillet 1747 Bologne

Peintre italien, sa famille maternelle a une lointaine parenté avec les Médicis. À 12 ans, il commence son apprentissage dans sa ville natale auprès du peintre Angelo Michele Toni. Et le poursuit entre 15 ans et 18 ans dans l'atelier de Domenico Maria Canuti. En 1681, il entre à l'Academia del Nudo et étudie auprès de Carlo Cignani jusqu'en 1686. Puis avec Giovanni Antonio Burrini pendant deux ans. Il séjourne ensuite à Venise, et étudie l'école vénitienne. Il visite également Parme, Urbino et Pesaro. Mais il subit aussi l'influence des gloires locales, notamment Ludovic Carrache et le Guerchin. En 1708 et 1709, sa notoriété lui vaut d'être l'hôte de Ferdinand de Toscane à la cour de Florence. Mais c'est toutefois à Bologne qu'il exerce principalement jusqu'à sa mort.

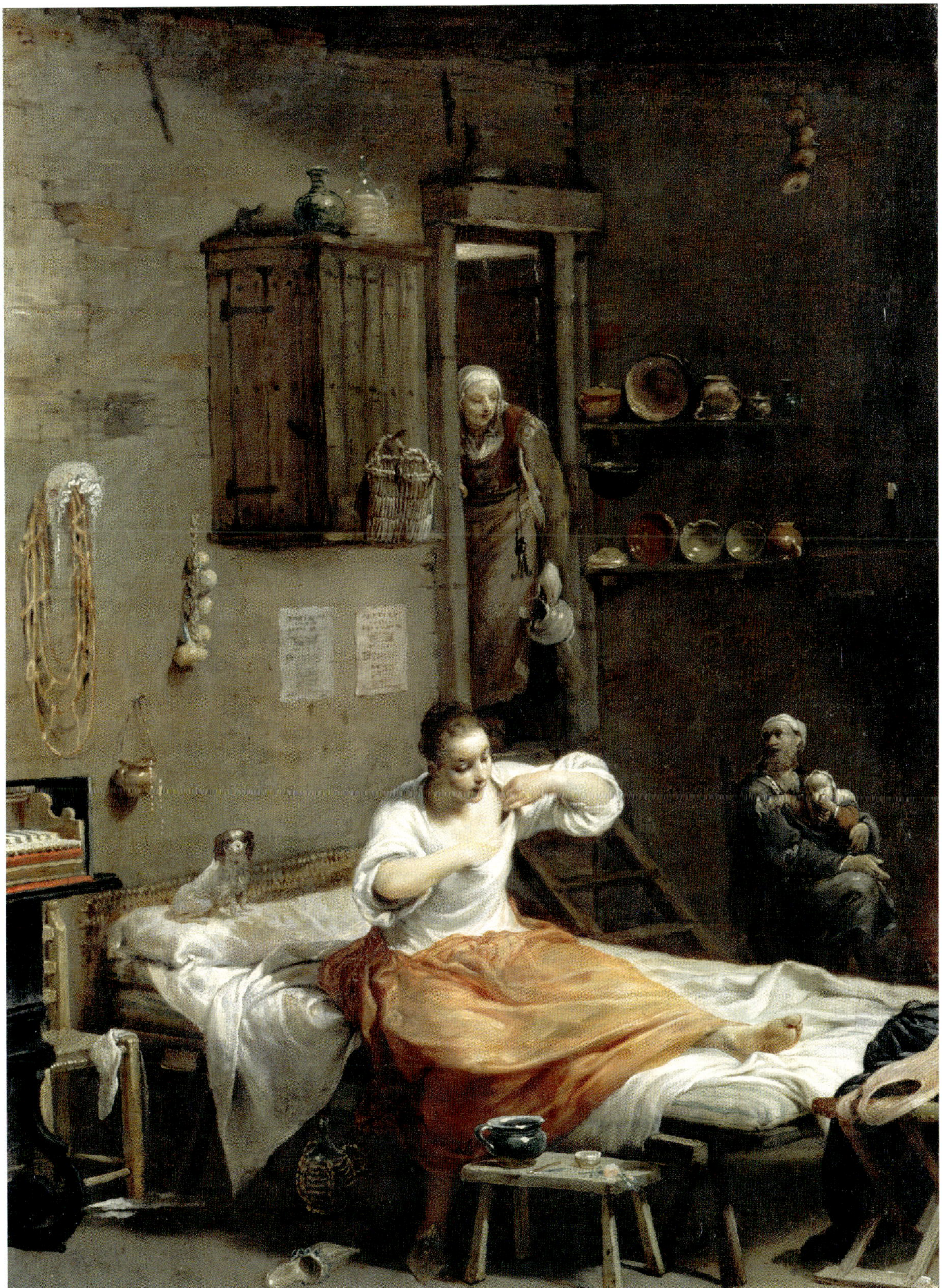

Plafond du salon d'Hercule : L'Apothéose d'Hercule,

François Lemoyne, 1731-1736, 18,5 × 17 m, Versailles, châteaux de Versailles et de Trianon.

« C'est là-haut, perché sur un échafaudage, et couché sur le dos, qu'il attaqua sa composition. »

Pour François Lemoyne, *L'Apothéose d'Hercule* fut à la fois un triomphe et une tragédie. Ce plafond lui valut certes la charge de premier peintre du roi Louis XV le 26 septembre 1736, mais il entraîna aussi son suicide. Mais commençons par le commencement. Interrompus à la mort de Louis XIV, les travaux du salon d'Hercule, à Versailles, avaient repris en 1727, sous la direction du surintendant des bâtiments du roi, le duc d'Antin. C'est lui qui choisit Lemoyne pour décorer le plafond sur le thème de *L'Apothéose d'Hercule*, associant le roi au héros mythologique. Et quel plafond ! 250 mètres carrés de toile, que Lemoyne aurait pu peindre au sol mais qu'il fit poser directement au plafond, à 15 mètres de hauteur, et c'est là-haut, perché sur un échafaudage et couché sur le dos, qu'il attaqua sa composition le 14 mai 1733. Manque de chance, au bout de trois mois de travail, il fut obligé de constater que son premier groupe de sujets, placé trop près de la corniche, déséquilibrait toute la composition. Il dut tout recommencer à zéro. Et durant trois ans, il poursuivit son œuvre dans des conditions épuisantes et dans les postures les plus inconfortables. Le succès, heureusement, fut au rendez-vous. Le duc d'Antin reconnut dans *L'Apothéose d'Hercule* la preuve du progrès de la peinture française au XVIIIe siècle ! Mais les conséquences furent terribles. Lemoyne perdit sa femme, il n'obtint pas la direction de l'Académie royale de peinture et de sculpture et, à force de fatigue accumulée, se mit à souffrir d'épilepsie. Au bout du rouleau, il sombra dans une paranoïa aiguë. Et le 4 juin 1737, croyant qu'on venait l'arrêter, il se suicida de neuf coups d'épée.

François Lemoyne
1688 Paris - 4 juin 1737 Paris

Peintre français, à 13 ans il entre à l'Académie royale de peinture et de sculpture dans l'atelier de Louis Galloche jusqu'en 1713. Cinq ans plus tard, il est admis à l'Académie. En 1727, il partage le premier prix de peintre d'histoire avec Jean-François de Troy. Et l'année suivante, le duc d'Antin lui commande une toile pour décorer le salon de la Paix à Versailles puis le plafond du salon d'Hercule. En 1733, il est nommé professeur à l'Académie royale de peinture et de sculpture et, trois ans plus tard, premier peintre du roi par Louis XV. Il se suicide à son domicile en 1737.

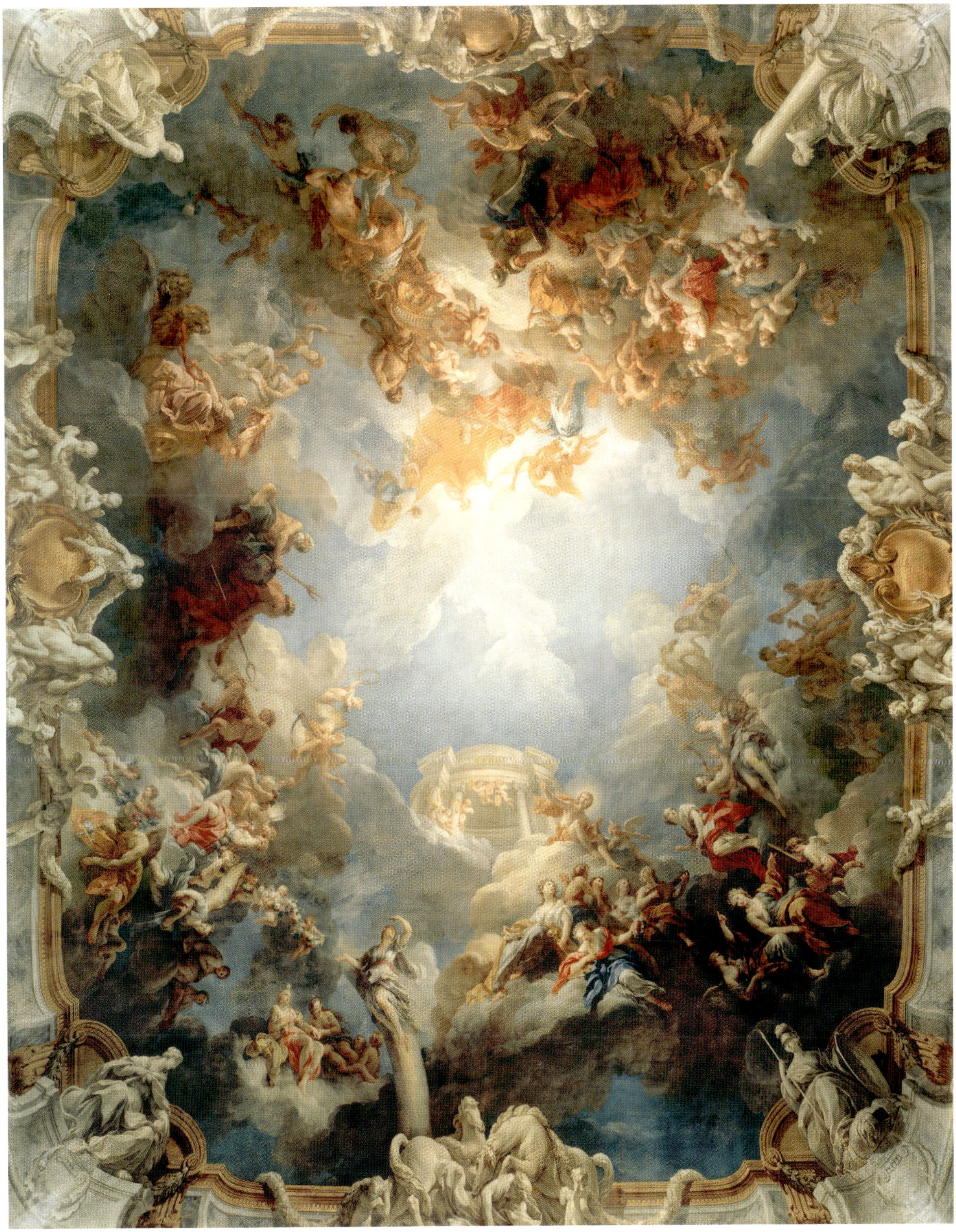

Portrait d'un jeune homme noir,

Maurice Quentin de La Tour, 1741, pastel, Orléans, musée des Beaux-Arts.

« Un lourd handicap pour un peintre. »

C'est avec des œuvres comme ce *Portrait d'un jeune homme noir*, réalisé en 1741, que Maurice Quentin de La Tour initia l'âge d'or du pastel dans la France du XVIIIe siècle. Jusqu'alors, la peinture à l'huile régnait en maîtresse absolue. Quant au pastel, un bâtonnet d'argile broyée et mêlée à des poudres de couleur, les artistes italiens de la Renaissance l'utilisaient uniquement pour rehausser leurs dessins. C'était sans compter avec la santé fragile de La Tour, qui souffrait d'une allergie à l'huile et au vernis. Un lourd handicap pour un peintre, qu'il surpassa grâce aux petits bâtonnets secs, crayeux et surtout inodores qu'étaient les pastels. Or ceux-ci avaient bien d'autres avantages... Premièrement, plus besoin de pinceau ni de palette. On prenait directement les bâtonnets entre les doigts. Il n'y avait donc aucun intermédiaire entre la main de Maurice et ses couleurs. Deuxièmement, le pastel ne nécessitait aucun temps de séchage. Il pouvait dessiner et colorier en même temps, et le tout avec une rapidité d'exécution incomparable. Résultat : des dizaines de portraits, allant du roi Louis XV à sa favorite la Pompadour, en passant par Voltaire ou ce jeune esclave noir. Pour chacun de ces portraits, grâce au pastel, il parvenait à rendre plus réels les effets de matière, qu'il s'agisse de la peau noire et satinée de ce jeune homme, de ses cheveux crépus, ou des perruques poudrées de ses maîtres... Du reste, les portraitistes du XVIIIe siècle n'allaient pas s'y tromper. Ils délaissèrent la peinture à l'huile pour imiter Maurice Quentin de La Tour, qui restera néanmoins le plus grand pastelliste de son temps. Il inventa même un fixatif pour ses pastels, qu'il a toujours tenu secret, mais qui, au regard de la parfaite conservation de ce *Portrait d'un jeune homme noir*, prouve qu'il était également un grand chimiste...

Maurice Quentin de La Tour
5 septembre 1704 Saint-Quentin - 17 février 1788 Saint-Quentin

Peintre pastelliste français, fils d'un ingénieur géographe, il étudie dans une académie de peinture à Paris de 1719 à 1722. En 1737, il expose pour la première fois au Salon et acquiert une grande renommée de portraitiste, puis devient très rapidement l'un des artistes préférés de la cour de Louis XV. Agréé en 1737 à l'Académie royale de peinture et de sculpture, il y est reçu comme portraitiste en 1746 et, quatre ans plus tard, y est nommé conseiller. Et dès lors expose régulièrement au Salon jusqu'en 1773. Passionné de chimie, de géologie, d'astronomie et proche du mouvement philanthropique des encyclopédistes, il forme des projets humanitaires, notamment en faveur de sa ville natale, où il se retire en 1784.

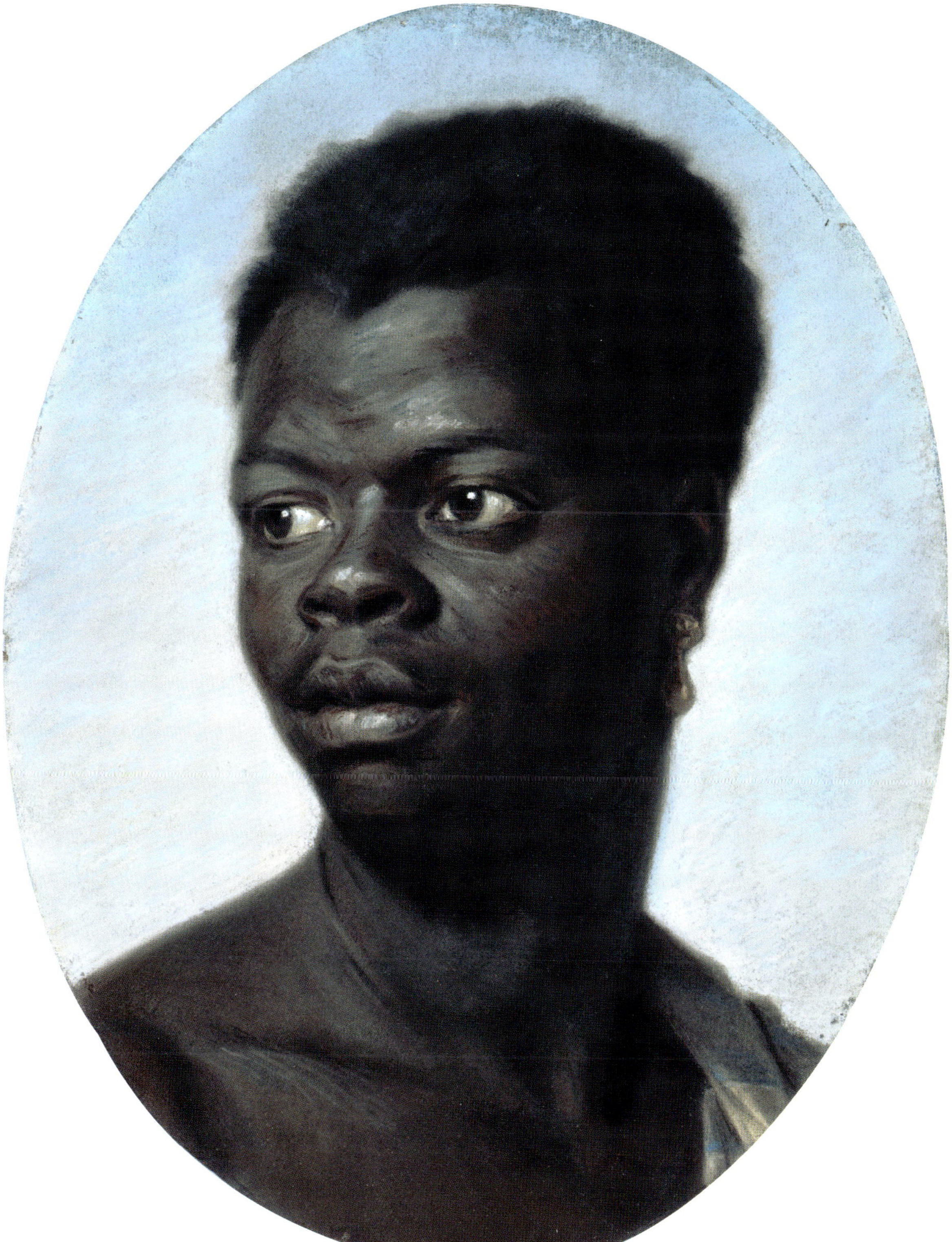

Le doge Alvise IV Mocenigo se montre au peuple dans la basilique San Marco, 1763,

Francesco Guardi, 1775-1777, huile sur toile, 67 × 100 cm, Bruxelles, Musées royaux des beaux-arts de Belgique.

« Entre-temps, Venise a beaucoup perdu de son prestige. »

Le doge Alvise IV Mocenigo se montre au peuple dans la basilique San Marco se passe en 1763. Il s'agit de la première d'une série de douze toiles que Francesco Guardi a consacrées aux *Fêtes vénitiennes* organisées cette année-là en l'honneur du doge nouvellement élu. Un reportage en quelque sorte, mais rétrospectif. Car il ne s'agit pas d'un témoignage de première main. Guardi s'est inspiré des gravures de Giovanni Battista Brustolon, qui reproduisaient les dessins exécutés par Canaletto à l'époque. En plus, Guardi obéit à une commande, sans doute passée par le doge en personne vers 1775, soit 12 ans après son élection. Entre-temps, Venise a beaucoup perdu de son prestige. Touchée par la crise économique, la République a vu se succéder les scandales, politiques, financiers et moraux. Alvise IV n'a pas été épargné. Il brille davantage par le luxe dont il s'entoure que par son génie politique. Et une belle dame a été trouvée en possession de l'anneau dogat dont il avait osé lui faire cadeau. Il est urgent de redorer son blason et celui de Venise. C'est là que Guardi entre en scène. Il est l'un des maîtres de la *veduta*, la « vue » en italien, et renommé pour savoir rendre dans ses moindres détails le charme et le pittoresque des panoramas de Venise. Entre 1775 et 1780, il réalise douze toiles dans lesquelles il brosse l'image la plus grandiose et la plus heureuse des fêtes de 1763. Regardez celle-ci. Alvise IV est présenté au peuple. La formule consacrée retentit : « Celui-ci est messire le doge ». La foule est en liesse. À tel point que les ouvriers de l'arsenal sont obligés de la contenir avec leurs bâtons. Ah, s'ils savaient comme ils vont être déçus... Guardi le sait, lui, au moment où il peint. Mais, pas fou, il n'en montre rien.

Francesco Guardi
1712 Venise - 1793 Venise

Peintre italien issu de deux familles de la noblesse vénitienne et fils du peintre Domenico Guardi. À la mort de son père en 1716, son frère aîné Gianantonio hérite de l'atelier paternel. Il y fait son apprentissage et y exerce ensuite un rôle subalterne sous la direction de son frère spécialisé dans la peinture religieuse. Après le décès de celui-ci en 1761, il se consacre à la *veduta* où il excelle pendant plus de trente ans, jusqu'à sa mort en 1793. Considéré comme l'un des « védutistes » vénitiens les plus inventifs, il a influencé de nombreux artistes, notamment Turner et Monet.

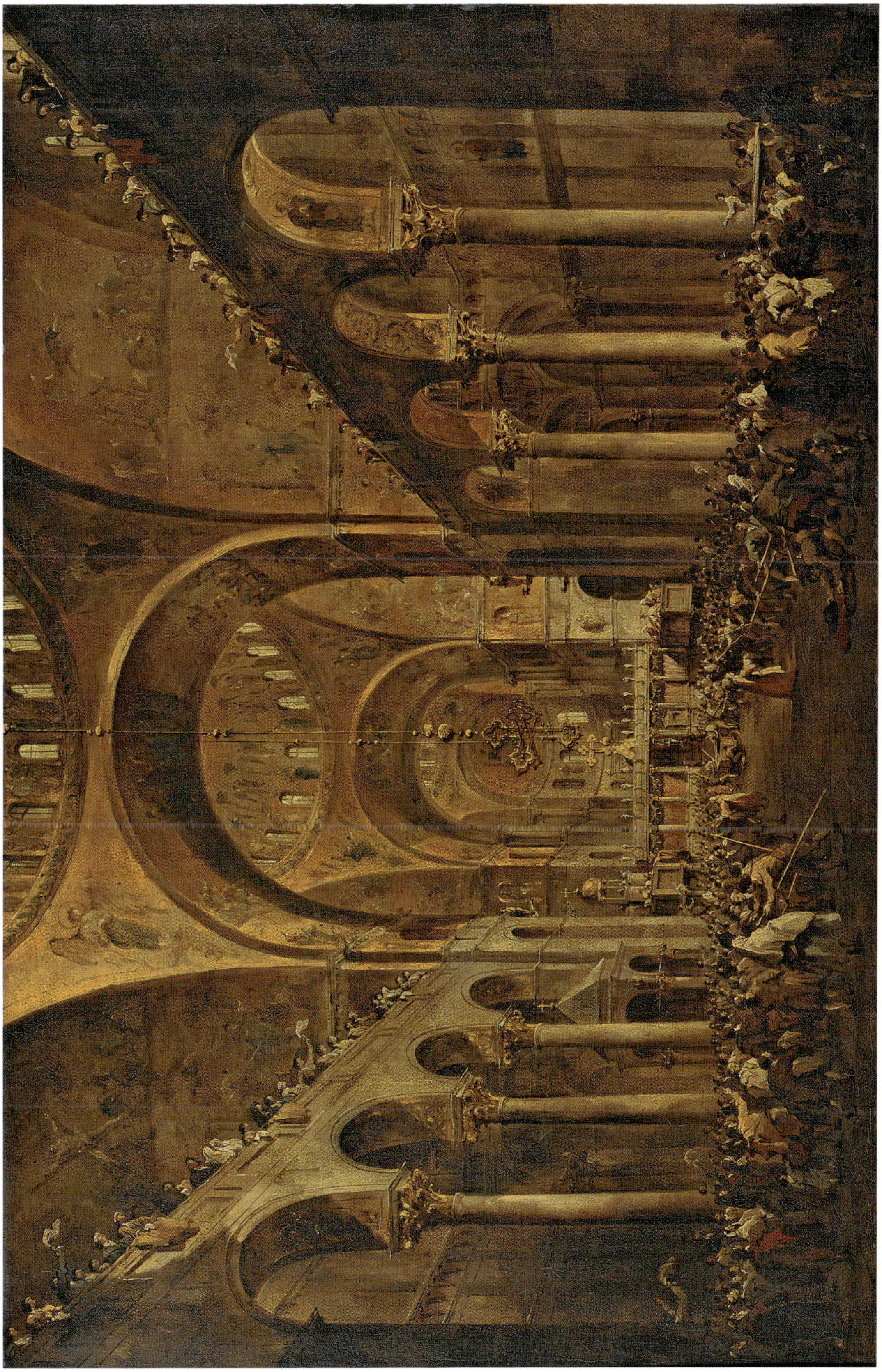

Portrait de François Marie Arouet dit Voltaire (1694-1778),

Jean-Antoine Houdon, 1778, 49 × 42 × 29 cm (piédouche de 11 cm), terre cuite, Orléans, musée des Beaux-Arts.

« Comment Houdon a-t-il réussi à sculpter un tel regard, à le rendre "impérissable" ? »

Ce *Portrait de Voltaire* est probablement le chef-d'œuvre du sculpteur Jean-Antoine Houdon, le plus grand portraitiste des Lumières. Et il les a tous immortalisés, de Diderot à la Grande Catherine, en passant par Rousseau, Louis XVI, George Washington, Napoléon Ier ou Voltaire, ce Voltaire que vous avez maintenant face à vous, qu'il a réussi à catapulter à travers les siècles, plus vrai, plus vivant que jamais, avec son regard brillant d'ironie. Comment Houdon a-t-il réussi à sculpter un tel regard, à le rendre « impérissable » ? En 1778, quand ils se rencontrent, le philosophe a 83 ans, il vient de triompher à la Comédie-Française après vingt ans d'exil en Suisse et n'a plus que trois mois à vivre. Houdon, qui est obsédé par le naturel, l'a sculpté dans la terre, plus maniable que le marbre ou la pierre, et qui lui permet un traitement minutieux des détails. Et puis sa couleur, sa texture accentuent les jeux d'ombre et de lumière. Houdon a réussi à rendre la bouche édentée du vieillard et sa peau flasque, son sourire sarcastique et son front bombé qui met ses yeux en valeur. Mais ce qui était important pour ce précurseur du portrait psychologique, c'était de réussir à rendre la vie de son modèle, son expression, son esprit. Il s'est donc attaqué au regard de l'auteur de *Candide*. Il a creusé l'iris, et plus encore la pupille, et laissé un peu de matière en surplomb du creux des yeux. C'est cette matière qui, au contact de la lumière, crée l'éclat, le pétillement, la réalité du regard de Voltaire. Et c'est ce coup de génie qui fera dire au baron Von Grimm : « Houdon était peut-être le premier sculpteur qui ait su modeler les yeux. » Et pas n'importe quels yeux. Les yeux d'un génie !

Jean-Antoine Houdon
20 mars 1741 Versailles - 15 juillet 1828 Paris

Sculpteur français, fils du concierge de l'École royale des élèves protégés à Versailles, il est très jeune en contact avec les arts. À 15 ans, il entre à l'Académie royale de peinture et de sculpture et étudie auprès de Michel-Ange Slodtz, Jean-Baptiste Pigalle et François Lemoyne. En 1761, il obtient le prix de Rome et part étudier à la villa Médicis à Rome. De retour à Paris dix ans plus tard, il devient membre de l'Académie royale et enseigne à partir de 1778. À partir de cette date, il devient le portraitiste le plus demandé et, en 1785, traverse l'Atlantique pour immortaliser George Washington. Dix ans plus tard, il est nommé membre de l'Institut. Et, en 1809, Napoléon le fait chevalier de l'Empire. Il ne cesse de sculpter jusqu'à sa mort.

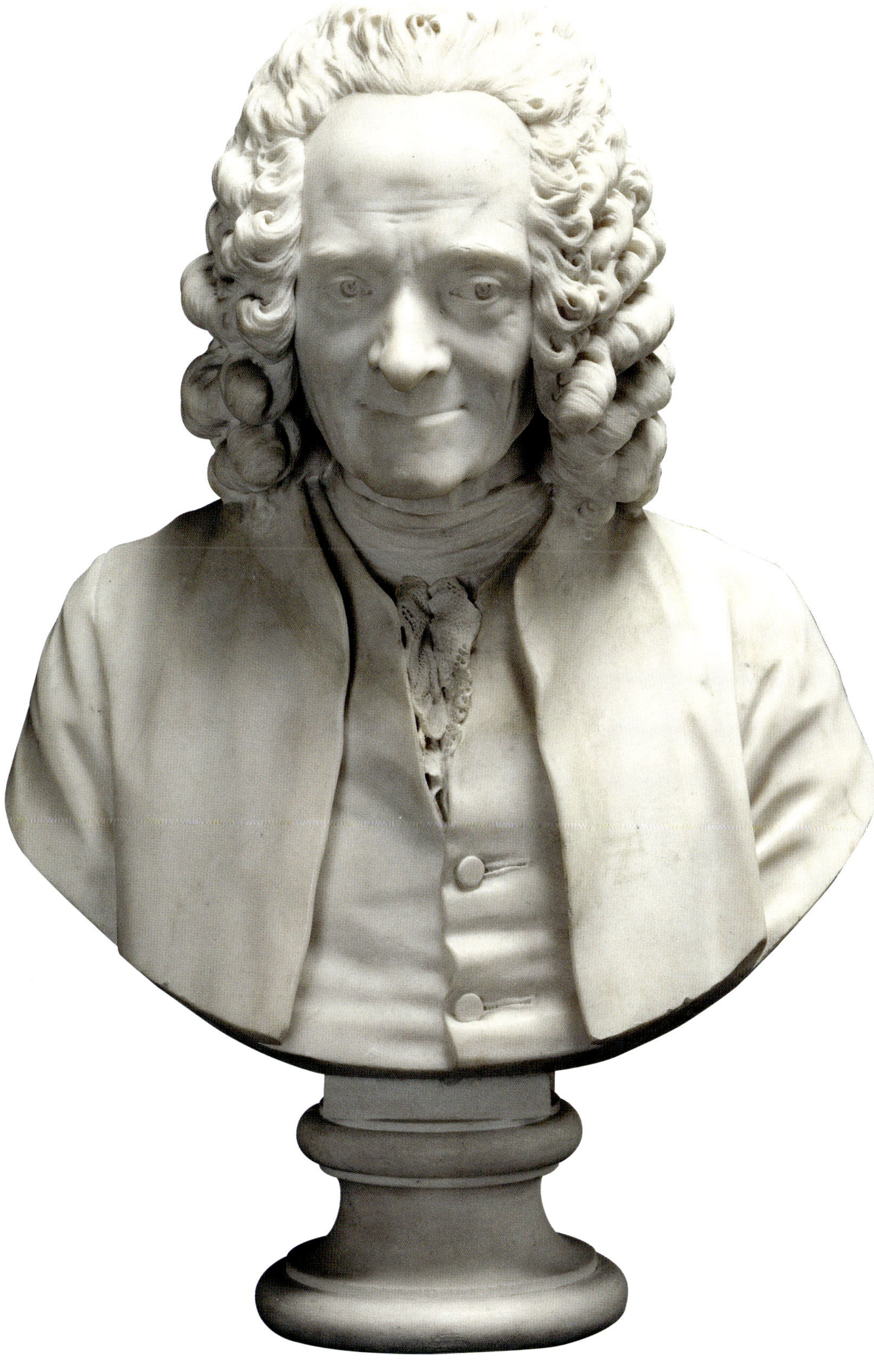

La Reine Marie-Antoinette en grand costume de cour, une rose à la main,

Élisabeth-Louise Vigée-Lebrun, 1778, huile sur toile, 2,71 × 1,95 m, Versailles, châteaux de Versailles et de Trianon.

« Mieux : elle l'embellit ! »

En 1778, ce portrait de *La Reine Marie-Antoinette en grand costume de cour, une rose à la main* bouleversa le destin de son auteur, Élisabeth Vigée-Lebrun, et de son modèle. Les deux femmes ont alors 23 ans. Élisabeth est une jeune portraitiste mondaine ; quant à la seconde, mariée à Louis XVI en 1770, devenue reine de France en 1774, sa mère, l'impératrice d'Autriche, ne l'a pas revue depuis huit ans. Et depuis, elle accumule les portraits, dont beaucoup partent directement pour Vienne. Mais sans jamais satisfaire Marie-Antoinette – « Les peintres me tuent et me désespèrent », dit-elle alors – et encore moins sa mère qui n'y retrouve jamais sa fille, ni l'idée qu'elle se fait de ce que doit être une souveraine. C'est alors qu'Élisabeth Vigée-Lebrun fait son entrée. Choisie par la Cour pour réaliser un portrait de Marie-Antoinette, un de plus, destiné à sa mère, elle la représente en pied, de manière très solennelle, en grande parure de cour, mais très humaine aussi, avec une rose à la main. Mieux : elle l'embellit ! Elle atténue ses yeux globuleux, transforme son regard myope en regard fier, arrondit son visage, raccourcit un peu son front et découvre la grâce de ses épaules. Et c'est une réussite ! Non seulement Marie-Antoinette se reconnaît enfin dans ce portrait qui la met en valeur, mais sa mère est aux anges. Vigée-Lebrun y gagnera le poste de peintre attitrée de la reine. Quant à Marie-Antoinette, elle laissera pour les siècles à venir l'image d'une femme très belle, que seules les plus jolies actrices auront le droit d'interpréter à l'écran.

Élisabeth-Louise Vigée-Lebrun
16 avril 1755 Paris - 30 mars 1842 Paris

Peintre portraitiste française, elle dessine dès l'âge de 6 ans, et son père, le pastelliste Louis Vigée, prédit sa vocation. Elle est formée par Gabriel Briard, membre de l'Académie royale de peinture et de sculpture, qui lui présente Claude Joseph Vernet. À 15 ans, elle s'installe comme peintre professionnelle et ses portraits rencontrent rapidement le succès. En 1775, elle est admise aux séances publiques de l'Académie. Et, huit ans plus tard, elle y est reçue. À la Révolution, elle doit quitter la France et ne pourra y revenir qu'en 1802. Ses mémoires, publiées en 1835, constituent un riche témoignage de son époque.

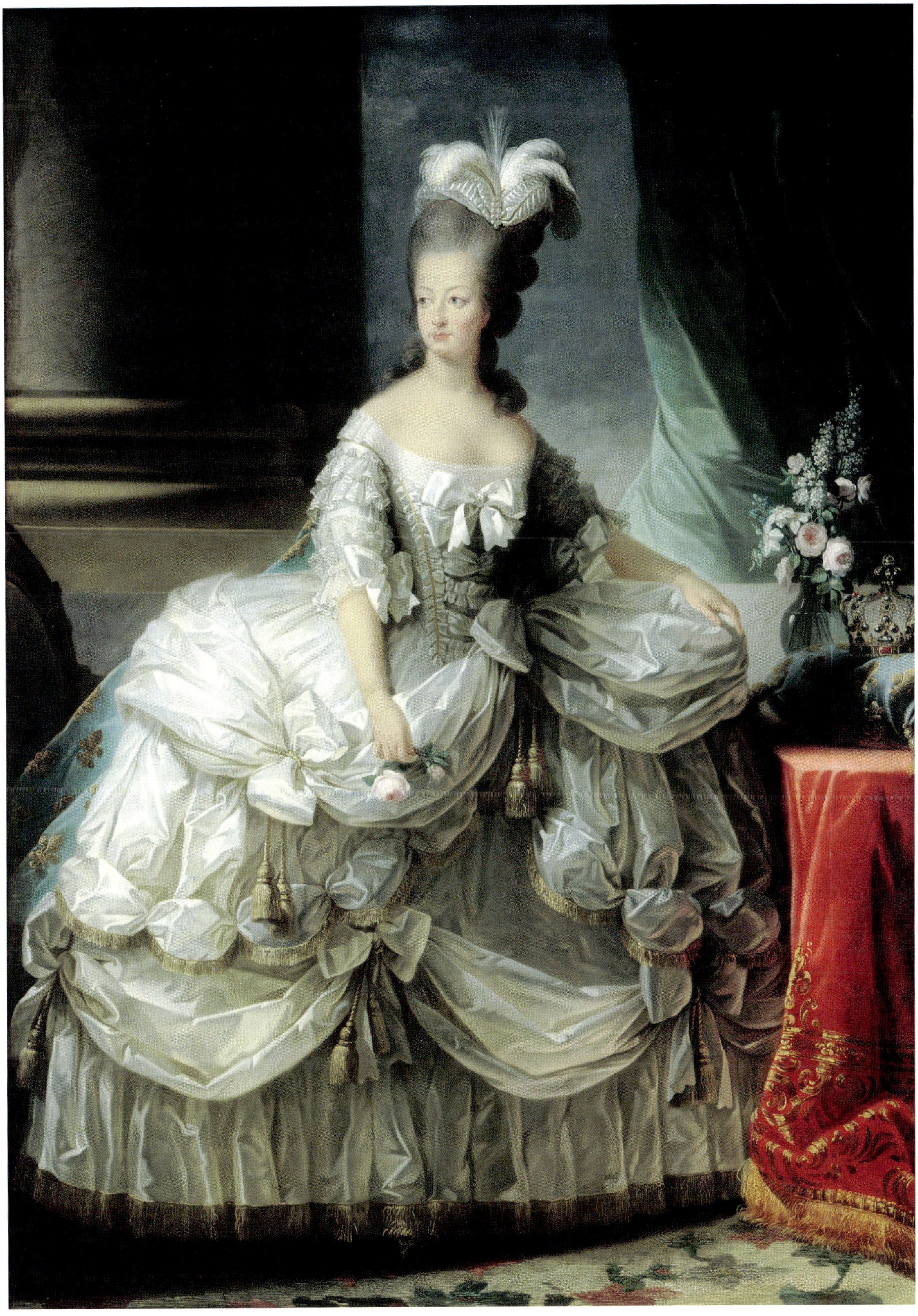

Le Serment du Jeu de paume à Versailles le 20 juin 1789,

Jacques Louis David, 1791, 4 × 6,6 m, plume, encre noire, lavis brun, rehauts de blanc, traits de crayon, Versailles, châteaux de Versailles et de Trianon.

« David n'a peint que trois mains et quatre visages. »

Voici *Le Serment du Jeu de paume à Versailles le 20 juin 1789* par David. Eh oui. De cet événement fondateur de la Révolution française, le plus grand peintre d'histoire n'a laissé qu'une ébauche, remplie de types à poil. Tout se présentait pourtant très bien. Le 20 juin 1789, les députés du tiers état juraient solennellement dans la salle du Jeu de paume de ne « jamais se séparer avant l'élaboration d'une Constitution ». Un an plus tard, David, l'auteur du *Serment des Horaces*, décidait d'immortaliser la scène. Le 28 octobre 1790, il présentait son projet : un tableau de 7 mètres sur 10 mètres, destiné à l'Assemblée nationale. Après une année de croquis et d'études sur nature, il achevait le dessin d'ensemble de la composition et attaquait enfin sa toile. Selon son habitude, il commençait par dessiner les figures et les corps nus avant de les peindre en habit. Seulement, cette fois, David n'a peint que trois mains et quatre visages : son ami Dubois-Crancé, le père Gérard, Mirabeau et Barnave. Que s'est-il donc passé ? Eh bien, la belle unité du début de la Révolution n'a pas duré. Fallait-il laisser sur le tableau ceux qui, comme Mirabeau, Barnave ou Bailly, étaient désormais considérés comme des traîtres et, pour certains, déjà guillotinés ? David se posait la question. Et puis, le travail était énorme, l'argent manquait. Enfin, l'engagement politique du peintre l'accaparait de plus en plus. Bref, il ne terminera jamais son *Serment du Jeu de paume*. Heureusement, ses disciples s'en chargeront. Et tous se serviront de sa composition comme modèle.

Jacques Louis David
30 août 1748 Paris -
29 décembre 1825 Bruxelles

Peintre français, chef de file de l'école néoclassique, après l'Académie Saint-Luc, et son apprentissage avec Joseph-Marie Vien, il gagne le grand prix de Rome en 1774. Pensionnaire de l'Académie de France à Rome, il visite l'Italie, les ruines de Pompéi, et étudie les Antiques. Rentré à Paris en 1780, il épouse Marguerite Pécoul dont le père dirige les travaux de construction du Louvre. Trois ans plus tard, il est reçu à l'Académie – dont il demande la suppression à la Révolution. En 1785, il triomphe au Salon de Paris avec son *Serment des Horaces* et devient le chef de file de la nouvelle école néoclassique.

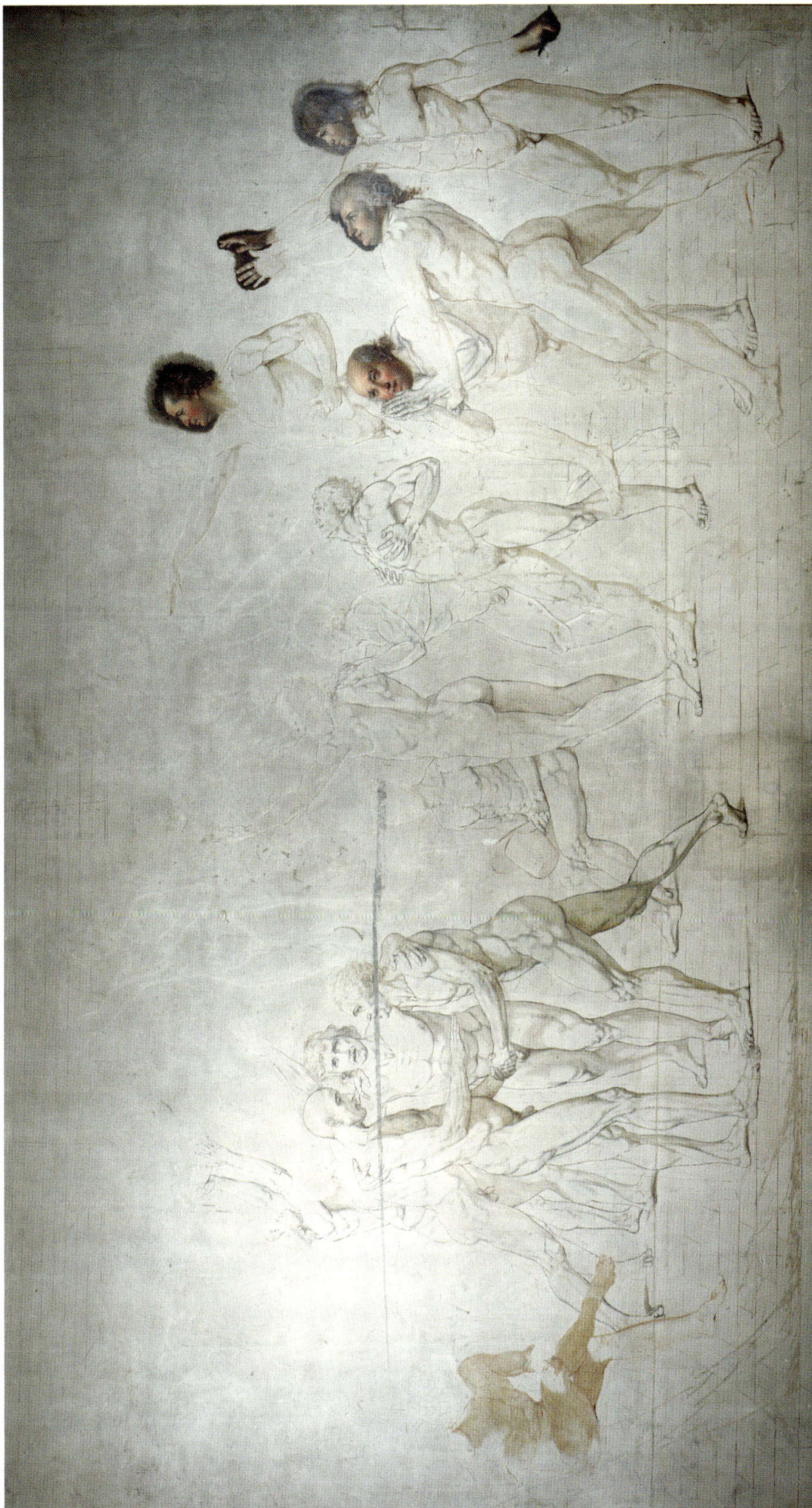

La Mort de Marat,

Jacques Louis David, 1793, huile sur toile, 1,65 × 1,28 m, Bruxelles, Musées royaux des beaux-arts de Belgique.

« David idéalise le “massacreur de septembre”. »

En 1793, Jacques Louis David fait de *La Mort de Marat* le symbole du martyr révolutionnaire. Voyez la solennité antique, quasi religieuse, qui se dégage de ce tableau. Marat n'est pas encore mort, il expire, son bras glisse sur le sol. David ne nous montre pas Charlotte Corday, qui vient de poignarder le rédacteur en chef de *L'Ami du peuple* dans sa baignoire, où il soignait une épouvantable maladie de peau. Mais il reconstitue le crime, en reproduisant la supplique que la jeune Normande avait adressée à Marat pour obtenir un rendez-vous : « Il suffit que je sois bien malheureuse pour avoir droit à votre bienveillance », et la réponse, pleine de générosité, que Marat s'apprêtait à lui remettre : « Vous donnerez cet assignat à cette mère de cinq enfants dont le mari est mort pour la défense de la patrie. » David, évidemment, idéalise le « massacreur de septembre », qui était, comme lui, un proche de Robespierre. Il le représente tel le Christ à la descente de Croix. Sous son pinceau, la mort de Marat devient la mort de Jésus. Il ne nous dit pas que Marat restait le plus ardent défenseur de la Terreur et que, pour pouvoir approcher celui qu'elle considérait comme un fou sanguinaire, Charlotte Corday lui avait promis des renseignements sur les Girondins, le parti adverse à l'Assemblée, et que les dernières lignes qu'il a tracées avec sa plume, désormais inerte, ce sont des noms, destinés à la guillotine. Comme dira Baudelaire avec admiration quelques décennies plus tard : « Cruel comme la nature, ce tableau a tout le parfum de l'idéal. »

Jacques Louis David
30 août 1748 Paris - 29 décembre 1825 Bruxelles

En 1790, il devient membre du club des Jacobins et, deux ans plus tard, est élu député à la Convention nationale et membre du Comité d'instruction publique. Après avoir supprimé l'Académie royale, il crée un nouveau système d'enseignement artistique dispensé à la Commune des Arts. En 1793, il vote la mort de Louis XVI. Fasciné par Bonaparte, symbole du héros mythique, il devient le « premier peintre » de l'Empire en 1804. À la Restauration, en 1816, il est proscrit de France et s'exile à Bruxelles où il s'éteint en 1825 des suites d'une congestion cérébrale.

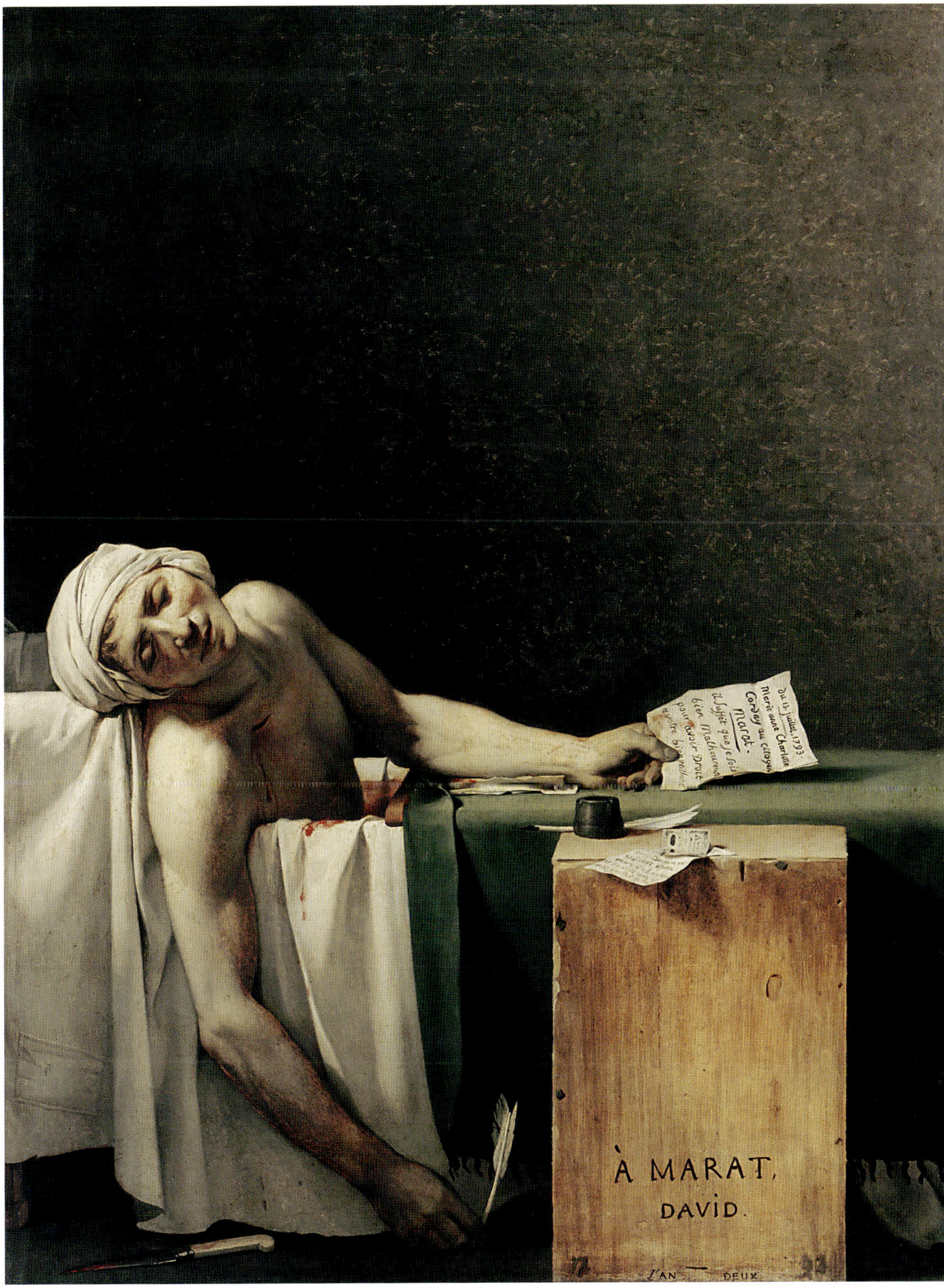
À MARAT,
DAVID.
L'AN DEUX

Chien médium,

XVIIIe-début XIXe siècle, sculpture vili, côte de Loango, République du Congo, bois, clous et lames en fer forgé, 43 × 88 cm, Paris, musée du quai Branly.

« Moitié père fouettard, moitié juge de paix. Il veille sur le village. »

Trouvé au Congo à la fin du XIXe siècle, ce chien n'est pas un chien comme les nôtres, il ne traque ni gibier ni criminels en fuite. Non, sa spécialité à lui, c'est d'éviter les problèmes. C'est un *nkondi*, un chien médium, capable de communiquer avec les esprits. Moitié père fouettard, moitié juge de paix. Il veille sur le village, déjouant les rivalités cachées, les jalousies secrètes, avant qu'elles n'aient le temps de semer la violence ou la discorde. Le prêtre-sorcier qui l'a fabriqué l'a hérissé de clous, au point qu'il ressemble à un porc-épic. C'est pour le rendre encore plus terrifiant. Prêts à fuser comme des balles, les clous sont chargés d'intimider quiconque aurait de mauvaises intentions. Ils symbolisent aussi les innombrables conflits déjà réglés par le chien médium. Et regardez ses yeux grand ouverts. Il ne dort jamais. Toujours à l'affût ! Toujours à la poursuite du mal ! C'est pour ça qu'il a la langue pendante. Il doit expulser les quantités d'énergie négative qu'il a absorbées en flairant la piste des forces invisibles et malfaisantes ! Objet fétiche aux super pouvoirs, le chien médium est donc un allié de poids pour le prêtre-sorcier qui l'a créé. Ce dernier lui a d'ailleurs accroché une cloche autour du cou. Afin de le retrouver quand il combat les mauvais esprits dans l'obscurité. Et peut-être, aussi, pour l'empêcher de s'échapper...

Pour les Vili, une des ethnies kôngos, ou bakongos, de la République démocratique du Congo, le monde est basé sur la dualité du visible et de l'invisible. Et seul le *nganga*, à la fois guérisseur, devin, et maître des cultes, est habilité à faire le lien entre les vivants et les morts. Et c'est à lui que revient la fabrication du *nkisi nkondi*, le « chasseur » humain ou animal, chargé de combattre les épidémies ou terrasser les ennemis. Pour amplifier sa puissance, il l'enduit de la terre imprégnée de l'esprit des morts, lui plante les accessoires qui accentuent son esprit guerrier puis y enferme les substances médicinales qui lui procurent son caractère magique et sacré.

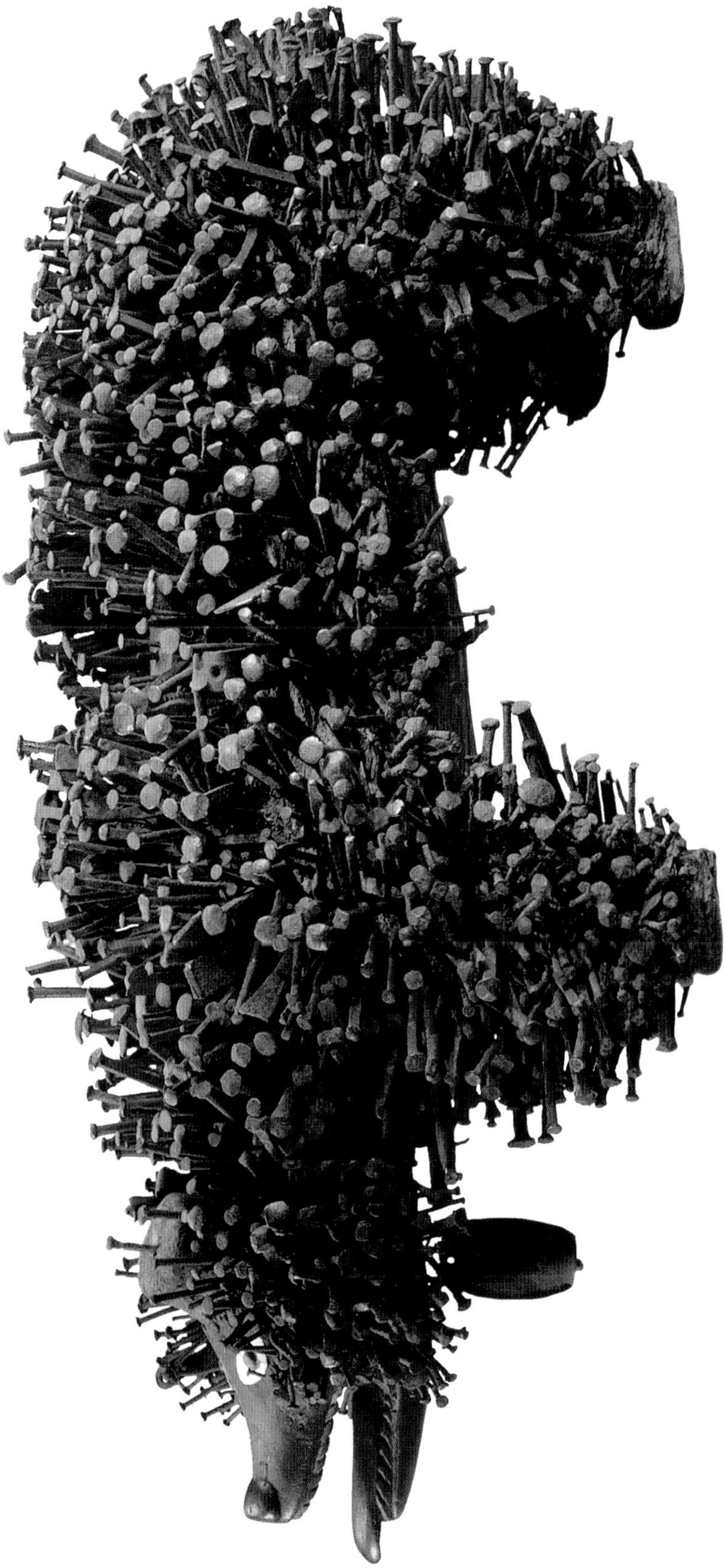

Portrait d'une Négresse,

Marie-Guillemine Benoist (née Marie-Guillemine de Laville-Leroux), 1800, huile sur toile, 81 × 65 cm, Paris, musée du Louvre.

« Elle a mis une ex-esclave noire sur un plan d'égalité avec la femme blanche. »

Ce tableau de Marie-Guillemine Benoist s'intitule *Portrait d'une Négresse*, mais ne vous arrêtez pas aux mots – on est en 1800 –, regardez les progrès qu'il représente. Premièrement, son auteur est de sexe féminin. Si la Révolution française avait amélioré le statut de la femme peintre, on n'en attendait pas moins qu'elle se limite à des sujets familiaux ; pas qu'elle aborde des thèmes historiques comme la condition des Noirs, et encore moins qu'elle se livre à des prouesses techniques. Or les principes académiques affirmaient alors que « le sujet noir et la couleur noire étaient un exercice rebelle à l'art de la peinture ». Marie-Guillemine Benoist prouva le contraire. Sous son pinceau, les dégradés de la pigmentation de la peau, la texture des cheveux apparaissent joliment et avec netteté. Et ce n'est pas tout. L'abolition de l'esclavage avait été décrétée six ans plus tôt par la Convention, mais le statut social des Noirs n'avait guère évolué. Le modèle de Marie-Guillemine Benoist était domestique chez son beau-frère ; elle l'a pourtant représentée assise dans un élégant fauteuil, de trois quarts, le regard tourné vers nous, dans la position dévolue aux portraits des femmes de la haute société ! Elle a donc mis une ex-esclave noire sur un plan d'égalité avec la femme blanche et l'a peinte avec autant, sinon plus, de talent que n'importe quel peintre mâle… Son *Portrait d'une Négresse* doit donc être pris comme un manifeste de l'émancipation des Noirs et des femmes. Et le plus réjouissant, c'est que ce manifeste a triomphé au Salon de 1800. Deux ans plus tard, c'eût été plus difficile. Car, en 1802, Napoléon allait rétablir l'esclavage.

Marie-Guillemine Benoist
18 décembre 1768 Paris - 8 octobre 1826 Paris

Peintre d'histoire et de genre française, fille d'aristocrates, dès l'âge de 13 ans elle étudie le dessin et la peinture auprès d'Élisabeth-Louise Vigée-Lebrun. En 1786, elle entre dans l'atelier de Jacques Louis David, qu'elle doit quitter l'année suivante sur ordre de Louis XVI, qui interdit alors que des hommes enseignent à des femmes artistes. En 1791, elle expose pour la première fois au Salon. En 1800, elle obtient une bourse au Salon et, quatre ans plus tard, une médaille d'or et une pension avec laquelle elle crée un atelier de peinture réservé aux femmes. En 1814, elle est au sommet de sa gloire mais doit cesser d'exposer au Salon lorsque son mari est nommé au Conseil d'État.

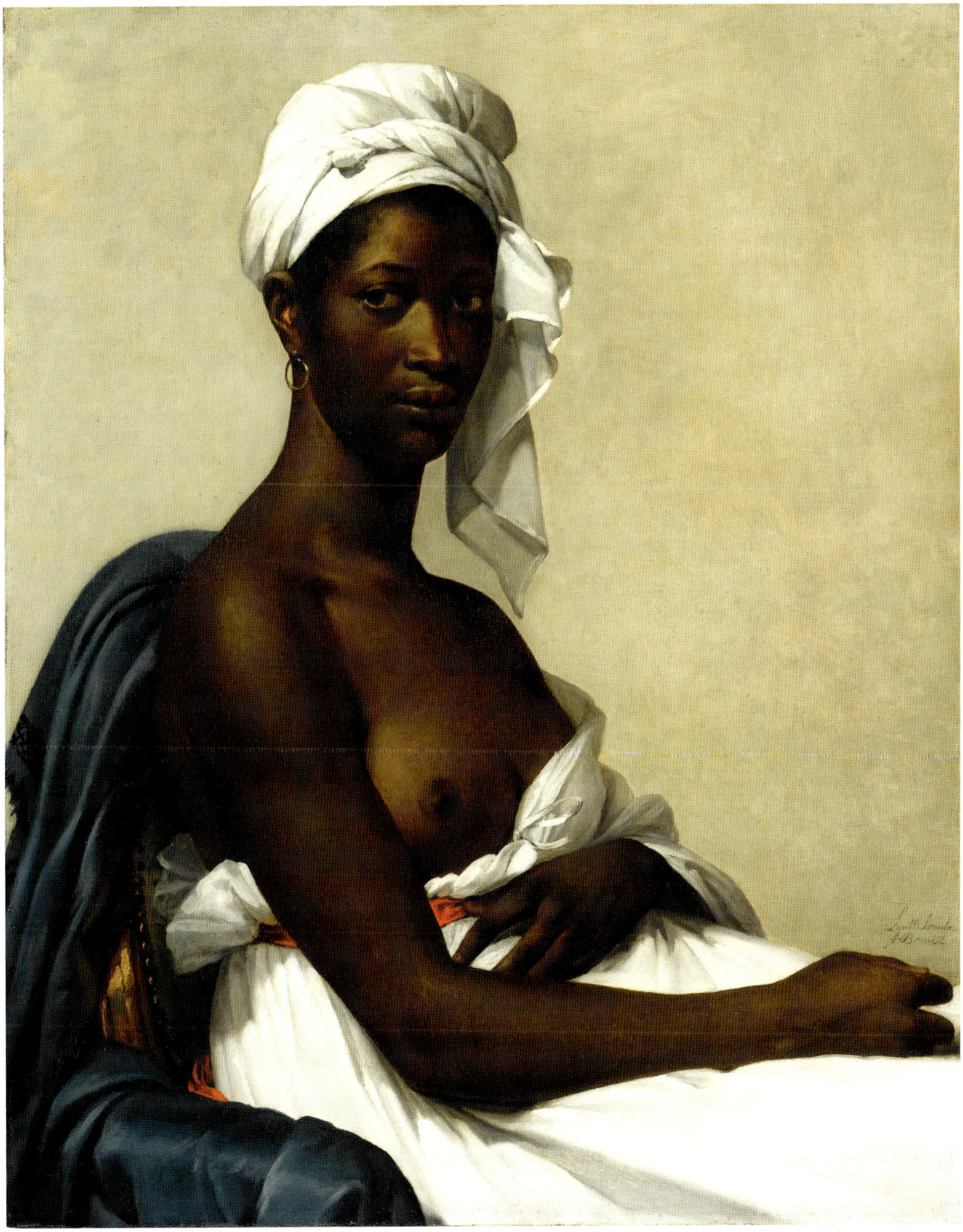

Portrait de Fath Ali Shah,

Mihr Ali (attribué à), vers 1805, huile sur toile, 2,27 × 1,34 m, Paris, musée du Louvre, dépôt du musée de Versailles.

« L'arrivée massive d'artistes européens à Téhéran bouleversa la tradition. »

Ce *Portrait de Fath Ali Shah* de 1805, attribué au peintre persan Mihr Ali, est caractéristique de l'ouverture de la Perse, l'Iran actuelle, à la modernité européenne, sous la dynastie Qadjar. Il s'agit d'un cadeau pour Napoléon Ier, qui désire faire du shah Fath Ali un allié contre les Anglais, le shah comptant en échange sur l'empereur des Français pour contrer les Russes. Mais ce n'est pas le plus important. Si ce tableau est emblématique, c'est parce que l'on y voit naître l'influence de la peinture occidentale sur la peinture persane. Jusque-là, les peintres persans étaient fonctionnaires de la Cour, puisant leur inspiration dans les enluminures et les calligraphies des manuscrits anciens. Mais l'arrivée massive d'artistes européens à Téhéran, encouragée par Fath Ali, bouleversa la tradition. Ils débarquèrent avec leur goût pour l'imitation de la nature, leur art du portrait royal et leurs huiles et chevalet, que les peintres persans s'approprièrent. Regardez. Mihr Ali a représenté le shah, grandeur nature, sur son trône, assis à l'européenne, et non debout ou les jambes croisées sous les fesses, à l'orientale. Il l'a placé devant une fenêtre, à la manière européenne. Et il l'a peint de façon réaliste, avec son visage rond, ses yeux enfoncés et ses sourcils broussailleux. Enfin, il a travaillé sa toile sur un chevalet et non à plat, comme on le faisait chez lui. Voilà donc un tableau persan, dont le style reste persan, mais où l'on voit, ici et là, des ajouts typiquement européens, ce qui en fait un symbole de l'ouverture réussie de la Perse à l'Occident sous les Qadjar, que la dynastie suivante, celle des Pahlavi, tentera vainement de préserver au XXe siècle…

Mihr Ali
1795-1830

Peintre persan, considéré comme l'un des plus célèbres peintres de cour qadjar. Il réalise une dizaine de portraits à l'huile de Fath Ali Shah, destinés pour la plupart à être offerts à des souverains européens ou orientaux, notamment aux émirs de Sind en 1800 et, cinq ans plus tard, à l'empereur Napoléon Ier. Il s'illustre aussi grâce à des portraits de femmes et de rois persans antiques. En 1829, il exécute sa dernière œuvre connue, un visage d'homme à l'aquarelle.

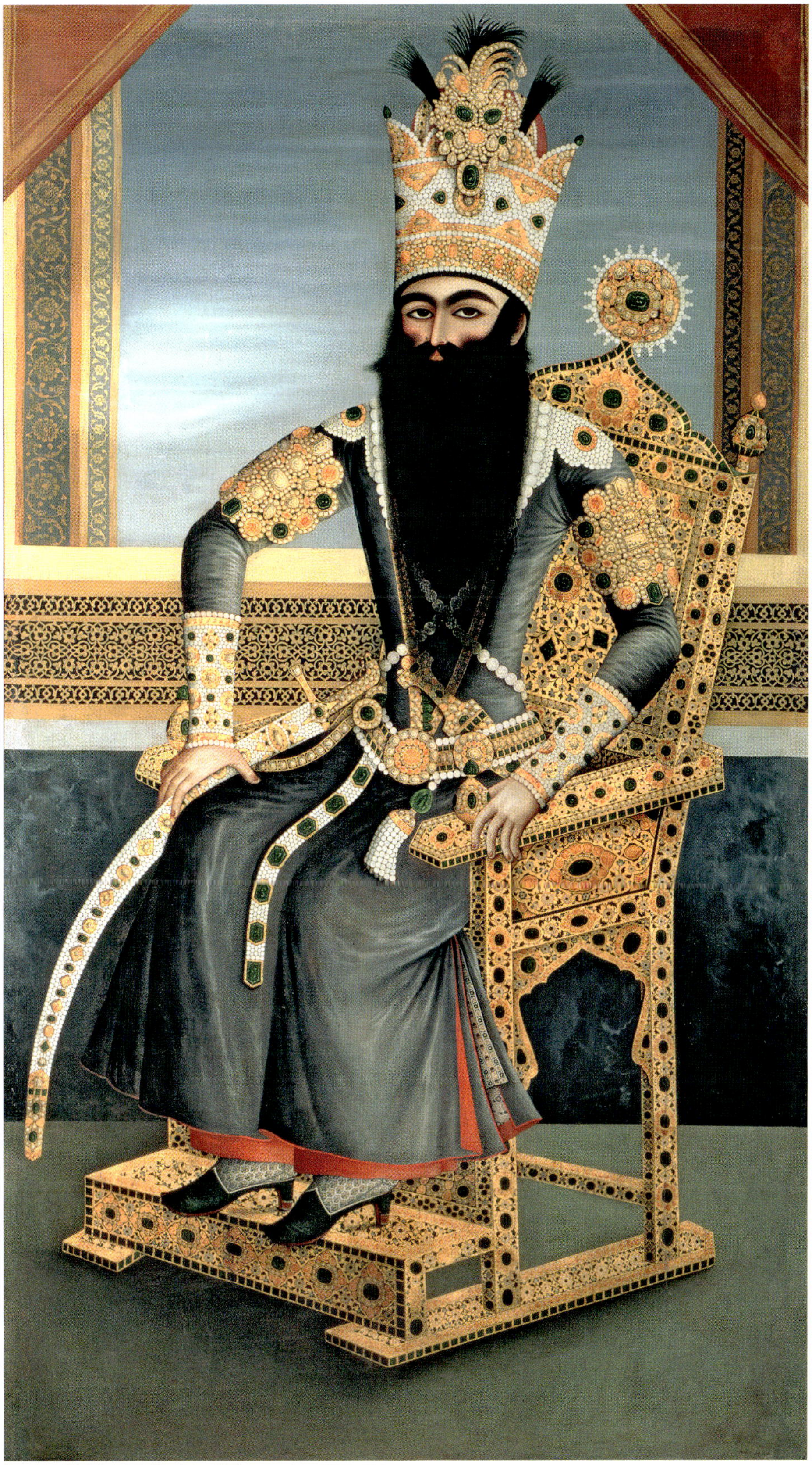

Juliette Récamier,

François Gérard (baron), huile sur toile, 1805, 2,25 × 1,48 m, Paris, musée Carnavalet.

« La jeune femme trouve les séances de pose interminables ! »

Pour Juliette Récamier, célèbre égérie du Consulat et de l'Empire, ce portrait, exécuté par Gérard en 1805 est son préféré. Elle le considère comme un reflet fidèle de sa beauté légendaire. Comme quoi, tout dépend du peintre car, cinq ans auparavant, c'est l'illustre David, le peintre officiel de Napoléon, qu'elle avait sollicité pour l'immortaliser. Mais la jeune femme trouve les séances de pose interminables. Quant à l'artiste, il juge les retards de son modèle impardonnables. Très vite, madame Récamier n'en peut plus, elle va voir Gérard, l'élève de David, et lui commande ce second portrait. Le maître se vexe-t-il en l'apprenant ? Ou sa patience est-elle à son comble ? Toujours est-il que David interrompt son travail au moment où celui de Gérard commence. Et la différence est considérable. Sur l'œuvre inachevée de David, la jeune femme occupe moins de place dans la toile. Elle n'est pas très jolie, son visage est dénué d'expression. Alors que sur la composition de Gérard, les arbres, le rideau et les colonnes encadrent la belle Juliette. Tout est là pour la mettre en valeur. En tant que tableau, on peut comprendre que les historiens d'art préfèrent celui de David, car on est bien au-delà de la simple représentation d'une personne. Mais en tant que portrait, on peut comprendre que madame Récamier préfère celui de Gérard.

François Gérard (baron)
4 mai 1770 Rome - 11 janvier 1837 Paris

Peintre d'histoire, portraitiste néoclassique français, fils de l'intendant de l'ambassadeur de France auprès du Saint-Siège et d'une Italienne, il arrive à Paris à 12 ans et est admis à la Pension du Roi. Il est ensuite l'élève d'Augustin Pajou. En 1786, il entre dans l'atelier de David et, trois ans plus tard, échoue au prix de Rome. En 1793, David le fait nommer juré au Tribunal révolutionnaire pour lui éviter la conscription. Sous l'Empire, il devient le portraitiste de la Cour et, en 1808, réalise un portrait de Napoléon Ier. À la Restauration, son succès ne se dément pas, et il accumule les honneurs et les distinctions, baron, peintre du roi, membre de l'Institut, député de Bayeux…

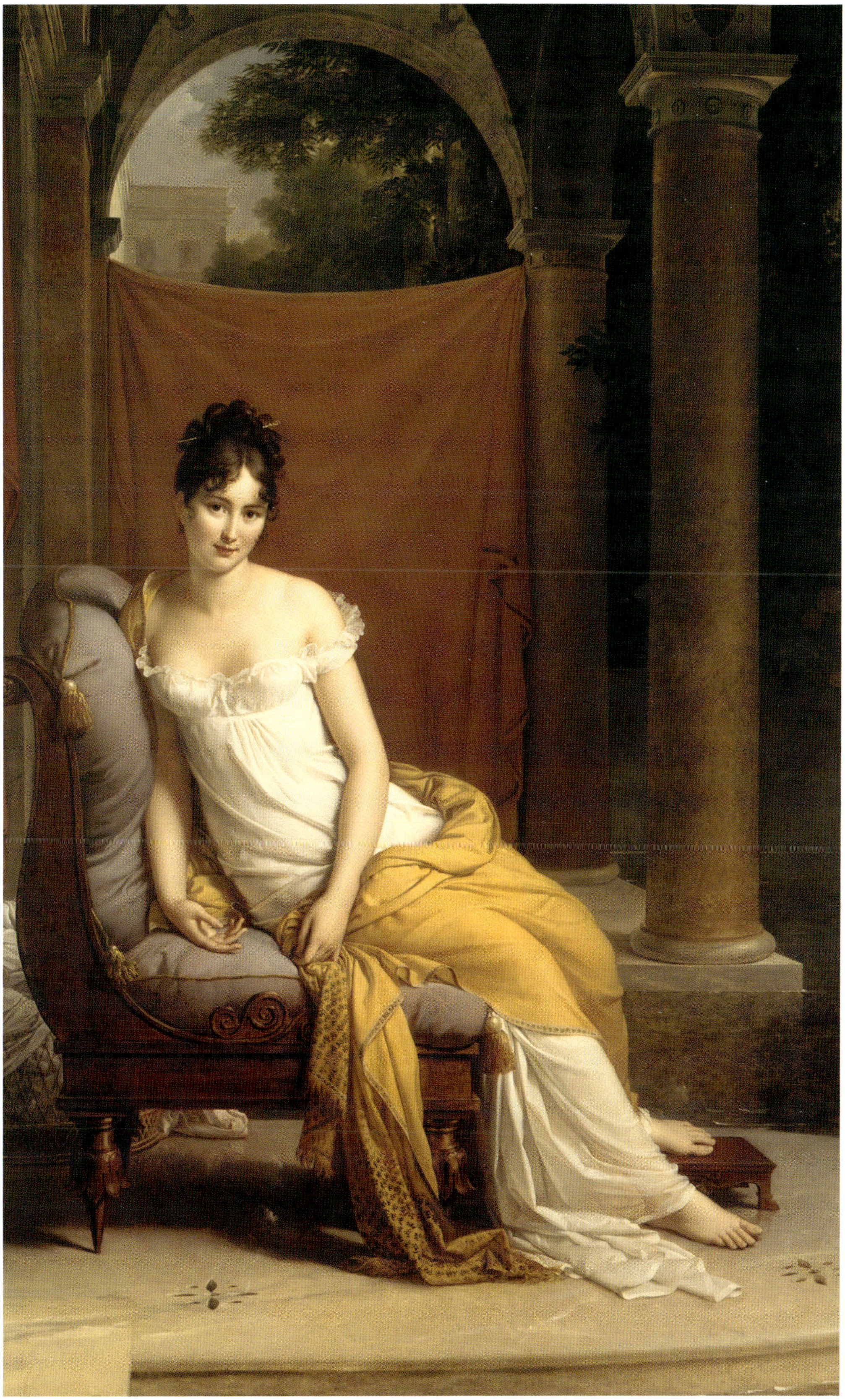

La Monomane de l'envie ou La Hyène de la Salpêtrière,

Théodore Géricault, 1819-1820, huile sur toile, 72 × 58 cm, Lyon, musée des Beaux-Arts.

« Et pour la première fois, on s'est dit que l'on pouvait peut-être essayer de les guérir. »

Si cette femme a l'air d'une folle, c'est parce qu'elle l'était. *La Monomane de l'envie*, appelée aussi *La Hyène de la Salpêtrière*, a été peinte par Géricault en 1819-1820. C'est d'ailleurs à cette époque que l'on a commencé à s'intéresser aux malades mentaux. La Révolution française venait de les sortir des prisons pour les placer dans des asiles d'aliénés. Et, pour la première fois, on s'est dit que l'on pouvait peut-être essayer de les guérir. C'était notamment le cas du psychiatre Jean-Étienne Esquirol, médecin chef de la Salpêtrière, qui venait d'identifier la monomanie, une pathologie de type délirant caractérisée par la fixation de l'esprit sur un objet unique. Géricault a fait une dizaine de portraits de malades atteints de monomanie, dont celui-ci. On se perd en conjectures, en revanche, sur la raison pour laquelle il les a peints. Certains pensent qu'il s'agit d'une commande d'Esquirol en personne pour illustrer ses travaux. Il était plus commode, en effet, d'emporter un tableau dans un amphithéâtre que d'y amener la « hyène de la Salpêtrière » en personne. D'autres disent que ce serait le docteur Georget, un autre psychiatre de la Salpêtrière, qui serait à l'origine de la série. Il aurait trouvé ce moyen pour guérir Géricault de sa propre dépression. Mais qu'importe. Ce qui compte, c'est le portrait de cette femme, avec ses yeux exorbités, gorgés de sang. Avez-vous déjà vu un tel regard obsessionnel, un tel regard d'envie ? Songez qu'avec ses dix portraits, Géricault a fait la première représentation clinique de malades mentaux. Et qu'un tableau comme celui-ci est une trace quasi photographique des « fous » du début du XIXe siècle.

Théodore Géricault
26 septembre 1791 Rouen - 26 janvier 1824 Paris

Peintre français, issu d'une famille aisée, il étudie tout d'abord avec Carle Vernet, spécialiste de scènes de chasse, et ensuite avec Pierre-Narcisse Guérin. En 1811, il entre à l'École des beaux-arts de Paris. En 1816, n'ayant pas obtenu le grand prix de Rome, il finance lui-même son voyage en Italie, au cours duquel il s'imprègne de la Renaissance italienne et du maître flamand, Rubens. En 1819, un nouveau Salon ouvre au Louvre : il y expose une œuvre immense et spectaculaire, *Le Radeau de la Méduse*. Brisé par la critique, il part deux ans en Angleterre. Revenu à Paris en 1821, il meurt de la tuberculose trois ans plus tard.

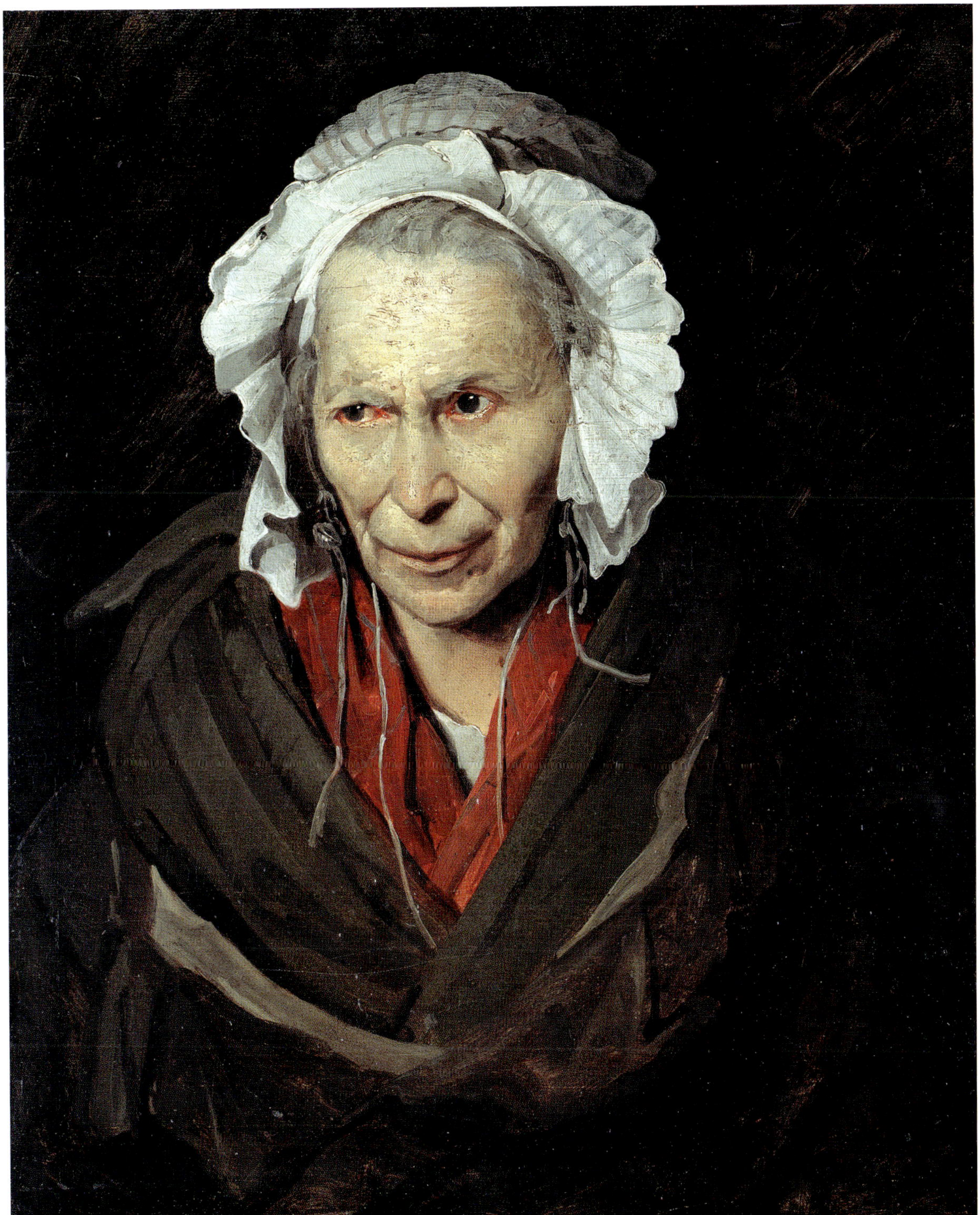

Berceau supposé de Henri IV, 1822, dans son état actuel, carapace de tortue marine et ornementation de lances, couronne et casque de bois doré, plumes d'autruche, tapis et drapeaux de taffetas et velours de soie brodé d'or reposant sur une table de sapin, 2,35 × 1,35 × 0,67 m sans le socle en sapin, 0,25 × 1,06 × 0,83 m pour la carapace de tortue, Pau, Musée national du château de Pau.

« À la Révolution, la première formation civique armée de Pau s'intitula "garde du berceau de Henri IV". »

Cette carapace de tortue marine est la carapace la plus célèbre et la plus ornée en France. Elle est parée d'un trophée de lances et de drapeaux brodés d'or aux armes de France et de Navarre, surmonté d'un panache en plumes d'autruche. Et pour cause, ce n'est pas n'importe quelle carapace de tortue, c'est le berceau d'Henri IV ! Enfin, le berceau supposé. Car c'est aussi la carapace la plus controversée de l'histoire de France. Personne ne peut prouver que le futur roi a dormi dedans quand il était enfant, mais personne ne peut non plus prouver le contraire. Il est avéré que Henri IV est né en 1553 au château de Pau, or l'inventaire du trésor de Navarre effectué en 1561-1562 mentionne la présence d'une carapace de tortue. On en a donc conclu que le bon roi Henri devait avoir bénéficié d'un berceau à nul autre pareil et la carapace devint au XVIIIe siècle une véritable relique, portée en procession lors des événements locaux. La ferveur des Béarnais alla encore plus loin. À la Révolution, la première formation civique armée de Pau s'intitula « garde du berceau de Henri IV » ! Et le 14 juillet 1790, premier anniversaire de la prise de la Bastille, la carapace trônait carrément près de l'autel de la Patrie. Il fallut attendre la Terreur et l'exécution de Louis XVI pour que la Convention vienne à bout du berceau. Le 1er mai 1793, la carapace fut brûlée. Et pourtant, elle réapparut le 25 août 1821, toujours à Pau, pour la procession de la Saint-Louis. Miracle ? Non ! En 1793, des documents l'attestent, le commandant du château de Pau avait substitué à la carapace royale celle du directeur des Domaines pour qu'elle soit brûlée à sa place. C'est donc bien l'originale que Louis XVIII fit parer à la Restauration de lances, de drapeaux et de plumes d'autruche, à la gloire de son ancêtre.

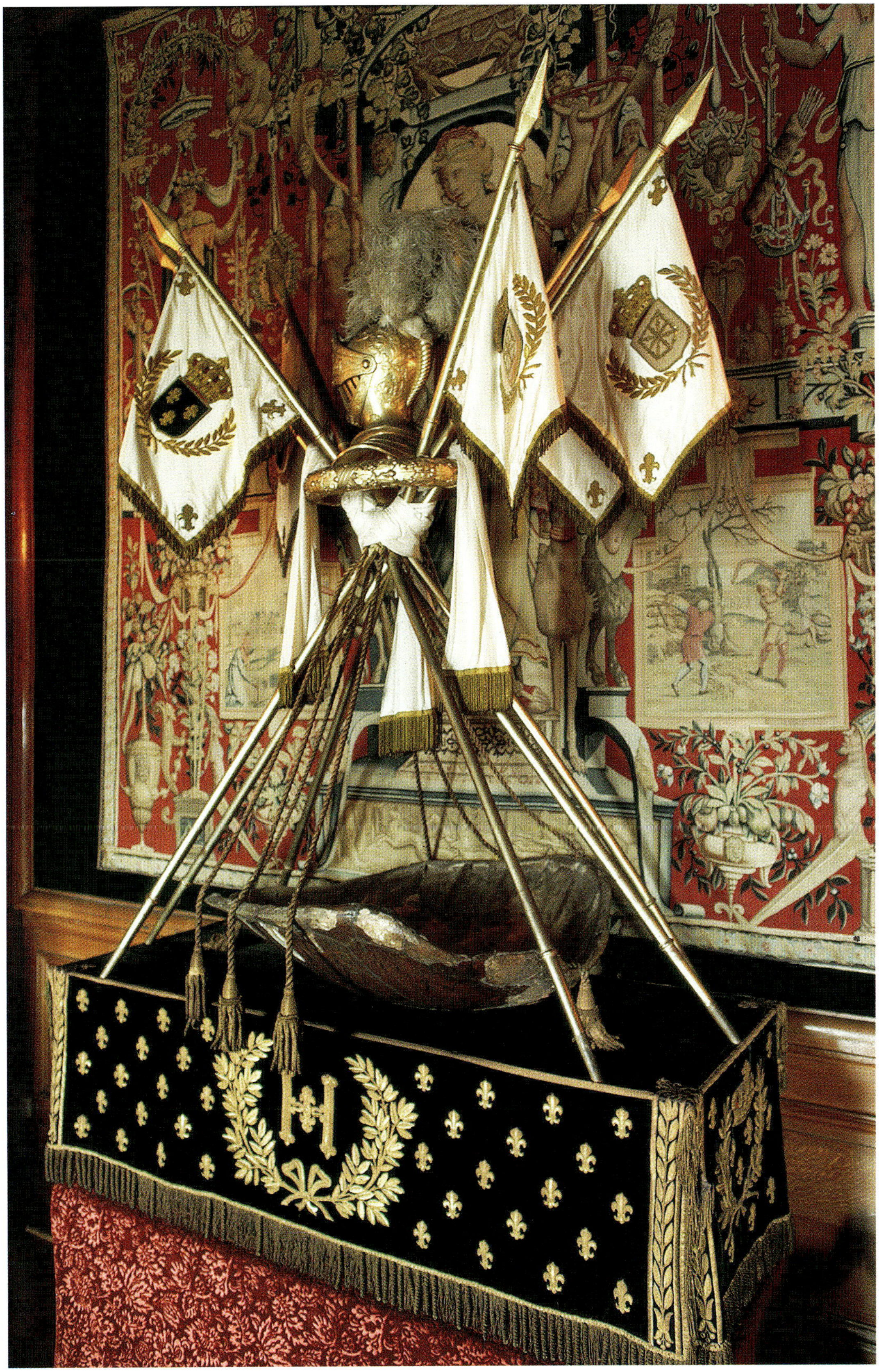

Sculpture de Henri IV,

atelier Wallet et Huber, début du XIXe siècle, carton-pierre patiné couleur bronze, hauteur : 1,65 m, Pau, Musée national du château de Pau.

« Le carton-pierre avait l'avantage de coûter moins cher et de n'être ni poreux ni friable. »

Cette statue de Henri IV de 1,65 mètre de haut a valu une médaille à ses deux sculpteurs, Wallet et Huber, en 1827. Oh, ne voyez rien d'artistique dans cette distinction. C'est la Société d'encouragement pour l'industrie nationale qui les a décorés. Qu'est-ce qu'une association créée en 1802 pour promouvoir les innovations industrielles a bien pu trouver à une banale statue de bronze ? Eh bien, qu'elle n'est pas en bronze justement, mais en carton-pierre. Un mélange de craie, de colle forte et de pâte à papier. Une fois coulé dans un moule puis chauffé, il durcit et prend la forme voulue. Il ne reste plus qu'à le peindre ou le colorer. On l'utilisait autrefois dans l'architecture éphémère, comme les décors de théâtre ou les monuments dressés à l'entrée des villes pour accueillir un souverain. Le carton-pierre avait l'avantage de coûter moins cher et de n'être ni poreux ni friable, donc de résister à l'humidité. Les architectes s'en servirent ensuite pour les ornements décoratifs, intérieurs et extérieurs. Puis ce fut le tour des sculpteurs. Notre Henri IV est composé d'un mélange de carbonate de calcium, de colle animale et de couches de tissu. Chaque partie a été moulée avant d'être assemblée et clouée sur des armatures en bois. Ensuite, on l'a poli puis on l'a recouvert d'une sous-couche verte et d'une bronzine. Et voilà le résultat : une statue bon marché, résistant aux intempéries et à l'usure. Et un procédé presque aussi révolutionnaire pour la sculpture que l'invention de l'imprimerie l'avait été pour l'écriture : capable de conserver les chefs-d'œuvre et de mettre les copies à la portée de toutes les bourses.

Wallet et Huber

Sculpteurs mouleurs, vers 1826, ils rachètent la fabrique de sculpture d'ornements d'architecture de Hirsch et Mézières au 3, rue Portefoin à Paris. La même année, ils obtiennent une médaille de bronze de la Commission des médailles de la Société d'encouragement pour l'industrie nationale et, l'année suivante, la médaille d'argent. Leur établissement devient alors l'un des plus prospères et des plus importants de Paris. Les commandes affluent en France et à l'étranger. Ils exécutent notamment les sculptures intérieures du Musée égyptien du Louvre, décorent le Palais-Royal et le théâtre de Drury-Lane à Londres.

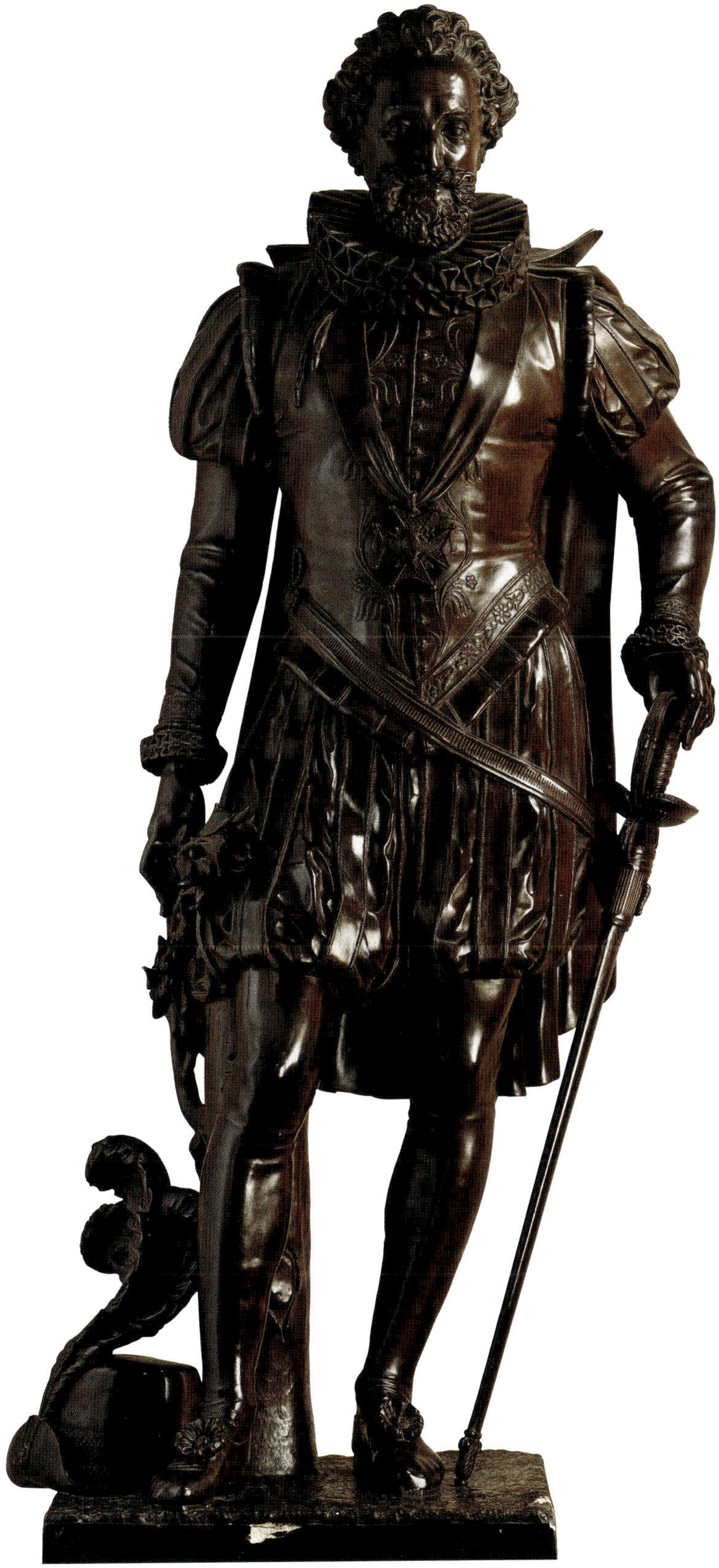

Le 28 juillet : la Liberté guidant le peuple,

Eugène Delacroix, Salon de 1831, huile sur toile, 2,60 × 3,25 m, Paris, musée du Louvre.

« Il est instamment "demandé" que les seins de "la Liberté" soient masqués. »

Le 28 juillet : la Liberté guidant le peuple est le témoignage qu'a laissé Eugène Delacroix de ce que l'on appellera les Trois Glorieuses, les 27, 28 et 29 juillet 1830, journées durant lesquelles le peuple de Paris combattit sur les barricades et renversa le roi Charles X. Un événement que le peintre phare du romantisme ne pouvait pas laisser passer. Ainsi qu'il le dira : « Si je n'ai pas vaincu pour la patrie, au moins peindrai-je pour elle. » Et c'est ce qu'il fit avec l'exaltation qui lui était propre et qui ont fait de *La Liberté guidant le peuple* le symbole grandiose de l'élan romantique et révolutionnaire dans le monde entier. Enfin, presque. Car il est des États où ce tableau dérange, et pas seulement pour des raisons politiques. En 1999 par exemple, *La Liberté guidant le peuple* voyage vers le Musée national de Tokyo à bord d'un avion spécial, sur lequel on a imprimé sa photo. Eh bien, lors d'une escale dans le golfe Persique, il est instamment « demandé » que les seins de « la Liberté » soient masqués. En 2007, le gouvernement turc a exigé d'un éditeur qu'il la retire d'un manuel scolaire. Et dans quatre États des États-Unis, sa reproduction sur des étiquettes de bouteilles de bière a été jugée « indécente et manquant de dignité ». Tout ceci est d'autant plus amusant que, cent cinquante ou deux cents ans plus tôt, en France, quand le tableau de Delacroix fut présenté au public en 1831, ce ne sont pas les seins de « la Liberté » qui choquèrent les amateurs de peinture, cela lui donnait un petit côté « antiquité grecque » du meilleur effet, non, ce qu'on trouva « vulgaire », c'est qu'elle avait du poil sous les bras !

Eugène Delacroix
26 avril 1798 Saint-Maurice - 13 août 1863 Paris

Peintre français chef de file du romantisme, fils de l'homme politique Charles Delacroix – ou selon certains de son protecteur Talleyrand –, il entre en 1815 dans l'atelier de Pierre Guérin, où il rencontre Géricault, et l'année suivante à l'École des beaux-arts. En 1822, il échoue au prix de Rome mais rencontre un franc succès au Salon. Et, cinq ans plus tard, il révolutionne le Salon avec *La Mort de Sardanapale*. En 1832, il est l'un des premiers artistes à faire le voyage du Maghreb. Élu à l'Institut de France en 1857, il fonde la Société nationale des beaux-arts un an avant sa mort. Considéré comme le maître de l'école française, il influence des générations d'artistes et, en 1978, son visage illustre les billets de 100 francs.

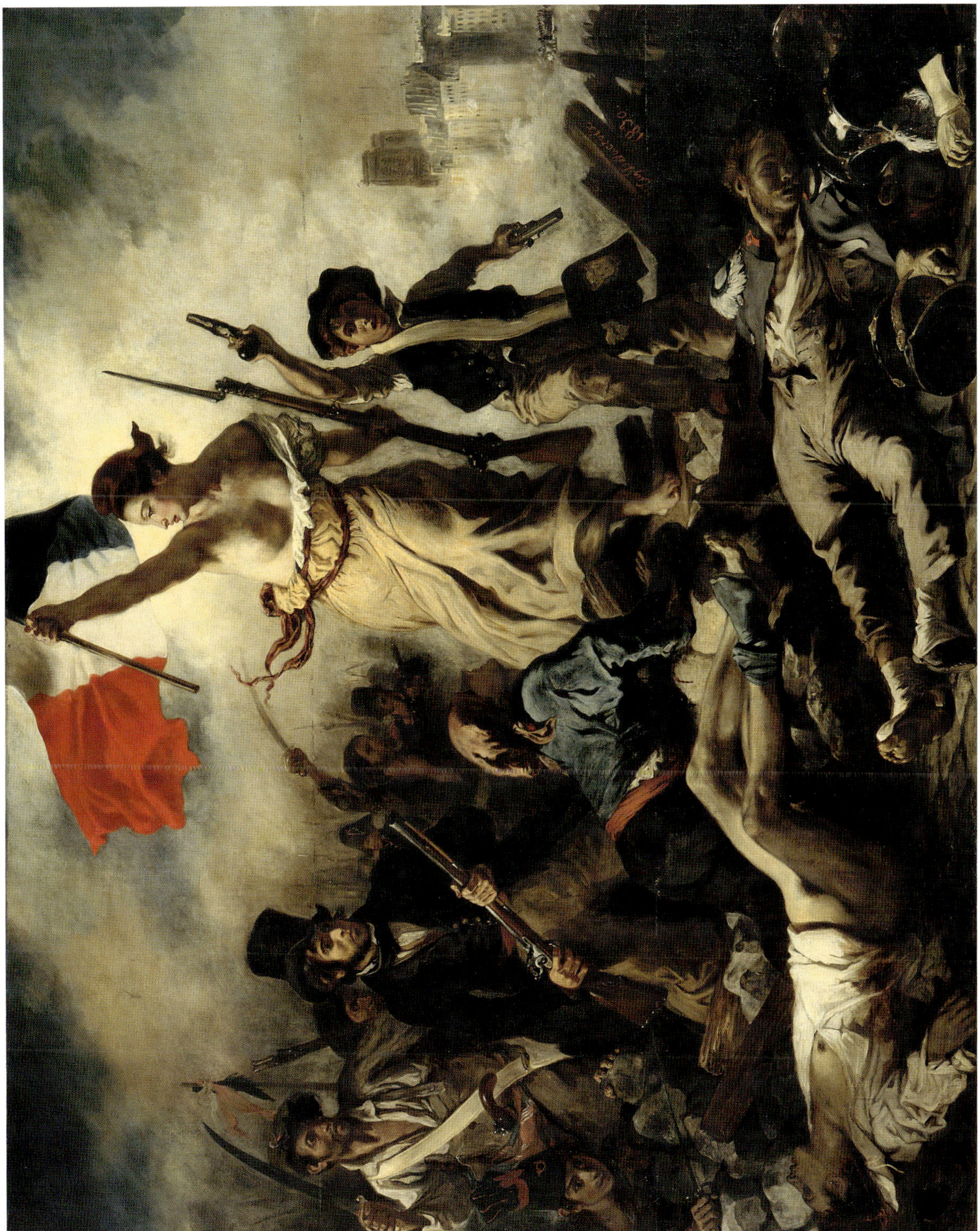

Le Départ des volontaires de 1792, dit « La Marseillaise »,

François Rude, 1830-1835, haut-relief en plâtre, 216 × 134 × 49 cm, Dijon, musée des Beaux-Arts.

« Le Départ des volontaires de 1792, ces 200 000 hommes partis défendre la patrie contre la coalition étrangère. »

Même si vous n'êtes jamais allé à Dijon, vous connaissez certainement *Le Départ des volontaires de 1792*, appelé aussi *La Marseillaise*. Et pour cause, il s'agit du surmoulage grandeur nature du célèbre haut-relief de l'Arc de triomphe sculpté par François Rude en 1836. C'est la ville de Dijon qui l'a fait réaliser en l'honneur de l'enfant du pays en 1938. Mais revenons au XIXe siècle. Le 18 février 1806, Napoléon Ier ordonne la construction d'un monument à la gloire de ses armées. Hélas, il n'en verra jamais la fin. Et c'est le roi Louis-Philippe, dans le but d'honorer les armées de la Révolution et de l'Empire, qui reprendra en 1830 le chantier interrompu à la Restauration. C'est donc à François Rude, qu'incombe *Le Départ des volontaires de 1792*, ces 200 000 hommes partis défendre la patrie contre la coalition étrangère. Il va en faire son chef-d'œuvre, une composition allégorique d'une rare intensité et d'un romantisme extraordinaire. Le génie de la Liberté, en particulier. Regardez comme elle hurle, cette femme casquée, aux ailes déployées, haranguant la nation et brandissant son épée vers l'ennemi. Son modèle, c'est madame Rude criant dans l'atelier de son mari qui l'encourageait : « Plus fort ! », « Plus fort ! » afin d'obtenir l'expression la plus authentique… Et ça marche si bien que, depuis son inauguration en 1836, le peuple français voit en elle le symbole de son unité et de sa lutte pour défendre la patrie. À tel point qu'on a fini par l'appeler *La Marseillaise* et qu'en 1939, à la déclaration de guerre, c'est la seule partie de l'Arc de triomphe que l'on ait protégée avec des sacs de sable… même si Dijon possédait déjà le moulage salvateur…

François Rude
4 janvier 1784 Dijon - 3 novembre 1855 Paris

Sculpteur français, fils d'un forgeron « maître poêlier », il commence son apprentissage auprès de son père. À 16 ans, il suit en parallèle des cours à l'École gratuite de dessin, peinture et modelage fondée par François Devosge. En 1807, il arrive à Paris et, deux ans plus tard, est admis à l'École impériale des beaux-arts. Puis, en 1812, il obtient le premier prix de Rome, mais le climat politique troublé l'empêche de se rendre en Italie. À la Restauration, trois ans plus tard, il s'exile à Bruxelles où il travaille pour l'architecte Van der Straeten. De retour à Paris en 1827, il expose au Salon l'année suivante. Le succès arrive très vite et les commandes affluent. En 1833, c'est la consécration nationale avec celle de la décoration de l'Arc de triomphe. À l'occasion du bicentenaire de sa naissance en 1984, la pièce de 10 francs François Rude est émise.

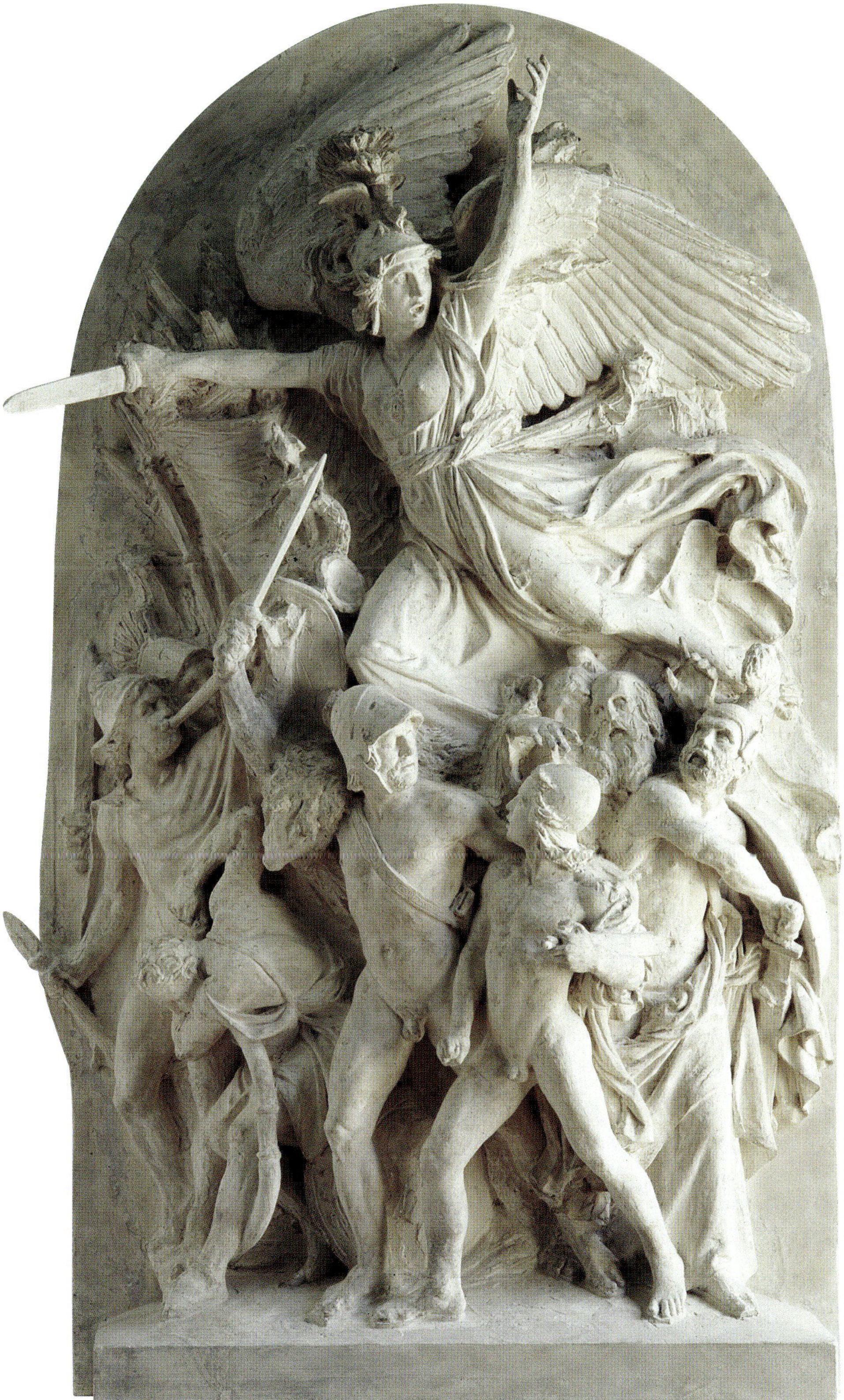

Jeune Homme au bord de la mer – Figure d'étude

Hippolyte Flandrin, 1836, huile sur toile, 98 × 124 cm, Paris, musée du Louvre.

« Nos ancêtres étaient-ils aveugles ? »

Ce *Jeune Homme au bord de la mer*, peint par Hippolyte Flandrin, est devenu une icône gay, un stéréotype de l'imagerie érotique homosexuelle. Et pourtant, lorsque le tableau fut présenté à Paris en 1837, il ne fit absolument pas scandale. Et, vingt ans plus tard, Napoléon III l'acheta pour l'offrir au musée du Luxembourg. La France du XIXe siècle se révélerait-elle moins puritaine qu'on l'imagine, ou bien nos ancêtres étaient-ils aveugles ? C'est plus simple que cela. Flandrin était un élève d'Ingres. Il partageait avec le maître du classicisme ses recherches sur la pureté, la perfection du corps humain et sa vénération des sujets antiques. Mais Flandrin va se tourner vers la peinture religieuse. Ce qui l'intéresse, c'est la spiritualité des êtres. Ses œuvres représentent donc des scènes mythologiques, où les personnages, fidèles aux images de l'Antiquité, sont souvent nus, mais il les plonge dans la méditation. Comme son *Polytes, fils de Priam, observant les mouvements des Grecs s'approchant de Troie*, dont on devine les poils pubiens. Ou son *Jeune Homme au bord de la mer*, dont la position fœtale poético-mystique inspirera de nombreux artistes gays, mais qui n'était pour notre peintre qu'un moyen de renouveler l'esthétique classique. Vous me direz : tout cela n'empêche rien. Et le fait que Flandrin était marié et père de plusieurs enfants n'empêche rien non plus. Et peu importe d'ailleurs à quoi pensait vraiment Flandrin quand il a peint son *Jeune Homme au bord de la mer*. Ce qui compte, c'est ce que vous y voyez, vous.

Hippolyte Flandrin
23 mars 1809 Lyon - 21 mars 1864 Rome

Peintre français, issu d'une fratrie d'artistes, il étudie, avec son frère Paul, dans l'atelier lyonnais du peintre troubadour Pierre Révoil. En 1829, ils arrivent à Paris et entrent dans l'atelier de Jean Dominique Ingres. Trois ans plus tard, il obtient le prix de Rome et intègre la villa Médicis dont Ingres est nommé directeur en 1834. De retour à Paris quatre ans plus tard, il se fait peu à peu connaître et, dès les années 1850, il est aussi célèbre pour ses portraits que pour sa peinture religieuse. En 1853, il est nommé officier de la Légion d'honneur et membre de l'Académie des beaux-arts. Dix ans plus tard, sa santé fragile le ramène à sa ville d'affection, Rome, où il s'éteint l'année suivante.

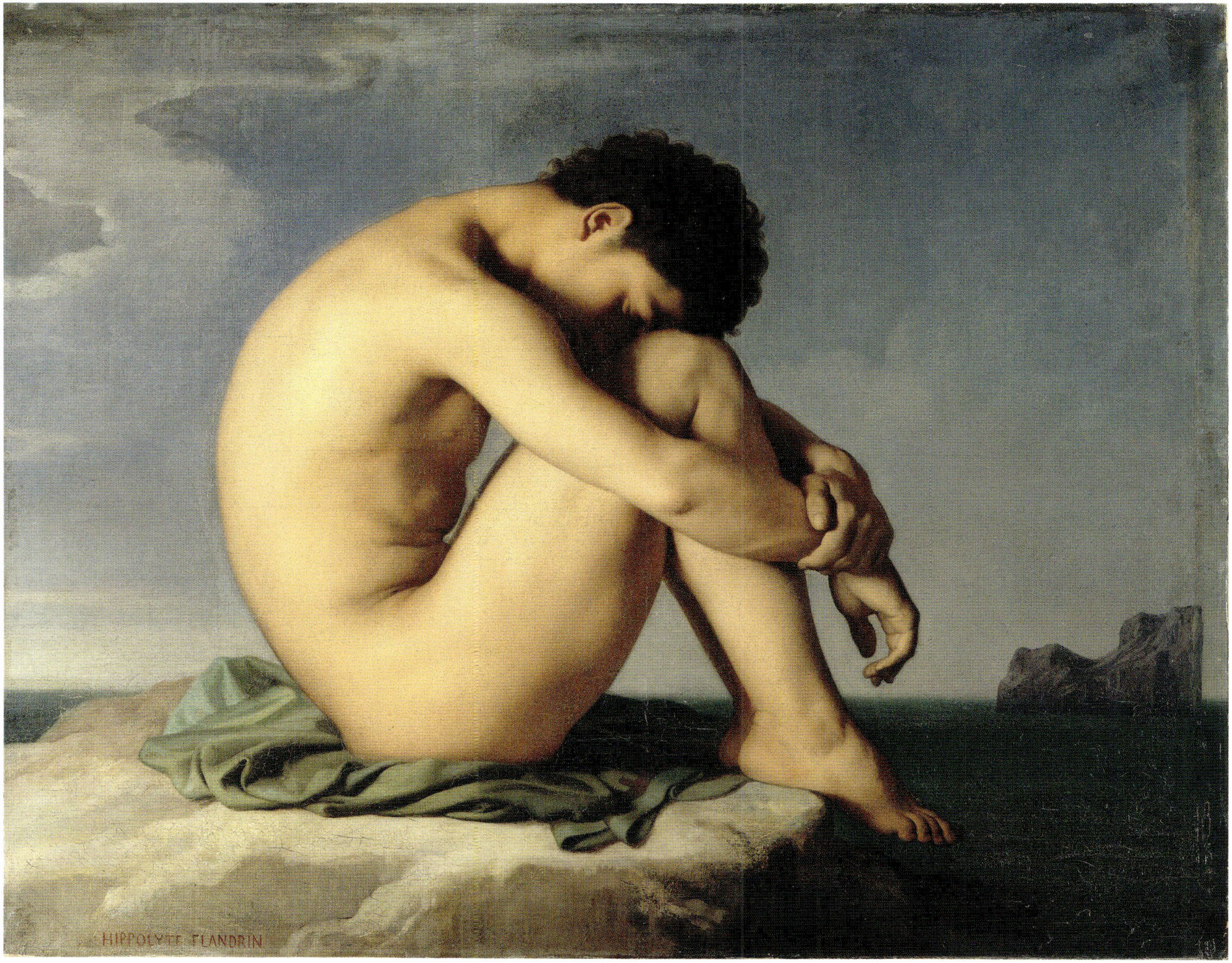
HIPPOLYTE FLANDRIN

Boîte à divination par les souris,

seconde moitié du XIXe siècle, Côte d'Ivoire sculpture baoulée, bois et terre cuite, hauteur : 25 cm, Paris, musée du quai Branly.

« C'étaient des souris qui étaient responsables des oracles. »

Cette sculpture baoulée en bois a été rapportée de Côte-d'Ivoire en 1933 par l'ethnologue et historien d'art Hans Himmelheber. Et l'on peut aisément comprendre que cette figurine délicatement ouvragée au XIXe siècle l'ait séduit, les artistes baoulés du centre de la Côte-d'Ivoire étant parmi les plus réputés du continent africain. Mais, au-delà de sa valeur esthétique, c'est sa fonction qui rend cet objet fascinant. Il s'agit en effet d'une *Boîte à divination par les souris*. Eh oui, c'étaient des souris qui étaient responsables des oracles dans les tribus baoulées. Le devin se contentait de faire fabriquer un récipient tel que celui-ci, dont l'intérieur était séparé par un plancher percé d'un orifice. Muni de cette *Boîte à divination*, il voyageait à travers le pays pour donner ses consultations, en échange de nourriture ou de vin de palme. Pour ce faire, il introduisait une souris à jeun dans la partie inférieure du récipient. À l'étage supérieur, il disposait sur un petit plateau de cuivre ou sur une carapace de tortue des bâtonnets, des os ou des piquants de porc-épic qu'il rangeait dans un ordre bien précis. Puis il y ajoutait quelques grains de riz pour attirer la souris affamée, avant de refermer le couvercle. Tandis que le devin récitait des incantations, la souris fonçait sur les grains de riz et déplaçait, comme par magie, l'ordre des objets. On ouvrait alors la *Boîte* et l'on présentait le plateau ou la carapace au devin qui interprétait leur nouvelle disposition. Amour, santé, récoltes, il avait réponse à tout. Et pendant que la souris digérait dans son sous-sol, le devin jouissait de son succès, ou plutôt de la puissance que le petit rongeur daignait lui déléguer.

L'art des Baoulés, une des ethnies du centre de la Côte-d'Ivoire mais originaire du Ghana, est toujours personnalisé et lié à la sérénité de l'esprit ou de la santé physique. Les sculptures et les masques sont donc réalisés à la demande d'un client et en fonction des instructions que celui-ci a reçues en rêve. Et les œuvres relèvent toujours d'une esthétique très recherchée et pratiquement inégalée dans l'art africain traditionnel, qu'il s'agisse de leur raffinement, leur profusion et les heures de travail passées à leur réalisation. Ce qui explique sans aucun doute l'engouement qu'elles suscitent chez les Occidentaux depuis leur découverte à la fin du XIXe siècle.

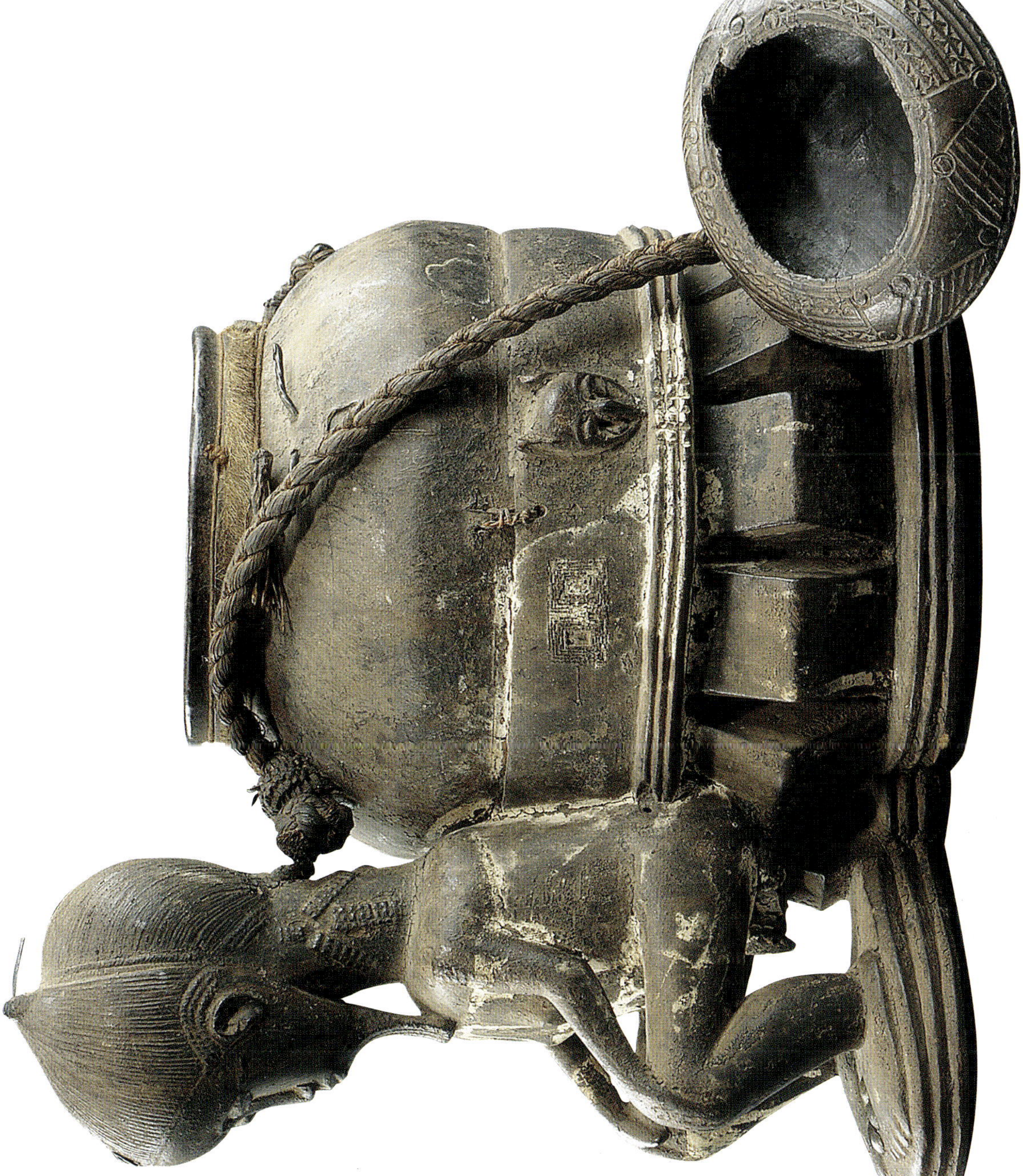

La Vasque de la villa Médicis,

Camille Corot, vers 1845, huile sur toile, 18 × 28,8 cm, Reims, musée des Beaux-Arts.

« Corot représentait la nature telle que son cœur et son œil s'en souvenaient. »

La Vasque de la villa Médicis est une œuvre de Camille Corot, le maître français du paysage, la vedette des Salons, le peintre favori de ses contemporains. Corot est un artiste archi-célèbre dont les œuvres le sont tout autant. Et pourtant, il est encore difficile de dater ce tableau avec certitude. Parce qu'il s'agit d'une œuvre de Corot, justement. C'est-à-dire un paysage qu'il a vu un jour, étudié maintes et maintes fois, croqué puis re-croqué sur le vif, et qu'il a fini par peindre dans son atelier un mois, deux mois, un an ou dix ans plus tard, on ne sait pas. Ce temps de gestation permettait aux émotions ressenties devant tel paysage, aux états d'âme que telle vision avait entraînés en lui, de se mêler à l'image réelle que son œil avait enregistrée. Corot ne représentait pas la nature telle qu'elle était mais telle que son cœur et son œil s'en souvenaient. La vasque de la villa Médicis par exemple, il l'a découverte à 30 ans lors de son premier voyage à Rome, en 1825. Il habitait tout près de la villa Médicis, où il se rendait régulièrement pour retrouver des camarades. Et comme bon nombre de pensionnaires de la villa, qui est l'académie de France à Rome, il a croqué cette vasque antique en marbre. Mais c'est beaucoup plus tard, probablement après son troisième et dernier voyage dans la cité vaticane, en 1843, une fois revenu à Paris, qu'il a peint cette toile. Et regardez. Un rideau d'arbres s'ouvre, tel un rideau de théâtre, et laisse apparaître la vasque majestueuse devant la ville éternelle ensoleillée. *La Villa Médicis* de Corot, c'est son interprétation du réel, son idéal. C'est pour cela qu'il est vénéré par les impressionnistes, les symbolistes, et à peu près tous les peintres des générations suivantes.

Camille Corot
17 juillet 1796 Paris - 22 février 1875 Paris

Peintre français, fils de commerçants drapiers, à 8 ans, il devient pensionnaire à Paris. Quatre ans plus tard, il entre au collège de Rouen où il découvre la campagne normande. De retour à Paris en 1812, il termine ses études deux ans plus tard et devient apprenti drapier. En 1822, il obtient enfin l'autorisation de se consacrer à la peinture et entre dans l'atelier du paysagiste Achille-Etna Michalon. Mais celui-ci décède brutalement l'année suivante. Il devient alors l'élève du célèbre peintre d'histoire Jean-Victor Bertin. En 1827, il expose pour la première fois au Salon où il triomphe régulièrement à partir de 1845 et durant trente ans. Et même à titre posthume, car quelques mois après sa mort, on expose ses dernières œuvres au Salon de 1875.

COROT

L'Homme blessé,

Gustave Courbet, entre 1844 et 1854, huile sur toile, 81,5 × 97,5 cm, Paris, musée d'Orsay.

« Et la belle a été remplacée par un trou d'épée sanguinolent. »

L'Homme blessé a été peint par Courbet en 1844 ou 1854, on ne sait pas très bien. Ce que l'on a découvert, en revanche, grâce à la radiographie, c'est qu'avant de peindre *L'Homme blessé*, Courbet avait commencé deux autres tableaux sur la même toile. Du premier, il ne reste plus qu'une tête de femme. Mais le deuxième est beaucoup plus lisible. Vous voyez ce jeune homme assoupi et imberbe sur l'épaule duquel s'abandonne sa maîtresse ? C'est Courbet tel qu'il était en 1844. *L'Homme blessé*, aussi, c'est Courbet, mais plus âgé et barbu. Et la belle a été remplacée par un trou d'épée sanguinolent. Plusieurs hypothèses sont venues expliquer la présence, sur la même toile, de ces trois compositions successives. La première est la plus rationnelle : à l'époque, la toile était très chère ; dans un souci d'économie, Courbet aurait très bien pu recouvrir ses premiers dessins. La deuxième hypothèse est plus romantique : en 1851, sa compagne le quittait en emmenant leur fils, Courbet l'aurait donc supprimée du tableau et lui aurait adressé un message de désespoir en se représentant blessé au cœur. Troisième hypothèse : Courbet aurait recouvert le couple d'amants pour faire encore mieux, car notre seule certitude après tout, c'est que *L'Homme blessé* est un chef-d'œuvre ! Et Courbet le savait bien, puisqu'il l'a conservé toute sa vie.

Gustave Courbet
10 juin 1819 Ornans - 31 décembre 1877 La Tour-de-Peilz

Peintre français, chef de file du réalisme, fils d'un propriétaire terrien, à 12 ans, il entre au petit séminaire d'Ornans où il étudie le dessin auprès du père Baud, un ancien élève d'Antoine-Jean Gros. En 1837, il s'inscrit au Collège royal de Besançon dans la classe des beaux-arts. Deux ans plus tard, il s'installe à Paris où il suit des études de droit et, parallèlement, fréquente les ateliers de Charles de Steuben et de Nicolas-Auguste Hesse. Il se rend régulièrement au Louvre pour copier les maîtres, Vélasquez, Zurbarán, Rembrandt ou le Caravage. En 1840, réformé du service militaire, il s'installe dans son premier atelier du Quartier latin et fréquente l'académie de Charles Suisse.

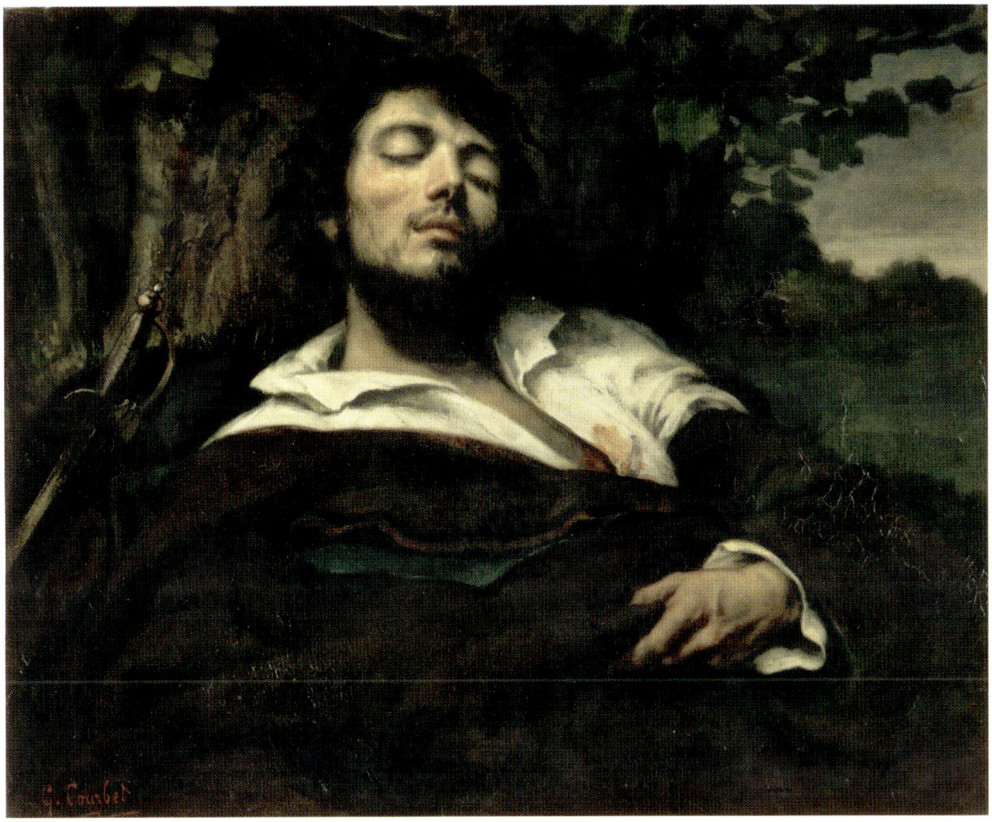
G. Courbet

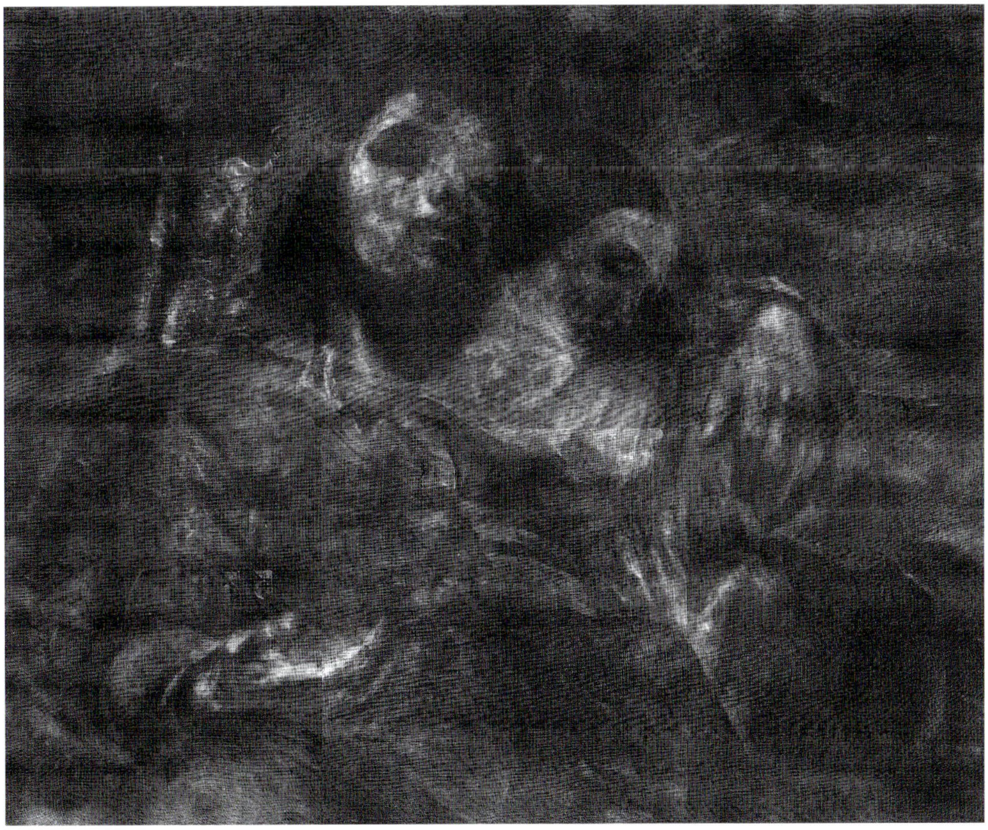

Un enterrement à Ornans,

Gustave Courbet, 1849-1850, huile sur toile, 3,15 × 6,68 m, Paris, musée d'Orsay.

« *Mais c'est justement la simplicité de ces gens qui posait problème.* »

Au Salon de 1851, *Un enterrement à Ornans* de Gustave Courbet provoqua un scandale. Il s'agissait pourtant de banales funérailles, réunissant des habitants de son village natal. Mais c'est justement la simplicité de ces gens qui posait problème. Certains s'offusquèrent que « l'on accorde tant de mètres de toile pour des gens du peuple ». Ils avaient raison d'être choqués. C'était exactement la volonté de Courbet : créer un choc ! Alors âgé d'une trentaine d'années, il venait d'abandonner le romantisme de ses débuts pour créer un nouveau style, le réalisme. Pour lui, seul ce qui existait vraiment méritait d'être représenté. Et comme il n'y avait pas pour lui de sujets plus nobles que d'autres, il revendiquait le droit de peindre le peuple. Oh, il n'était pas le premier. Dès le XVIe siècle, les frères Le Nain avaient eux aussi peint des gens simples. Deux ans plus tôt, Courbet avait d'ailleurs reçu une médaille du Salon pour une scène paysanne, *L'Après-Dîner* à Ornans. Mais son « enterrement » était d'une tout autre envergure : 3 mètres de haut sur 7 mètres de large, c'était des dimensions jusque-là réservées à la peinture d'histoire, comme la passion du Christ, ou les scènes de bataille. Trois mètres de haut sur 7 mètres de large pour un simple « enterrement à Ornans », c'était élever le peuple au niveau des grands de ce monde ! Ce que le critique François Sabatier salua par un retentissant : « Voici la démocratie dans l'art. »

Gustave Courbet
10 juin 1819 Ornans - 31 décembre 1877 La Tour-de-Peilz

À Paris, il fréquente la bohème parisienne, cœur de l'effervescence artistico-politique, et se lie avec Charles Baudelaire, Hector Berlioz... et le critique Jules Champfleury. En 1844, il est accepté au Salon pour la première fois. Il crée alors son propre style, le réalisme, et obtient une reconnaissance publique dès le Salon de 1848. Mais, quatre ans plus tard, il remet en cause son succès et fait scandale avec *Un enterrement à Ornans* et de nouveau en 1853 avec *Les Baigneuses*. Deux ans plus tard, il publie le manifeste du réalisme et organise le Pavillon du réalisme.

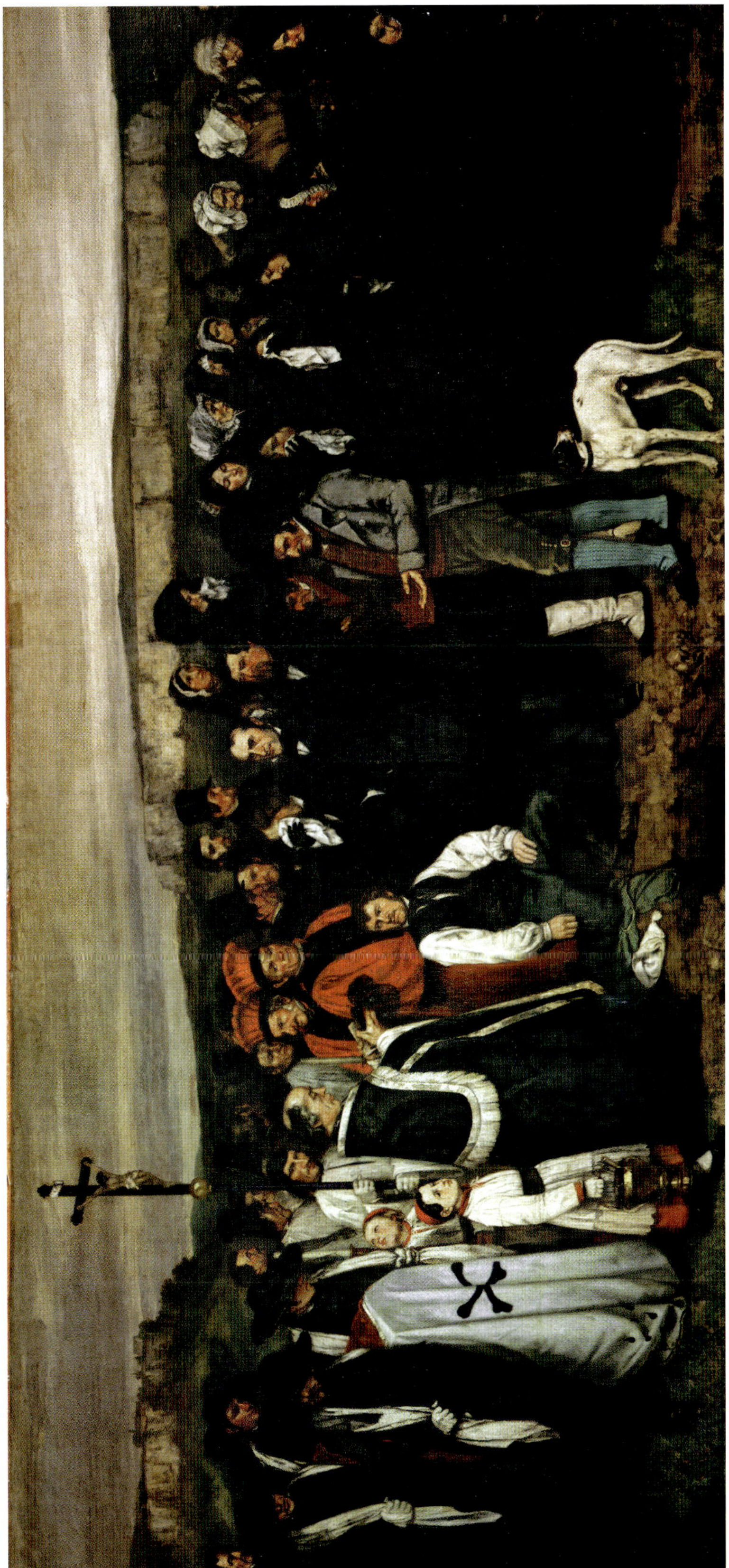

Dieu Gou,

Akati Ekplékendo, avant 1858, statue en fer, hauteur : 1,65 m, Paris, musée du quai Branly.

« Non, ce n'est pas de l'art contemporain ! »

À votre avis, de quand date cette sculpture réalisée à partir d'objets de récupération et de métaux recyclés ? Non, ce n'est pas de l'art contemporain ! C'est une statue du dieu Gou, provenant du Bénin, et qui date du début du XIXe siècle. C'est la seule statue de fer de taille humaine jamais trouvée en Afrique. Rapportée en France en 1894, exposée à New York en 1935, elle fascina les avant-gardistes du XXe siècle, subjugués par son dépouillement et sa modernité. En effet, ce dieu du Fer et de la Guerre porte une robe légère. Ses membres sont fins. Et son étrange couronne, qui servait d'autel portatif pour les âmes des défunts, est penchée sur sa tête avec une certaine élégance. Là où l'on aurait pu s'attendre à une expression de force et de virilité, le sculpteur a préféré une subtilité presque féminine. Voyez pourtant ce que tient le dieu Gou dans sa main droite : un sabre tranchant. Et dans la main gauche, une clochette, accessoire indispensable des prêtres vaudous. C'est le forgeron Akati Ekplékendo qui a réalisé cette statue. Au départ, le *Dieu Gou* se trouvait à Doumé, la ville de l'artiste. Mais le roi du Dahomey y mena une expédition, dans le seul but, dit-on, de s'emparer de la statue. Et comme il avait très bon goût, il enleva aussi le sculpteur !

Akati Ekplékendo
XIXe siècle

Sculpteur et forgeron fên renommé, originaire de Doumé, au nord-ouest d'Aboney, la capitale de l'ancien royaume du Dahomey – aujourd'hui ville de la République du Bénin –, il est capturé en 1858 par le roi Glélé qui l'installe dans un atelier de forgeron dans son palais d'Aboney.

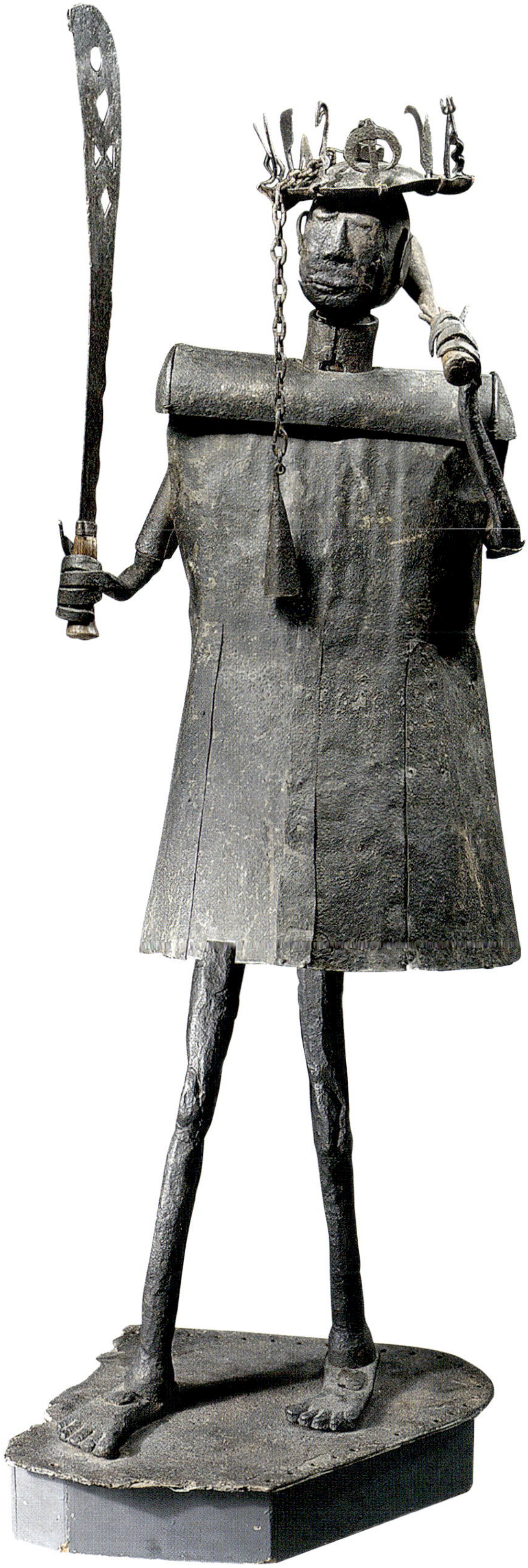

Jeanne d'Arc embrassant l'épée de la Délivrance,

Dante Gabriel Rossetti, 1863, huile sur toile, 61 × 53 cm, Strasbourg, musée des Beaux-Arts.

« À Londres, les préraphaélites s'attaquent à la société victorienne. »

C'est Dante Gabriel Rossetti qui immortalisa *Jeanne d'Arc embrassant l'épée de la Délivrance* en 1863. Or, comme son nom ne l'indique pas, Rossetti est un peintre anglais. Quatre siècles après l'avoir mise au bûcher, ses bourreaux récupèrent donc notre pucelle d'Orléans ! Oui, mais pourquoi ? Rossetti est le peintre phare du préraphaélisme, un groupe artistique né à Londres en 1848 dans le but de combattre les conventions académiques de l'époque. 1848, c'est la révolution française contre le roi Louis-Philippe et le « printemps des peuples », l'implosion de l'Europe absolutiste née du traité de Vienne. Cet idéalisme politique n'épargne pas les arts. À Paris, Courbet fourbit les armes du réalisme ; en Allemagne, les nazaréens combattent l'art « bourgeois » ; à Londres, les préraphaélites s'attaquent à la société victorienne et à l'industrialisation de l'Angleterre en voulant retrouver l'authenticité, la pureté d'avant Raphaël, celle des primitifs italiens ou flamands, avec leur réalisme naïf et leur ferveur. Un but que Rossetti poursuivra toute sa vie, bien après que le groupe a éclaté, en continuant de peindre de langoureuses vierges martyres à la chevelure flamboyante. Regardez sa Jeanne d'Arc. C'est toute la religiosité du Moyen Âge, son héroïsme suranné et sa simplicité émouvante qui reviennent pour faire honte au XIXe siècle. En exécutant ce gros plan sur Jeanne embrassant son épée, qu'il appelle « l'épée de la Délivrance », Rossetti fait dans l'intime, il est moderne, il est même terriblement sensuel pour l'époque, mais il proclame aussi, haut et fort, qu'il croit toujours à la valeur hautement symbolique de l'œuvre d'art. C'est la liberté qu'il célèbre. Et c'est la foi. Quel romantique, ce Rossetti ! Et quel sentimental !

Dante Gabriel Rossetti
12 mai 1828 Londres - 18 avril 1882 Birchington on Sea

Peintre poète et écrivain britannique, cofondateur de la Confrérie préraphaélite, fils d'un poète italien émigré, il étudie tout d'abord la poésie à la King's College School. Mais, en 1841, il entre à la Henry Sass's Drawing Academy. Quatre ans plus tard, il s'inscrit à la Royal Academy qu'il quitte en 1848 pour étudier auprès de Ford Madox Brown.
La même année, il fonde la Confrérie préraphaélite (Pre-Raphaelite Brotherhood) avec les peintres John Everett Millais, William Holman Hunt, James Collinson, le sculpteur Thomas Woolner et les critiques d'art William Michael Rossetti et Frederick George Stephens.
Au début des années 1860, ses difficultés à publier ses poèmes et la mort de sa femme le plongent dans une dépression qui l'éloigne peu à peu du reste du monde. Il s'éteint sénile, paranoïaque et reclus dans sa maison de Birchington on Sea.

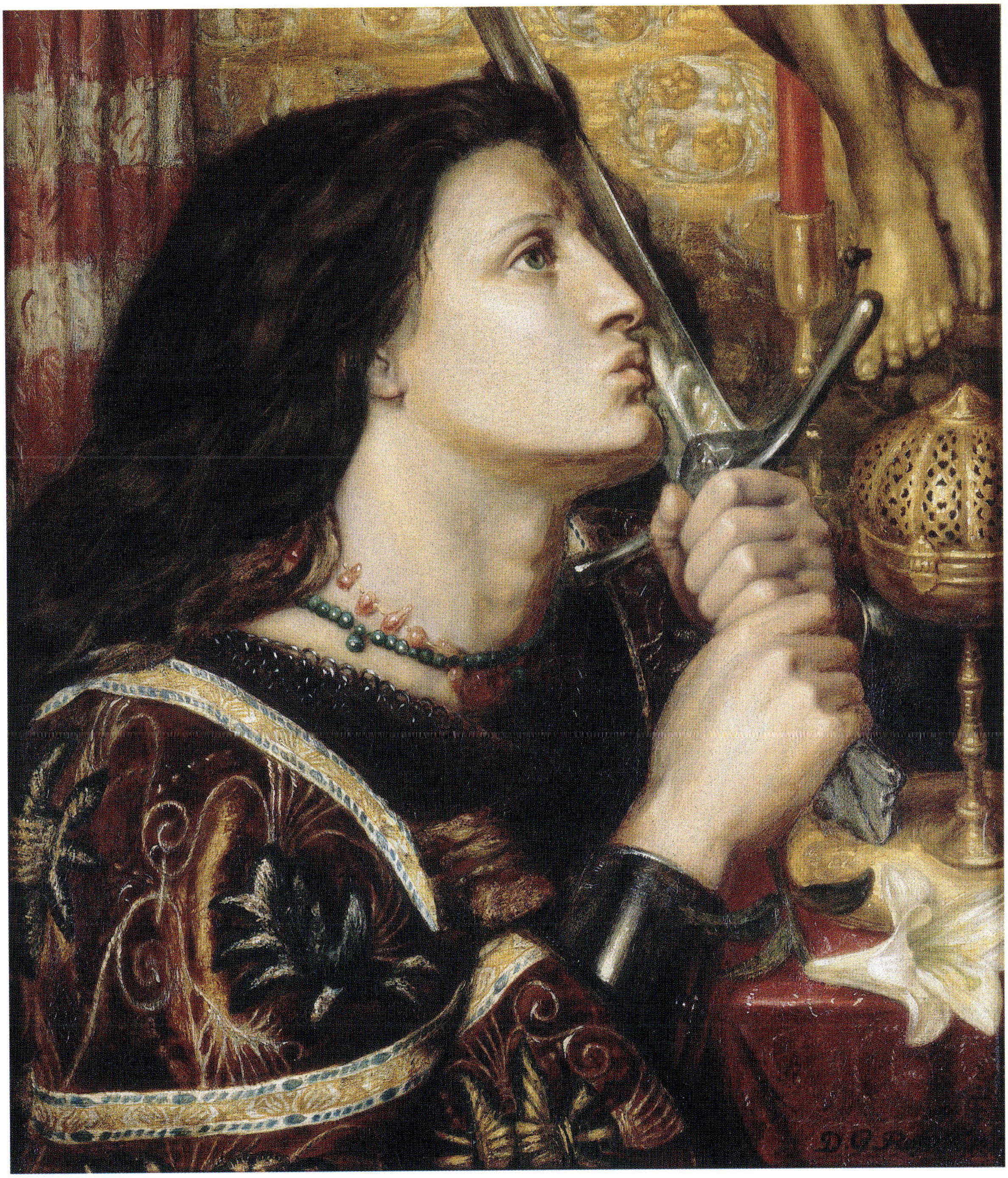

Le Déjeuner sur l'herbe (fragment),

Claude Monet, 1865-1866, huile sur toile, 4,18 × 1,5 m, Paris, musée d'Orsay.

Le Déjeuner sur l'herbe, à Chailly

Claude Monet, 1865-1866, huile sur toile, 2,48 × 2,17 m, Paris, musée d'Orsay.

« Faute de pouvoir payer son loyer, il a dû laisser "Le Déjeuner sur l'herbe" à son logeur. »

Claude Monet a intitulé ce tableau *Le Déjeuner sur l'herbe*. Bizarre, ce trio n'a pas l'air de pique-niqueurs. Mais, s'ils sont associés à ce groupe de convives, c'est différent. Et c'est bien ainsi que Monet les a peints en 1865, ils étaient même plus nombreux ! Seulement, l'artiste connaissait des difficultés financières. Faute de pouvoir payer son loyer, il a dû laisser *Le Déjeuner sur l'herbe* à son logeur, qui l'a roulé et oublié dans sa cave. Lorsque Monet le récupéra, l'humidité l'avait endommagé. Il découpa donc la toile pour ne garder que la partie centrale. C'est près d'un siècle plus tard que notre trio fut retrouvé dans l'atelier de Giverny... Cela dit, il ne faudrait pas que cette histoire donne des idées à certains. Il y a quelque chose qui s'appelle le respect de l'intégrité de l'œuvre, qui fait partie du droit moral de l'artiste. Le propriétaire d'une toile qui la découperait aux ciseaux, comme l'a fait Monet, pour la revendre en morceaux par exemple et empocher un bénéfice, prendrait le risque de se faire attaquer en justice ! C'est arrivé à l'acquéreur d'un réfrigérateur décoré par Bernard Buffet. Il voulait en séparer les panneaux pour les revendre à la pièce. De même, un sculpteur dont les œuvres avaient été repeintes lors de la rénovation d'un immeuble a obtenu gain de cause. Alors, faites attention !

Claude Monet
14 novembre 1840 Paris - 5 décembre 1926 Giverny

Peintre français, chef de file de l'impressionnisme, il grandit au Havre où il fait la connaissance de Boudin. En 1861, il quitte l'armée et l'Algérie pour étudier l'art à Paris, puis rencontre Renoir, Sisley, Bazille, et Manet qu'il admire. En 1874, avec d'autres jeunes artistes admirateurs de Manet, il constitue le groupe des impressionnistes. Il loue une maison à Giverny en 1883, où il installe son atelier. Ses premiers succès lui permettent d'acquérir la maison et d'aménager le jardin, dans lequel il peint la fameuse série des *Nymphéas* qui le rend célèbre dans le monde entier. Il accumule alors les expositions et les voyages en Europe. De retour à Giverny, il reçoit ses amis Cézanne, Renoir, Pissarro, et de jeunes artistes comme Matisse ou Vuillard. Et ne cesse d'y peindre en s'affirmant jusqu'au bout comme le précurseur de l'art moderne.

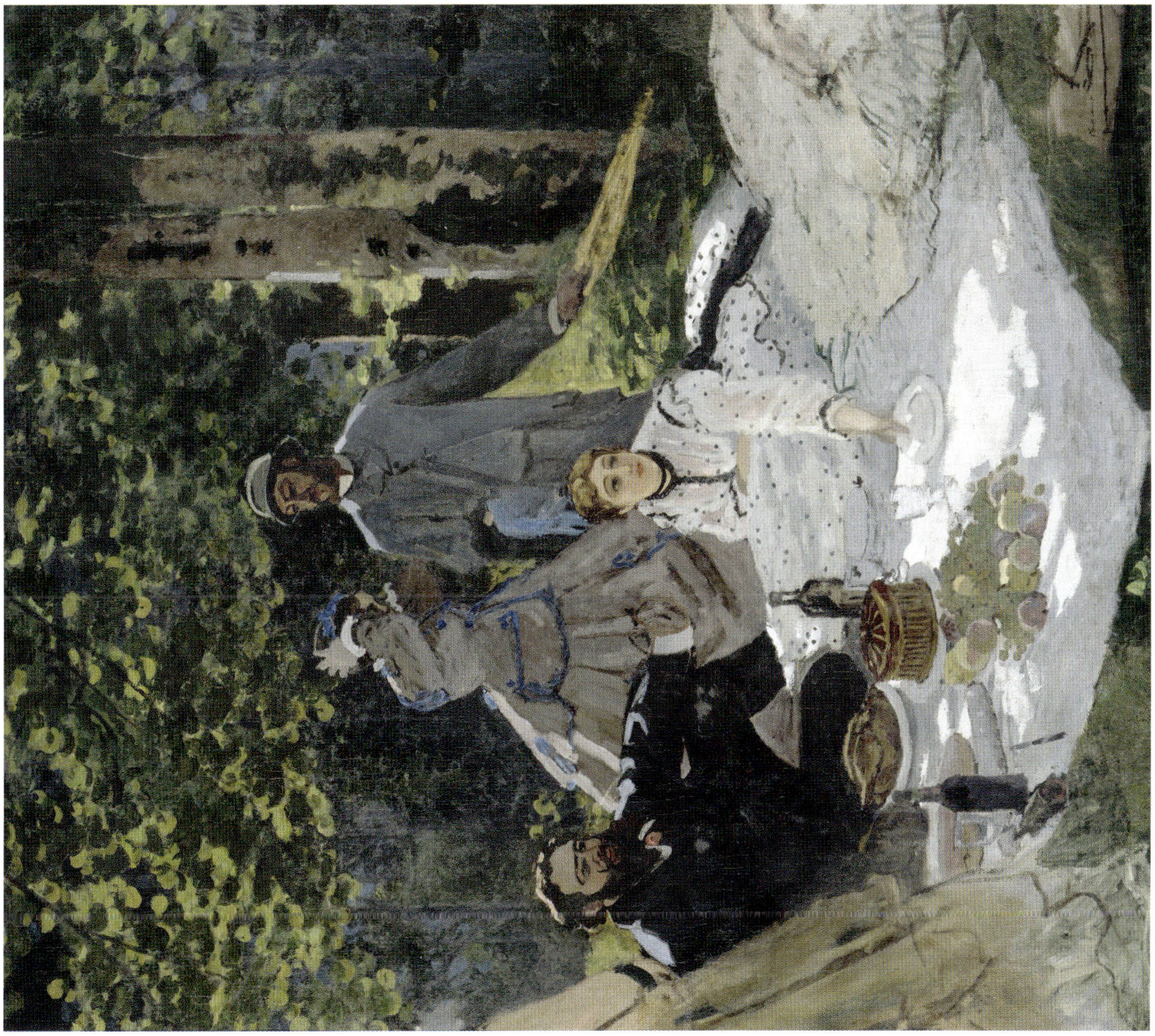

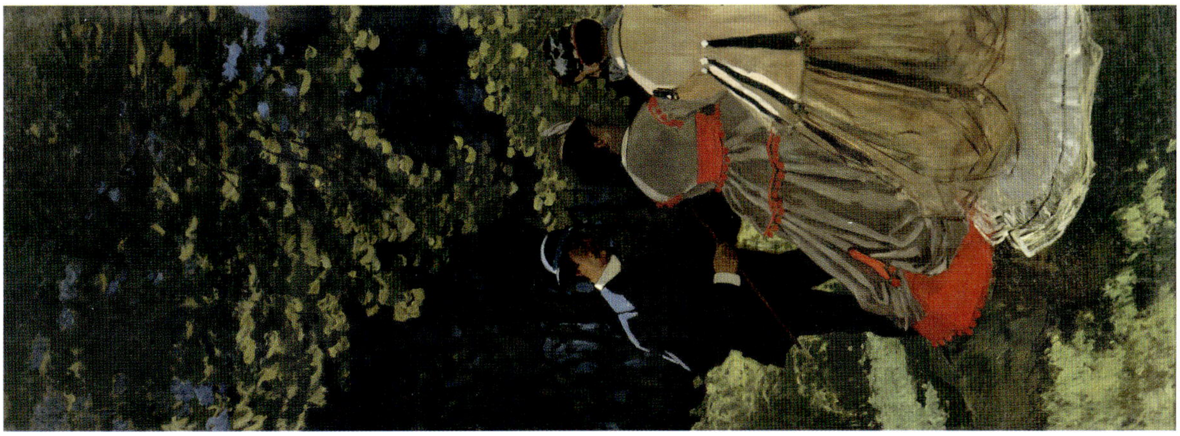

L'Origine du monde,

Gustave Courbet, 1866, huile sur toile, 46 × 55 cm, Paris, musée d'Orsay.

« Les Lacan doivent actionner un mécanisme pour faire apparaître l'œuvre. »

Ne croyez pas que *L'Origine du monde* de Gustave Courbet ait scandalisé le public de 1866. Durant plus d'un siècle, personne ou presque n'a vu cette toile. Ses propriétaires successifs se sont ingéniés à la cacher. Son commanditaire, le diplomate ottoman Khalil Bey, l'accroche dans sa salle de bains, mais derrière un rideau, qu'il ne tire que pour certains visiteurs. Disparu en 1868, le tableau ne réapparaît qu'en 1913, astucieusement dissimulé dans un cache, que masque un autre tableau de Courbet. C'est ainsi que le baron juif hongrois François de Hatvany l'achète et l'emporte à Budapest, où les Soviétiques s'en emparent à la fin de la Seconde Guerre mondiale. Sans doute un peu gênés, ils restituent la toile au baron en 1947. Installé à Paris, celui-ci la vend en 1955 au psychanalyste Jacques Lacan et à son épouse. Cette dernière, sous prétexte de ne pas choquer sa femme de ménage, demande à son beau-frère, le peintre André Masson, de l'enfermer derrière un panneau représentant un paysage surréaliste. Les Lacan doivent actionner un mécanisme pour faire apparaître l'œuvre devant leurs invités. En fait, il faut attendre la fin des années 1970 pour que les premières reproductions de *L'Origine du monde* apparaissent au grand jour, par le biais de catalogues ou de publications. Et encore. D'après l'historien Thierry Savatier, il ne s'agit pas du tableau original mais d'une copie présumée de Magritte... Ce n'est donc qu'en novembre 1988, lors de l'exposition Courbet à New York, qu'elle est présentée pour la première fois au public. Et c'est le 26 juin 1995 que la partie de cache-cache prend fin, lorsque la toile entre officiellement au musée d'Orsay, à la vue de toutes et de tous.

Gustave Courbet
10 juin 1819 Ornans - 31 décembre 1877 La Tour-de-Peilz

Peintre français et chef de file du réalisme, malgré les scandales, son succès s'affirme tout de même, pour devenir international lors de l'Exposition universelle de 1867. Trois ans plus tard, il refuse la Légion d'honneur proposée par le gouvernement du second Empire.
Mais après la défaite de Napoléon III, la République est proclamée et il est nommé président de la Commission des musées et délégué aux Beaux-Arts, puis président de la Fédération des artistes.
Élu en 1871 au conseil de la Commune de Paris, il est arrêté après sa chute et doit s'exiler en Suisse deux ans plus tard.
Où il se noie dans l'alcool et s'éteint en 1877.

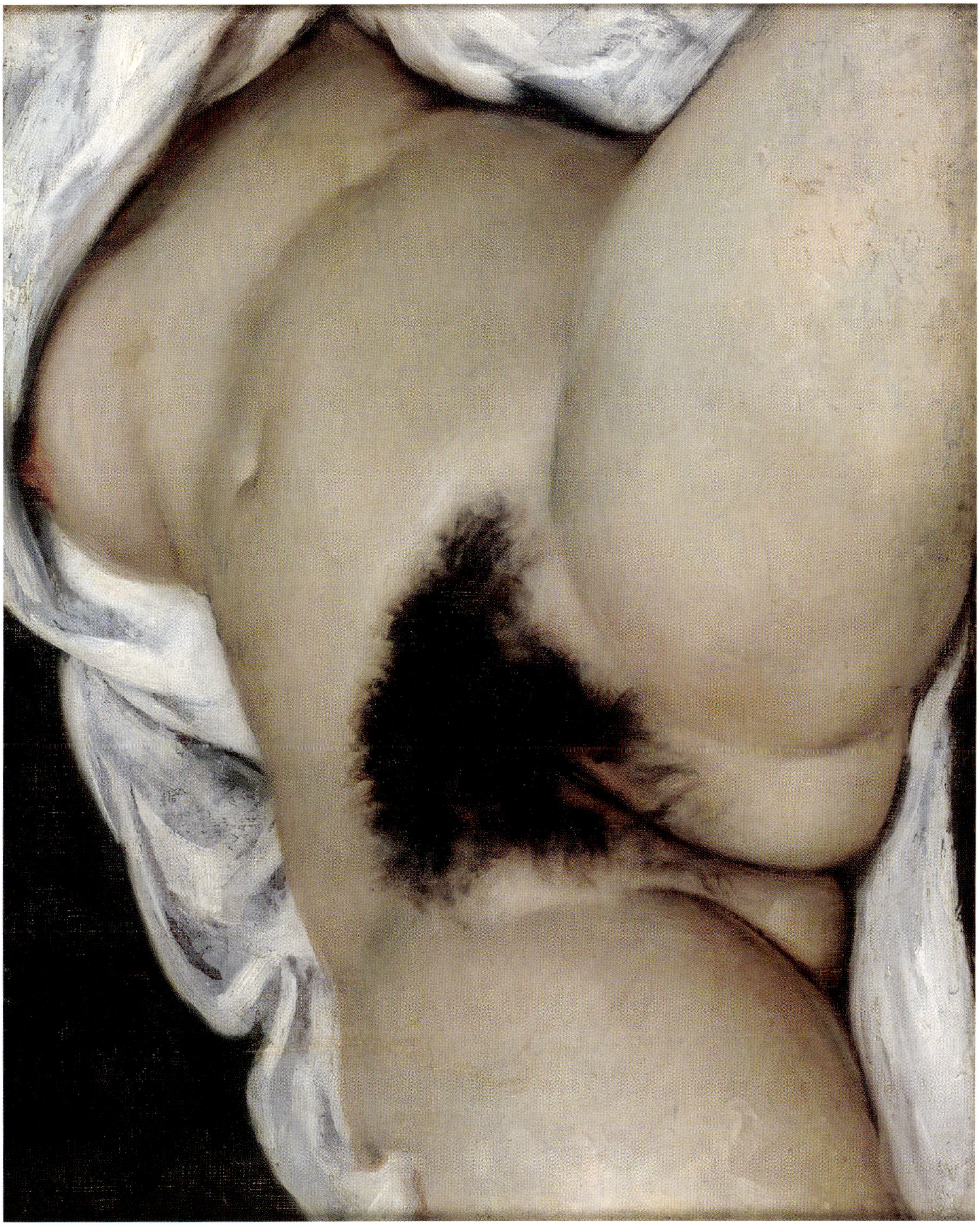

Le Fifre,

Édouard Manet, 1866, huile sur toile, 161 × 97 cm, Paris, musée d'Orsay.

« Lui aussi semble entouré d'air.
Lui aussi paraît vivant. »

Pourquoi un tableau aussi célèbre aujourd'hui que *Le Fifre* d'Édouard Manet fut-il refusé par le jury du Salon des indépendants en 1866 ? Que lui reprochait-on ? Eh bien, de ne représenter qu'un modeste enfant de troupe, sans charme ni prestance. Son réalisme fut jugé vulgaire, sa composition trop brutale... Manet rompait avec le portrait académique du second Empire, qui montrait de belles dames et de gras messieurs posant orgueilleusement dans des décors sophistiqués. Il avait puisé son inspiration de l'autre côté des Pyrénées. Les maîtres espagnols du Siècle d'or osaient, eux, s'attaquer à la réalité. Ils portraituraient des aristocrates, mais aussi des infirmes, des mendiants, des bouffons, et avec quel talent ! Un an plus tôt, à Madrid, au musée du Prado, Manet était tombé sur *Le Pablo de Valladolid* de Vélasquez, qu'il jugeait « le plus étonnant morceau de peinture qu'on ait jamais fait... Le fond disparaît : c'est de l'air qui entoure le bonhomme, tout habillé de noir et vivant. » C'est de cette vision qu'est sorti *Le Fifre*. Son fond gris à peine nuancé atténue l'impression de profondeur et d'espace. Lui aussi semble entouré d'air. Lui aussi paraît vivant. Et c'est toute cette vie, tout ce naturalisme qui déplut tant aux autorités de la peinture en 1866. Heureusement, Manet trouva un défenseur en la personne d'un écrivain, Émile Zola, qui n'hésita pas à affirmer : « Il est impossible que M. Manet n'ait pas son jour de triomphe, et qu'il n'écrase pas les médiocrités qui l'entourent. » L'avenir allait donner raison à Zola, en faisant de Manet le précurseur de l'impressionnisme et l'un des plus grands peintres de son siècle. Comme quoi, les génies se reconnaissent entre eux.

Édouard Manet
23 janvier 1832 Paris - 30 avril 1883 Paris

Peintre français, précurseur de l'impressionnisme, fils d'un haut fonctionnaire républicain, il échoue à l'École navale et s'embarque à 16 ans sur le bateau-école *France-Guadeloupe*. À son retour d'Amérique du Sud en 1849, il entre dans l'atelier du peintre Thomas Couture et voyage en Europe. En 1859, malgré le soutien de Delacroix, il est refusé au Salon. Et, quatre ans plus tard, il participe au tout nouveau Salon des refusés, où *Le Déjeuner sur l'herbe* fait scandale. En 1870, il s'engage dans la garde nationale. Trois ans plus tard, ses toiles naturalistes lui ouvrent enfin les portes du marché de l'art. La syphilis l'emporte en 1883. Il est reconnu comme le chef de file des avant-gardistes ayant ouvert la voie de l'art moderne.

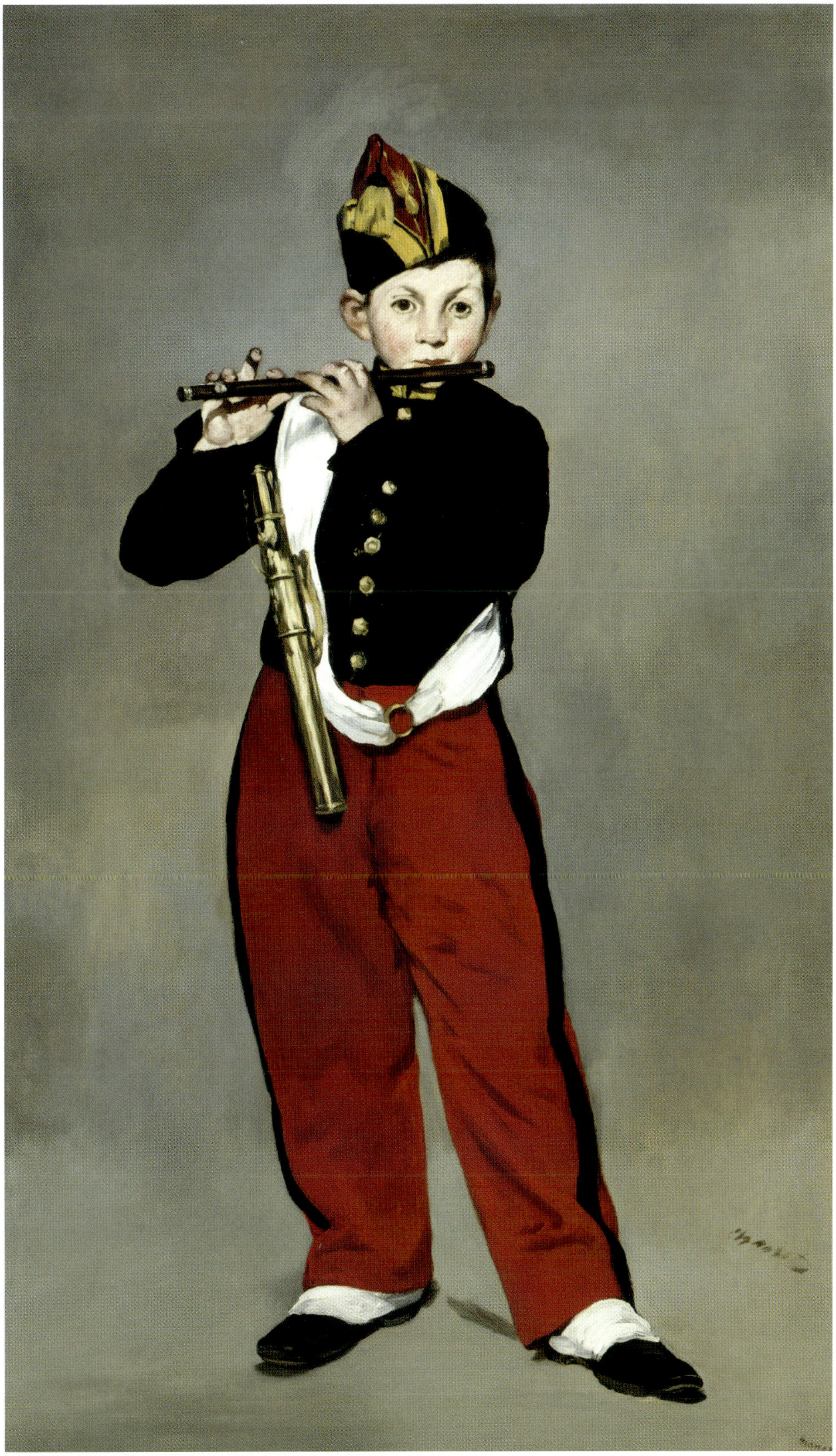

L'Atelier de Bazille,

Frédéric Bazille et *Édouard Manet*, 1870, huile sur toile, 98 × 128,5 cm, Paris, musée d'Orsay.

« Il organise à ses frais une manifestation en marge de l'Exposition universelle. »

En 1870, Frédéric Bazille réalise un véritable faire-part de naissance avec *L'Atelier de Bazille*. Ce tableau n'annonce rien moins que l'impressionnisme, en rendant hommage au père spirituel du mouvement, Édouard Manet, et aux jeunes peintres qui se réclament de lui… Au centre, coiffé d'un chapeau et muni d'une badine, Manet observe la toile de son hôte. Autour de lui, on reconnaît deux de ses disciples les plus prometteurs : Claude Monet à sa gauche et, assis sous l'escalier, Auguste Renoir. Avec qui est-il en train de deviser ? Avec leur plus ardent défenseur, Émile Zola. Car, à l'époque, les critiques sont virulentes à l'égard de ces artistes dont les œuvres sont régulièrement refusées au Salon. Ils font donc bloc et se retrouvent au café Guerbois, rue des Batignolles, ce qui leur vaut le nom de « groupe des Batignolles ». Et c'est là, ou dans l'atelier de Bazille, qu'ils échangent leurs idées et fustigent l'académisme. Mais intéressons-nous à Bazille. Issu d'une riche famille de Montpellier, celui-ci a les moyens de louer de grands ateliers qu'il partage avec Monet, puis Renoir. Il organise même à ses frais une manifestation en marge de l'Exposition universelle de 1867, où sont présentées les œuvres d'artistes refusés comme Manet et Courbet. Enfin, il achète les tableaux de ses amis que l'on retrouve sur les murs de *L'Atelier de Bazille* : *La Toilette* de Manet par exemple, au-dessus du divan, ou une nature morte de Claude Monet. Bazille participe donc, à sa manière, à la naissance de l'impressionnisme, ce qui lui vaut d'être peint sur son propre tableau par Manet en personne. Il n'assistera pourtant pas au triomphe de ses camarades. Il est tué quelques mois plus tard, sur le front, pendant l'offensive prussienne de 1870.

Frédéric Bazille
6 décembre 1841 Montpellier - 28 novembre 1870 Beaune-la-Rolande

Peintre français issu d'une famille de bourgeois protestants, il étudie la médecine de 1859 à 1864 mais échoue aux examens. En 1862, il s'installe à Paris et entre, en parallèle de ses études, dans l'atelier du peintre Charles Gleyre, où il rencontre Claude Monet, Auguste Renoir et Alfred Sisley. Deux ans plus tard, il rencontre Eugène Boudin à Honfleur en compagnie de Monet. À la même époque, il s'initie à l'école de Barbizon et à la peinture en plein air à Chailly. En 1866, il expose pour la première fois au Salon, mais il est refusé l'année suivante. En 1870, il s'engage dans les zouaves, et il est tué au combat.

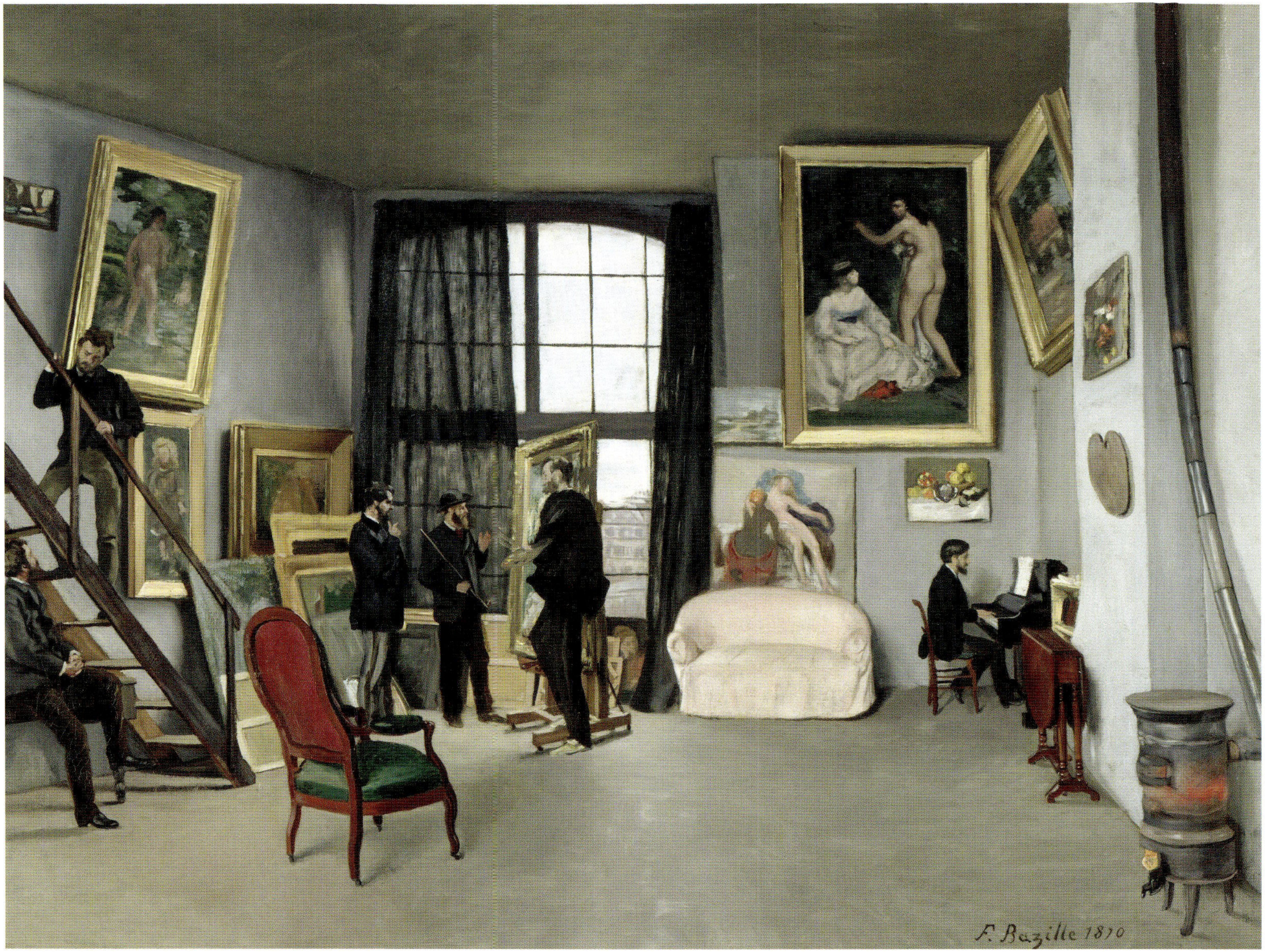
F. Bazille 1870

Arrangement en gris et noir n° 1 (La Mère de l'artiste),

James Abbott McNeill Whistler, 1871, huile sur toile, 1,443 × 1,625 m, Paris, musée d'Orsay.

« L'auteur de ce tableau était un noceur, un séducteur endiablé ! »

Cet *Arrangement en gris et noir n° 1*, signé James Whistler en 1871, est plus connu sous son autre titre : *La Mère de l'artiste*. Il s'agit d'un tableau célèbre, devenu le symbole du puritanisme. Et c'est vrai qu'en voyant avec quelle austérité, quel amour aussi, Whistler a peint sa vieille dévote de mère, on se dit que le fils devait avoir hérité de cette même rigidité morale, qu'il avait su si bien représenter. Or il n'en était rien. L'auteur de ce tableau était un noceur, un séducteur endiablé ! Renvoyé de l'académie militaire de West Point, Whistler avait débarqué à Paris en 1855, à l'âge de 21 ans, pour étudier la peinture et s'était jeté avec délice dans la vie de bohème, avant de partir écumer Londres. Très drôle, très dandy, doté d'un charme magnétique, on le surnommait « l'Apollon de poche » en raison de sa petite taille. Whistler plaisait aux femmes, il plaisait d'ailleurs à tout le monde. Il devint l'ami des plus grands artistes de son temps : Degas, Manet, Courbet, Fantin-Latour, Oscar Wilde, Mallarmé, Montesquiou, Marcel Proust, qui en fera son Elstir dans *À la recherche du temps perdu*. Et pourtant, il était menteur, hâbleur, dépensier, colérique, vindicatif, bagarreur. Il fera même du trafic d'armes au Chili pendant la guerre contre l'Espagne et n'hésitera pas à intenter un procès retentissant au grand critique anglais James Ruskin, qui avait osé insulter sa peinture, un procès qui allait le ruiner, mais qu'il gagnera !... Eh oui, c'est cet homme-là, Whistler, l'auteur de ce portrait. C'est lui qui a su si bien peindre la pureté de cette femme pieuse en robe noire. Sans doute parce qu'il était pur lui aussi, dans son genre.

James Abbott McNeill Whistler

14 juillet 1834 Lowell - 17 juillet 1903 Londres

Peintre américain lié au symbolisme et à l'impressionnisme, fils d'un ingénieur des travaux publics et d'une dévote irlandaise, il grandit à Saint-Pétersbourg. À 21 ans, il s'installe à Paris et entre dans l'atelier du peintre Charles Gleyre. Refusé au Salon trois ans plus tard, il quitte Paris pour Londres. De retour à Paris, il expose *La Fille blanche* au Salon des refusés de 1863 qui lui ouvre les portes du succès et des honneurs. En 1884, il est élu membre d'honneur de l'Académie des beaux-arts à Munich, fait officier de la Légion d'honneur en 1892 et premier président de la Société internationale des sculpteurs, peintres et graveurs en 1898. Il tombe dans l'oubli après sa mort, mais est considéré aujourd'hui comme l'initiateur de l'impressionnisme anglais.

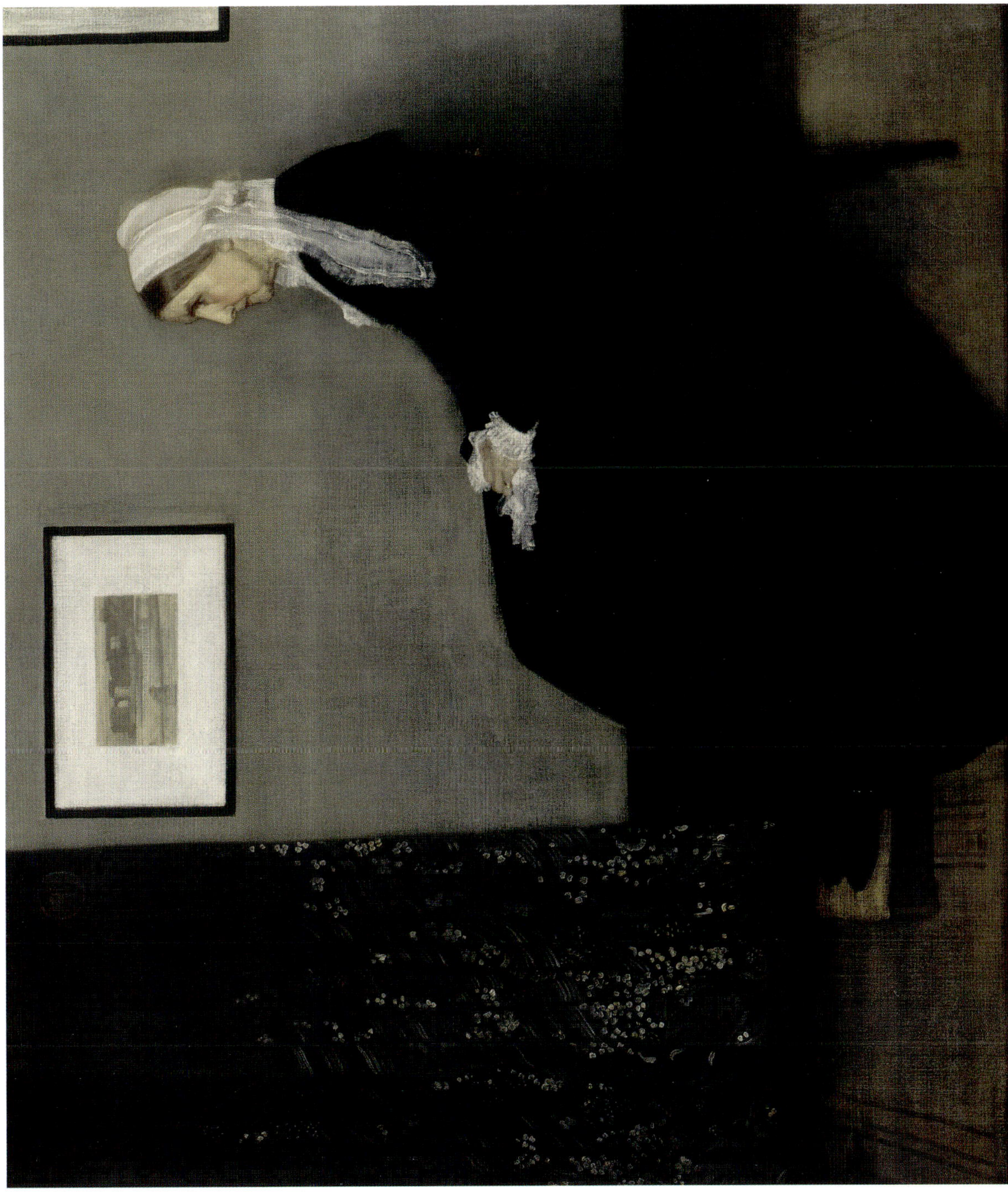

Un bureau de coton à La Nouvelle-Orléans,

Edgar de Gas Hilaire-Germain (dit Edgar Degas), 1873, huile sur toile, 73 × 92 cm, Pau, musée des Beaux-Arts.

« On était en 1873, la crise économique constitua un excellent motif de refus. »

Lorsque Charles Le Cœur, conservateur du musée des Beaux-Arts de Pau, acheta en 1878 *Un bureau de coton à La Nouvelle-Orléans* au peintre Edgard Degas, il n'imaginait pas qu'il venait d'acquérir le fleuron des collections du musée pour les siècles à venir. Car, si l'on ne tarit plus d'éloges aujourd'hui sur son réalisme quasi photographique, si l'on raffole du contraste entre les costumes sombres et la blancheur éblouissante du coton, si l'on célèbre son génie de dessinateur, il n'en était pas de même à l'époque. Degas lui-même fut surpris que cette toile soit la première de lui à entrer dans un musée. Il en avait eu l'idée à La Nouvelle-Orléans, où sa famille possédait une manufacture de coton, dans le seul but de vendre le tableau à William Cottril, un fabricant de textile anglais. Il espérait que le thème jouerait sur la fibre professionnelle de l'industriel. C'était sans compter sur le peu de goût de Cottril pour l'avant-garde. Et puis, on était en 1873, la crise économique constitua un excellent motif de refus. Faute d'acheteur, Degas présenta son tableau au deuxième salon des impressionnistes de 1876. Les critiques, hélas, ne lui laissèrent aucun espoir. Deux ans plus tard, la toile était mise à prix 5 000 francs au salon de Pau. C'est là que Charles Le Cœur en fit l'acquisition au prix de... 2 000 francs. Un coup de cœur ? Pas uniquement. C'est la rente annuelle de 8 000 francs léguée au musée par Émile Noulibos qui servit à l'achat. En choisissant *Un bureau de coton à La Nouvelle-Orléans*, c'est peut-être moins le talent de Degas que Charles Le Cœur voulait honorer que la mémoire du généreux donateur, descendant d'une famille d'industriels... du textile.

Edgar Degas
19 juillet 1834 Paris - 27 septembre 1917 Paris

Peintre, graveur, sculpteur et photographe français impressionniste, fils d'un riche banquier, à 20 ans, il s'inscrit dans l'atelier de Louis Lamothe, un élève d'Ingres, et rencontre le vieux maître. Entré à l'École des beaux-arts en 1855, il voyage en Italie de 1856 à 1860 pour étudier les grands maîtres classiques tels que Raphaël. De 1874 à 1886, il participe aux expositions impressionnistes. Et présente sa première et dernière exposition personnelle en 1892. À la fin des années 1890, pratiquement aveugle, il se consacre presque exclusivement à la sculpture. Luttant contre la cécité et calfeutré dans son atelier depuis 1905, il y meurt d'une congestion cérébrale.

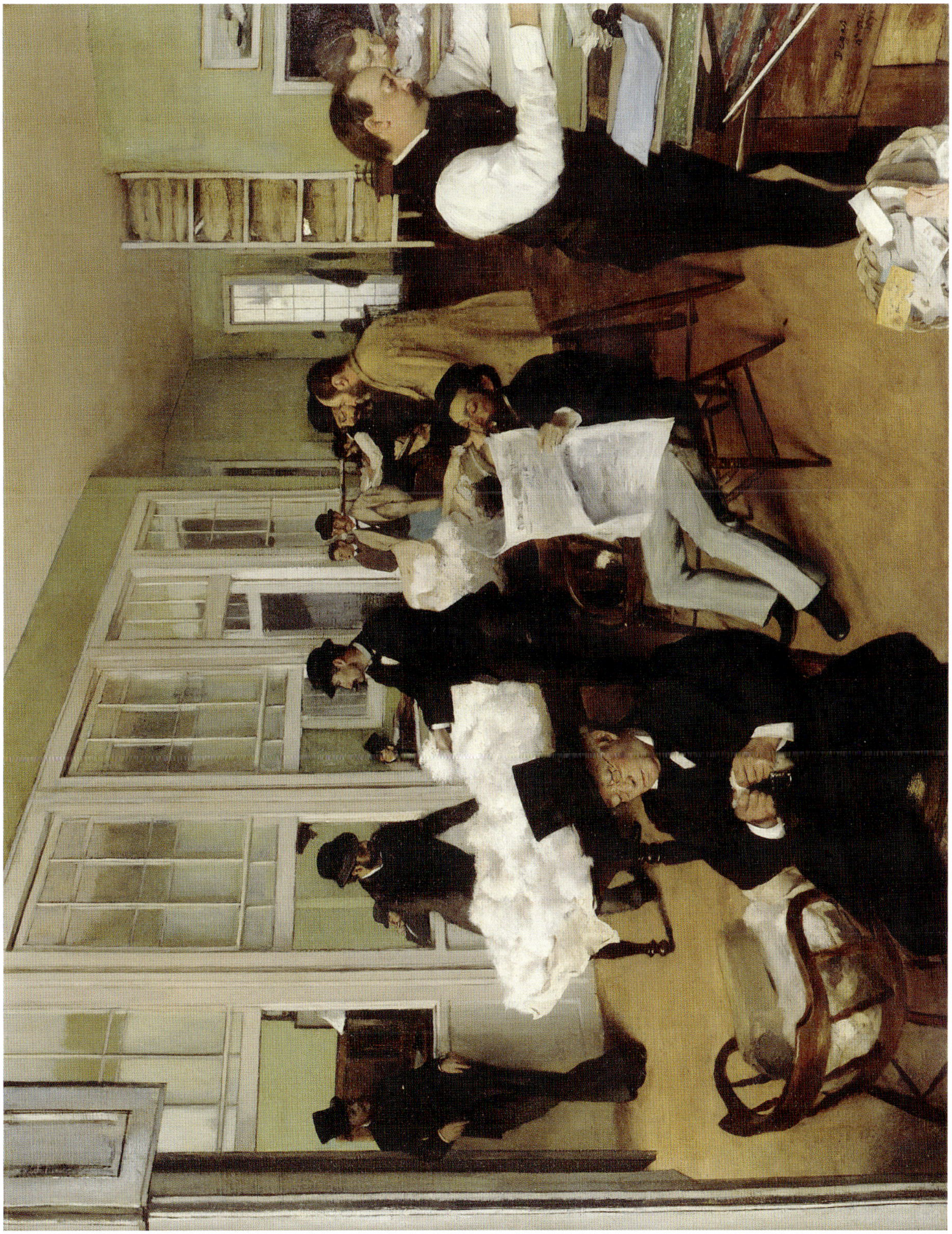

Rue de Paris. Temps de pluie,

Gustave Caillebotte, 1877, huile sur toile, 54 × 65 cm, Paris, musée Marmottan.

« C'est ce qu'on appellera plus tard, dans le cinéma, une vue en plongée. »

Lorsqu'à la troisième exposition impressionniste Gustave Caillebotte présenta la version définitive de *Rue de Paris. Temps de pluie*, dont cette huile est une esquisse préparatoire, les critiques raillèrent l'impression de « glissade » que son tableau provoquait. Seul Émile Zola salua le courage du peintre « qui ne recule pas, disait-il, devant les sujets modernes grandeur nature ». Et c'est vrai qu'elle était furieusement moderne, en 1877, cette vue de la place de Dublin. Tellement moderne qu'on a fait de Caillebotte un précurseur du cinématographe, que les frères Lumière allaient inventer en 1895, un an après la mort du peintre. Cette impression de glissade, c'est l'angle choisi par Caillebotte qui l'accentue. C'est ce qu'on appellera plus tard, dans le cinéma, une vue en plongée, du haut vers le bas. Caillebotte raffolait des angles insolites. Déjà, dans ses *Raboteurs de parquet* en 1875, la vue plongeante accentuait l'impression de pente créée par la perspective. Dans ses œuvres postérieures, il se positionnera en haut des immeubles haussmanniens pour peindre les rues de Paris à la verticale. Ce que l'on appelle aujourd'hui dans le cinéma une plongée totale. Et dans d'autres tableaux, où le peintre lui-même semble embarqué dans l'action, il inventera la caméra subjective ! Mais peut-être exagère-t-on le futurisme de Caillebotte en voulant en faire un réalisateur de cinéma avant la lettre. Son goût pour le cadrage et les angles de prise de vue audacieux était-il tout simplement influencé par son frère Martial, dont il était très proche, et qui pratiquait la photographie avec les premiers objectifs grand angle ? Allez savoir…

Gustave Caillebotte
18 août 1848 Paris - 21 février 1894 Gennevilliers

Peintre français, collectionneur, mécène et organisateur d'expositions, il entre à l'École des beaux-arts en 1873. L'année suivante, il hérite de la fortune de son père, un riche industriel, et devient le mécène de Monet, Renoir, Cézanne, Degas et Pissarro. Il participe ainsi à l'exposition impressionniste de 1876 en tant que peintre et collectionneur. Célèbre aux États-Unis où il est l'un des premiers peintres français à exposer, et l'un des fondateurs du courant réaliste américain, le peintre reste méconnu en France jusque dans les années 1970. Et l'Institut refuse une partie de la collection impressionniste que le mécène lègue à l'État français.

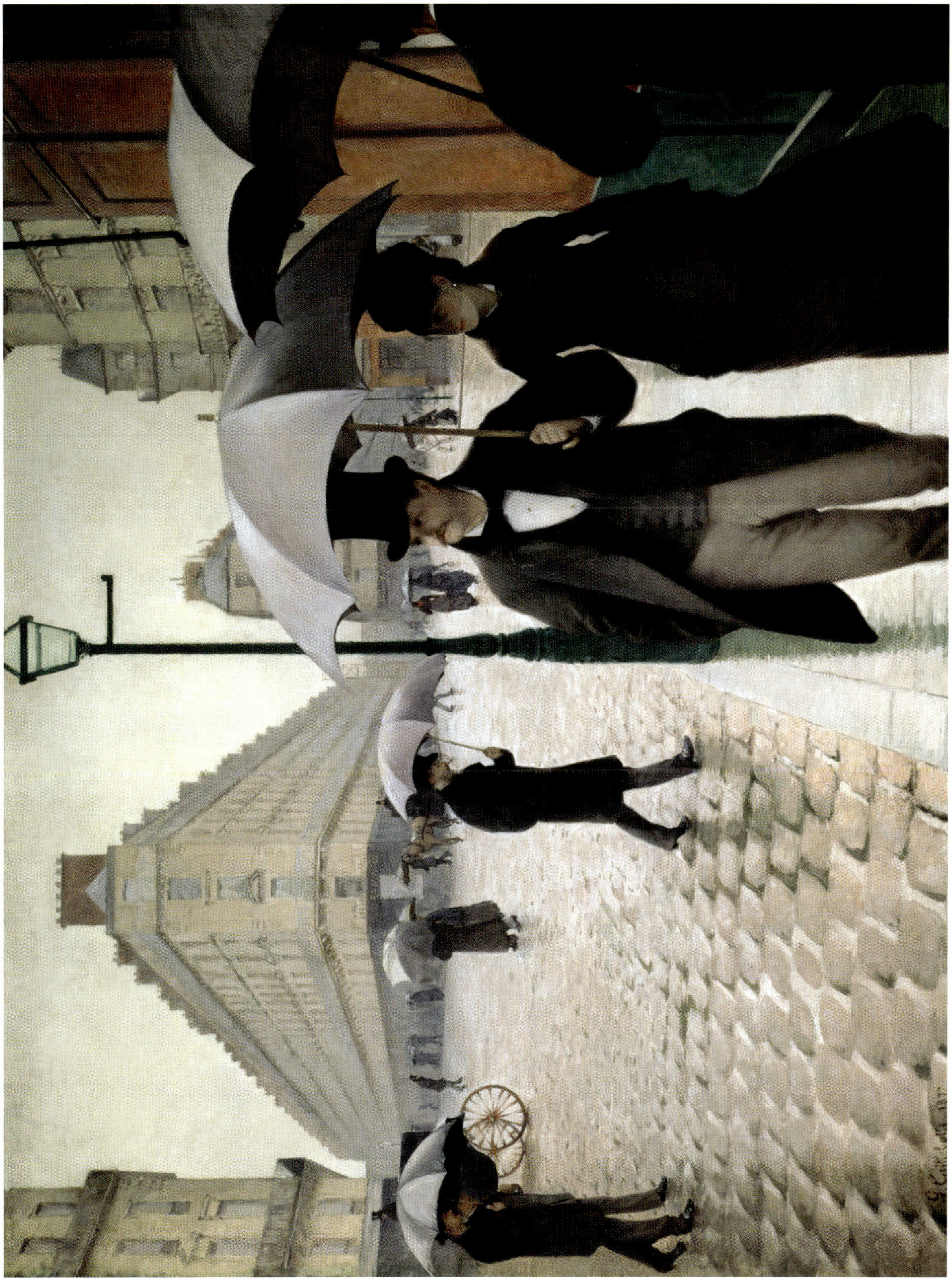

Le Pauvre Pêcheur,

Pierre Cécil Puvis de Chavannes, 1881, huile sur toile, 1,55 × 1,92 m, Paris, musée d'Orsay.

« Ah, ça y est,
vous avez compris le jeu de mots ! »

Au Salon de 1881, *Le Pauvre Pêcheur* de Pierre Puvis de Chavannes déclencha une tempête de critiques. On reprochait à ce malheureux, qui prie pour pouvoir nourrir sa famille, de sortir tout droit d'un missel. Et puis ce camaïeu verdâtre était jugé repoussant. Et que dire de l'absence de perspective... Heureusement, des Gauguin, Seurat et, plus tard, Picasso, vont s'enthousiasmer pour cette œuvre et même s'en inspirer. Ils ont compris, eux, le symbolisme de Puvis de Chavannes. Regardez bien, vous aussi vous allez voir. Ce n'est pas l'anecdote qui compte, mais ce que ce tableau nous dit du peintre, de l'homme, qui est un pauvre pêcheur – ah, ça y est, vous avez compris le jeu de mots ! La simplification extrême des formes et le ton sur ton des couleurs sont là pour accentuer la solitude du héros au sein de ce paysage tragique, et si Puvis de Chavannes a gommé tout effet de perspective entre celui-ci et ceux qui comptent sur lui, c'est afin qu'ils pèsent davantage sur ses épaules, c'est pour que l'insouciance de l'une et le sommeil de l'autre augmentent encore son désarroi. Vous voyez, nous pouvons tous nous y reconnaître, comme s'y sont reconnus Gauguin, Seurat et Picasso, car nous avons tous été un jour ces trois personnages qui se tournent le dos : lui, en quête de sens, en quête de dépassement, en quête de lui-même ; elle, en quête de bonheur, de bien-être ; et le bébé, qui ne demande que du confort et de la nourriture. Et c'est cela qui fait de Puvis de Chavannes l'un des éclaireurs de l'art moderne.

Pierre Cécil Puvis de Chavannes
14 décembre 1824 Lyon - 24 octobre 1898 Paris

Peintre symboliste français, issu d'une famille de la grande bourgeoisie lyonnaise, il étudie la rhétorique et la philosophie au lycée Henri-IV de Paris. Mais après un voyage en Italie au début des années 1850, il se destine à l'art et entre successivement dans les ateliers de Henry Scheffer, d'Eugène Delacroix et de Thomas Couture. En 1861, il obtient son premier succès au Salon avec *Concordia* et *Bellum*. Six ans plus tard, il est nommé chevalier de la Légion d'honneur, puis officier et enfin commandeur en 1889. L'année suivante, il refonde la Société nationale des beaux-arts avec Meissonier et Rodin. Il s'éteint deux mois après sa femme, après avoir influencé toute une génération d'artistes, des idéalistes comme Redon, aux Nabis comme Denis, en passant par Picasso.

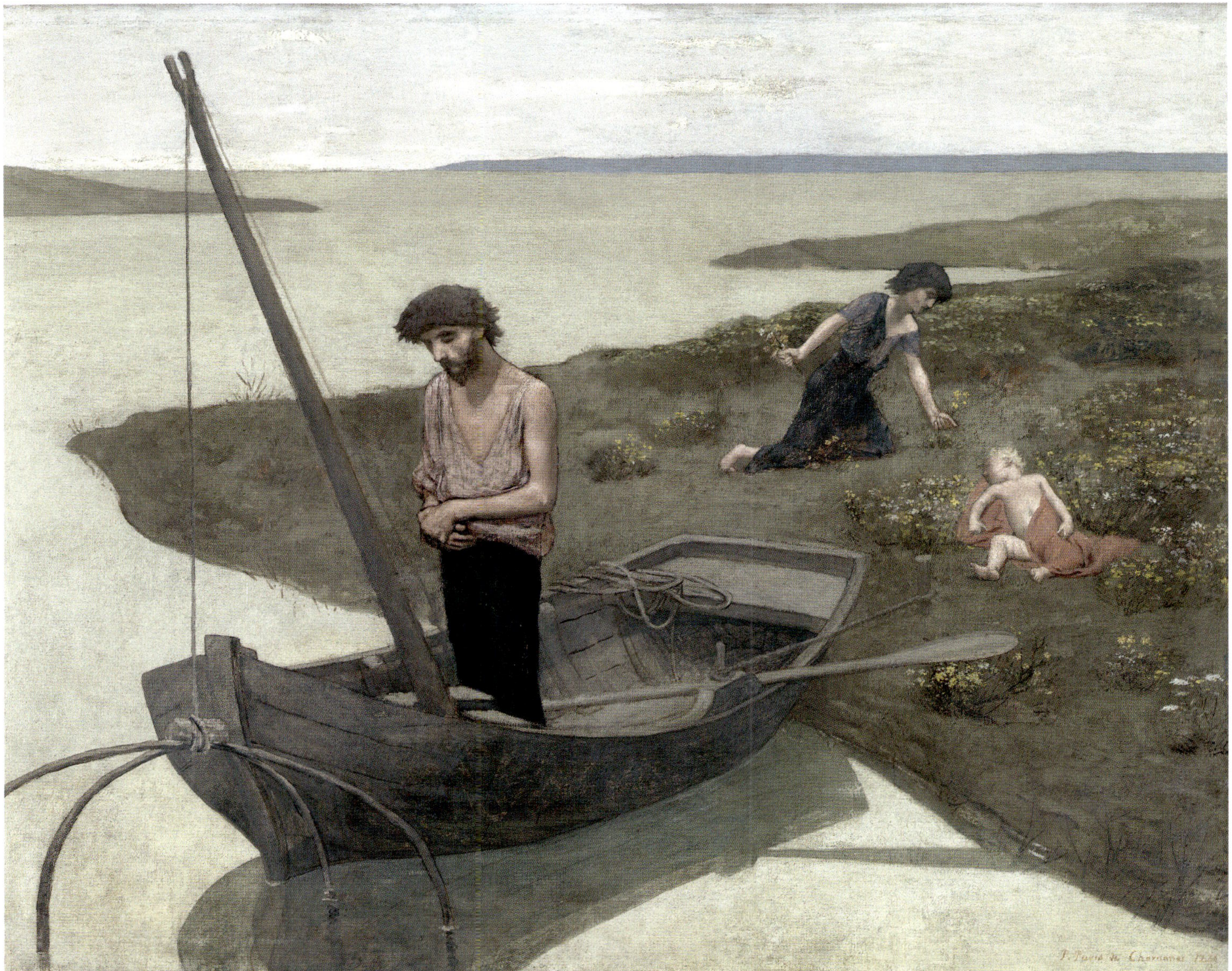
P. Puvis de Chavannes

La Chambre de Van Gogh à Arles,

Vincent Van Gogh, 1888, huile sur toile, 58 × 74 cm, Paris, musée d'Orsay.

« Lui qui a voulu être pasteur se rase le crâne tel un moine bouddhiste. »

Lorsque Vincent Van Gogh peint en 1888 *La Chambre de Van Gogh à Arles*, il est en plein japonisme. Comme beaucoup de ses contemporains, il est influencé par l'*ukiyo-e*, « image du monde flottant », ce mouvement artistique de l'époque Edo que les Français ont découvert à l'Exposition universelle de Paris en 1867. Des frères Goncourt à Baudelaire, en passant par Zola, on s'en inspire dans les romans et les poèmes. Quant aux peintres, nombreux sont les impressionnistes, puis les fauves, les Nabis, les cubistes, à s'inspirer de leurs larges plages de couleurs vives, du découpage des formes en plans cernés ou de leurs cadrages décentrés. Mais le plus passionné de tous est indiscutablement Van Gogh. Installé à Montmartre en 1886, il passe des heures dans une galerie spécialisée dans les estampes. Il en possédera plus de quatre cents. « Tout mon travail se construit pour ainsi dire sur les Japonais », écrit-il cette année-là. Mais, au-delà du style de l'*ukiyo-e*, le peintre hollandais est fasciné par le mode de pensée et l'art de vivre japonais. Lui qui a voulu être pasteur se rase le crâne tel un moine bouddhiste. Regardez ce tableau. Van Gogh veut exprimer la tranquillité, le dépouillement de sa chambre : « Les Japonais ont vécu dans des intérieurs très simples, écrit-il à son frère Théo, et quels grands artistes ont vécu dans ce pays ! » Le symbolisme des couleurs s'inspire des crépons japonais. Les contours noirs sont typiques des estampes japonaises. Tout comme sa perspective déséquilibrée et sa composition, formée essentiellement de lignes droites. Et pourtant, pas d'estampes sur les murs. À Arles, Van Gogh n'en a pas besoin. Comme il le dit lui-même, il se sent au Japon, il n'a qu'à peindre les impressions qu'il reçoit.

Vincent Van Gogh
30 mars 1853 Groot-Zundert - 29 juillet 1890 Auvers-sur-Oise

Peintre et dessinateur néerlandais, fils d'un pasteur calviniste, à 15 ans, il commence sa formation chez un marchand d'art. Mais il choisit d'être pasteur et devient prédicateur laïc en Belgique en 1878. Deux ans plus tard, encouragé par son jeune frère Théo, il s'inscrit à l'Académie royale des beaux-arts de Bruxelles. En 1886, il rejoint son frère à Paris, qui lui présente les impressionnistes, notamment Seurat, Pissarro et Gauguin. Sur les conseils de Toulouse-Lautrec, il part en Arles en 1888, mais il s'y coupe l'oreille et se fait interner. Théo l'installe alors à Auvers-sur-Oise, mais il se tire une balle fatale dans la poitrine. Il meurt inconnu et inconscient de sa future postérité.

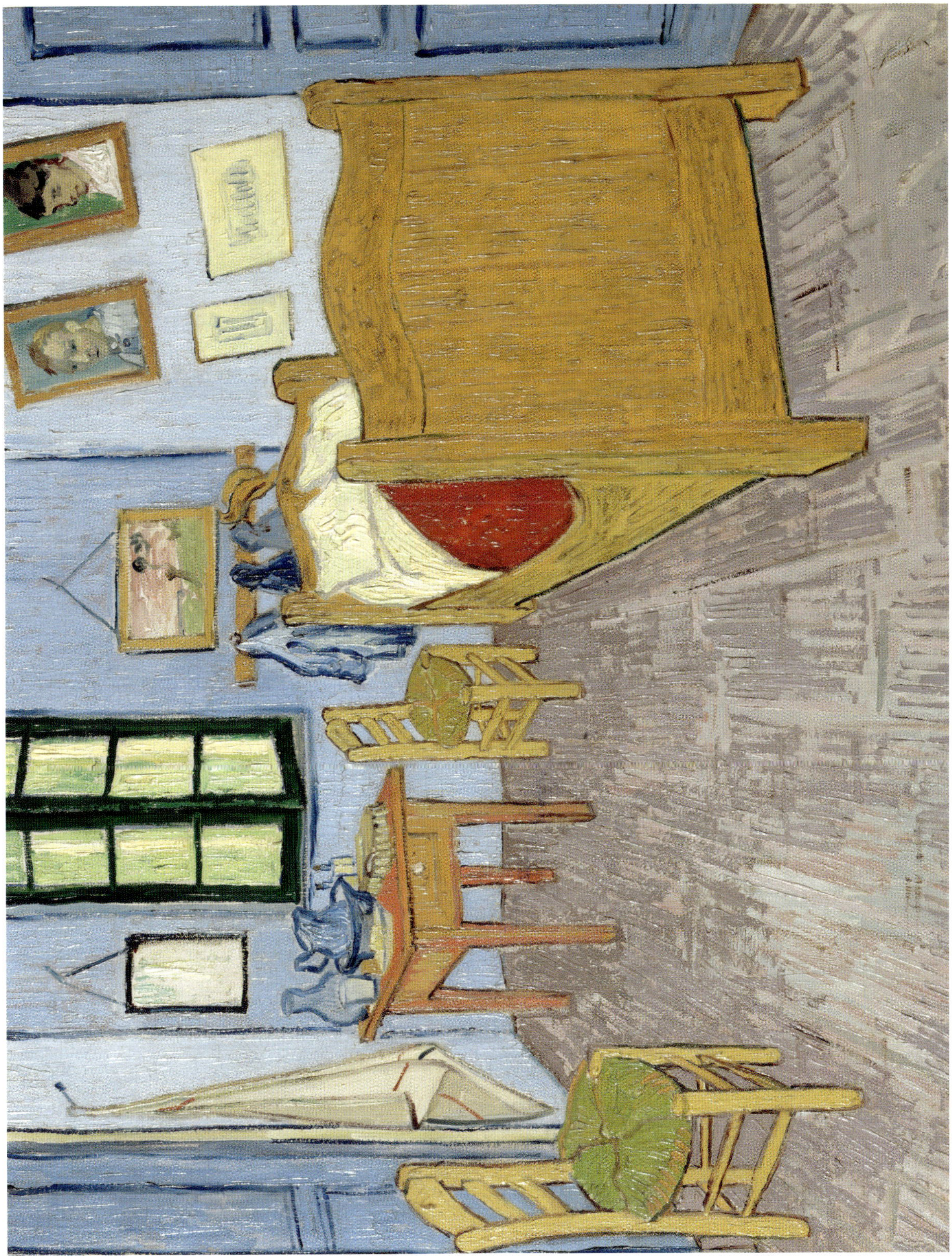

La Belle Angèle,

Paul Gauguin, 1889, huile sur toile, 92 × 73 cm, Paris, musée d'Orsay.

« Quand Angèle se vit, ce fut un choc. »

Si *La Belle Angèle* était à vendre, c'est un tableau qui vaudrait des millions, mais, en 1889, quand Gauguin voulut l'offrir à son modèle, le cadeau fut refusé avec dégoût ! Il faut dire qu'à l'époque, à Pont-Aven, la peinture de Gauguin effrayait un peu. Y compris la belle Angèle Satre, considérée comme l'une des plus jolies femmes du pays. Gauguin dut faire le siège de son mari pour être autorisé à la peindre. Il se mit au travail, mais, après chaque séance de pose, il se hâtait de cacher sa toile sous une étoffe afin qu'Angèle ne puisse pas se voir. « Tant que le tableau n'est pas fini, disait-il, on ne peut pas se rendre compte. » La jeune Bretonne s'attendait à un portrait classique, ressemblant. Or Gauguin avait choisi de la représenter frontalement, en aplatissant ses traits, et en donnant beaucoup d'importance au papier peint. Et puis il avait ajouté cette étrange statuette sud-américaine, symbole de sa mère péruvienne. Quand Angèle se vit, ce fut un choc. « Quelle horreur ! s'écria-t-elle. Je ne veux pas de ça chez moi ! » Imaginez la déception du peintre. Pour lui, c'était son meilleur portrait. Théo Van Gogh, le frère de Vincent, le pensait aussi, bien qu'il jugeât qu'Angèle ressemblait à une jeune vache. Pire, en 1927, quand le marchand Ambroise Vollard voulut offrir *La Belle Angèle* au Louvre, le cadeau faillit être refusé pour la seconde fois. Le comité du musée finit par l'accepter, mais du bout des doigts…

Paul Gauguin
7 juin 1848 Paris -
9 mai 1903 Atuona

Peintre français, postimpressionniste et chef de file de l'école de Pont-Aven, fils d'un membre du parti radical, il s'engage dans la marine à 17 ans et devient agent de change à son retour en 1870. Quatre ans plus tard, sa rencontre avec Pissarro détermine sa vocation. Il expose avec les impressionnistes de 1876 à 1886. Il s'installe ensuite à Pont-Aven, où son nouveau style, le synthétisme, influence une colonie de jeunes artistes qui forment alors l'école de Pont-Aven. En 1891, il s'embarque pour Tahiti où il séjourne dix ans, avant de gagner Atuona dans les Îles Marquises. C'est là qu'il s'éteindra, épuisé par la syphilis et son combat pour la défense des indigènes.

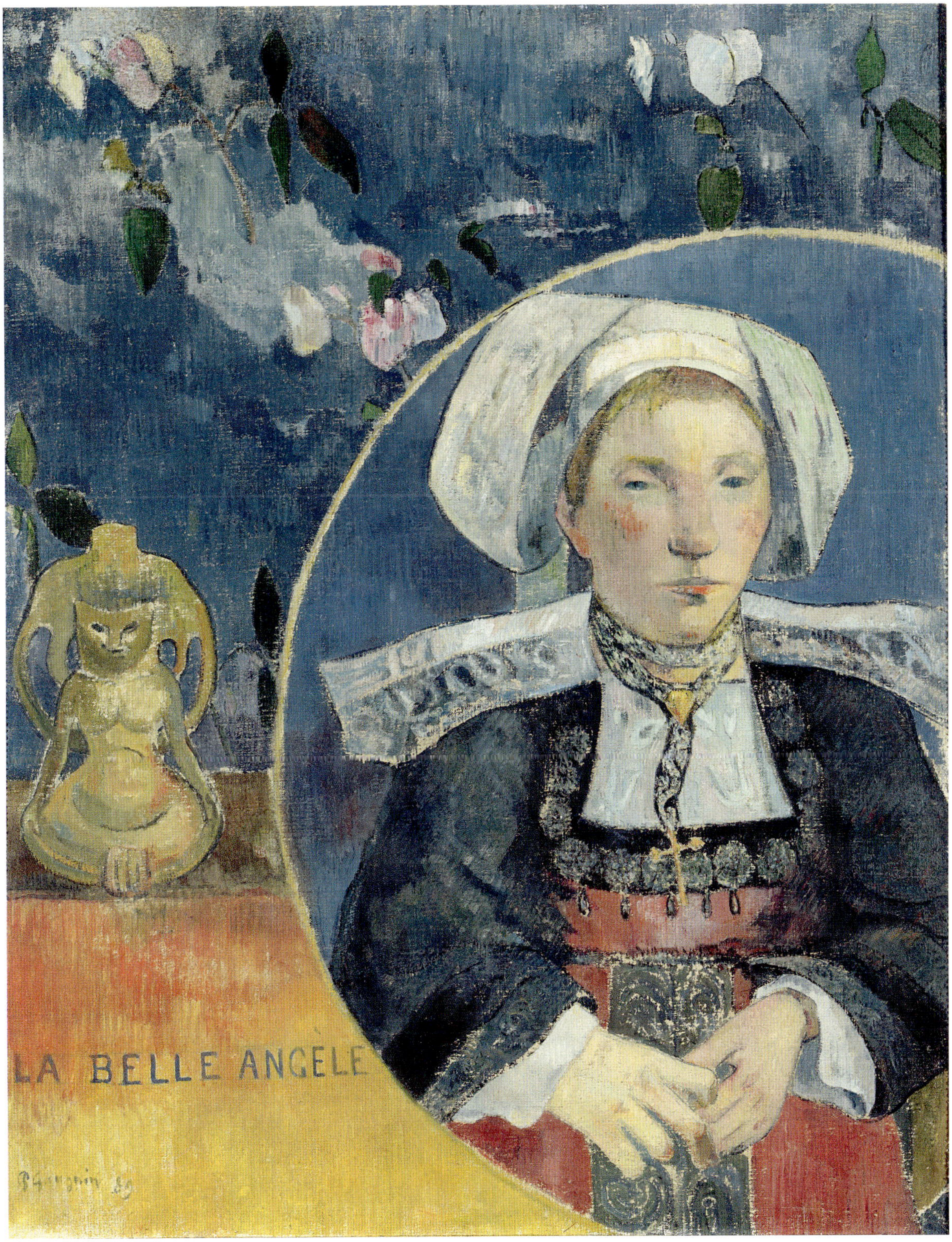
LA BELLE ANGELE
P Gauguin 89

Honoré de Balzac,

René François Auguste Rodin (dit Auguste Rodin), 1891-1898, plâtre, 3 × 1,2 m, Paris, musée d'Orsay.

« Une robe de chambre, une vraie, qu'il a trempée dans le plâtre. »

Cette statue de plâtre représente Balzac, sculpté par Auguste Rodin. Nous sommes en 1891, un demi-siècle environ après la mort de l'écrivain, la Société des gens de lettres veut lui rendre hommage en élevant un monument à sa gloire. Émile Zola passe donc commande au sculpteur. Durant six ans, Rodin réunit de la documentation, multiplie les croquis et les études. Enfin, au Salon de 1898, il présente sa statue : une robe de chambre, une vraie, qu'il a trempée dans le plâtre, enveloppant un bourgeois ventripotent, avec des bras d'hercule forain, la tête tournée vers le ciel ! Et quelle tête ! Le public crie au scandale, la commande est annulée. Ce n'est que beaucoup plus tard, trente-neuf ans après la mort de Rodin, qu'un tirage en bronze de la statue tant décriée sera érigé à Paris. Alors, pourquoi ce scandale ? La tradition de l'époque voulait que les statues de gens célèbres soient dotées d'un corps d'Apollon et, surtout, qu'elles soient munies des attributs de leur spécialité : un écrivain devait avoir une plume ou un livre à la main, de même qu'un général avait un sabre, un amiral une longue-vue. Rodin, lui, avait choisi de montrer le génie de Balzac ! Son génie ? « Jamais on a eu l'idée, disait un critique d'art, d'extraire la cervelle d'un homme et de la lui appliquer sur la figure. » Rodin a été le premier.

Auguste Rodin
12 novembre 1840 Paris - 17 novembre 1917 Meudon

Sculpteur français, il entre, à 14 ans, à l'École spéciale de dessin et de mathématiques. En 1857, refusé à l'École des beaux-arts, il entre alors comme artisan-praticien dans des ateliers de sculpture. En 1875, il voyage en Italie et découvre Donatello et Michel-Ange. À son retour, il exécute *L'Âge d'airain* et crée « le style Rodin » qui lui ouvre les portes de la célébrité internationale. Fondateur de la Société nationale des beaux-arts en 1899, il est consacré l'année suivante par une rétrospective de son œuvre à l'Exposition universelle et fait officier de la Légion d'honneur en 1903. En 1912, le Metropolitan Museum de New York ouvre sa « salle Rodin ». Et, deux ans après sa mort, le musée Rodin est inauguré à Paris.

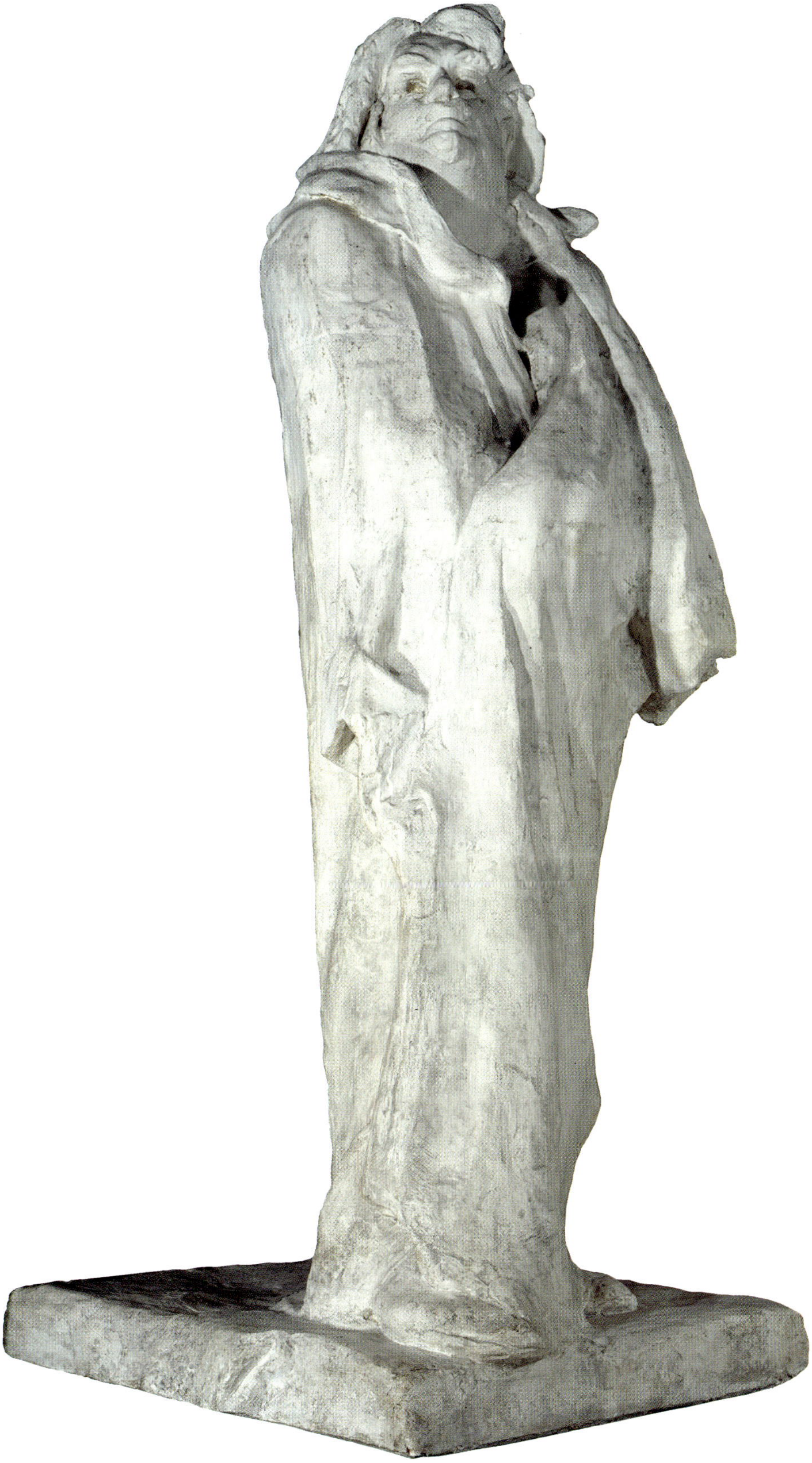

L'Âge mûr,

Camille Claudel, vers 1902, bronze, 114 × 163 × 72 cm, Paris, musée d'Orsay.

« Rodin reste le maître et Camille l'élève. »

Voici *L'Âge mûr*, sculpté par Camille Claudel en 1902, l'œuvre qui résume le mieux son destin tragique. En 1885, Camille Claudel a 20 ans. Élève douée et précoce d'Auguste Rodin, le maître l'engage dans son atelier. Elle participe alors à deux de ses monuments, *Les Portes de l'Enfer* et *Les Bourgeois de Calais*, et devient sa maîtresse. Pendant dix ans, ils vont conjuguer collaboration artistique et liaison sentimentale, mais Rodin reste le maître et Camille l'élève. Non seulement celui-ci s'attribue la paternité de leurs créations conjointes, mais, en plus, il refuse de quitter sa maîtresse de toujours, Rose Beuret. Voyant son amour bafoué, son talent méprisé, Camille quitte définitivement Rodin en 1898. Elle exécute alors une série d'œuvres personnelles telles que *L'Âge mûr*, qui évoque leur rupture : Rodin choisissant une Rose Beuret vieillissante au détriment de Camille « implorante, humiliée, à qui s'arrache son âme », pour citer son frère, l'écrivain Paul Claudel. Hélas, si *L'Âge mûr* est aujourd'hui considéré comme un chef-d'œuvre, les critiques de l'époque n'y ont vu que l'influence de Rodin. Certains ont même crié au plagiat. Ce rejet va la plonger dans l'isolement, accentuer encore son délire paranoïaque et finira par la conduire à l'asile en 1913, où elle s'éteindra trente ans plus tard. Et il faudra attendre 1951 pour que le musée Rodin organise la première rétrospective de ses œuvres et que l'on reconnaisse enfin son talent à Camille Claudel.

Camille Claudel
8 décembre 1864
Fère-en-Tardenois -
19 octobre 1943 Montfavet

Sculpteur français, fille d'un conservateur des hypothèques, dès l'enfance, elle prédit qu'elle sera sculpteur et que son frère sera écrivain. À 17 ans, elle arrive à Paris pour s'inscrire à l'académie Colarossis dans la classe d'Alfred Boucher puis dans celle d'Auguste Rodin, qui l'engage comme praticienne en 1885. Mais, cinq ans plus tard, elle s'installe dans son propre atelier au n° 19 du quai de Bourbon. Malgré l'appui de certains critiques, notamment l'écrivain Octave Mirbeau, ses expositions n'obtiennent pas le succès attendu. Enfermée dans son atelier, elle sombre peu à peu dans la folie. En 1913, sa mère la fait interner à l'asile, où elle s'éteint d'une crise d'apoplexie.

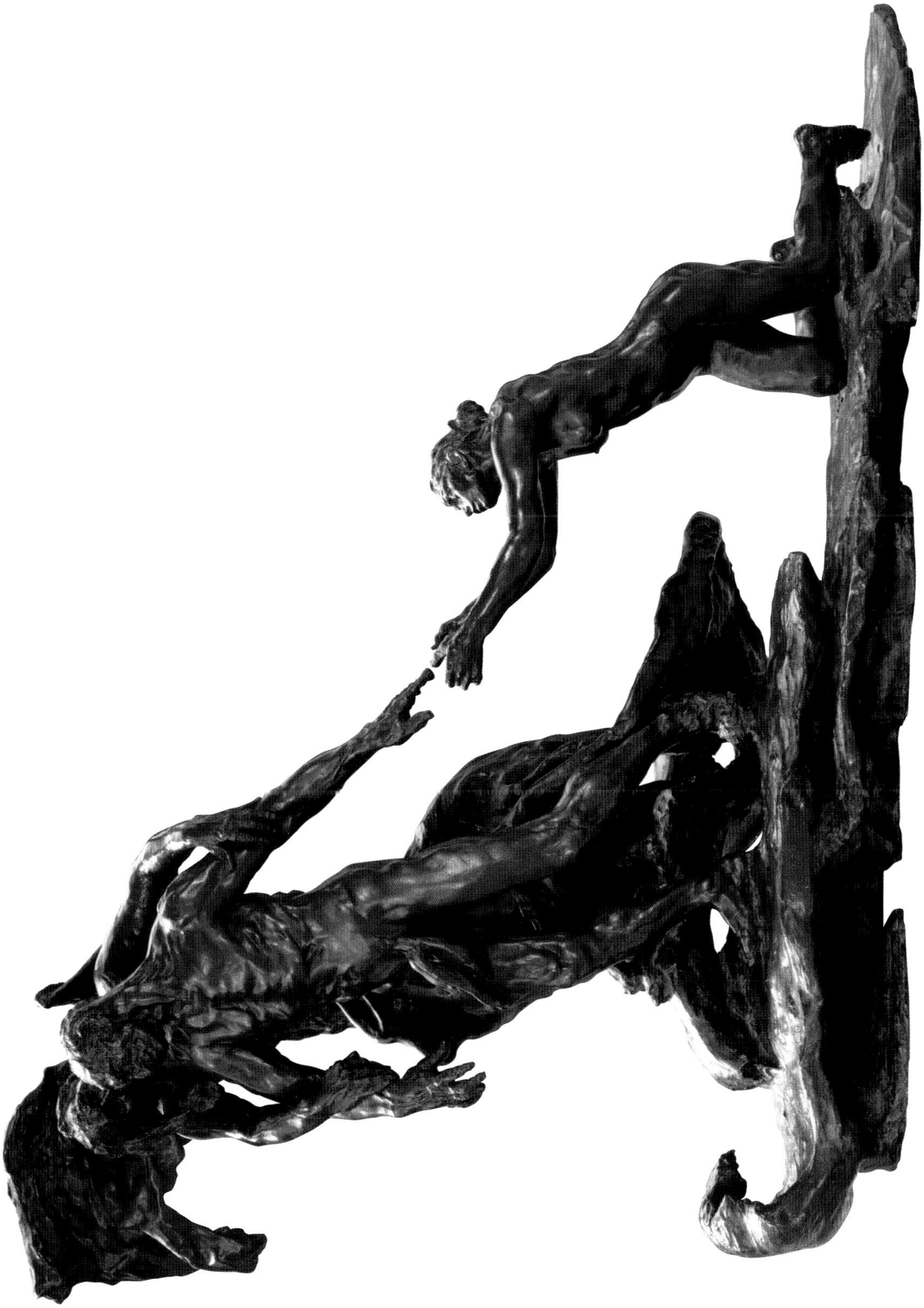

Portrait d'Henry Vasnier en tenue de chasse,

Charles Lucien Léandre, 1902, pastel sec sur toile, 1,55 × 1,01 m, Reims, musée des Beaux-Arts.

« Il ne faut jamais oublier de rendre hommage aux donateurs… »

Si ce *Portrait d'Henry Vasnier en tenue de chasse* de 1902 occupe une place de choix dans les collections du musée des Beaux-Arts de Reims, ce n'est pas au talent de Charles Léandre qu'il le doit. C'est à Henry Vasnier… à qui le musée doit tout bonnement son existence. Eh oui, il ne faut jamais oublier de rendre hommage aux mécènes, aux bienfaiteurs, aux donateurs… Jusqu'au début du XXe siècle, Reims se contentait, pour exposer ses œuvres d'art, de quelques salles au premier étage de l'hôtel de ville. Vasnier, de son côté, était un homme d'affaires qui avait réuni une collection exceptionnelle. Trente ans durant, il avait acheté des tableaux, des sculptures, du mobilier. En 1890, il avait même acquis un hôtel particulier pour abriter ses Corot, Monet, Rodin, Gallé… Et ce sont ces chefs-d'œuvre qu'il se proposa de léguer à la ville de Reims en 1907. À une condition ! Que l'ensemble de ses trésors soit exposé dans une seule et même salle, éclairée par le haut et par le bas, tendue d'étoffe rouge et pourvue de deux plaques de marbre noir portant en lettres dorées l'inscription « Donation Henry Vasnier ». Ce qui sous-entendait la construction d'un vrai musée. Le maire de Reims hésita mais finit par accepter. D'autant que Vasnier promettait de financer les travaux du futur édifice… Malheureusement, il fut emporté par une embolie quelques mois plus tard. Adieu les beaux projets ! C'est dans l'ancienne abbaye Saint-Denis que le musée des Beaux-Arts de Reims fut inauguré le 19 octobre 1913. Et il fallut attendre 2010 pour que la ville entame enfin la construction d'un musée tout neuf, et cela sur les terrains mêmes où Henry Vasnier rêvait de le construire au moment de sa mort.

Charles Lucien Léandre
22 juillet 1862 Champsecret - 2 mai 1934 Paris

Illustrateur, lithographe, caricaturiste, dessinateur et peintre français, fils d'un officier de carrière, à 16 ans, il s'installe à Paris où il étudie auprès du peintre Émile Bin. En 1880, il entre à l'École des beaux-arts dans la classe de Cabanel. Trois ans plus tard, il obtient le prix du dessin antique. Lauréat du concours du professorat de dessin dans les écoles de la Ville de Paris, il y enseigne jusqu'en 1897. Trois ans plus tard, il reçoit une médaille d'or dans la section lithographie à l'Exposition universelle et est fait chevalier de la Légion d'honneur. En 1904, il crée la Société des peintres humoristes. En 1921, il obtient la médaille d'honneur de la Société des artistes français dans la section gravure. Et, quatre ans plus tard, il est promu officier de la Légion d'honneur. Il s'éteint dans son atelier de Montmartre, mais est enterré dans son village natal.

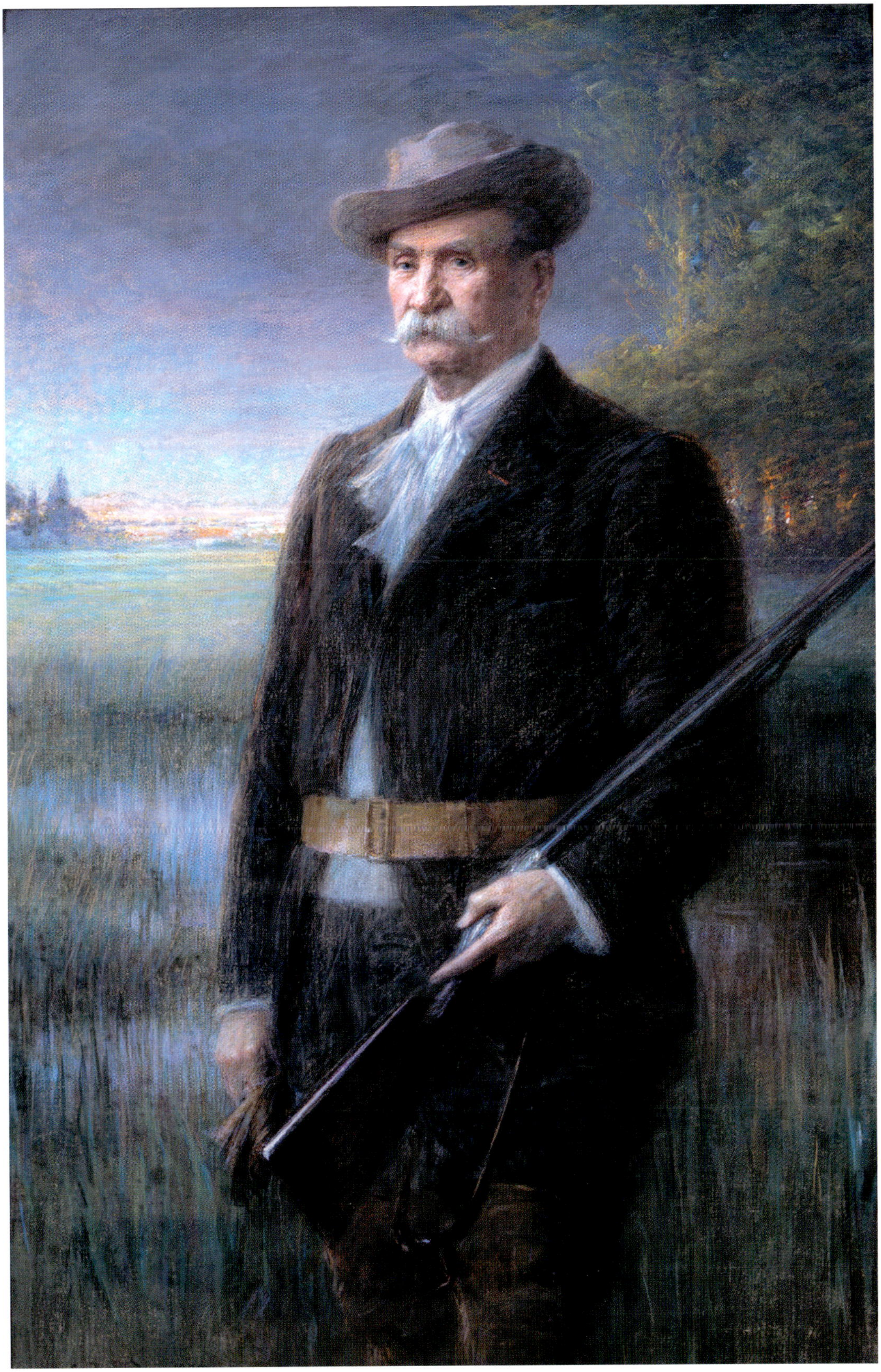

La Famille Soler,

Pablo Picasso, 1903, huile sur toile, 1,5 × 2 m, Liège, musée d'Art moderne et d'Art contemporain.

« Le tailleur les habillait en échange de leurs tableaux ! »

Regardez le portrait de la famille Soler, peint par Picasso en 1903, digne d'une famille royale. Il faut dire que l'élégance du peintre à cette époque dépendait de monsieur Soler qui était tailleur ! L'atelier de ce dernier à Barcelone était à deux pas du café Els Quatre Gats, où Picasso retrouvait ses amis artistes et intellectuels. Amoureux des arts, Benet Soler était un habitué, et comme tous ces jeunes gens pleins d'avenir étaient sans le sou, le tailleur était un peu leur mécène. Surnommé « Retalls », ce qui signifie restes de tissu, il les habillait en échange de leurs tableaux ! Combien de costumes a-t-il coupé pour ce portrait de famille de 1,50 mètre sur 2 mètres, on l'ignore. Ce que l'on sait en revanche, c'est que Picasso s'inspira du célèbre *Déjeuner sur l'herbe* de Manet et d'une photographie en studio de monsieur et madame Soler et de leurs enfants. On sait aussi que l'arrière-plan à l'origine était uniformément bleu pour rappeler qu'il s'agissait d'un décor. Ce qui déplut au tailleur et, vous pouvez l'imaginer, un mécène a ses exigences, de même qu'un génie a ses certitudes. Picasso refusa de retoucher son œuvre, il accepta toutefois qu'un de ses amis s'en charge. Junyer-Vidal agrémenta donc le tableau d'un sous-bois que vous ne voyez pas ici. En effet, dix ans plus tard, Kahnweiler, le marchand de Picasso, racheta la toile à Benet Soler, le peintre put donc rétablir son fond mais il le fit plus vert que le premier. Oh, pour une raison simple, c'en était fini de sa période bleue…

Pablo Picasso
25 octobre 1881 Málaga - 8 avril 1973 Mougins

Peintre et sculpteur espagnol, fils d'un professeur de dessin, il entre à l'école des beaux-arts de Barcelone en 1895. Deux ans plus tard, il remporte le concours d'admission de l'académie San Fernando à Madrid. Mais retourne à Barcelone en 1899 où il s'intègre au milieu d'Els Quatre Gats et fait la connaissance de Casagemas. Installé au Bateau-Lavoir en 1905, il entame la période rose. Et deux ans plus tard, il crée le cubisme avec Braque. En 1925, il participe à la première exposition surréaliste et, en 1937, réalise son bouleversant *Guernica*. Installé à Vallauris en 1948, il se lance alors dans la céramique. Mondialement célèbre, il ne cesse de créer jusqu'à sa mort.

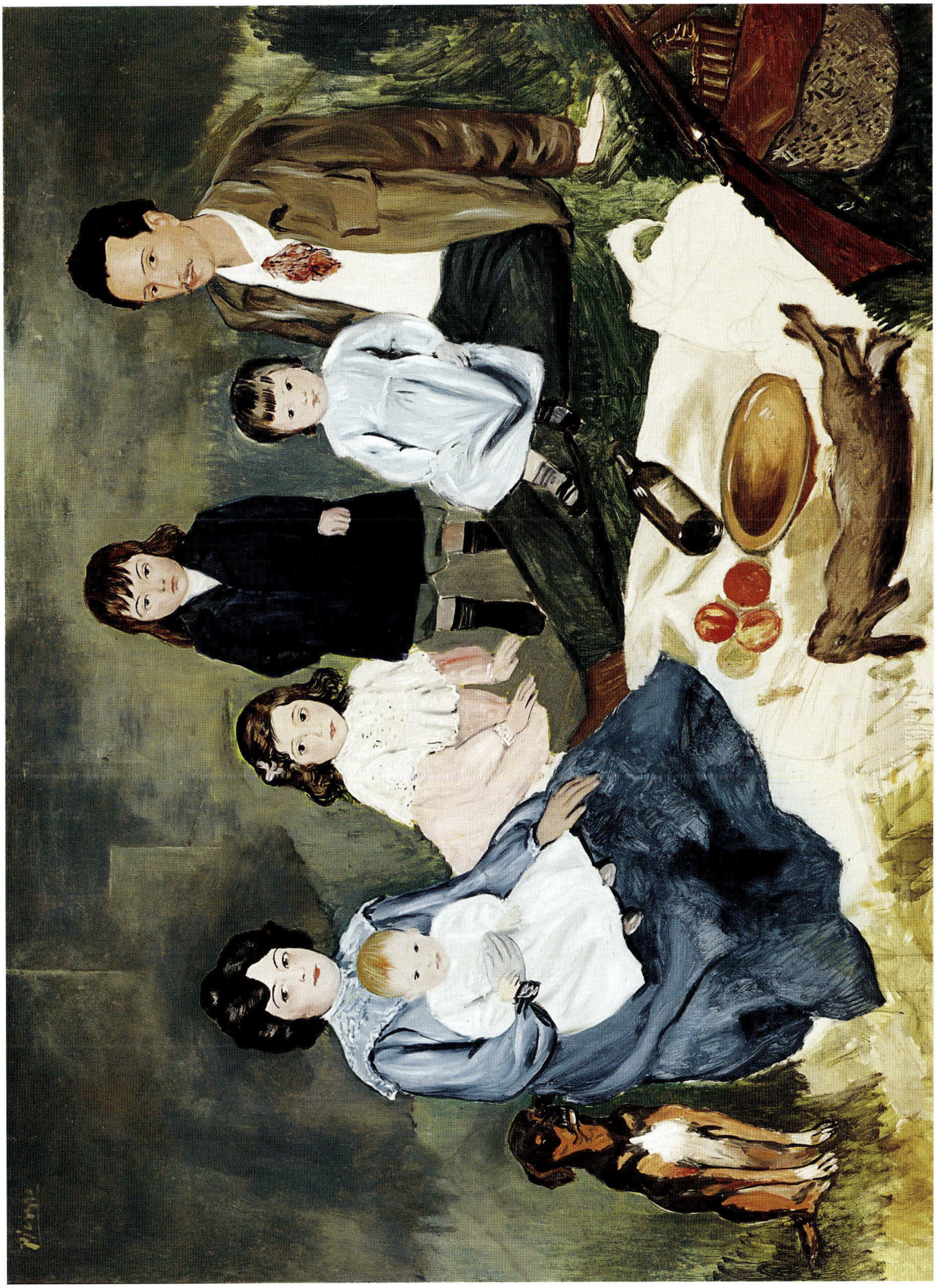

Le Faubourg de Collioure,

André Derain, 1905, huile sur toile, 59,5 × 73,2 cm, Paris, Musée national d'art moderne, centre Georges-Pompidou.

« Leurs œuvres se retrouvent exposées dans la salle VII du Salon d'automne. »

Voici *Le Faubourg de Collioure*, peint par André Derain en 1905, une des toiles qui vont déclencher le premier scandale artistique du XXe siècle et donner son nom à un mouvement sans chef de file ni programme, et dont les membres refuseront toujours d'être étiquetés de la sorte, je veux parler des fauves et du fauvisme. Leur point commun se résume essentiellement à l'emploi de la couleur pure, qui donne à leurs tableaux une violence émotionnelle, délivrée du sacro-saint principe de « ressemblance ». Ce sacrilège, ils le doivent à leur mentor, Henri Matisse. C'est lui qui, quelques mois plus tôt, a invité le jeune André Derain à venir le rejoindre à Collioure. Durant tout l'été, ils peignent ensemble, mélangeant sur leurs toiles le postimpressionnisme de l'aîné et la sauvagerie autodidacte du cadet, forcené de l'intensité chromatique. De retour à Paris, ils retrouvent leurs amis Vlaminck, Manguin, Camoins et Marquet, eux aussi partisans d'une couleur libérée.
Le 18 octobre 1905, leurs œuvres se retrouvent exposées dans la salle VII du Salon d'automne. Et c'est le scandale ! Le président de la République Émile Loubet refuse d'inaugurer le Salon à cause de ces toiles « inacceptables ». Les critiques se défoulent : « bariolages informes », « brosses en délire »... Camille Mauclair parle d'un « pot de peinture jeté à la face du public ». Et c'est Louis Vauxcelles, en voyant un classique buste d'enfant trônant au milieu de la salle, qui lance : « Tiens, Donatello au milieu des fauves. » La formule fait mouche. La salle VII est aussitôt rebaptisée la « cage aux fauves ». Et c'est ainsi qu'est né le fauvisme, la première révolution artistique du XXe siècle, comme une insulte faite à ses peintres.

André Derain
10 juin 1880 Chatou - 8 septembre 1954 Garches

Peintre, illustrateur et sculpteur français, à 18 ans, il entre à l'académie Camillo et parfait son éducation au Louvre où il rencontre Matisse. Ses premières œuvres sont influencées par ses lectures de Zola, de Nietzsche, et sa découverte de Van Gogh, des néo-impressionnistes et de Cézanne. Démobilisé en 1918, sa participation au décor des Ballets russes l'année suivante lui ouvre les portes du succès. Récompensé par le prix Carnegie en 1928, il expose dans le monde entier. Mais son voyage officiel de 1941 en Allemagne nazie lui vaut l'opprobre à la Libération, et il meurt dans une solitude volontaire.

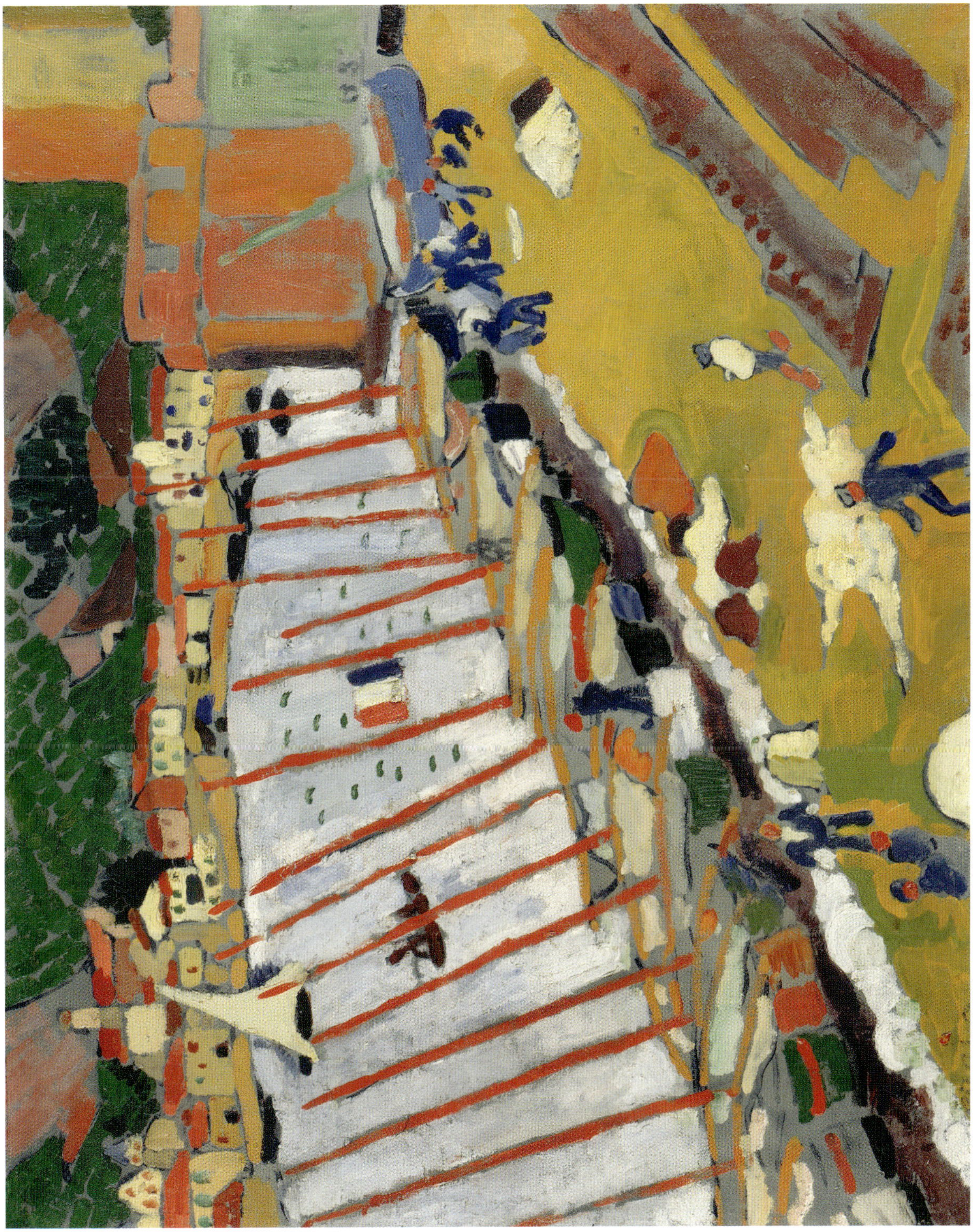

Le Char d'Apollon,

Odilon Redon, 1905-1914, pastel et détrempe sur toile, 91,5 × 77 cm, Paris, musée d'Orsay.

« Il croit uniquement en ce qu'il ne voit pas. »

Voici *Le Char d'Apollon*, peint par Odilon Redon. Comme vous pouvez vous en apercevoir, les chevaux sont bien visibles, mais on ne peut pas en dire autant du char, ni d'Apollon. Où est donc notre dieu grec et que reste-t-il de son combat victorieux contre le serpent Python, qui a permis de libérer la ville de Delphes ? Redon s'est pourtant inspiré pour sa toile du plafond de la galerie d'Apollon, au Louvre, décoré par Delacroix. Et le maître du romantisme, lui, n'avait pas lésiné sur les détails. Seulement, Redon n'est pas un peintre romantique, c'est un symboliste. Il croit uniquement en ce qu'il ne voit pas, il croit en ce qu'il ressent. Et ce qui l'a émerveillé, écrira-t-il, en voyant l'œuvre de Delacroix : « C'est le triomphe de la lumière sur les ténèbres. C'est la joie d'un sentiment meilleur après l'angoisse. » Et c'est ce ressenti-là qu'il a voulu peindre, avec cette gerbe de couleurs solaires recouvrant le serpent noyé dans la brume. Pourquoi représenter Apollon, son char, son manteau et son arc ? Comme Odilon Redon le dira lui-même : « L'attribut de chaque dieu devient inutile, tant la couleur se charge de tout dire et d'exprimer juste. » Et la couleur, effectivement, dit tout. Comme son absence en disait long pendant les vingt années où Redon l'avait bannie de ses tableaux. C'était sa période des *Noirs*, fusains ou lithographies, tous plus angoissants les uns que les autres. Redon venait de faire la guerre de 1870 contre les Prussiens. Il pensait que le monde courait à sa perte. Au moment de peindre *Le Char d'Apollon*, il reprenait confiance. Il avait peut-être tort. La guerre de 14-18 allait éclater.

Odilon Redon
22 avril 1840 Bordeaux - 6 juillet 1916 Paris

Peintre symboliste français, fils d'une Créole de la Nouvelle-Orléans et d'un propriétaire terrien bordelais, dès l'âge de 6 ans, il dessine au fusain les paysages du Médoc. À 7 ans, il séjourne à Paris, découvre les musées et décide d'être artiste. Dès 1855, il prend des cours de dessin auprès de Stanislas Gorin. En 1864, il entre dans l'atelier de Jean-Léon Gérôme à Paris. Mobilisé en 1870, il s'installe après la guerre à Montparnasse. En 1879, il publie son premier album de lithographies et, deux ans plus tard, expose ses *Noirs* pour la première fois. Mais il revient à la couleur à la fin du siècle et ne la quitte plus jusqu'à sa mort, et même au-delà, car aujourd'hui encore sa tombe est régulièrement fleurie.

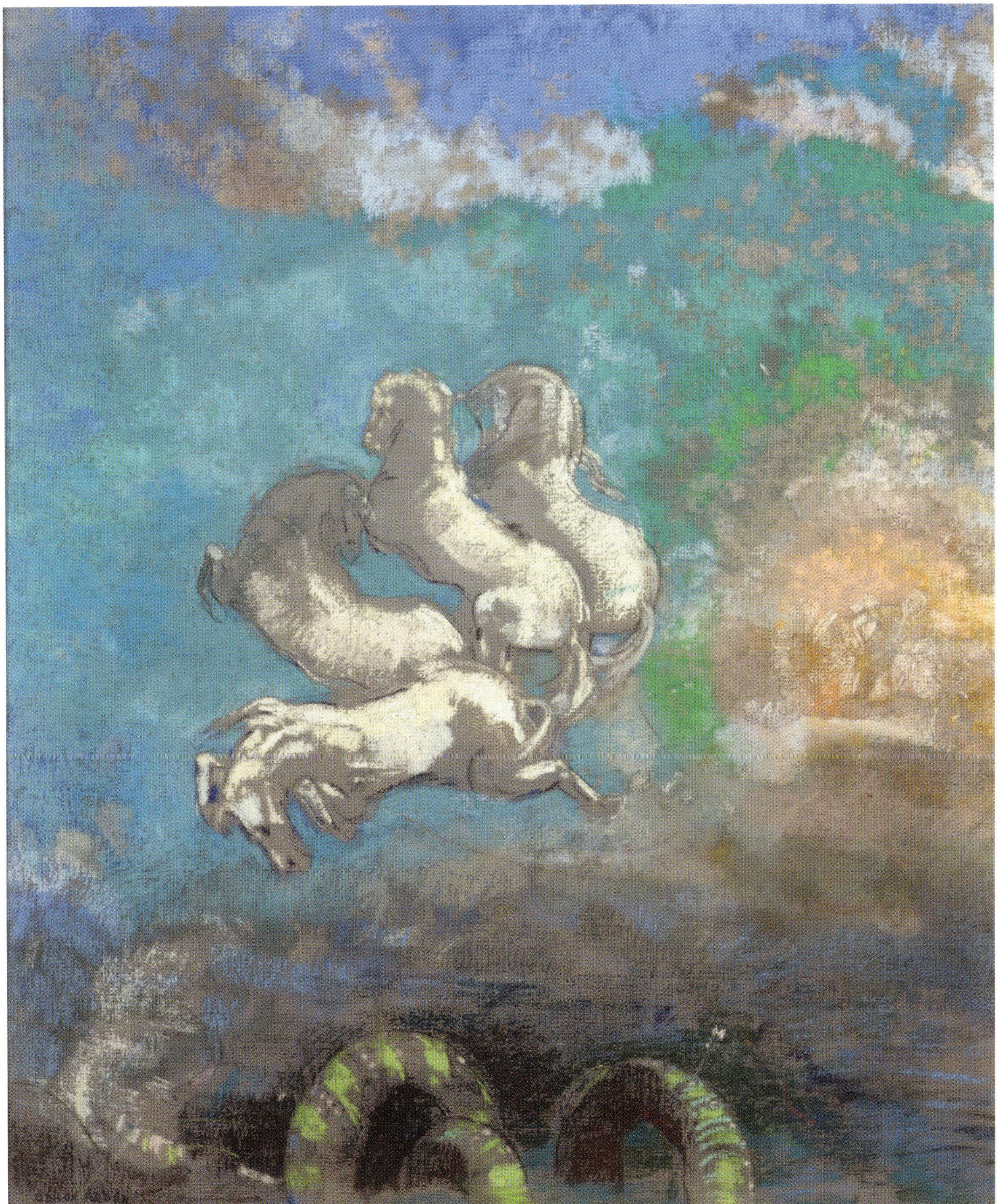

Le Bûcheron,

Ferdinand Hodler, 1910, huile sur toile, 1,30 × 1,01 m, Paris, musée d'Orsay.

« Réduit à l'échelle d'un billet, son bûcheron avait perdu toute sa superbe. »

Le Bûcheron de Ferdinand Hodler n'a pas toujours été une toile de 1,30 mètre sur 1 mètre. Au départ, il figurait sur des exemplaires en papier de 10 centimètres sur 16, des billets de 50 francs suisses. Hodler était alors un peu le peintre officiel de la Confédération helvétique et, tout naturellement, en 1908, la Banque nationale suisse lui avait confié l'illustration de ses nouveaux billets de 50 et 100 francs avec, pour mission, de célébrer l'image d'une Suisse intemporelle, en étroite relation avec la nature. Les motifs devant se rapporter au travail de la terre, Hodler choisit de représenter un faucheur pour les coupures de 100 francs et un bûcheron pour celles de 50. Le résultat plut beaucoup à la Banque nationale, mais pas du tout à Ferdinand Hodler. Réduit à l'échelle d'un billet, avec ses ornements indispensables, son bûcheron avait perdu toute sa superbe. Vexé, le peintre en exposa une version plus grande que nature, où l'on voyait mieux son travail. La force du bûcheron rayonnait enfin, accentuée par le contrepoint entre la verticale des troncs et la diagonale du corps. Le succès de l'exposition fut énorme et lui valut de nombreuses commandes de répliques sur toiles, comme celle que vous avez sous les yeux. Et c'est ainsi qu'un tout petit dessin de Hodler que l'on pouvait avoir pour 50 francs suisses en 1908 est devenu un tableau de Hodler, racheté 2,5 millions de francs suisses en 2005 par le musée d'Orsay.

Ferdinand Hodler
14 mars 1853 Berne - 19 mai 1918 Genève

Peintre suisse, à 15 ans, il commence son apprentissage à Thoune chez le peintre de « vues suisses » Ferdinand Sommer. Installé à Genève en 1872, il s'inscrit à l'école des beaux-arts dans la classe de Barthélemy Menn. En 1891, son tableau *La Nuit*, jugé « obscène », est exclu de l'exposition municipale de Genève, mais il fait sensation au Salon du Champ-de-Mars de Paris. Et, dès 1900, considéré en Suisse comme l'un des plus grands décorateurs et peintres d'histoire, il accumule les commandes de l'État. Il s'éteint quelques mois après avoir été nommé bourgeois d'honneur de la ville de Genève, en laissant derrière lui des œuvres inachevées.

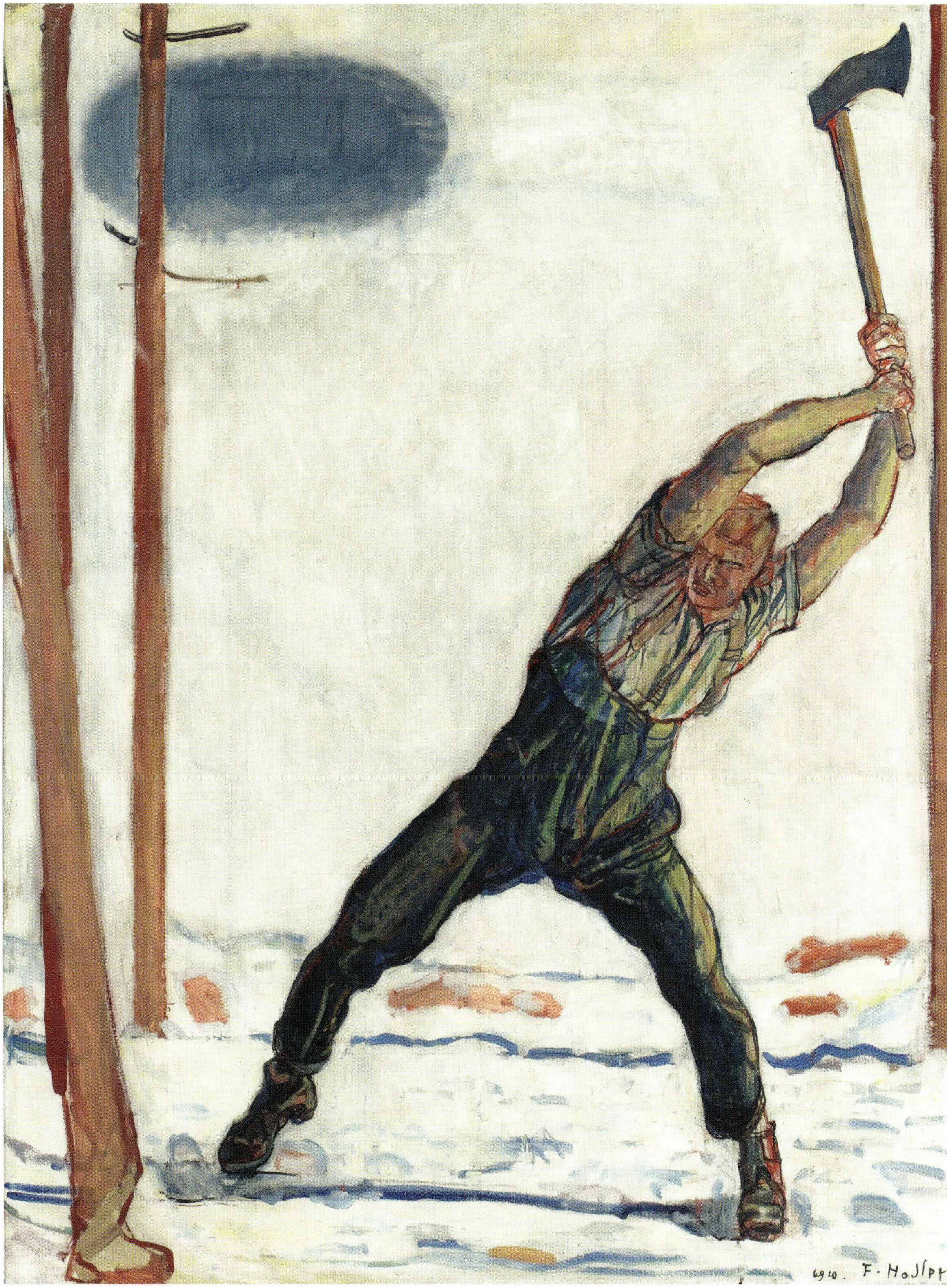
1910. F. Hodler

Synthèse plastique des mouvements d'une femme,

Luigi Russolo, 1912, huile sur toile, 85,5 × 65 cm, Grenoble, musée de Grenoble.

« Le xxe siècle naissant, c'est le temps, de la vitesse. »

En 1912, dans le titre de son tableau *Synthèse plastique des mouvements d'une femme*, Luigi Russolo résume le futurisme italien. Ce courant auquel il appartient veut moderniser l'art. Car le xxe siècle naissant, c'est le temps des voitures, des trains, des avions, de la vitesse et, pour les futuristes, la peinture doit suivre le rythme. Sur leurs toiles, ce sera la sensation dynamique elle-même ou rien ! Mais comment faire ? Comment rendre en peinture l'impression de mouvement ? À la fin du xixe siècle, deux photographes, Eadweard Muybridge et Étienne Jules Marey, ont réussi à fixer sur la pellicule la décomposition du mouvement d'un corps quelle que soit sa vitesse. Muybridge a même photographié le galop d'un cheval. C'est ainsi que le monde entier s'est aperçu que ses quatre sabots n'étaient jamais en l'air simultanément. Luigi Russolo va s'inspirer de leurs travaux. Regardez son tableau. Pour reproduire sur sa toile l'impression de la vitesse, il a décomposé les mouvements de son personnage. Au milieu, il a peint une femme, de droite à gauche, il a reproduit sa silhouette dans toutes ses positions successives et la spirale de toutes ces silhouettes, c'est une femme qui marche.

Luigi Russolo
30 avril 1885 Portogruaro - 4 février 1947 Cerro di Laveno

Peintre et compositeur futuriste italien, issu d'une famille de musiciens, il présente des eaux-fortes à l'exposition annuelle Bianco e Negro de Milan de 1909. L'année suivante, il rencontre l'écrivain Marinetti, fondateur du futurisme, signe son manifeste et participe aux expositions futuristes en Europe. En 1913, il abandonne la peinture et se consacre à la musique. Publie son manifeste *L'Art des bruits*, réalise des machines sonores préfigurant la musique électronique et dirige des concerts futuristes, notamment à Paris en 1921. Refusant de s'inscrire au parti fasciste, contrairement à la majorité des autres futuristes, il s'éloigne du mouvement et s'exile à Paris en 1927.

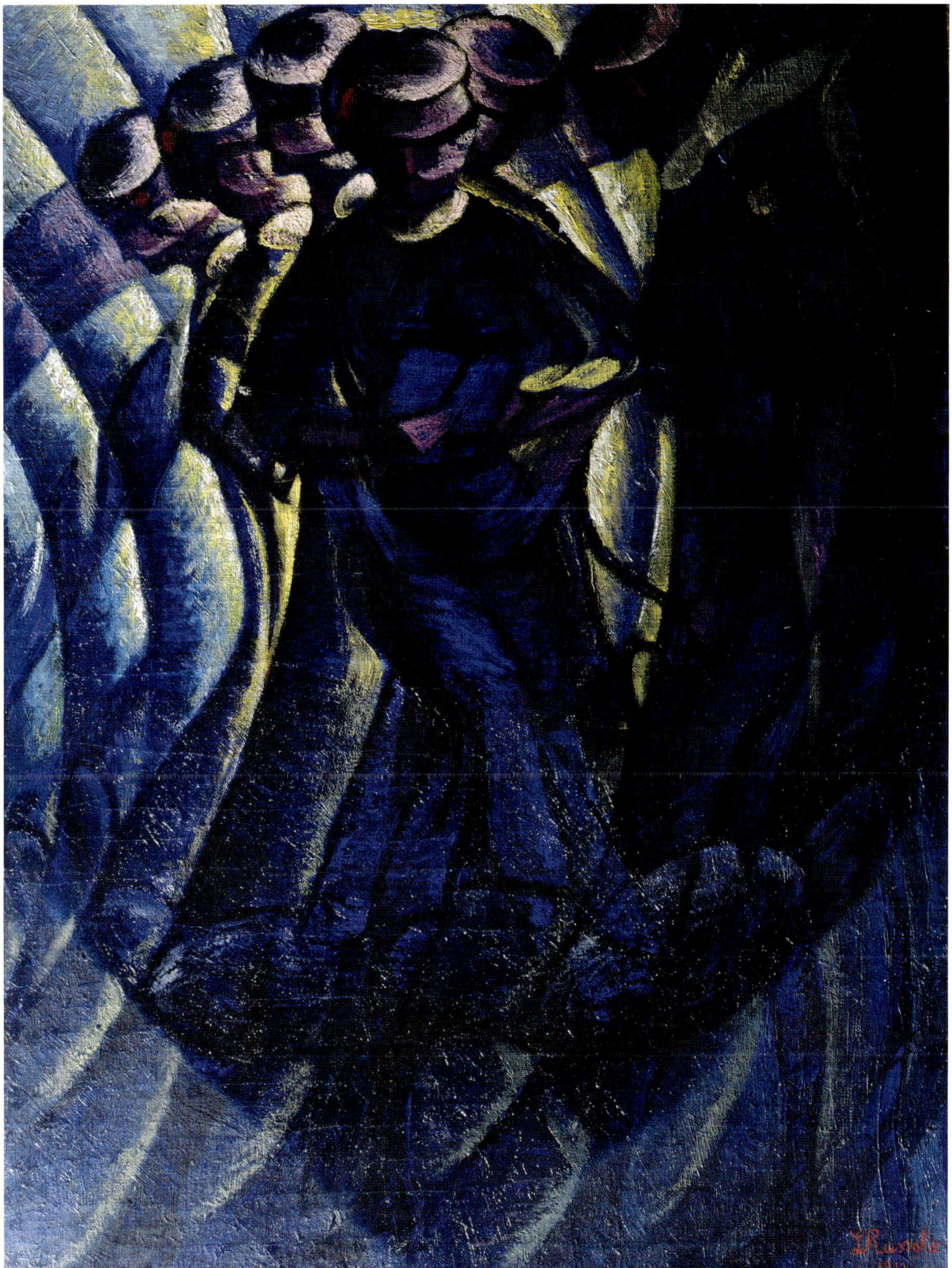
1912

La Mélancolie d'une belle journée,

Giorgio De Chirico, 1913, huile sur toile, 69,5 × 86,5 cm, Bruxelles, Musées royaux des beaux-arts de Belgique.

« Apollinaire qualifie sa peinture de "métaphysique" ! »

La Mélancolie d'une belle journée est une œuvre de Giorgio De Chirico de 1913, inspirée du mythe d'Ariane, la prêtresse grecque qui déroula son fil pour sauver Thésée du Labyrinthe. Mais peu importe l'histoire à laquelle le tableau fait allusion, les choses y semblent, de toute façon, sans relation les unes avec les autres. L'important, c'est l'espace et le silence pesant qui s'en dégage, comme si le monde cessait brusquement de tourner… Le poète Guillaume Apollinaire l'a tout de suite compris. Dès les premières expositions parisiennes de Chirico, il qualifie sa peinture de « métaphysique » ! Le mot est bien trouvé, il aura du succès. Toutes les avant-gardes artistiques de l'époque, les cubistes, les futuristes, les dadaïstes, s'enflamment pour les toiles énigmatiques de Giorgio De Chirico. Celui-ci fondera d'ailleurs quelques années plus tard, avec Carlo Carrà, un mouvement qu'il appellera, bien entendu, peinture métaphysique, faisant la part belle aux compositions oniriques où trônent des êtres sans visage, isolés dans des décors figés, à l'architecture austère, où voisinent des objets incongrus. Bref, un monde étrange, immobile et inquiétant. Tellement inquiétant qu'en 1917, quand le soldat Carrà, hospitalisé, se remet à peindre, les médecins jugent ses tableaux si bizarres qu'ils le croient fou et décident de le garder un peu plus longtemps, en observation… Quant à Chirico, il ne changera plus jamais de style. Il restera le peintre de « l'inquiétante étrangeté ». Jusqu'à sa mort, en 1978, à 90 ans.

Giorgio De Chirico
10 juillet 1888 Volos - 20 novembre 1978 Rome

Peintre italien, précurseur du surréalisme, fils d'un ingénieur, à 12 ans, il suit des cours de peinture à l'Institut polytechnique d'Athènes. En 1905, il s'inscrit à l'Académie des beaux-arts de Munich et découvre Nietzsche et Schopenhauer. Installé à Paris en 1911, il expose au Salon d'automne de 1912. Tout d'abord remarquées par Apollinaire, ses œuvres métaphysiques impressionnent les artistes d'avant-garde, notamment Picasso et Breton. De retour en Italie, il exécute des commandes pour le pouvoir fasciste et se lie avec le groupe futuriste. Désavoué par les surréalistes, son succès ne s'interrompt pas pour autant, et il est probablement l'un des artistes les plus copiés du XXe siècle.

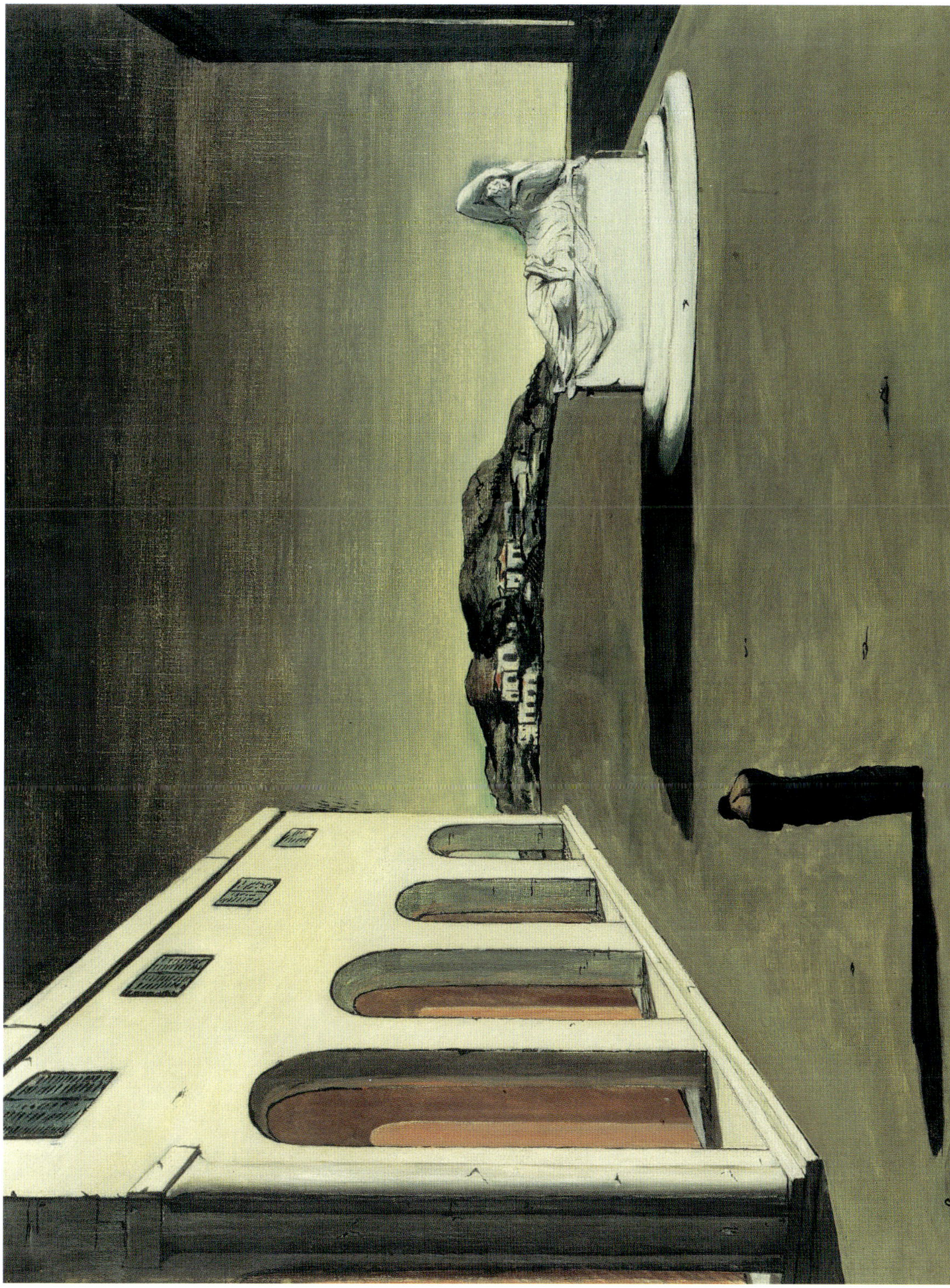
g. de Chirico 1913

L'Équipe de Cardiff, troisième représentation,

Robert Delaunay, 1913, huile sur toile, 3,26 × 2,08 m, Paris, musée d'Art moderne de la Ville de Paris.

« Et quoi de plus moderne que le sport ! »

Si Robert Delaunay a peint *L'Équipe de Cardiff, troisième représentation* en janvier 1913, à une époque où les sujets sportifs n'étaient pas encore très courants, c'est parce qu'il était tombé sur une photographie montrant une mêlée entre deux clubs français dans le numéro du 18 janvier de *La Vie au grand air*. Et s'il a choisi de représenter Cardiff, c'est parce que la vitalité de cette équipe galloise était prise en exemple, en ce même mois de janvier, dans un article de *L'Écho des sports*. Or Delaunay était à la recherche d'un sujet nouveau, susceptible de créer l'événement au prochain Salon des indépendants. Très attentif à son époque, il avait l'habitude de puiser son inspiration dans la modernité de ce début de siècle. Et quoi de plus moderne que le sport ! Quoi de plus mouvementé, de plus aérien que le rugby ? Apparu au siècle dernier en Angleterre, il venait de conquérir la France grâce à la loi de 1901 sur la liberté d'association qui avait permis l'explosion des clubs sportifs. D'abord réservé à une certaine élite parisienne, il se répandait dans toute la jeunesse de l'Hexagone. Et regardez comment Delaunay a réussi à le sublimer. À la manière d'un collage cubiste ! Il y a juxtaposé des joueurs en pleine action avec une grande roue, une tour Eiffel, un aéroplane, symboles des avancées technologiques de ce siècle trépidant, mais aussi des affiches publicitaires, reflets de la société de consommation naissante, annonciatrice d'un confort et d'un bien-être inégalés. Il a même glissé les noms de Paris, New York et Berlin, les trois capitales artistiques de l'époque, où nombre de révolutions étaient en germe. Résultat, son ami Guillaume Apollinaire pourra décréter quelques mois plus tard : « C'est la toile la plus moderne du Salon ! »

Robert Delaunay
12 avril 1885 Paris - 25 octobre 1941 Montpellier

Peintre français, ses parents divorcent lorsqu'il a 9 ans. Il est alors élevé par une tante. Plus passionné par le dessin et l'histoire naturelle que par les matières scolaires, il est exclu de l'école pour paresse. Persuadé de sa vocation artistique, il fait un apprentissage de deux ans dans la conception scénique. Et, à 19 ans, il peint ses premiers paysages influencés par le néo-impressionnisme et le fauvisme. En 1906, de retour de son service militaire, il est refusé au Salon d'automne. L'année suivante, il se lie à Jean Metzinger, Henri Le Fauconnier et Fernand Léger. En 1909, il épouse la peintre Sonia Delaunay, avec laquelle il crée l'orphisme et le simultanéisme. Après la défaite de 1940, il se retire à Montpellier où il s'éteint d'un cancer à l'âge de 56 ans.

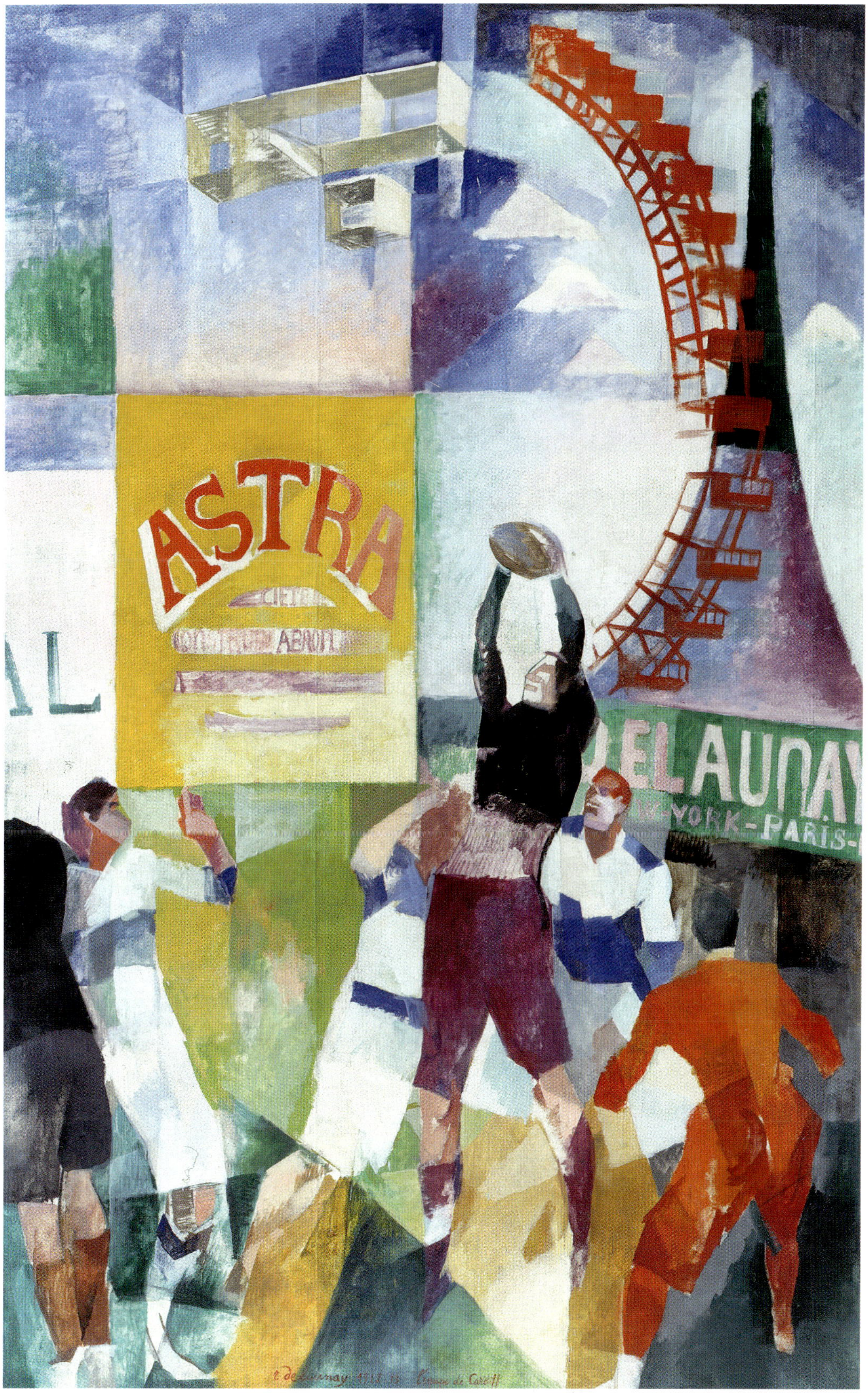
ASTRA
DELAUNAY
-YORK-PARIS-

Intérieur de cathédrale,

Georges-Antoine Rochegrosse, 1915, huile sur toile, 100 × 73 cm, Reims, musée des Beaux-Arts.

« On ne saura jamais si c'est volontairement ou par erreur qu'elle a été bombardée. »

Daté de 1915, *Intérieur de cathédrale* est signé Georges-Antoine Rochegrosse, connu pour ses reconstitutions antiques aux mises en scène théâtrales. Cette fois, il s'agit d'un fait réel, le bombardement de la cathédrale de Reims en septembre 1914, symbole des destructions causées par la « barbarie allemande ». Anatole France n'écrivait-il pas qu'en incendiant l'un des plus beaux monuments de la chrétienté, les barbares « se sont couverts d'une infamie immortelle et le nom allemand est devenu exécrable à tout l'univers pensant » ? Notre-Dame de Reims, la cathédrale des rois de France, était en effet l'un des plus exceptionnels témoignages de l'art gothique. Mais l'on ne saura jamais si c'est volontairement ou par erreur qu'elle a été bombardée par l'artillerie allemande. Transformée en hôpital – on était en pleine bataille de la Marne –, elle abritait cent trente et un blessés allemands gardés par des gendarmes français. Le 18 septembre, le premier bombardement tue un gendarme et deux soldats allemands. Un drapeau de la Croix-Rouge est aussitôt hissé sur l'une des tours. Le lendemain, un nouvel obus explose, mettant le feu à la charpente. L'incendie se déclare. Rochegrosse a peint une femme en costume de scène, probablement inspirée par Sarah Bernhardt qui, cette année-là, interprétait *Les Cathédrales* dans un décor représentant Notre-Dame de Reims en flammes. S'il avait voulu être plus réaliste, moins symboliste, il aurait peint autour d'elle les blessés allemands que la population menaçait de lyncher. Les pauvres finiront par sortir, sous la protection du clergé. Quant à la cathédrale, presque un siècle après sa destruction par les Allemands et la formidable opération de propagande qui s'ensuivit côté français, elle n'est toujours pas totalement restaurée…

Georges-Antoine Rochegrosse
2 août 1859 Versailles - 1938 Algérie

Peintre et illustrateur français, beau-fils et fils adoptif du poète Théodore de Banville, il étudie tout d'abord auprès d'Alfred Dehodencq, puis entre à l'académie Julian où il est l'élève de Jules Joseph Lefebvre et Gustave Boulanger. Il s'inscrit ensuite aux Beaux-Arts de Paris où il participe au prix de Rome en 1880 et 1881. L'année suivante, il est médaillé lors de son premier Salon et, en 1883, il obtient le prix du Salon qui finance son voyage en Italie. En 1894, il découvre l'Algérie où il s'établit six ans plus tard dans la banlieue d'Alger. Reconnu et honoré en France, chevalier de la Légion d'honneur en 1892, médaillé d'or à l'Exposition universelle de 1889, promu officier de la Légion d'honneur l'année suivante, il est également professeur à l'Académie de peinture d'Alger.

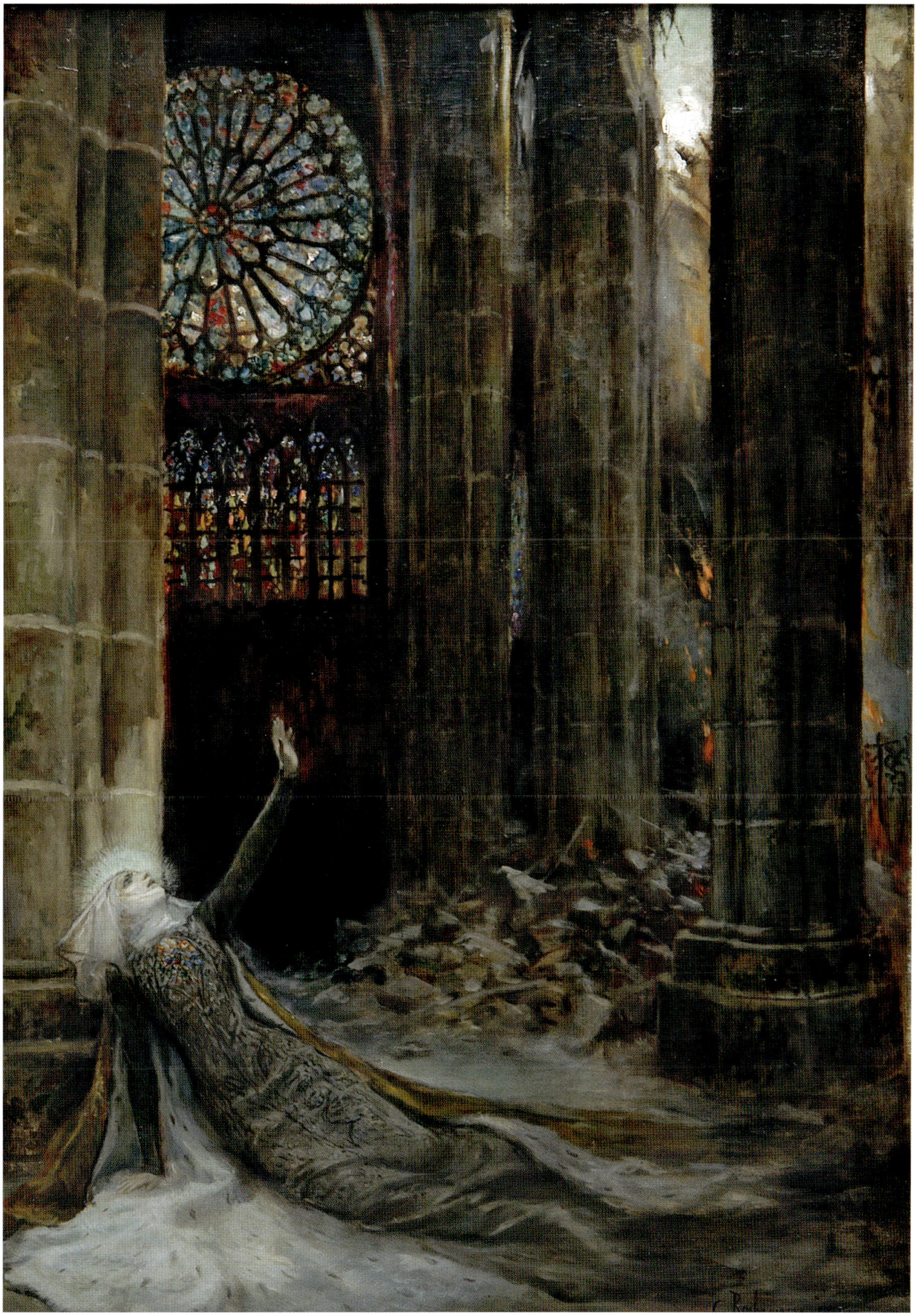

Double Portrait au verre de vin,

Moïshe Zakharovich Shagalov (dit Marc Chagall), 1917-1918, huile sur toile, 2,35 × 1,37 m, Paris, Musée national d'art moderne, centre Georges-Pompidou.

« Dans ses tableaux, il n'a gardé que le plus merveilleux. »

Lorsque Marc Chagall peint *Double portrait au verre de vin* entre 1917 et 1918, en Russie, il a 30 ans. Il a passé quatre ans à Paris et il est de retour à Vitebsk, sa ville natale, depuis le début de la Première Guerre mondiale. Mais ne comptez pas sur lui pour y faire allusion dans son tableau, pas plus qu'à la Révolution qui vient d'éclater dans son pays. Ce qu'il peint, c'est uniquement son bonheur avec Bella, qu'il a épousée en 1915. Regardez comme ils s'envolent ! Et comme ils nous emportent avec eux, dans une diagonale de couleurs ! Il a toujours été comme ça, Chagall. Rien n'a jamais échappé à son « œil éponge », mais, dans ses tableaux, il n'a gardé que le plus merveilleux. De son enfance dans le ghetto juif de Vitebsk, il a effacé la misère, les ruines et les pogroms pour ne conserver que le folklore, le symbolisme juif et l'imagerie populaire russe. Durant ces quatre années passées à Paris, il s'est imprégné des avant-gardes qui fleurissent alors à Montparnasse, mais, là aussi, il n'a gardé que ce qui le faisait rêver : les formes des cubistes ou les couleurs des fauvistes. De tout cela, il a fait du Chagall, quelque chose d'immédiatement reconnaissable, hors norme, hors du temps, avec des amoureux, des musiciens juifs, des fleurs, des paysans et leurs animaux qui lévitent au-dessus des isbas, et des couleurs, beaucoup de couleurs, ce qui le rendra très populaire et très célèbre. Et il mourra presque centenaire, en 1985, à Saint-Paul-de-Vence, en ne laissant derrière lui que des images de bonheur.

Marc Chagall
7 juillet 1887 Vitebsk - 28 mars 1985 Saint-Paul-de-Vence

Peintre français d'origine russe, à 16 ans, il étudie dans l'atelier de Jehuda Pen à Vitebsk et, l'année suivante, entre à l'école Zyanseva de Saint-Pétersbourg. En 1910, il part à Paris et, l'année suivante, s'installe à la Ruche. De retour à Vitebsk quatre ans plus tard, il y est nommé commissaire des Beaux-Arts et directeur de la nouvelle École des beaux-arts en 1918. Quatre ans plus tard, il retourne à Paris où il est naturalisé français en 1937. Exilé aux États-Unis en 1941, il rentre à Paris cinq ans plus tard et, en 1963, réalise le plafond de l'Opéra de Paris. Trois ans plus tard, il s'installe à Saint-Paul-de-Vence. En 1973, il retourne en Union soviétique et le musée Message biblique est inauguré à Nice. Quatre ans plus tard, il est fait grand-croix de la Légion d'honneur. Un an avant sa mort, de nombreuses expositions sont organisées en France pour ses 97 ans.

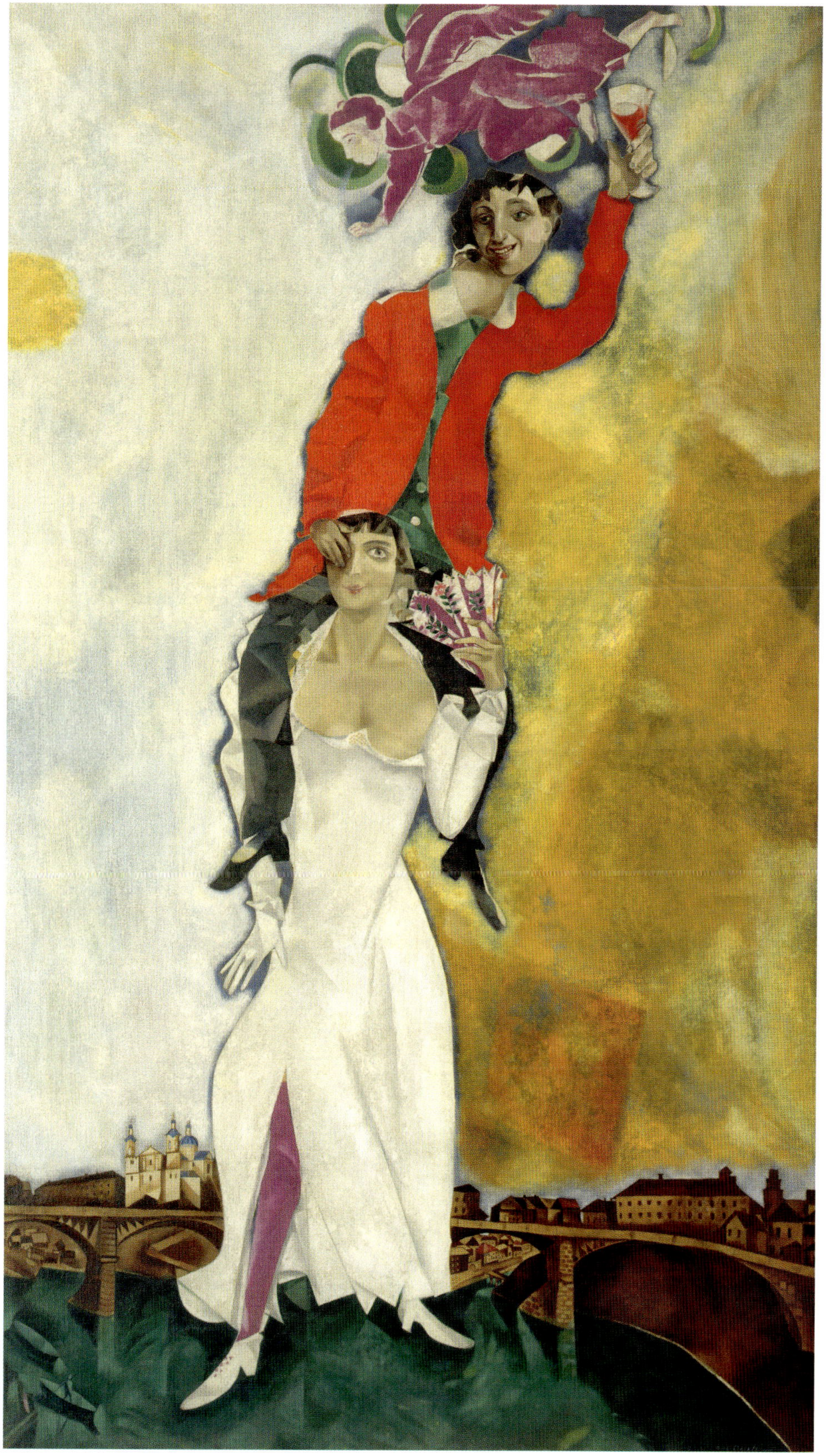

Portrait de la journaliste Sylvia von Harden,

Otto Dix, 1926, peinture à l'huile et tempera sur bois, 121 × 89 cm, Paris, Musée national d'art moderne, centre Georges-Pompidou.

« Elle ne se trouvait pas belle et craignait d'effrayer les spectateurs. »

Au moment où il peignait ce *Portrait de la journaliste Sylvia von Harden*, à Berlin, en 1926, Otto Dix était persuadé que cette intellectuelle excentrique, qui tient sa cigarette comme un homme, symbolisait toute une époque. Et l'Histoire lui a donné raison. S'il y a un tableau qui figure dans tous les livres sur les années 1920 et la République de Weimar, c'est bien celui-ci. Pendant la Première Guerre mondiale, Otto Dix s'était aperçu que tout un aspect de la réalité n'avait pas encore été peint, son côté hideux. Il était d'ailleurs toujours volontaire pour monter en première ligne : « La guerre était une chose horrible et pourtant sublime », disait-il, et c'était en première ligne qu'on la voyait le mieux. Par la suite, il deviendra l'un des fondateurs de la « nouvelle objectivité », qui voulait montrer le réel sans l'embellir et tendre à la société allemande son miroir le plus exact. « Mon vœu, disait Otto Dix, est d'adhérer le plus étroitement possible à notre époque, sans me soumettre au dogme de l'esthétique. » C'est dans ce but qu'il va faire le portrait de Sylvia von Harden. Elle qui ne se trouvait pas belle et qui craignait d'effrayer les spectateurs, il va la peindre arrogante et mal à l'aise. Otto Dix disait qu'il voulait devenir célèbre ou voyou. Il y est parvenu. Sa peinture l'a rendu célèbre et les nazis l'ont vu comme un voyou. Quand ils sont arrivés au pouvoir, cent soixante-dix de ses toiles ont été retirées des musées, une partie a même été brûlée. Pour eux, la nouvelle objectivité, c'était de l'art dégénéré.

Otto Dix
2 décembre 1891 Ultermhaus - 25 juillet 1969 Singen

Peintre expressionniste allemand, fils d'un mineur et d'une mère passionnée de musique et de peinture, à 13 ans, il étudie le dessin avec le peintre-décorateur Carl Senff. En 1909, il entre à l'École des arts appliqués de Dresde. Engagé volontaire en 1914, il est plusieurs fois blessé au combat. Installé à Düsseldorf en 1922, il participe à la création du mouvement de la nouvelle objectivité. Nommé professeur à la Kunstakademie de Dresde en 1927, il est renvoyé en 1933 par les nazis puis, cinq ans plus tard, arrêté et enfermé pendant deux semaines par la Gestapo. Mobilisé, il est fait prisonnier par les Français en 1945. Bien qu'éloigné des nouveaux courants artistiques allemands, il est pourtant honoré et distingué tant en RDA qu'en RFA jusqu'à l'infarctus qui l'emporte.

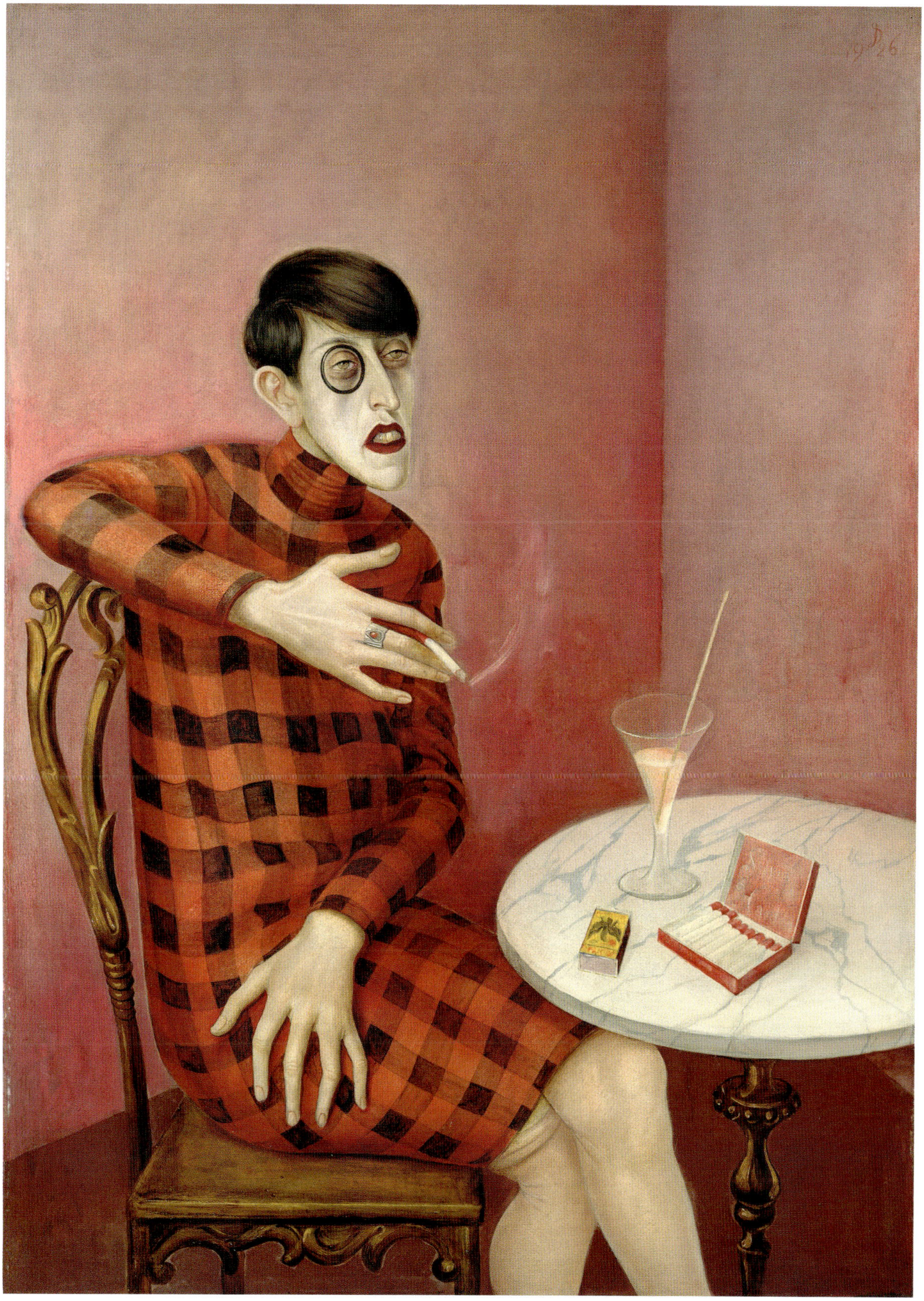

L'Œil Cacodylate,

Francis-Marie Martinez de Picabia, 1921, huile sur toile et collage de photographies, cartes postales et papiers divers découpés, 1,486 × 1,774 m, Paris, Musée national d'art moderne, centre Georges-Pompidou.

« Il essaiera même de vendre son caca aux enchères à Drouot ! »

L'Œil Cacodylate de Francis Picabia, c'est un peu comme quand on a une jambe cassée et que l'on fait signer son plâtre par ses amis, chacun y va de son petit mot. Sauf que Picabia avait un zona à l'œil et qu'il a fait signer sa toile par tous ses copains du mouvement dada. Initié par Tristan Tzara en 1916, le dadaïsme consiste à rejeter toutes les conventions, toutes les contraintes, idéologiques, artistiques, politiques, et à libérer sa créativité grâce à l'esprit de l'enfance, l'extravagance, la provocation et l'humour ! Picabia, qui a rejoint le mouvement en 1919, en est vite devenu l'une des vedettes. Rien ne lui faisait peur. Il osait tout. Il essaiera même de vendre son caca aux enchères à Drouot ! Mais revenons à son zona, qui lui vaut un mois de souffrances en 1921. Il finit par peindre un œil sur une toile qu'il suspend dans son salon et invite ses visiteurs à écrire quelque chose autour. « Je n'ai rien à vous dire », écrit l'un, « Non je ne signerai pas », ajoute l'autre. François Hugo devance beaucoup d'artistes contemporains en avouant : « Je n'ai rien fait et je signe. » Bref, un condensé de pur dadaïsme signé par cinquante-six mains, dont celles de Tristan Tzara, Jean Cocteau, Marcel Duchamp, Isadora Duncan et Man Ray. *L'Œil Cacodylate* sera bien entendu refusé au Salon des indépendants. Un tableau, ça ? Certainement pas, l'artiste n'y a pratiquement rien fait et sa signature se perd au milieu de dizaines d'autres. À quoi Picabia répondra : « Mon tableau, qui est encadré, fait pour être accroché au mur et regardé, ne peut être qu'un tableau. »

Francis-Marie Martinez de Picabia
22 janvier 1879 Paris - 30 novembre 1953 Paris

Peintre, graphiste et écrivain français dada, fils d'un aristocrate diplomate espagnol et d'une bourgeoise française, en 1895, il commence son apprentissage à l'École des arts décoratifs. Quatre ans plus tard, il expose au Salon des artistes français et, dès 1903, sa peinture d'influence impressionniste lui apporte succès et notoriété. Mais en 1909, il abandonne passé et prestige avec *Caoutchouc*, une des œuvres fondatrices de l'art abstrait. Deux ans plus tard, il rejoint le groupe de Puteaux et se lie avec Marcel Duchamp. Avec qui il débarque à New York en 1914 et, aidé par un troisième complice, Man Ray, fait souffler sur la ville un vent dadaïste ponctué par leur publication *New York Dada* en 1921. Et, durant trente ans, rien ne semble pouvoir l'arrêter, sinon une artériosclérose paralysante qui le frappe en 1951…

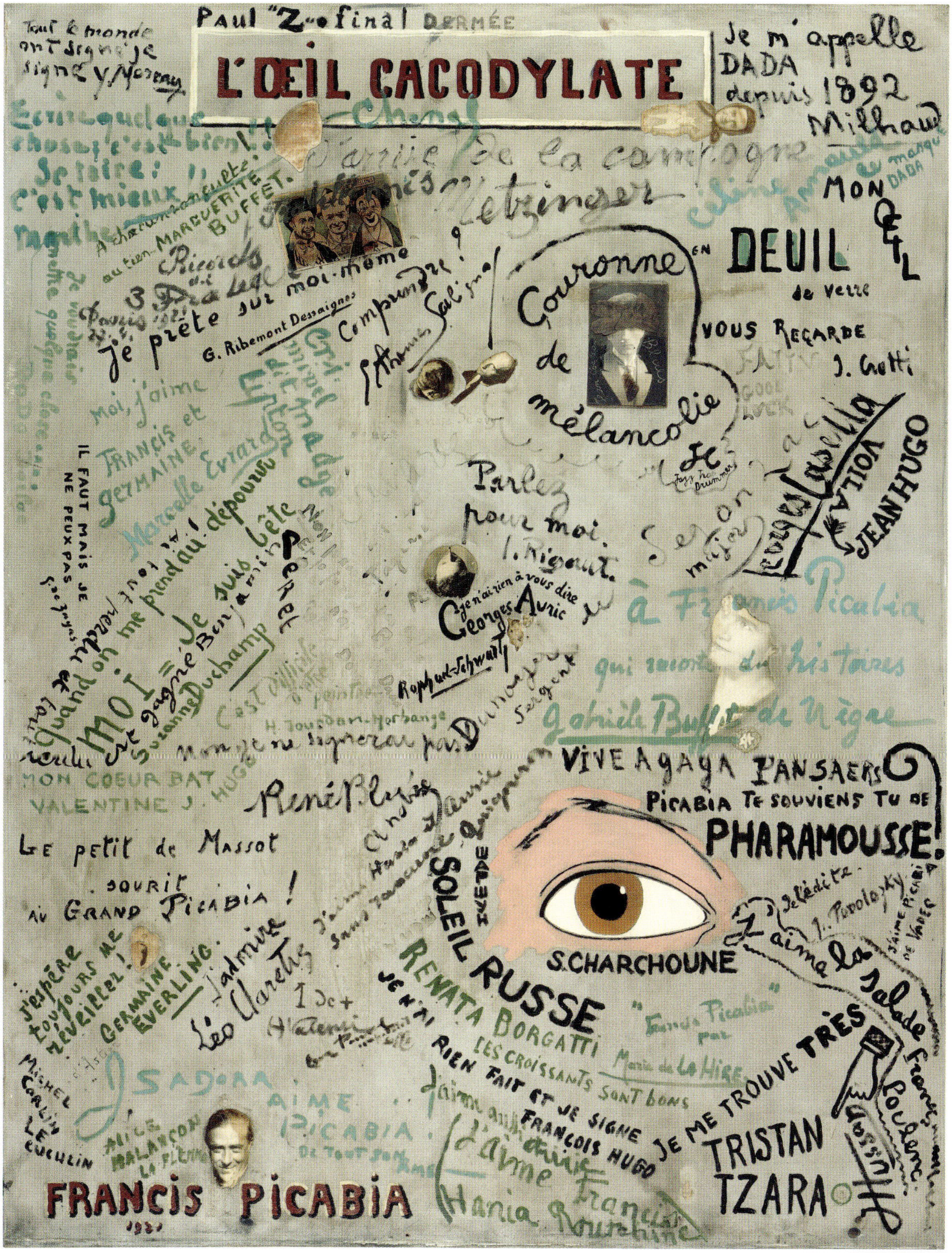

Paul "Z" final DERMÉE
L'ŒIL CACODYLATE
Je m'appelle DADA depuis 1892 Milhaud
J'arrive de la campagne
Metzinger
MON ŒIL
DEUIL
de verre
VOUS REGARDE
Couronne de mélancolie
Je prête sur moi-même
G. Ribemont Dessaignes
moi, j'aime Francis et Germaine
IL FAUT MAIS JE NE PEUX PAS
Parlez pour moi. J. Rigaut.
Je n'ai rien à vous dire Georges Auric
VOILÀ
JEAN HUGO
à Francis Picabia
VIVE AGAGA PANSAERS
PICABIA TE SOUVIENS TU DE PHARAMOUSSE!
MON COEUR BAT VALENTINE J. HUGO
Le petit de Massot sourit au Grand Picabia!
SOLEIL RUSSE
S.CHARCHOUNE
RENATA BORGATTI
LES CROISSANTS SONT BONS
JE N'AI RIEN FAIT ET JE SIGNE FRANÇOIS HUGO
JE ME TROUVE TRÈS
TRISTAN TZARA
J'espère toujours me réveiller!
GERMAINE EVERLING
J'admire
Léo Claretie
ISADORA AIME PICABIA DE TOUT SON ÂME
Hania Routchine
FRANCIS PICABIA
1921

La Guerre,

Marcel Gromaire, 1925, huile sur toile, 130 × 96,50 cm, Paris, musée d'Art moderne de la Ville de Paris.

« En 1914-1918, les peintres se retrouvèrent tous plongés au cœur de l'enfer. »

En 1925, *La Guerre* de Marcel Gromaire fut le clou du Salon des artistes indépendants. Dans un graphisme inspiré du cubisme, Gromaire montrait les poilus des tranchées comme la dernière génération d'une soldatesque venue du plus profond des âges : des « hommes-robots », casqués, cuirassés et soudés ensemble, moulés pour la guerre totale, et pourtant des êtres humains vulnérables, dont on entrevoyait encore la chair au milieu de cet univers désincarné...
Le tableau fut énormément commenté. Et pour cause. Bien que la Grande Guerre se soit terminée sept ans auparavant, les tableaux qui lui étaient consacrés restaient rares, et le sont demeurés... À tel point que l'historien Philippe Dagen a pu parler du « silence des peintres ». Contrairement aux siècles précédents, où les artistes peignaient les guerres de loin, en 1914-1918, les peintres se retrouvèrent tous, Français, Allemands, Russes ou Anglais, plongés au cœur de l'enfer. Derain était artilleur, Léger et Zadkine brancardiers, Kokoschka servait dans la cavalerie, Braque fut grièvement blessé en 1915 et trépané. Et pourtant – ou à cause de cela –, aucun d'entre eux n'a laissé la moindre toile illustrant ce qu'il avait vécu. Ils laissèrent ce soin aux écrivains, aux cinéastes et surtout aux photographes. Seuls des Allemands comme Grosz, Beckmann ou Otto Dix s'essayèrent à l'horreur des batailles. Mais comment rendre de telles déflagrations, avec leur déluge d'acier et leur amoncellement de cadavres ? Gromaire lui-même, qui n'a peint qu'un seul et unique tableau sur la guerre, s'est abstenu d'en peindre la violence. Il a préféré la sobriété d'un moment d'accalmie. Comme si la guerre, au xxe siècle, était devenue impeignable.

Marcel Gromaire
24 juillet 1892 Noyelles-sur-Sambre - 11 avril 1971 Paris

Peintre, graveur, décorateur, illustrateur, dessinateur de tapisserie et linguiste français, fils d'un professeur d'allemand, il passe son baccalauréat en droit à Paris. À partir de 1910, il suit des cours dans les académies Colarossi, Ranson et de La Palette où il est l'élève de Henri Le Fauconnier. En 1912, il commence son service militaire à Lille, pendant lequel la guerre est déclarée. Il est alors mobilisé. En 1916, il est blessé dans la Somme et, dès l'année suivante, il publie des dessins protestataires, notamment dans *Le Crapouillot*. Dès le début des années 1920, il connaît la notoriété grâce au mécénat du docteur Girardin, et l'énorme succès de *La Guerre* au Salon de 1925. Il expose à New York à partir de 1930. En 1963, le musée d'Art moderne de la Ville de Paris organise la première rétrospective de son œuvre.

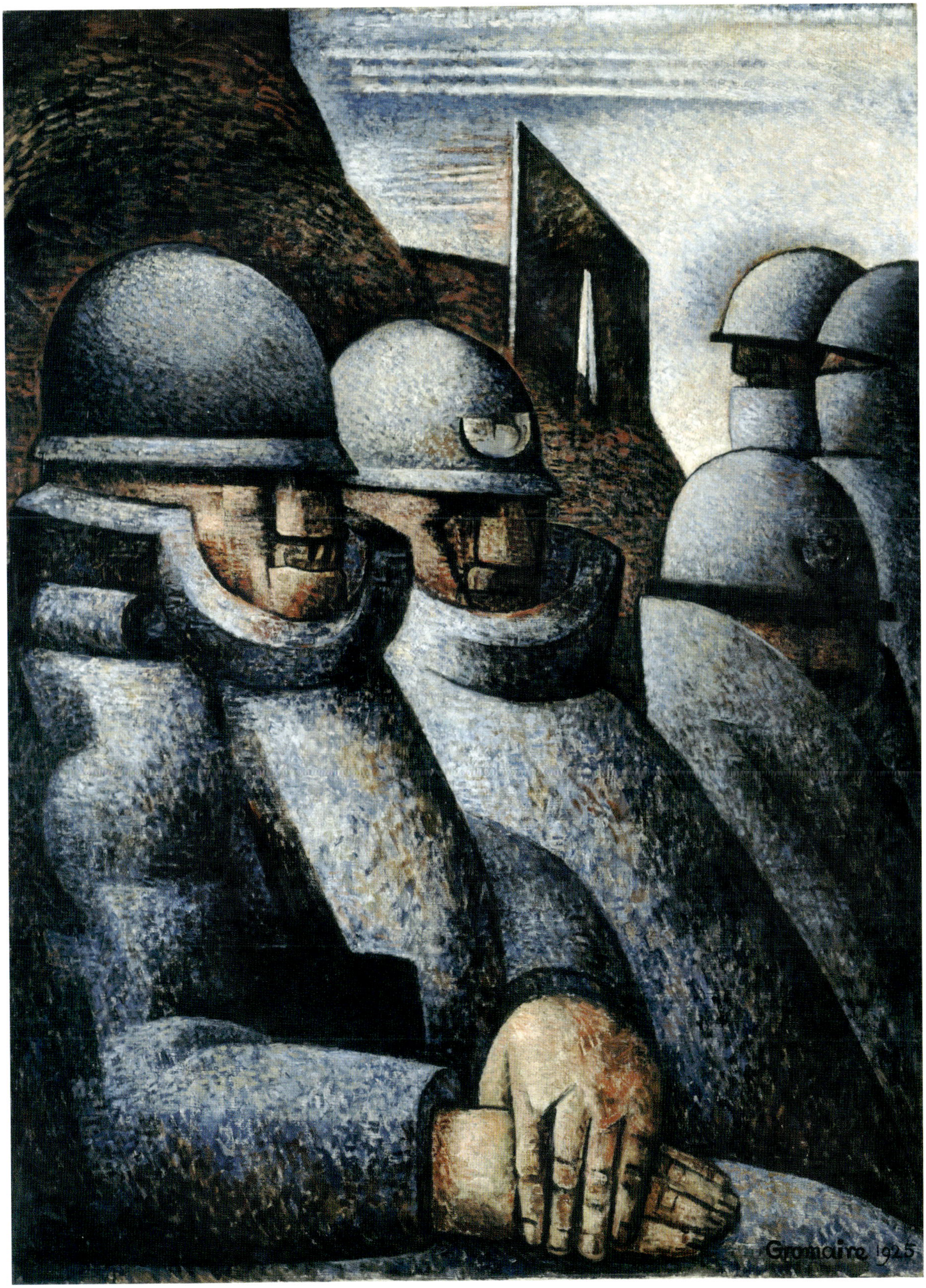
Gromaire 1925

Chimère,

Max Ernst, 1928, huile sur toile, 1,14 × 1,45 m, Paris, Musée national d'art moderne, centre Georges-Pompidou.

« Il va la trouver en inventant le "frottage". »

Cette créature hybride, sorte d'aigle dont les ailes déployées découvrent des seins de femme, cette *Chimère*, puisque tel est son nom, signée Max Ernst, est une œuvre emblématique de l'esthétique surréaliste. En 1924, en effet, le poète André Breton, déçu par le groupe Dada, a inauguré un nouveau mouvement artistique en rédigeant son premier *Manifeste du surréalisme*. Qu'entend-il exactement par « surréalisme » ? Eh bien, il s'agit pour lui d'un « automatisme psychique pur – je le cite –, par lequel on se propose d'exprimer, soit verbalement, soit par écrit, soit de tout autre manière, le fonctionnement réel de la pensée ». Et voilà le peintre allemand Max Ernst, expérimentateur de génie, échappé lui aussi du dadaïsme, qui se met à chercher une réponse picturale à l'appel de Breton. Il va la trouver en 1925 en inventant le « frottage », qui consiste à laisser courir une mine de crayon sur des feuilles posées à même le plancher, ou sur du tissu. Cette technique, qui s'apparente à l'écriture automatique si chère à Breton, fait apparaître des figures imaginaires, créées à la fois par les sinuosités du support – le papier sur le plancher – et par l'inconscient de l'artiste. Et voilà comment *Chimère* est née, en 1928. Produit d'un véritable « collage » d'animaux divers, fruit d'une « vaine imagination ou rêverie extravagante », selon le dictionnaire, Breton va l'acheter immédiatement à Max Ernst et la garder jalousement dans son atelier, jusqu'à sa mort.

Max Ernst
2 avril 1891 Brühl - 1er avril 1976 Paris

Peintre, sculpteur dada et surréaliste allemand, fils du peintre Philipp Ernst, à 18 ans, il étudie la philosophie mais abandonne l'université de Bonn pour se consacrer à l'art. En 1913, il s'installe à Paris et se lie aux artistes de Montparnasse. Mobilisé pendant la Première Guerre mondiale, il retourne en Allemagne et fonde le groupe Dada Cologne avec Jean Arp et Johannes Theodor Baargeld en 1920. De retour à Montparnasse, il intègre le groupe surréaliste en 1923. Allemand, donc ennemi de la France pendant la guerre, il s'installe aux États-Unis en 1941. De retour à Paris en 1953, il gagne la Biennale de Venise l'année suivante. Il s'éteint à Paris la veille de son quatre-vingt-cinquième anniversaire.

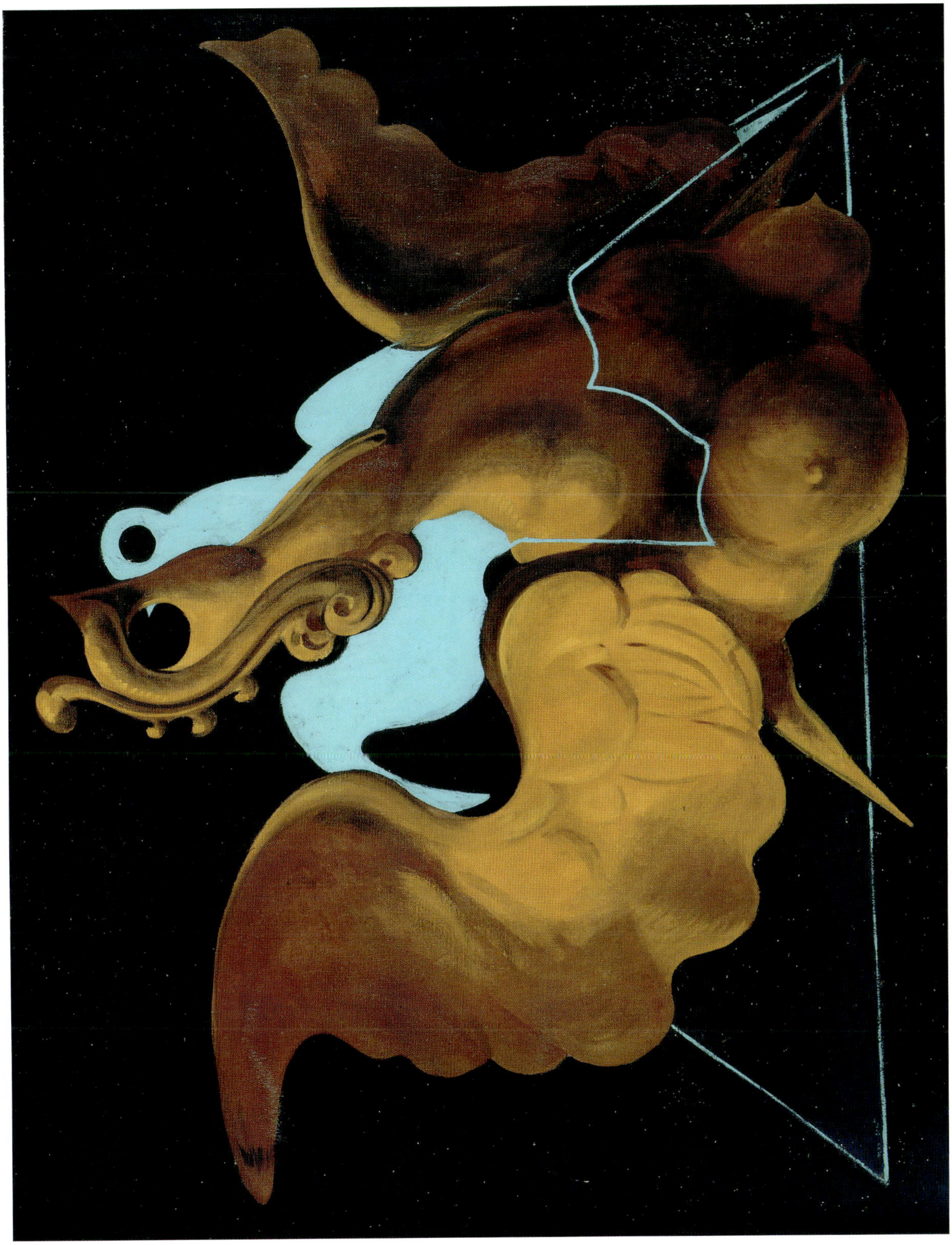

Joséphine Baker (IV), Danse,

Alexander Calder, vers 1928, sculpture en fil de fer, 100,5 × 84 × 21 cm, Paris, Musée national d'art moderne, centre Georges-Pompidou.

« Qu'y a-t-il de plus "mouvementé" à Paris que Joséphine Baker ? »

Regardez Joséphine Baker telle que les Parisiens l'ont découverte dans la *Revue nègre*. C'est sa fameuse « danse sauvage » qu'elle est en train d'exécuter, ondulant des yeux, des seins et du ventre. Et pourtant, ce n'est qu'une sculpture de fil de fer... Oui, mais réalisée par Alexandre Calder, le génie de la sculpture en mouvement. Avant de se tourner vers le dessin, cet artiste américain a été ingénieur en génie mécanique. Le mouvement a toujours été au centre de ses préoccupations. Depuis ses débuts comme illustrateur dans la presse new-yorkaise en 1924, où il brosse en quelques traits, à main levée, un singe qui fait la grimace ou un boxeur en action, jusqu'à ses célèbres mobiles multicolores. Et qu'y a-t-il de plus « mouvementé » à Paris, où il s'installe en 1926, que Joséphine Baker ? C'est l'époque où il anime pour ses amis son fameux cirque miniature, dont les artistes et les animaux fabriqués à partir de fil de fer exécutent leurs numéros entre ses doigts. Le fil de fer, voilà une idée ! C'est le matériau le plus léger qui soit. Calder se met à en faire des sculptures linéaires qui ressemblent à des dessins dans l'espace. Même expressivité que dans ses croquis, même fluidité, mais le volume en plus. De Joséphine Baker, il fait cinq sculptures. Celle-ci, la quatrième, date de 1928. Il fait également jouer John D. Rockefeller au golf, exécute le portrait de Miró... Ce qui lui vaut d'être surnommé « le Daumier du fil de fer » par le critique Édouard Ramon... Et puis, un beau jour de 1930, il visite l'atelier de Mondrian et c'est le choc ! Fini, le fil de fer. Il décide de se convertir à l'abstraction géométrique. Le mouvement, toujours le mouvement...

Alexander Calder
27 juillet 1898 Philadelphie - 11 novembre 1976 New York

Sculpteur et peintre américain, fils et petit-fils des sculpteurs Alexander Stirling Calder et Alexander Milne Calder, à 8 ans, il a déjà son propre atelier et, deux ans plus tard, il réalise ses premières sculptures en laiton. Mais, à la sortie du collège, il s'inscrit au Stevens Institute of Technology où il est diplômé en 1919. Quatre ans plus tard, il entre à l'Art Students League of New York où il étudie avec des peintres de l'Ash Can School. En 1924, il devient illustrateur pour la *National Police Gazette*. Installé à Paris deux ans plus tard, il se lie avec Fernand Léger, Man Ray, Piet Mondrian... Célèbre dès la fin de la guerre, il obtient le grand prix de la Biennale de Venise en 1952. Il est emporté par une crise cardiaque lors du vernissage de sa rétrospective au Whitney Museum of American Art de New York.

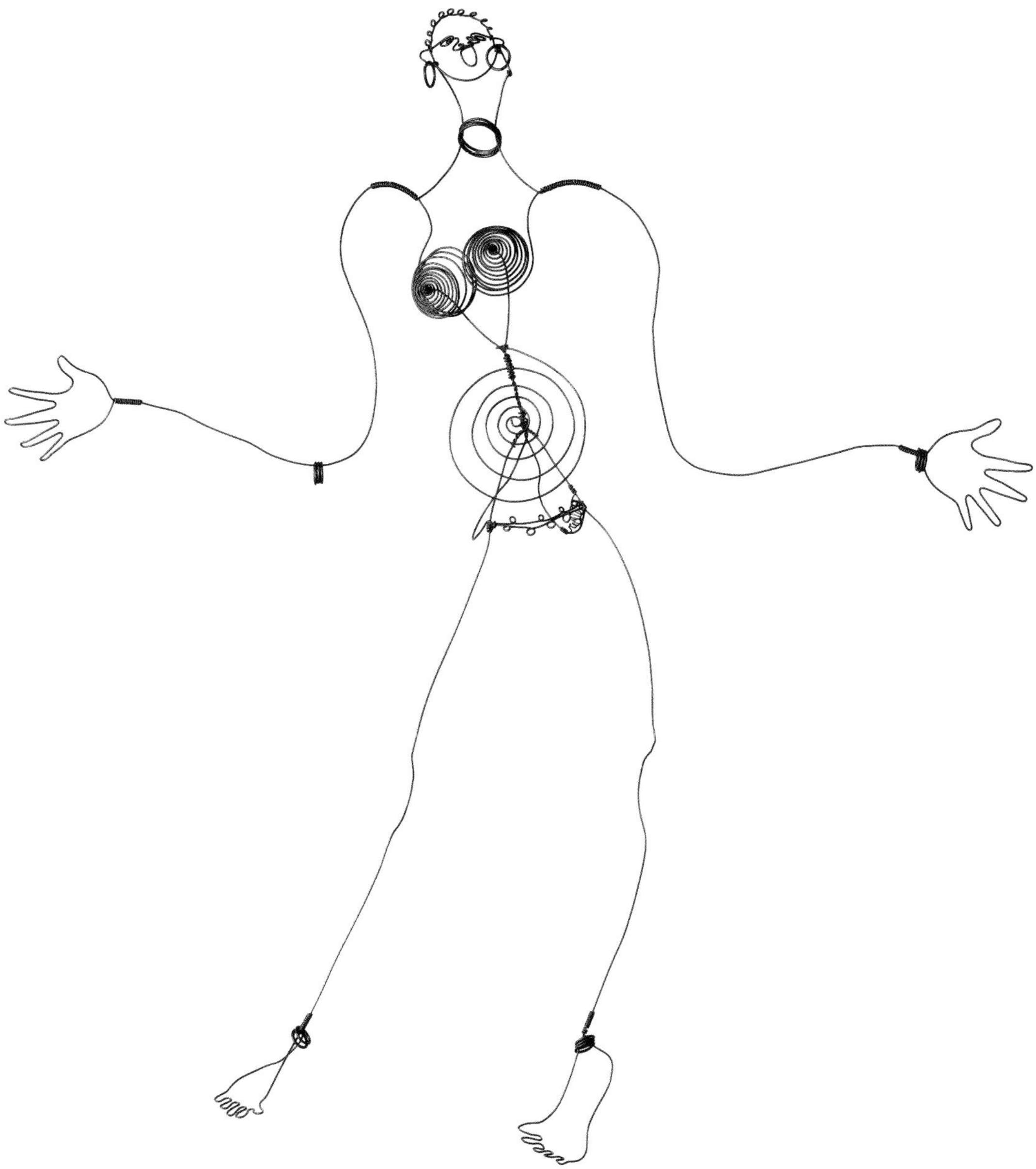

Saint-Moritz,

Tamara Gurwick-Gorska (dite Tamara de Lempicka), 1929, huile sur panneau de bois, 47,8 × 39 cm, Orléans, musée des Beaux-Arts.

« L'œuvre de Tamara de Lempicka est une glorification de la femme "moderne". »

Si *Saint-Moritz*, célèbre tableau de Tamara de Lempicka de 1929, ressemble à s'y méprendre à une affiche, ce n'est pas le fruit du hasard. C'est bien à l'art publicitaire que l'artiste polonaise emprunte son graphisme si particulier. Mais de quoi fait-elle la publicité, exactement ? D'une station de sports d'hiver ? Ne vous y trompez pas. Ce n'est que le décor. En réalité, toute l'œuvre picturale de Tamara de Lempicka est une glorification de la femme, mais pas de n'importe quelle femme, de la femme « moderne ». Un concept révolutionnaire, né de la Première Guerre mondiale : les hommes étant au front, il a bien fallu les remplacer. Ce sont ces affranchies dont elle fait elle-même partie que Tamara de Lempicka prend pour héroïnes et qu'elle magnifie dans la plupart de ses tableaux. Oh, bien sûr, elle ne peint pas les ouvrières des usines, ni les grisettes de quartier, ni les paysannes ; elle peint les femmes qui lui ressemblent, celles qui appartiennent comme elle à la haute société : des aristocrates, des mondaines, des sportives, des intellectuelles, des artistes, dont elle vante la beauté, la liberté, la sensualité dans des compositions spectaculaires aux couleurs vives. Plus tard, quand elle entrera au couvent puis s'exilera aux États-Unis, elle peindra des vierges à l'enfant, des réfugiées, des exilées. Mais pour le moment, ce sont les fantastiques années 1920, la crise économique n'a pas encore éclaté, la jet-set se rue à Saint-Moritz, et la femme moderne fait du ski !

Tamara de Lempicka
16 mai 1898 Varsovie - 18 mars 1980 Cuernavaca

Peintre polonaise, issue d'une riche famille franco-polonaise, elle s'inscrit à l'Académie des beaux-arts de Saint-Pétersbourg en 1914. Deux ans plus tard, elle épouse Tadeusz Lempicki. Fuyant la révolution d'Octobre, le couple s'installe à Paris où, en 1920, elle entre à l'académie de la Grande Chaumière. Cinq ans plus tard, elle participe à la première grande exposition arts décoratifs de Paris. Elle devient alors la peintre favorite de la riche bohème parisienne. Divorcée en 1928, elle traverse une crise mystico-artistique et entre au couvent. Remariée au baron Raoul Kuffner, elle s'installe aux États-Unis en 1939. L'après-guerre l'oublie, mais la mode Art déco des années 1970 la ramène au-devant de la scène.

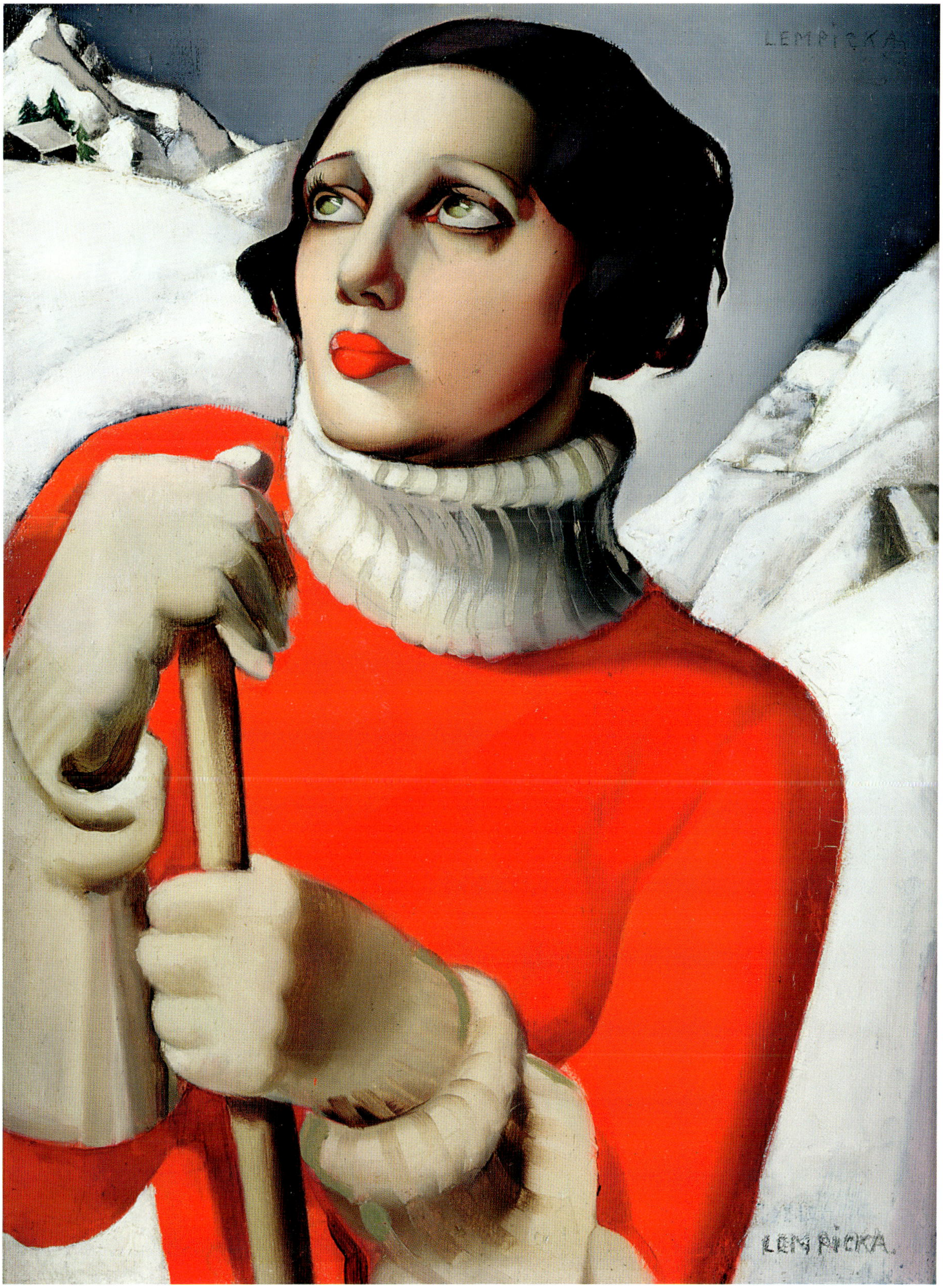
LEMPICKA
LEMPICKA.

Portrait de Paul Guillaume,

Cornelis Théodorus Marie Van Dongen (dit Kees Van Dongen), vers 1930, huile sur toile, 100 × 74 cm, Paris, musée de l'Orangerie.

« Van Dongen devient le peintre sexy par excellence. »

Au moment où il fait ce portrait fort sage du marchand d'art Paul Guillaume, à la fin des années 1920, Kees Van Dongen est ce que l'on appelle un peintre arrivé. Lui qui a vécu sans le sou au Bateau-Lavoir avec son ami Picasso, lui qui fut l'un des précurseurs du fauvisme avec Matisse, il est devenu le portraitiste favori de la haute société. Van Dongen est riche et le Tout-Paris se presse à ses soirées. Quel chemin parcouru ! Car, à ses débuts, à Rotterdam, c'est dans les quartiers mal famés que le jeune Néerlandais cherchait son inspiration et c'est auprès des prostituées qu'il a fini par la trouver. Idem à Paris, où il débarque en 1899, ce sont les filles publiques qui lui servent de modèles. Leur visage lourdement fardé, leurs tenues criardes conviennent parfaitement à son réalisme brutal, à sa palette colorée.
Et si certains le reconnaissent très vite comme le peintre de la femme, de la sensualité, nombreux sont ceux qui s'indignent. Au Salon d'automne de 1913, lorsqu'il expose *Le Châle espagnol*, une femme à la nudité provocante, le tableau est jugé si obscène qu'il est immédiatement décroché par la police.
La presse fait ses choux gras du scandale, Van Dongen devient le peintre sexy par excellence. L'idéal féminin qu'il a créé en peignant des filles de joie, avec leurs grands yeux et leur bouche éclatante, est à la mode. Le contrat qu'il signe avec le célèbre marchand Kahnweiler achève de le lancer dans le monde. Van Dongen sera le grand portraitiste mondain des années folles, « le peintre des névroses élégantes » comme on a dit. Et alors ? « Les bourgeoises sont sottes et insignifiantes, les nouveaux riches sont ennuyeux, reconnaîtra-t-il, mais les peintures faites d'après eux sont des chefs-d'œuvre. » Comme ce portrait du riche marchand d'art Paul Guillaume, qui trône aujourd'hui au musée de l'Orangerie à Paris.

Kees Van Dongen
26 janvier 1877 Rotterdam - 28 mai 1968 Monaco

Peintre néerlandais issu d'une famille aisée, à 16 ans, il entre à l'Académie royale de peinture de Rotterdam. Parallèlement, il croque les prostituées et les marins des quartiers portuaires et fréquente les milieux anarchisants de la ville.
En 1897, il vient à Paris où il s'installe définitivement deux ans plus tard.
En 1905, il expose au Salon d'automne avec Matisse et d'autres artistes que l'on surnomme alors les fauves.
L'année suivante, il s'installe au Bateau-Lavoir avec Picasso.
En 1913, la marquise Luisa Casati lui présente le « grand monde » et, dès la fin de la guerre, il connaît un grand succès de portraitiste. En 1941, il participe à un voyage officiel en Allemagne nazie, ce qui lui vaut une mise à l'index après guerre. En 1959, il s'installe à Monaco dans sa villa surnommée « Le Bateau-Lavoir ».
L'année suivante, il peint Bardot et s'éteint en 1968.

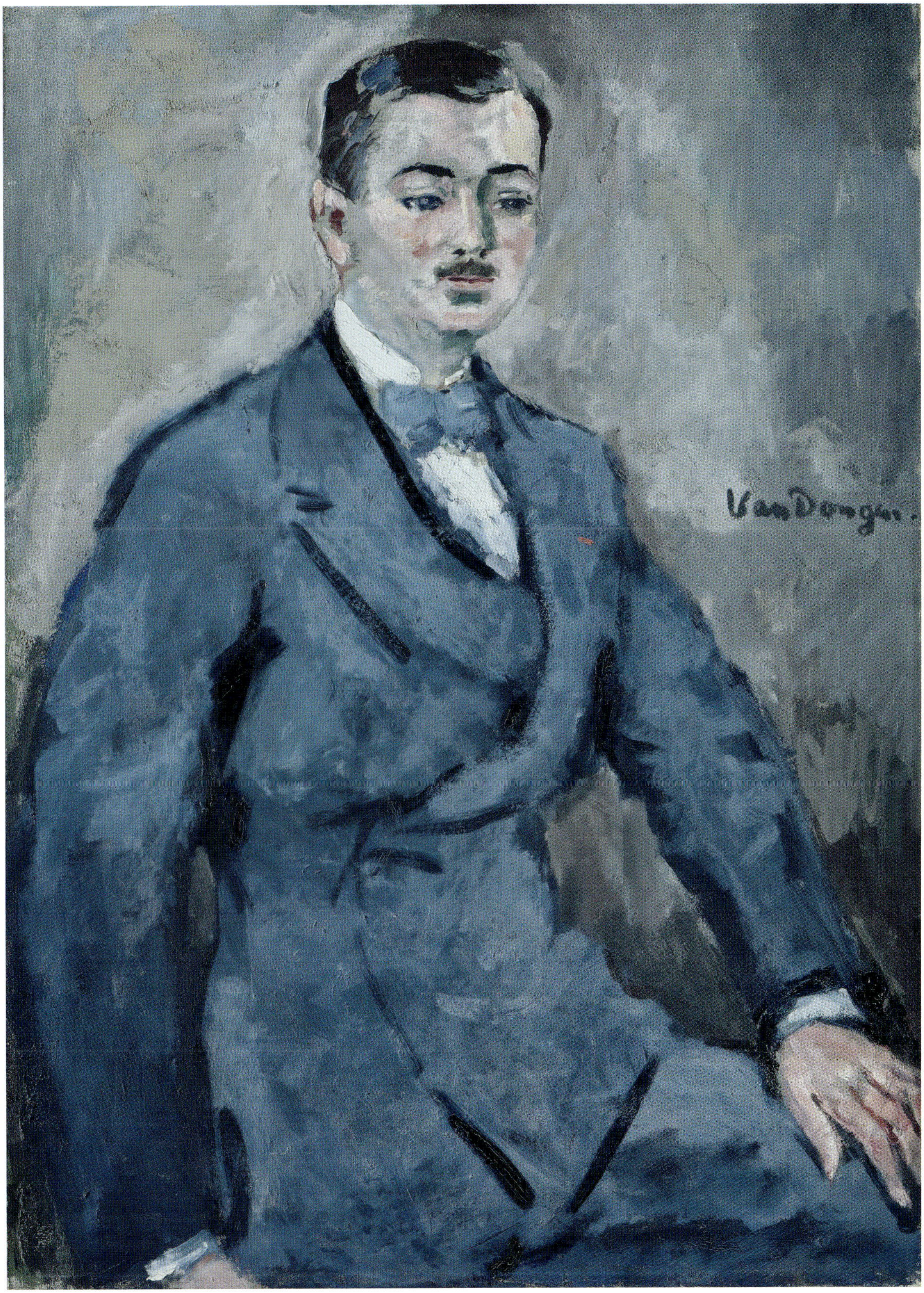
Van Dongen.

Hallucination partielle : six images de Lénine sur un piano,

Salvador Domingo Felipe Jacinto Dalí Domènech (dit Salvador Dalí), 1931, huile sur toile, 1,46 × 1,14 m, Paris, Musée national d'art moderne, centre Georges-Pompidou.

« Il se réveille en sursaut, l'esprit plein d'hallucinations hypnagogiques. »

D'après Salvador Dalí, qui le peint en 1931, *Hallucination partielle : six images de Lénine sur un piano* est un « tableau hypnagogique ». Les hallucinations hypnagogiques sont les visions qui nous apparaissent dans les premiers instants du réveil, et qui peuvent paraître réelles. Dalí, en bon surréaliste, a trouvé dans l'hypnagogique un moyen de parvenir à « l'automatisme psychique pur » énoncé par Breton. Il programme donc ses hallucinations. Comment ? En posant une assiette à ses pieds et en s'asseyant sur une chaise avec une clé dans la main avant sa sieste. Une fois endormi, il lâche la clef, qui fait du bruit en tombant dans l'assiette. Résultat, il se réveille, l'esprit plein d'hallucinations hypnagogiques. Celle-ci, par exemple, qu'il a détaillée : « Au coucher du soleil, je vis le clavier bleuté et luisant de mon piano, où la perspective exposa à ma vue une série de petites auréoles jaunes phosphorescentes entourant le visage de Lénine. » Et voilà comment il a peint cette toile. Sauf que, dans une scène du *Chien andalou*, le film qu'il a fait deux ans plus tôt avec Buñuel, et dans son *Guillaume Tell*, qu'il a peint l'année suivante, en 1930, c'est la tête de l'âne pourri, symbole de la putréfaction corruptrice, qui reposait sur le clavier du piano… De là à comparer le petit père des peuples à un âne corrupteur, il n'y a qu'un pas, que Salvador Dalí va franchir en 1933, dans *L'Énigme de Guillaume Tell*, où il mélange la figure du père cannibale à celle de Lénine. Ce qui lui vaut les foudres de Breton, qui y voit une condamnation du communisme. Bref, pour Dalí, son *Hallucination partielle* va s'avérer un rêve prémonitoire : celui de son exclusion du mouvement surréaliste, huit ans plus tard.

Salvador Dalí
11 mai 1904 Figueras - 23 janvier 1989 Figueras

Peintre, sculpteur et scénariste surréaliste espagnol, fils d'un père autoritaire, il peint son premier tableau à 7 ans tout en rêvant d'être Napoléon. Entré à l'académie San Fernando de Madrid en 1922, il se lie avec Buñuel avant d'être expulsé. En 1929, ils sont à Paris pour tourner *Un chien andalou*. Dalí y rencontre les surréalistes dont André Breton, Eluard et Gala. Trois ans plus tard, il triomphe à la première exposition surréaliste de New York, où il s'exile de 1939 à 1948. Exclu du mouvement surréaliste par Breton en 1939, il n'en continue pas moins son œuvre. En 1960, il entreprend la construction de son musée dans sa ville natale, l'inaugure en 1974 et y fait exposer son corps à sa mort.

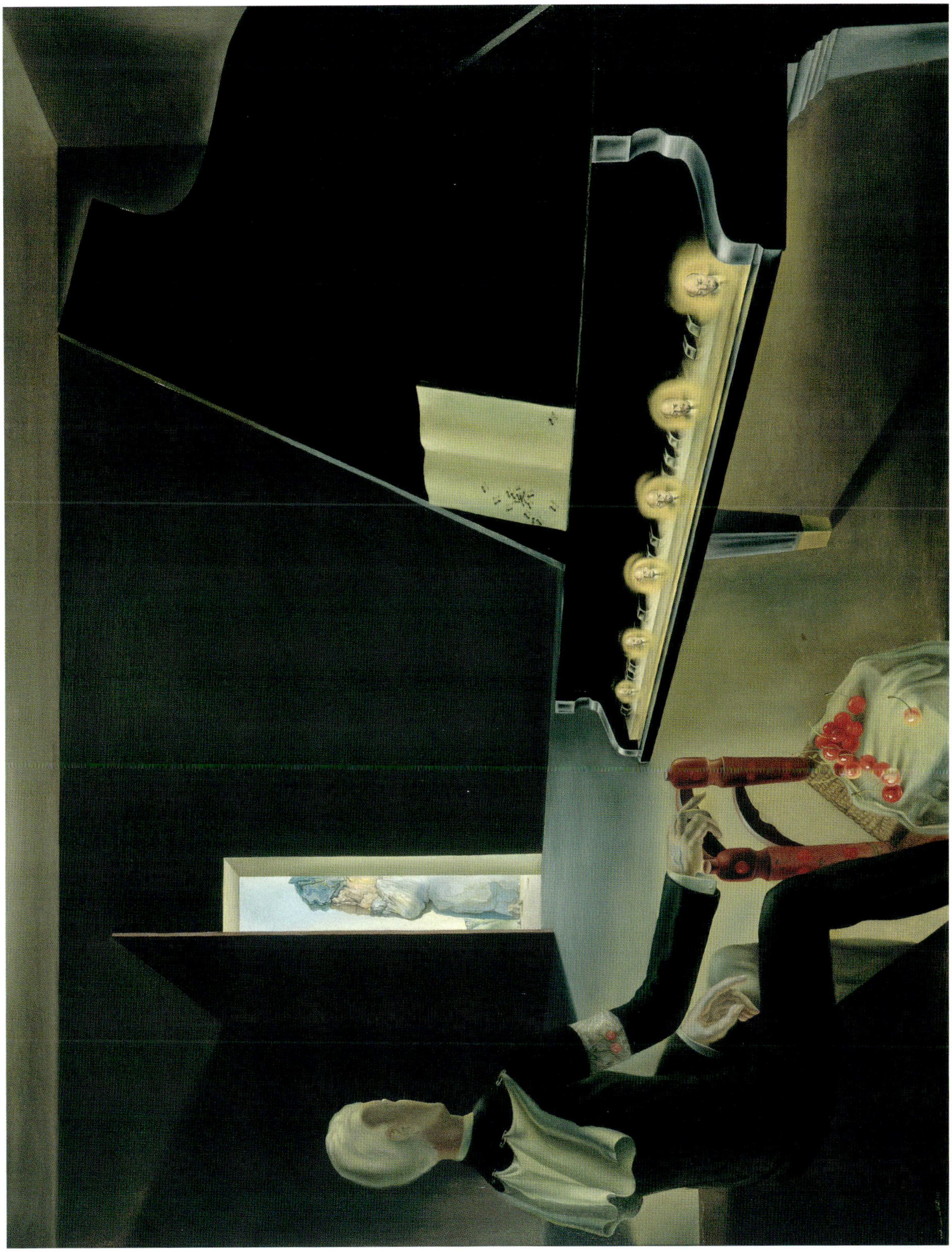

Alice dans le miroir,

Balthasar Klossowski de Rola (dit Balthus), 1933, huile sur toile, 1,62 × 1,12 m, Paris, Musée national d'art moderne, centre Georges-Pompidou.

« Le miroir, c'est nous, c'est le spectateur. »

Lors de la première exposition personnelle de Balthus en 1934, *Alice dans le miroir* choqua beaucoup de monde. Son érotisme juvénile fut jugé obscène. D'autant plus obscène que son modèle, Betty Holland, la jeune et jolie femme du traducteur Pierre Leyris, était tout à fait reconnaissable. Mais ça, c'était l'explication officielle, la manière dont l'assistance justifiait sa gêne. Or, soixante-quinze ans plus tard, la jeunesse de Betty Holland n'est plus en cause, *Alice* de Lewis Carroll a été illustrée des millions de fois, on lui a fait subir tous les outrages, et pourtant, ce tableau cause toujours un certain malaise à celui qui le regarde. La raison en est évidente : le miroir, c'est nous, c'est le spectateur. En regardant *Alice*, on se transforme malgré nous en voyeur… Du reste, c'est ce rôle de voyeur que Balthus va nous faire tenir pendant toute sa carrière. Dans les centaines de toiles qui vont suivre et où soufflera toujours l'influence des primitifs italiens – au grand dam de la critique qui ne comprendra jamais qu'un artiste aussi talentueux s'obstine à peindre des gens alors que la peinture figurative était censée disparaître à jamais de l'histoire de l'art –, qu'il s'agisse de jeunes filles pubères aux poses ambiguës, à la nudité troublante, de femmes à leur toilette, ou même de passants dans la rue, d'un peintre et son modèle, le spectateur aura toujours l'impression de voler un instant d'intimité, de voir ce qu'il ne devrait pas voir. Pour *Alice*, c'était facile, la scène était équivoque, mais pour une scène de rue, comment s'y prend-il ? Chaque personnage semble seul, replié sur lui-même, entre rêve et cauchemar, à la limite de l'inconscience… Regardez les yeux presque aveugles d'Alice, comme ils font peur. C'est ça l'univers de Balthus : « Une peinture de tremblement de terre sous un calme factice », disait Antonin Artaud.

Balthus
29 février 1908 Paris - 18 février 2001 Rossinière

Peintre français d'origine polonaise, fils d'un historien d'art, peintre et décorateur de théâtre polonais et d'une mère russe, mais ressortissants prussiens, sa famille se réfugie en Suisse lors de la Première Guerre mondiale. À 11 ans, il publie son premier recueil de dessins sous le nom de Baltusz. En 1924, il part à Paris et étudie auprès de Pierre Bonnard et Maurice de Vlaminck. Deux ans plus tard, il voyage en Italie et étudie les maîtres de la Renaissance. En 1929, il expose pour la première fois à Zurich. Installé à Paris en 1933, il y expose l'année suivante. En 1961, il est nommé directeur de l'Académie de France à Rome. À la fin de son mandat en 1977, il s'installe à Rossinière en Suisse, où il s'éteint célèbre et vénéré dans le monde entier…

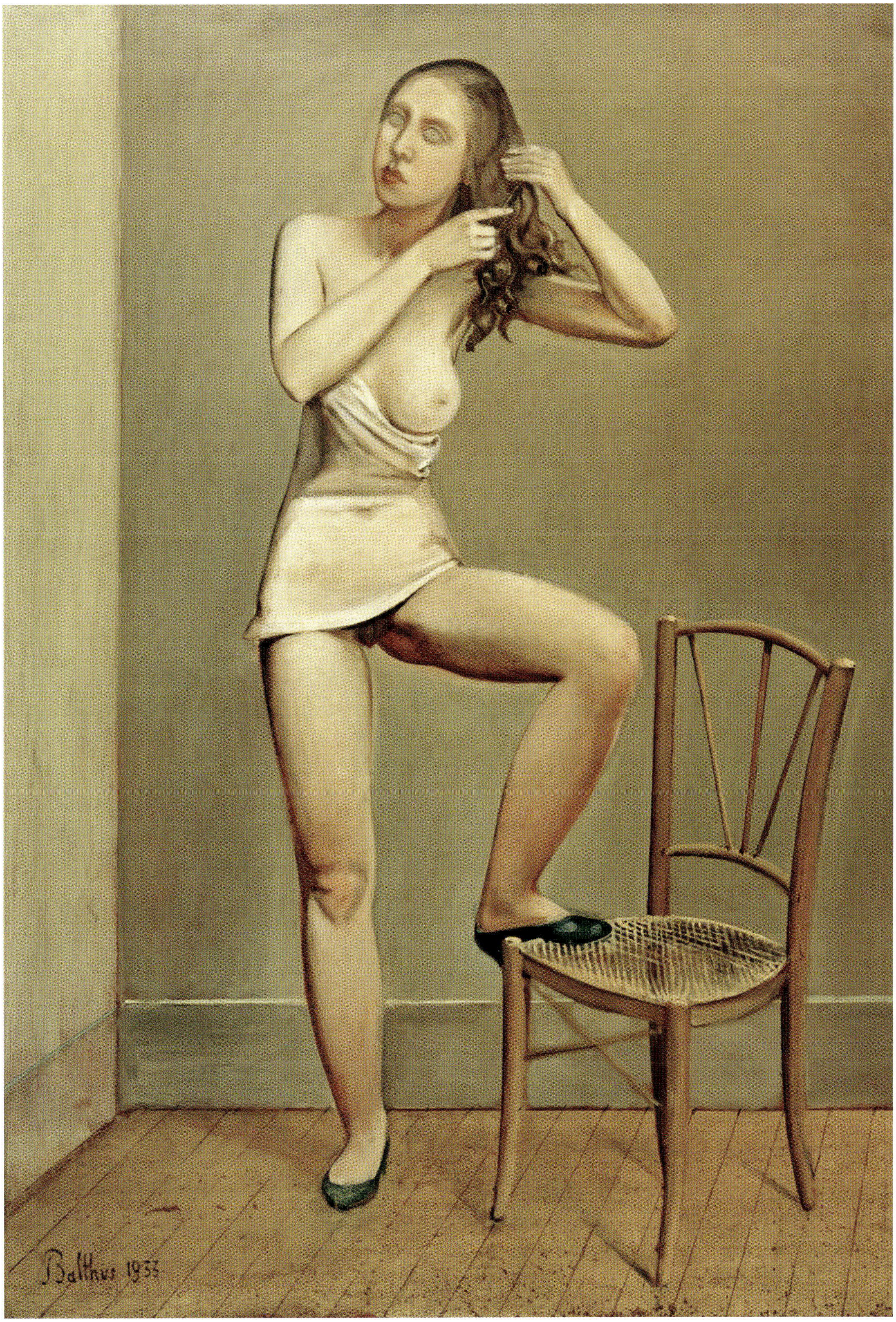
Balthus 1933

Le Prophète,

Pablo Emilio Gargallo, 1933, bronze, 236 × 65 × 50 cm, Anvers, musée du Middelheim.

« C'est avec de simples plaques de fer qu'il sculpte. »

C'est en 1933, peu avant sa mort, que Pablo Gargallo a sculpté *Le Prophète*. Mais qui est Gargallo ? Pour les Espagnols, il est l'inventeur de la *oquedad*, le « creux ». Dans le reste du monde, on l'appelle « le sculpteur du vide ». Ce qui peut sembler paradoxal, la sculpture étant l'art de façonner des œuvres en relief, mais c'est précisément en jouant sur les vides, sur les creux, que Gargallo parvient à donner du relief à ses œuvres. Il fait son apprentissage à Barcelone. Il y apprend à tailler la pierre et à mouler le plâtre. C'est là qu'il se lie avec un certain Picasso, qu'il retrouve à Paris en 1907 alors que celui-ci travaille aux *Demoiselles d'Avignon*. Imaginez la stupeur de Gargallo devant ces femmes géométriques, désincarnées. Jamais, se dit-il, le marbre ou le plâtre ne lui permettront de créer quelque chose d'approchant. Pour donner à ses sculptures la même désincarnation, il faut qu'il se mette à travailler le métal... Il commence avec du cuivre, mais c'est avec de simples plaques de fer qu'il sculpte à partir de 1912. Dans la plus pure tradition des forgerons et des ferronniers ibériques, il plie, incise, découpe, forge et soude ses plaques de tôle. Le résultat lui plaît. Le concave suggère le convexe, les formes pleines prolongent les creux dans lesquels la lumière s'engouffre. Le vide prend enfin du volume. Il existe autant que le plein. Il donne au corps sa forme incomparable et regardez la bouche, ô combien symbolique, ce n'est qu'un large trou béant. Et pourtant, quelle puissance ! Comme il est menaçant, ce prophète ! Voilà pourquoi il faut rendre grâce à Gargallo. Il a anobli le métal, en prouvant qu'une pauvre plaque de tôle valait bien la pierre ou le marbre.

Pablo Emilio Gargallo
5 janvier 1881 Maella - 28 décembre 1934 Reus

Sculpteur espagnol, fils d'un forgeron, il arrive à Barcelone en 1888. À quatorze ans, il s'initie à la sculpture auprès d'Eusebio Amau. Il entre ensuite à l'École des beaux-arts de la Lonja dans l'atelier du sculpteur Venancio Vallmitjana. Et dans le même temps fréquente le café Els Quatre Gats, où il se lie avec Pablo Picasso. En 1903, il obtient une bourse et effectue plusieurs voyages à Paris où il s'installe en 1912. De retour à Barcelone, il est nommé en 1920 professeur de sculpture de l'École technique des métiers artistiques de la Fédération de Catalogne. Destitué trois ans plus tard, il s'installe définitivement à Paris en 1925. Et, très vite, il expose dans le monde entier. Et c'est lors d'une de ses expositions dans son pays qu'il s'éteint d'une pneumonie.

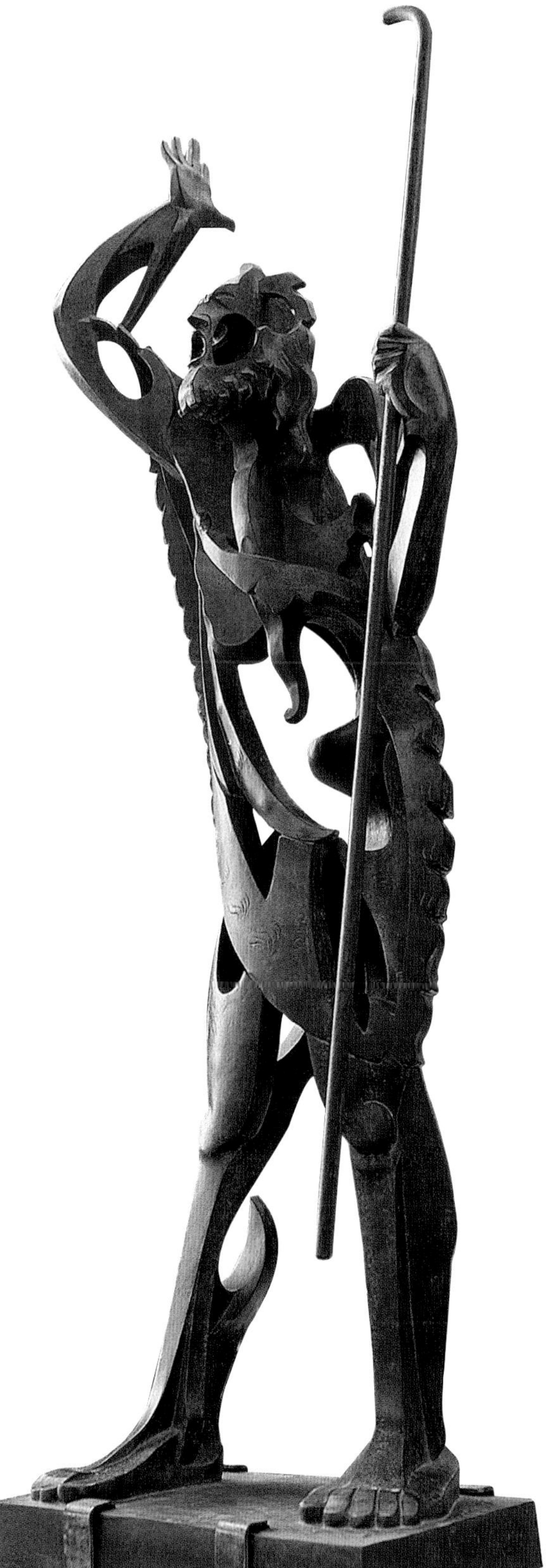

Le Modèle rouge,

René Magritte, 1935, carton, huile sur toile marouflée sur carton, 56 × 46 cm, Paris, Musée national d'art moderne, centre Georges-Pompidou.

« Mais alors ces titres, comment les choisissait-il ? »

Il est parfois difficile de comprendre certains tableaux. C'est le cas de celui-ci, très surréaliste, peint par Magritte en 1935. Que signifient ces deux pieds, mi-chaussures mi-orteils ? Difficile à dire... Alors, on regarde le titre du tableau, dans l'espoir qu'il nous aide à interpréter une œuvre aussi énigmatique. Hélas, il s'intitule *Le Modèle rouge*. Rien à voir avec ce qu'on a sous les yeux. Et pour cause ! Magritte ne voulait pas forcément qu'il existe un rapport entre ses tableaux et leur titre. Mais alors ces titres, comment les choisissait-il ? Eh bien, c'était souvent le résultat d'un jeu. Magritte réunissait quelques amis devant ses toiles encore fraîches et chacun énumérait ce qui lui venait à l'esprit, mais attention, il ne fallait pas dire n'importe quoi, le jeu consistait à retrouver le processus mental par lequel le peintre en était arrivé à peindre cette image. Et, à la fin, c'était Magritte lui-même qui tranchait. Sur un de ses tableaux, par exemple, Magritte a peint une fenêtre derrière laquelle se tient une foule d'hommes identiques. Eh bien, il a fini par s'intituler *Le Mois des vendanges* ! Mais revenons-en au *Modèle Rouge*. Vous désirez quand même savoir ce que signifie ce tableau ? Magritte voulait nous faire ressentir que l'union d'un pied humain et d'un soulier de cuir relève d'une coutume monstrueuse ! N'y voyez aucune interprétation de ma part. C'est lui qui l'a révélé en 1938.

René Magritte
21 novembre 1898 Lessines - 15 août 1967 Bruxelles

Peintre surréaliste belge, fils d'un tailleur et d'une modiste, il commence à peindre et dessiner dès l'âge de 12 ans. En 1912, sa mère se suicide en se jetant dans la Sambre. Il est alors élevé par des bonnes et des gouvernantes. Trois ans plus tard, il s'installe à Bruxelles et réalise ses premières œuvres de style impressionniste. En 1916, il entre à l'Académie des beaux-arts de Bruxelles. Deux ans plus tard, il publie sa première affiche pour une publicité de pot-au-feu et, dès 1919, il dessine pour la nouvelle revue *Au volant*. À partir de 1922, sa rencontre avec les écrivains Marcel Lecomte et Camille Goemans, et sa découverte de Giorgio De Chirico, le rapprochent tout d'abord du mouvement dada et l'introduisent dès 1925 dans le mouvement surréaliste.

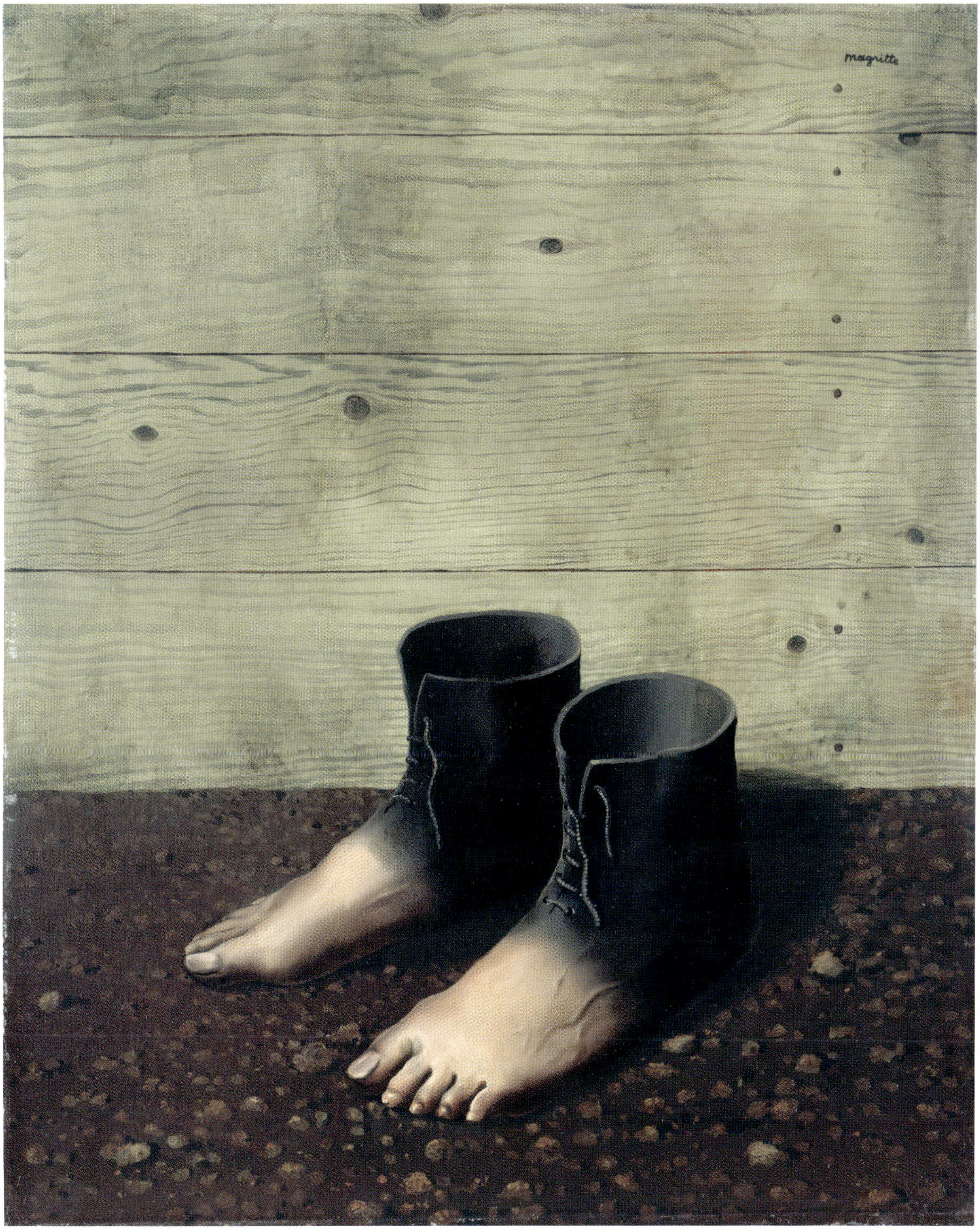
magritte

La Boîte-en-Valise,

Marcel Duchamp, 1936-1968, boîte à tirettes en carton recouverte de cuir vert à l'extérieur, de lin vert à l'intérieur, et contenant des répliques miniatures d'œuvres, 80 items (photographies, documents, objets), série G (47 exemplaires), assemblée par Jackie Monnier à Paris en 1968, 40 × 37,5 × 8,2 cm, Paris, Musée d'art moderne de la Ville de Paris.

« Œuvre d'art ? Normalement, non ! »

La Boîte-en-Valise est une œuvre de Marcel Duchamp. Ou plus exactement un musée portatif de quatre-vingts de ses œuvres reproduites en miniature. Mais c'est aussi un nouveau pied de nez du père de l'art conceptuel à la notion même d'œuvre d'art. En effet, après avoir affirmé que n'importe quel objet est une œuvre d'art du moment qu'un artiste l'a décidé, l'a signé, et après l'avoir mis en pratique avec ses *ready-made*, Duchamp persiste et signe à partir de 1936 avec sa *Boîte-en-Valise*, une boîte en contreplaqué recouverte de cuir dans laquelle il glisse des répliques miniatures de ses œuvres. On y trouve entre autres des reproductions en trois dimensions de ses *ready-made* et de ses sculptures, des photographies de ses peintures… Œuvre d'art ? Normalement, non ! Cette *Boîte-en-Valise* contient des reproductions, pas des originaux, et puis elle est reproductible à l'infini, autant d'arguments en contradiction avec la définition de l'œuvre d'art. Mais Duchamp a plus d'un tour dans sa *Boîte*. Les photographies noir et blanc de ses peintures, il les colorie et en signe certaines de sa main. Sa *Boîte-en-Valise* contenant désormais des « originaux », elle peut être considérée comme une œuvre d'art à part entière ! Peggy Guggenheim va d'ailleurs acquérir la première. Car, dans la foulée, il en réalise vingt-trois autres, dans lesquelles il ajoute un original différent à chaque fois, comme le paysage séminal de la boîte n° 12 ou les tifs et poils de la n° 13. Et il va encore plus loin, car 280 *Boîtes-en-Valise* suivront, et il ne les assemblera même plus lui-même. En 1968, c'est sa belle-fille, Jackie Monnier, qui s'est chargée de celle que vous avez sous les yeux.

Marcel Duchamp
28 juillet 1887 Blainville-Crevon - 2 octobre 1968 Neuilly-sur-Seine

Peintre, sculpteur et plasticien franco-américain, inscrit à l'académie Julian à Paris, il approfondit son apprentissage auprès des artistes d'inspiration cubiste du groupe de Puteaux, notamment ses frères et Léger. Réformé en 1914, il débarque à New York avec Picabia et rencontre Man Ray. Les trois complices soufflent alors sur la ville un vent de dadaïsme, ponctué par leur publication *New York Dada* en 1921. Deux ans plus tard, il décide de se consacrer aux échecs et feint de s'éloigner de l'art. Mais il y revient dès la fin des années 1930, notamment avec les surréalistes au début des années 1940. Célèbre dans le monde entier, il est un précurseur pour toute une génération d'artistes. Sur sa tombe est gravée cette épitaphe : « D'ailleurs, c'est toujours les autres qui meurent. »

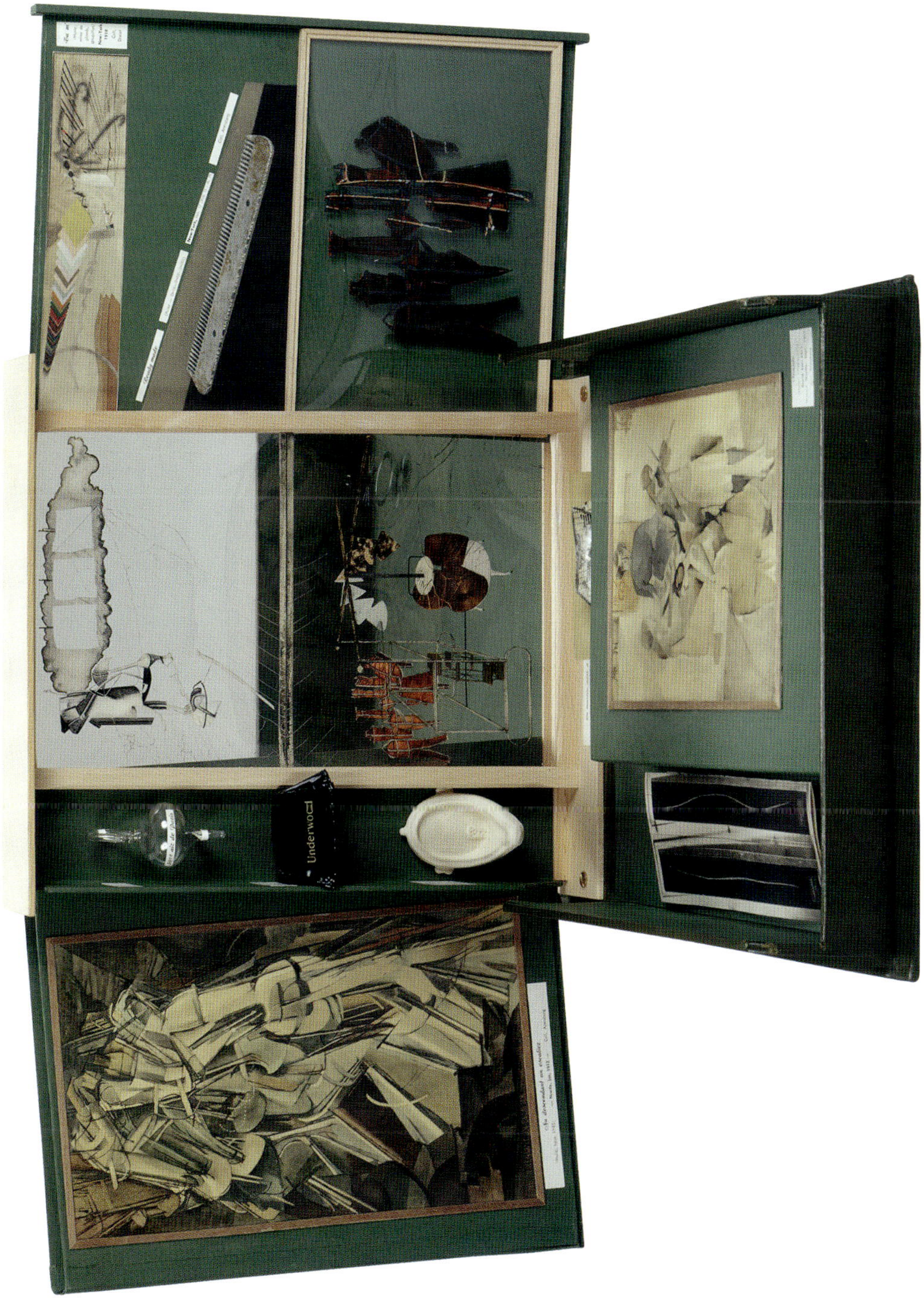
Underwood

L'Aveugle et le Paralytique,

Däne Jacob Kjeldgaard (dit Marinus), 1940, procédé gélatino-bromure d'argent, photomontage, 23,7 x 17,7 cm, Bièvres, Musée français de la photographie.

« Comment en vouloir à Marinus de son manque de discernement ? »

Associer Hitler et Staline est aujourd'hui monnaie courante. Mais les voir comme *L'Aveugle et le Paralytique* trahit une erreur de jugement. Hitler dans le rôle de l'aveugle, pourquoi pas ? Ne disait-il pas lui-même qu'il faisait son chemin « avec l'assurance d'un somnambule » ? Cinq ans plus tard, il se suicidera dans Berlin en ruines. Staline, en revanche, sortira vainqueur de la Seconde Guerre mondiale. Et jusqu'à sa mort en 1953, il régnera sur un empire gigantesque. Pas mal, pour un « paralytique » ! Mais comment en vouloir à Marinus de son manque de discernement ? Quand celui-ci réalise ce photomontage pour la couverture de l'hebdomadaire *Marianne* du 29 février 1940, les deux dictateurs viennent de se partager la Pologne. Chez nous, c'est la « Drôle de guerre ». Il faut persuader les Français que la liberté et la démocratie finiront par vaincre le totalitarisme. Marinus est un as du photomontage, un art inventé par les dadaïstes allemands consistant à mélanger des photos avec des affiches de films, des reproductions d'œuvres d'art. À partir de 1932, date à laquelle il est engagé par Gaston Gallimard, qui vient de créer *Marianne*, Marinus se paye la tête de grands de ce monde, de Hitler en particulier. Il profite de la sortie du film *King Kong* pour donner les traits du chancelier nazi au gorille et carrer la Société des Nations dans sa main velue. *Marianne* est interdit illico en Allemagne. Plus de 250 photomontages suivront, de *La Joconde* arborant le visage de Staline à *L'Aveugle et le Paralytique*, inspiré de la sculpture de Jean Turcan. Et ce jusqu'à la fin de l'hebdomadaire, en juin 1940, quand les Allemands entreront dans Paris.

Marinus
1884 - 1964

Photographe et journaliste danois, en 1909, il émigre à Paris. Et, dès 1916, il participe à la naissance du photomontage politique en publiant ses œuvres dans des revues françaises. À partir de 1932, il devient célèbre grâce à ses images dénonçant le fascisme et le nazisme qui font la couverture de *Marianne* jusqu'en 1940. Et lui vaut d'être considéré comme l'une des voix antifascistes les plus percutantes de la France des années 1930 par l'historien de la photographie Gunner Byskov.

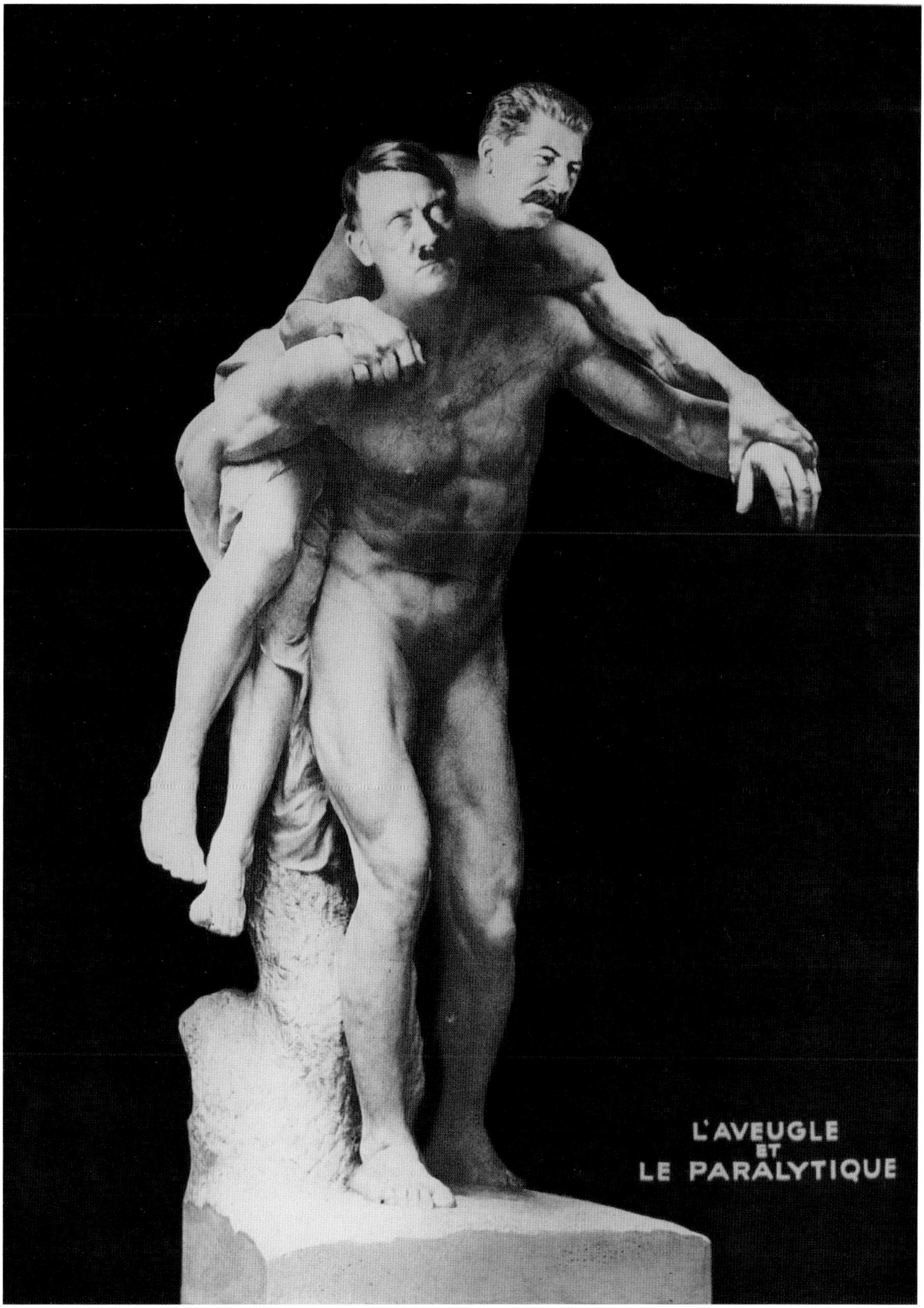
L'AVEUGLE
ET
LE PARALYTIQUE

Autoportrait « The Frame »,

Magdalena Carmen Frida Kahlo Calderón (dite Frida Kahlo), 1938, huile sur aluminium, fixé-sous-verre et cadre en bois peint, 28,5 × 20,7 cm, dimensions avec le cadre : 32,2 × 24,4 cm, Paris, Musée national d'art moderne, centre Georges-Pompidou.

« Je suis le motif que je connais le mieux. »

Cet *Autoportrait* de Frida Kahlo de 1938, intitulé *The Frame* – « le cadre » en anglais –, fait partie des très nombreux autoportraits exécutés par l'artiste tout au long d'une œuvre largement autobiographique, teintée de fantastique, de folklore mexicain et de culture précolombienne : « Si je me peins, disait-elle, c'est parce que je passe beaucoup de temps seule et que je suis le motif que je connais le mieux. » Atteinte à 8 ans d'une poliomyélite qui la laisse boiteuse, elle est victime à 17 ans, en 1925, d'un terrible accident de la circulation. L'abdomen, la jambe gauche et le pied droit fracturés, le bassin et la colonne vertébrale brisés, elle reste alitée pendant des mois, prisonnière d'un corset en plâtre. Son père lui ayant fait cadeau d'une boîte de couleurs, elle se met à peindre. Ses premiers dessins représentent son accident, auquel elle ajoute peu à peu sa propre personne. Et pour qu'elle puisse mieux s'observer, on installe un baldaquin au-dessus de son lit avec un miroir fixé au plafond. Son premier autoportrait date de 1926. Des centaines d'autres suivront, tous aussi douloureux. *The Frame*, par exemple, qui rappelle les ex-voto et qui plaira tant aux surréalistes lors de sa présentation à Paris en 1939. Frida Khalo disait pourtant n'avoir « jamais peint de rêves », si chers à André Breton, mais « sa réalité ». Sa vie, en effet, est jalonnée de drames – son mari, le célèbre peintre muraliste Diego Rivera, ne cesse de la tromper, y compris avec sa sœur –, de problèmes de santé et de séjours à l'hôpital. On finira même par lui amputer la jambe droite en 1953, un an avant qu'elle s'éteigne, à 47 ans, d'une pneumonie. Frida sera incinérée selon son vœu : « Même dans un cercueil, avait-elle dit, je ne veux plus jamais rester couchée. »

Frida Kahlo
6 juillet 1907 Coyoacán - 13 juillet 1954 Coyoacán

Peintre mexicaine, fille d'un Allemand et d'une artiste peintre mexicaine, à 15 ans, elle entre à l'Escuela Nacional Preparatoria de Mexico. Le 17 septembre 1925, elle est transpercée par une barre métallique lors d'un accident de la circulation. Trois ans plus tard, elle s'inscrit au parti communiste mexicain et, l'année suivante, épouse Diego Rivera. Élue membre du Seminario de Cultura Mexicana en 1942, elle est professeur à l'Académie des beaux-arts l'année suivante. En 1953, un an avant sa mort, son médecin lui interdisant de se déplacer, elle est transportée sur son lit à sa première exposition monographique au Mexique.

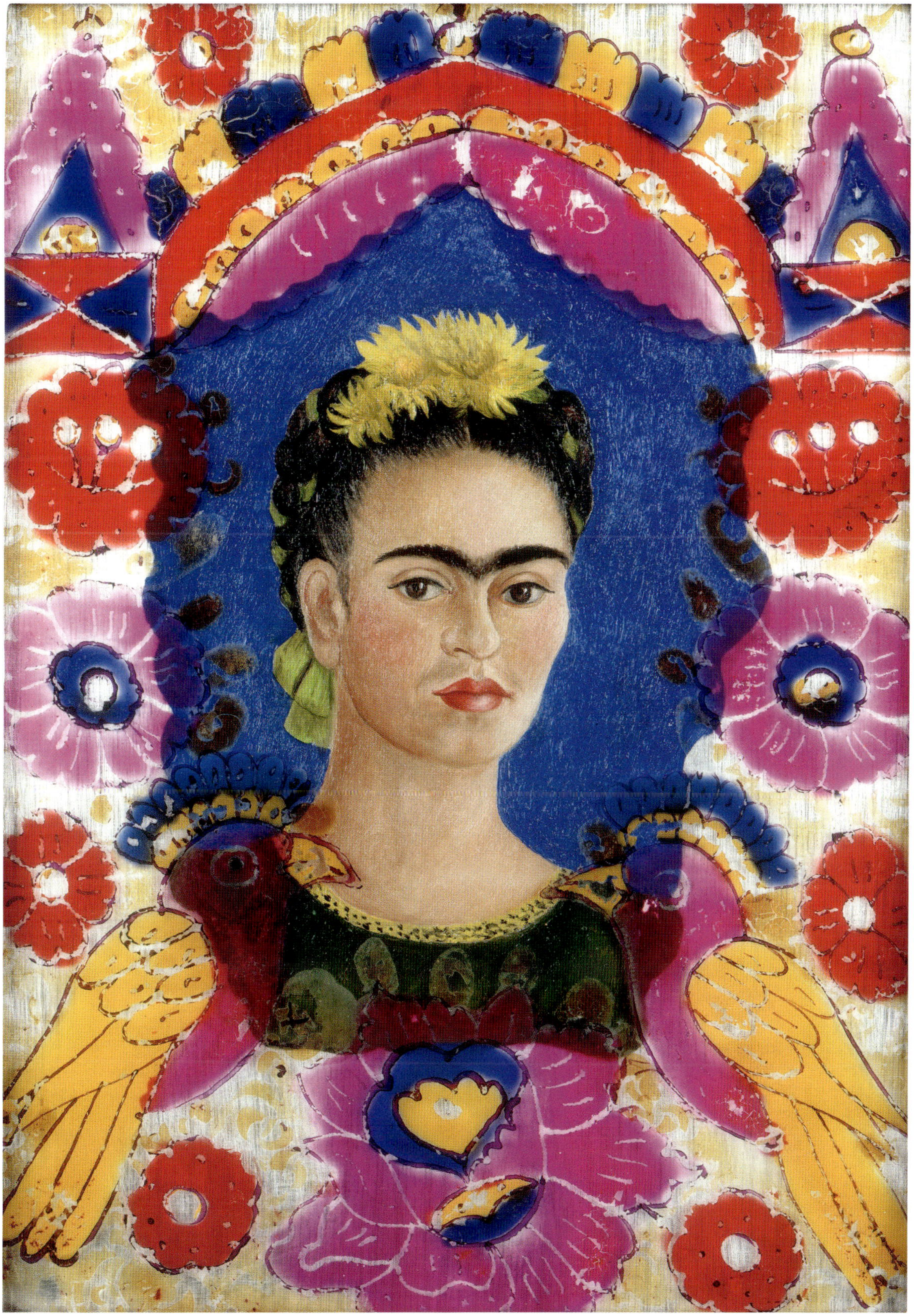

Dans un camp de déportés, une indicatrice de la Gestapo est reconnue par une femme qu'elle avait dénoncée, Dessau, Allemagne,

Henri Cartier-Bresson, 1945, 30,3 × 40,2 cm, tirage gélatino-argentique postérieur, Paris, musée d'Art moderne de la Ville de Paris.

« Ici, l'image parle et dit tout. »

Dans un camp de déportés, une indicatrice de la Gestapo est reconnue par une femme qu'elle avait dénoncée, Dessau, Allemagne, tel est le titre, ou plutôt la légende, donné à cette photo. Et n'y voyez aucune mise en scène, en dépit du cadre parfait et de l'exacerbation des personnages, dignes d'une peinture hollandaise du XVIIe siècle. Henri Cartier-Bresson, qui l'a prise en 1945, n'a pas été surnommé pour rien « l'œil du siècle ». Cofondateur de l'agence Magnum, il est l'un des as du photojournalisme, c'est-à-dire du reportage où le texte s'appuie sur la photo et non l'inverse. Ici, l'image parle et dit tout. Ne manque que le contexte. C'est le titre, la date et le lieu qui nous le donnent. On est à la fin de la Seconde Guerre mondiale, à Dessau. Ce camp de concentration vient d'être libéré. La dénonciatrice a la tête baissée. Sa victime est indignée… Il n'y a rien à ajouter. Dès son apparition, au XIXe siècle, la photographie avait intéressé la presse écrite. Mais, du fait des délais de prise de vue, de développement et d'impression, « l'image instantanée » comme on l'appelait, perdait beaucoup de son instantanéité. Elle se retrouvait en décalage par rapport à l'événement, elle n'arrivait qu'après pour illustrer le récit. Heureusement, dans les années 1920, les appareils photo s'allégèrent. Le film remplaça les plaques et la vitesse de prise de vue s'accéléra considérablement. Et c'est muni d'un de ces petits bijoux, un Krauss acheté d'occasion, qu'à 23 ans, Henri Cartier-Bresson réalisa ses premiers clichés en Côte-d'Ivoire. L'année suivante, il publia son premier reportage, où l'image déjà parlait d'elle-même. Car c'est cela le photojournalisme selon Cartier-Bresson : une image ne raconte pas d'histoire, elle se passe de bavardage, elle se contente de fixer ce qu'il appelait un « instant décisif que l'œil a surpris ».

Henri Cartier-Bresson
22 août 1908 Chanteloup-en-Brie - 3 août 2004 Monjustin

Photographe français, issu d'une famille aisée, il étudie au lycée Condorcet à Paris où il échoue trois fois au baccalauréat. En 1926, il prend ses premières photographies et, l'année suivante, étudie la peinture dans l'atelier d'André Lhote. En 1931, il part en Côte-d'Ivoire et à son retour en France se consacre à la photographie. Mobilisé en 1939, il est fait prisonnier l'année suivante et passe trois ans en captivité avant de s'évader en février 1943. Quatre ans plus tard, il fonde Magnum Photos avec Robert Capa, David Seymour, William Vandivert et George Rodger. En 1970, il abandonne finalement la photographie pour revenir au dessin. Un an avant sa mort, il crée la Fondation Cartier-Bresson, alors que la Bibliothèque nationale de France lui consacre une exposition rétrospective.

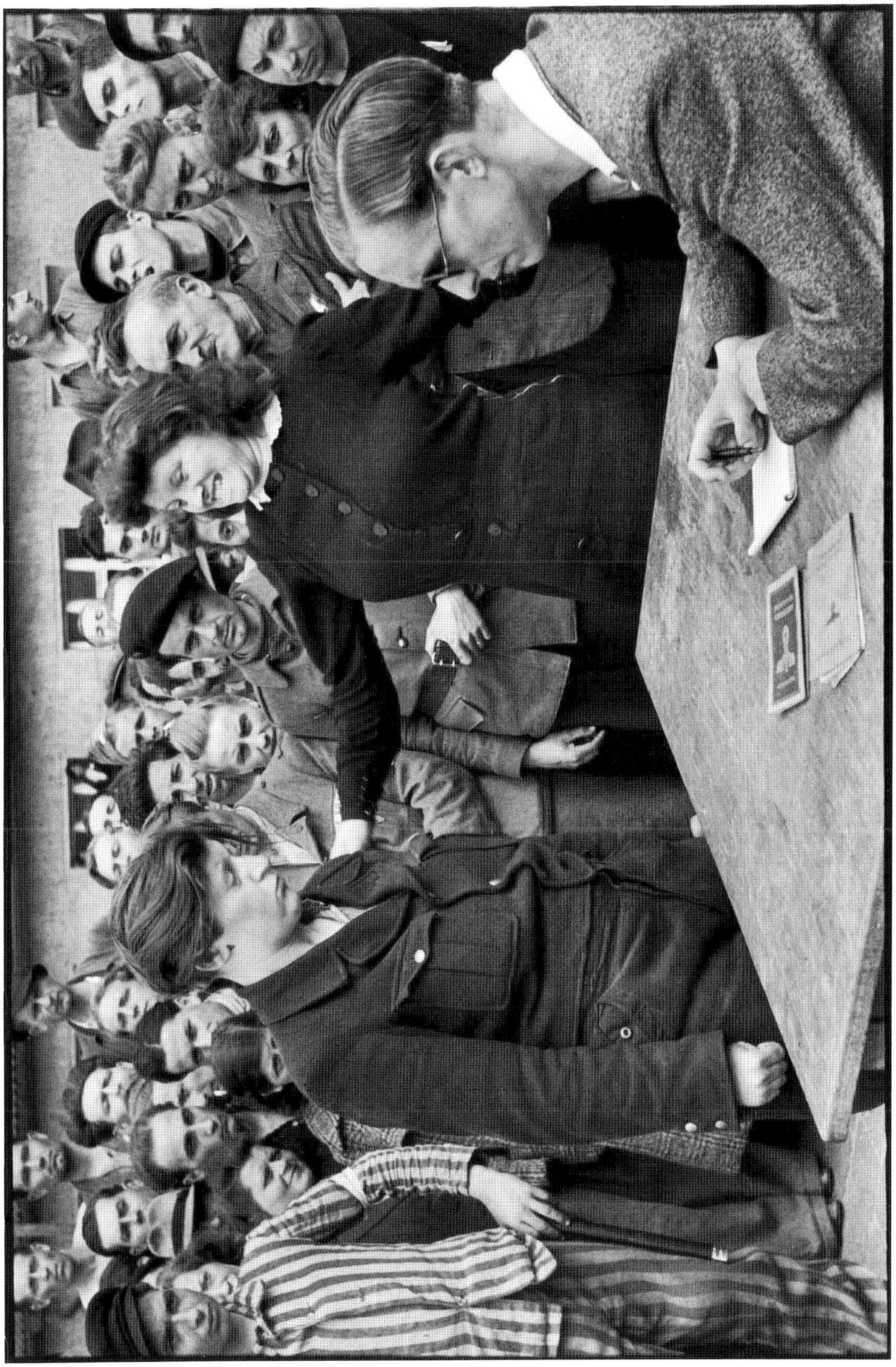

La Voix publique,

Paul Delvaux, 1948, huile sur panneau de bois, 1,52 × 2,54 m, Bruxelles, Musées royaux des beaux-arts de Belgique.

« Delvaux, c'est tout un monde étrange, figé, silencieux, où rien ne communique. »

La Voix publique, de 1948, est tout à fait représentative de l'univers de Paul Delvaux. Ce peintre surréaliste belge est immédiatement reconnaissable à ses jeunes femmes nues, dans un état proche du somnambulisme. Voyez celle-ci, allongée, solitaire, au premier plan. Elle rappelle la *Vénus d'Urbino* de Titien, l'*Olympia* de Manet. Même attitude provocatrice. La différence, son regard absent. Et ce décor Art déco, au centre duquel s'éloigne un tramway du début du siècle, évoquant les prostituées en vitrine de la rue d'Aerschot, derrière la gare du Nord, à Bruxelles, haut lieu des fantasmes d'adolescence du peintre... Delvaux, c'est un monde étrange, figé, silencieux, où rien ne communique. Au début des années 1930, il a découvert le musée Spitzner à la Foire du Midi de Bruxelles où était exposée une poupée qui va l'inspirer pour créer la *Vénus Spitzner*, une figure de belle endormie devenue son thème récurrent. Mais la véritable révélation, il l'a eue en 1934, lors de l'exposition surréaliste du « Minotaure » à Bruxelles. Ce n'est ni l'écriture automatique de Breton ni l'univers fantastique de Ernst qui l'ont frappé, c'est l'atmosphère troublante, métaphysique, des toiles de Chirico et le goût de l'insolite de Magritte. Comme il le dira plus tard, il a alors saisi un mystère qu'il n'avait fait qu'entrevoir jusque-là. Un mystère qu'il va s'appliquer à retranscrire dans ses tableaux. En dressant des décors hyperréalistes – gares, villes, ruines antiques – où errent d'énigmatiques femmes nues, en pleine léthargie. Que font-elles ici ? Qu'attendent-elles ? Toute la question est là. Elle hante l'iconographie érotique, absurde et tragique de Paul Delvaux. Et chacun est libre d'y répondre comme il l'entend.

Paul Delvaux
23 septembre 1897 Antheit - 20 juillet 1994 Furnes

Peintre belge, fils d'un avocat, adolescent il se passionne pour le dessin et la musique. En 1919, il rencontre le peintre Franz Courtens et, l'année suivante, il entre à l'Académie des beaux-arts de Bruxelles où il étudie l'architecture, puis la peinture dans l'atelier de Constant Montald. En 1924, à la fin de ses études, il participe à sa première exposition avec le groupe Le Sillon. Dix ans plus tard, il découvre le surréalisme et, en 1938, participe à l'Exposition internationale du surréalisme à Paris. La même année, il fait son premier voyage en Italie. En 1950, il est nommé professeur de peinture monumentale à l'École nationale supérieure d'art et d'architecture de La Cambre à Bruxelles, où il enseigne jusqu'en 1962. En 1980, il crée la fondation Paul Delvaux et, deux ans plus tard, un musée lui est consacré à Saint-Idesbald.

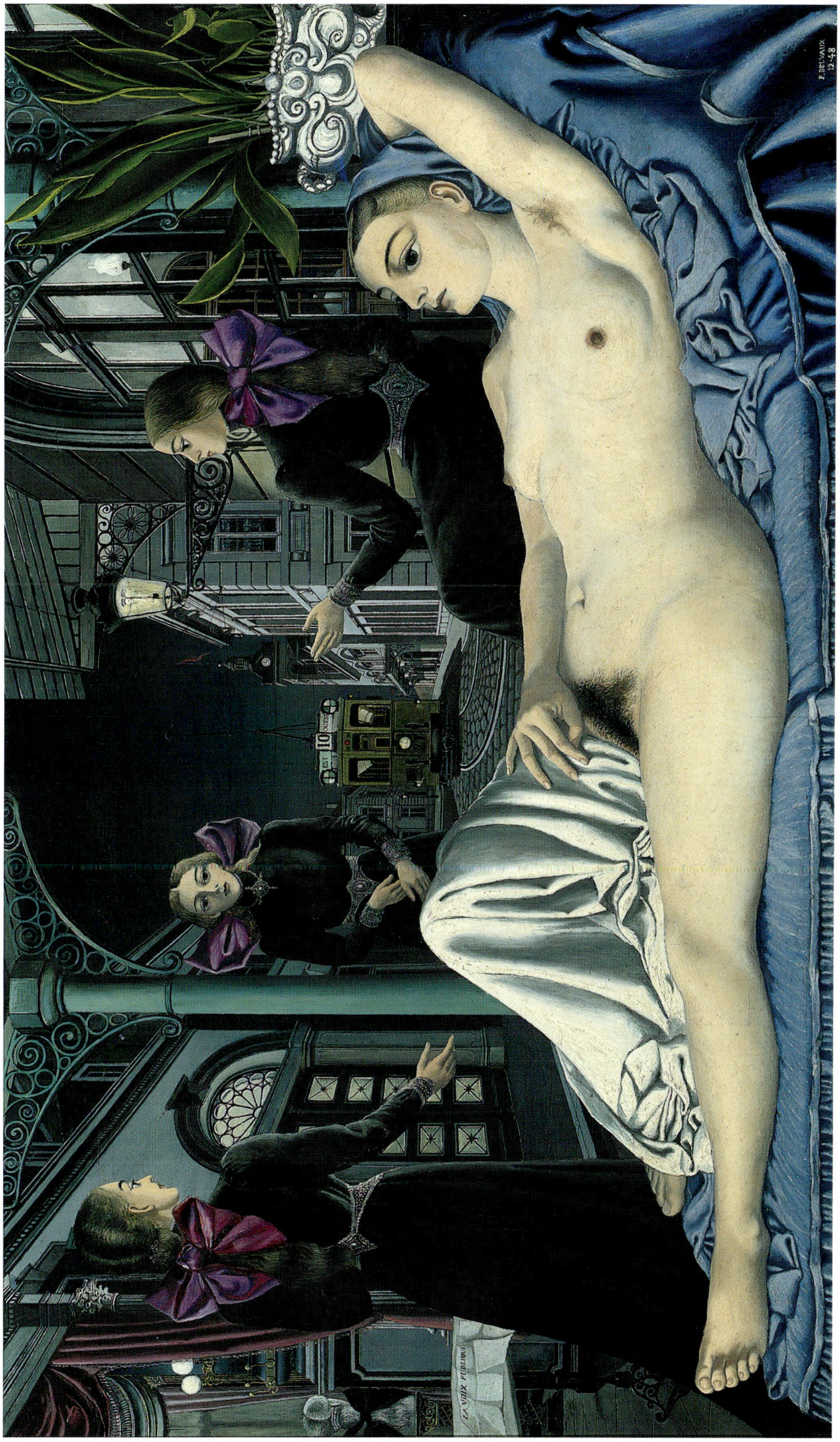
P. DELVAUX
12-48
LA VOIX PUBLIQUE

Vitrail bleu pâle – Sept études pour les vitraux de la chapelle du Rosaire à Vence,

Henri Matisse, 7 études d'un projet (2e état) pour les vitraux de la chapelle du Rosaire à Vence, novembre 1948-janvier 1949, papiers gouachés et découpés, collés sur du papier kraft marouflé sur toile :
1. Vitrail de l'abside : 5,15 x 2,52 m (2 éléments) **2.** Vitrail de la nef : 5,15 x 6 m (stalle des religieuses, 9 éléments)
3. Vitrail de la nef (fidèles, 6 éléments) : 5,15 x 5,15 m, Paris, Musée national d'art moderne, Centre Georges-Pompidou.

« Matisse s'est lancé dans son projet de chapelle pour une femme. »

C'est en 1948 que Henri Matisse se lança dans l'édification de la chapelle du Rosaire, à Vence. Quatre années durant, il réalisa des centaines d'études, dont celles-ci pour un *Vitrail bleu pâle*. Car il a tout dessiné, depuis les plans jusqu'à la chasuble du prêtre. Il ne put hélas assister à son inauguration en 1951, trop affaibli par le cancer qui n'allait pas tarder à l'emporter. Alors faut-il voir dans cette œuvre-testament la contrition d'un croyant face à sa mort prochaine ? Pas du tout. Si Matisse s'est lancé dans son projet de chapelle, c'est pour une femme. L'histoire commence en 1941. Matisse a 71 ans. Déjà malade, il s'installe à Vence, et passe une petite annonce : « cherche jeune et jolie infirmière » ! Une inconnue lui répond. Monique Bourgeois a 21 ans, elle est jolie et passionnée d'art ! Elle devient donc son infirmière, son amie, et même son modèle. Malheureusement, la guerre les sépare. Et quand ils se retrouvent en 1946, Monique Bourgeois est entrée dans les ordres, elle est devenue sœur Jacques-Marie. C'est elle qui va lui donner l'idée d'une chapelle. Résultat, la chapelle du Rosaire, très controversée à l'époque de son inauguration, va révolutionner l'art sacré par son dépouillement. « Je n'ai pas cherché la beauté, écrira Matisse, j'ai cherché la vérité. » Et il ajoutera : « Cette œuvre est le résultat de toute ma vie active. Je la considère, malgré toutes ses imperfections, comme mon chef-d'œuvre... »

Henri Matisse
21 décembre 1869
Le Cateau-Cambrésis -
3 novembre 1954 Nice

Peintre, dessinateur et sculpteur français, fils d'un épicier grainetier, il abandonne sa carrière juridique pour se consacrer à la peinture après son hospitalisation pour une appendicite. Installé à Paris en 1892, il étudie à l'académie Julian auprès de Bouguereau, puis à l'École des beaux-arts avec Gustave Moreau, et enfin à l'académie de la Grande Chaumière avec Bourdelle. À partir de 1905, devenu un acteur important du fauvisme – nom tiré d'une boutade d'un critique comparant ses œuvres et celles de Marquet, Vlaminck, Derain et Van Dongen, à « une cage aux fauves » –, il connaît très vite un succès international. Aujourd'hui encore, il reste l'un des représentants de l'art le plus moderne qui soit.

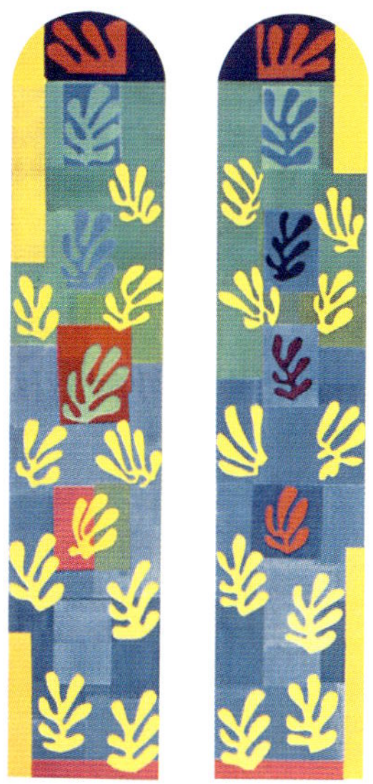

1.

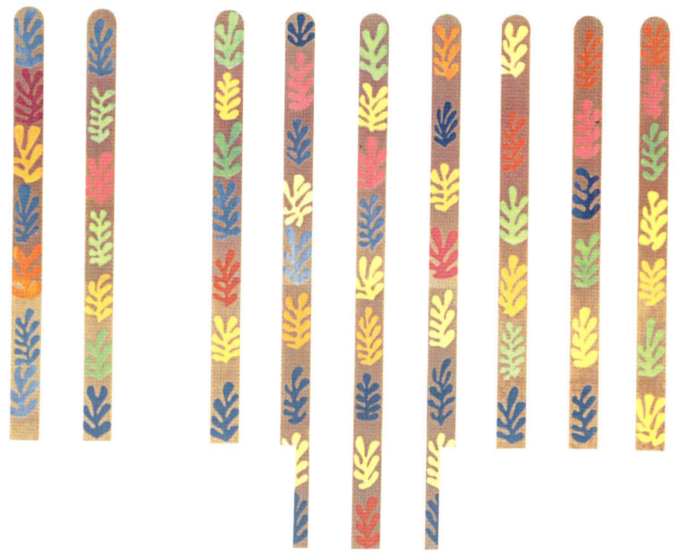

2.

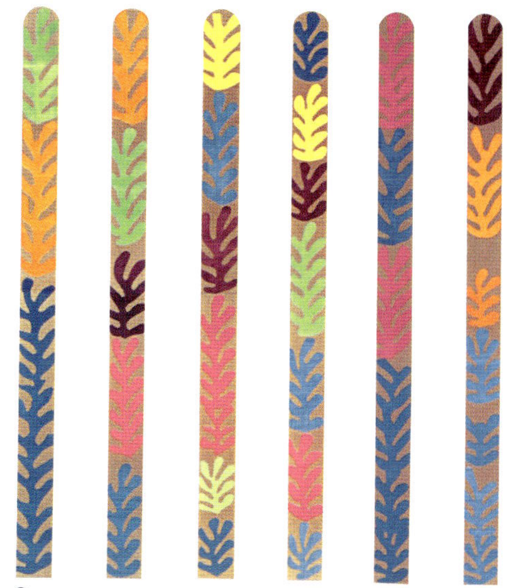

3.

Painting (Silver over Black, White, Yellow and Red),

Jackson Pollock, 1948, peinture sur papier marouflé sur toile, 61 × 80 cm, Paris, Musée national d'art moderne, centre Georges-Pompidou.

« Il jetait la peinture sur une toile clouée au sol. »

Voici un tableau de l'Américain Jackson Pollock intitulé *Painting Silver over Black, White, Yellow and Red*, et bien entendu la question que beaucoup se sont posée, c'est de savoir si une œuvre comme celle-ci est le produit du hasard ou de la volonté. Mort dans un accident de voiture en 1956, Pollock, qui ne buvait pas que de l'eau, fut le premier à faire des tableaux entièrement basés sur la technique du « dripping », du verbe anglais *to drip*, qui signifie « couler goutte à goutte ». Avec un pinceau ou un bâton, il jetait la peinture sur une toile clouée au sol. Pollock disait qu'il voulait exprimer ses sentiments plutôt que les illustrer. Pour faire ce tableau, par exemple, en 1948, il commença par promener son pinceau, trempé de peinture noire, au-dessus de la toile. Il tournoyait, il se contorsionnait en traçant, d'un coup de poignet, des lignes ou des arabesques, laissant tomber ici un peu plus de peinture, là un peu moins. Quand il n'eut plus de noir sur son pinceau, il recommença avec du jaune, du rouge, et enfin de l'argenté, jusqu'à ce qu'il y en ait partout. Alors, hasard ou volonté ? Ce tableau n'est-il qu'une succession d'automatismes et d'accidents de parcours ou bien Pollock contrôlait-il la moindre coulée de peinture comme il l'affirmait ? Les critiques d'art en discutent encore.

Jackson Pollock
28 janvier 1912 Cody - 11 août 1956 Springs

Peintre expressionniste abstrait américain, à 12 ans, il visite une réserve d'Indiens et découvre les motifs abstraits de leur art primitif. En 1927, il montre ses premiers signes d'alcoolisme. L'année suivante, il entre à l'École des arts appliqués dont il est très vite renvoyé. En 1930, il s'installe à New York et s'inscrit à la Art Students League of New York. Sept ans plus tard, il suit une cure de désintoxication et commence sa première thérapie. En 1948, avec d'autres artistes américains, il fonde l'école Subjects of the Artists. Mais l'alcool le rattrape, il cesse peu à peu de peindre et se tue avant d'avoir connu la célébrité. Celle-ci sera posthume mais mondiale, et cinquante ans après sa mort, les ventes de ses toiles atteignent des chiffres records...

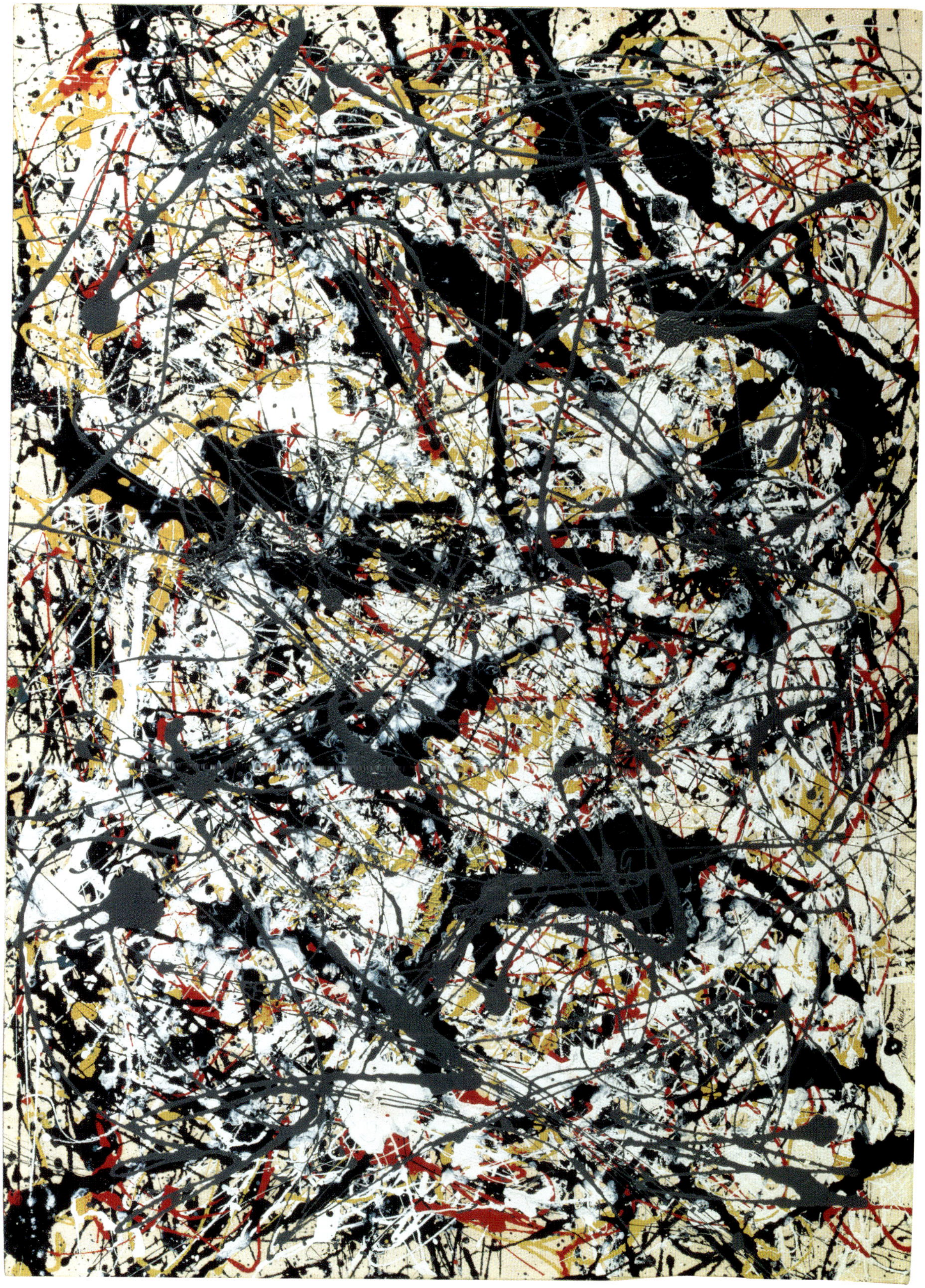

Roi et Reine,

Henry Moore, 1952, bronze, 1,70 × 1,50 x 0,95 m, Anvers, musée Middelheim.

« Sous ses doigts, il voit tout d'abord apparaître un homme barbu. »

Roi et Reine est une œuvre de 1952 du sculpteur britannique Henry Moore et la parfaite illustration que même un grand artiste obtient parfois un résultat par hasard. Voilà comment les choses se sont passées. À l'époque, Henry Moore a 54 ans, il est riche et célèbre, et les commandes publiques affluent. Or, qui dit commande publique dit œuvre monumentale. Il a donc dû abandonner la taille directe dans le marbre qui a fait sa réputation et travailler à nouveau dans un atelier, où de jeunes assistants l'aident à réaliser les maquettes de ses œuvres. Et c'est l'un d'eux qui est à l'origine de *Roi et Reine*, car il s'intéresse passionnément à la technique du coulage du bronze. En bon professeur, Henry Moore lui explique donc le procédé. Mais, pour gagner du temps, il saute l'étape du moule en plâtre et sculpte directement dans la cire. Et sous ses doigts, il voit tout d'abord apparaître un homme barbu qui ressemble à Pan, le dieu mythologique de la Nature, et qui, très vite et toujours par hasard, d'un autre mouvement de doigt, se retrouve coiffé d'une couronne. Et là, Moore le racontera plus tard, il a su « d'emblée qu'il s'agissait de la couronne d'un roi ». C'est donc un roi qu'il se met à sculpter, volontairement cette fois. Il lui donne la majesté et l'épouse qui conviennent. Et c'est ainsi, presque par hasard, que Henry Moore a donné le jour à *Roi et Reine*, l'une de ses œuvres les plus fameuses. Je dis « presque » par hasard car, Henry Moore le reconnaissait lui-même. À l'époque où il a sculpté *Roi et Reine*, il lisait tous les soirs à sa fille de 6 ans des histoires de rois et de reines...

Henry Moore
30 juillet 1898 Castleford - 31 août 1986 Much Hadhan

Sculpteur, peintre, dessinateur et graveur anglais, septième des huit enfants d'un ingénieur des Mines, à 11 ans, il décide de devenir sculpteur. En 1917, il est mobilisé et gazé à la bataille de Cambrai. Deux ans plus tard, il devient le premier étudiant en sculpture à la Leeds School of Art où il découvre la sculpture tribale africaine auprès de son directeur Sir Michael Sadle. En 1921, titulaire d'une bourse, il poursuit ses études au Royal College of Art de Londres. Trois ans plus tard, il passe six mois en Italie où il étudie les grands maîtres, notamment Michel-Ange et Giotto. De retour à Londres, il enseigne au RCA (Royal College of Arts) et, au début des années 1930, est nommé directeur du département de sculpture à la Chelsea School of Art. Artiste de guerre pendant la Seconde Guerre mondiale, il connaît un succès international dès la fin du conflit.

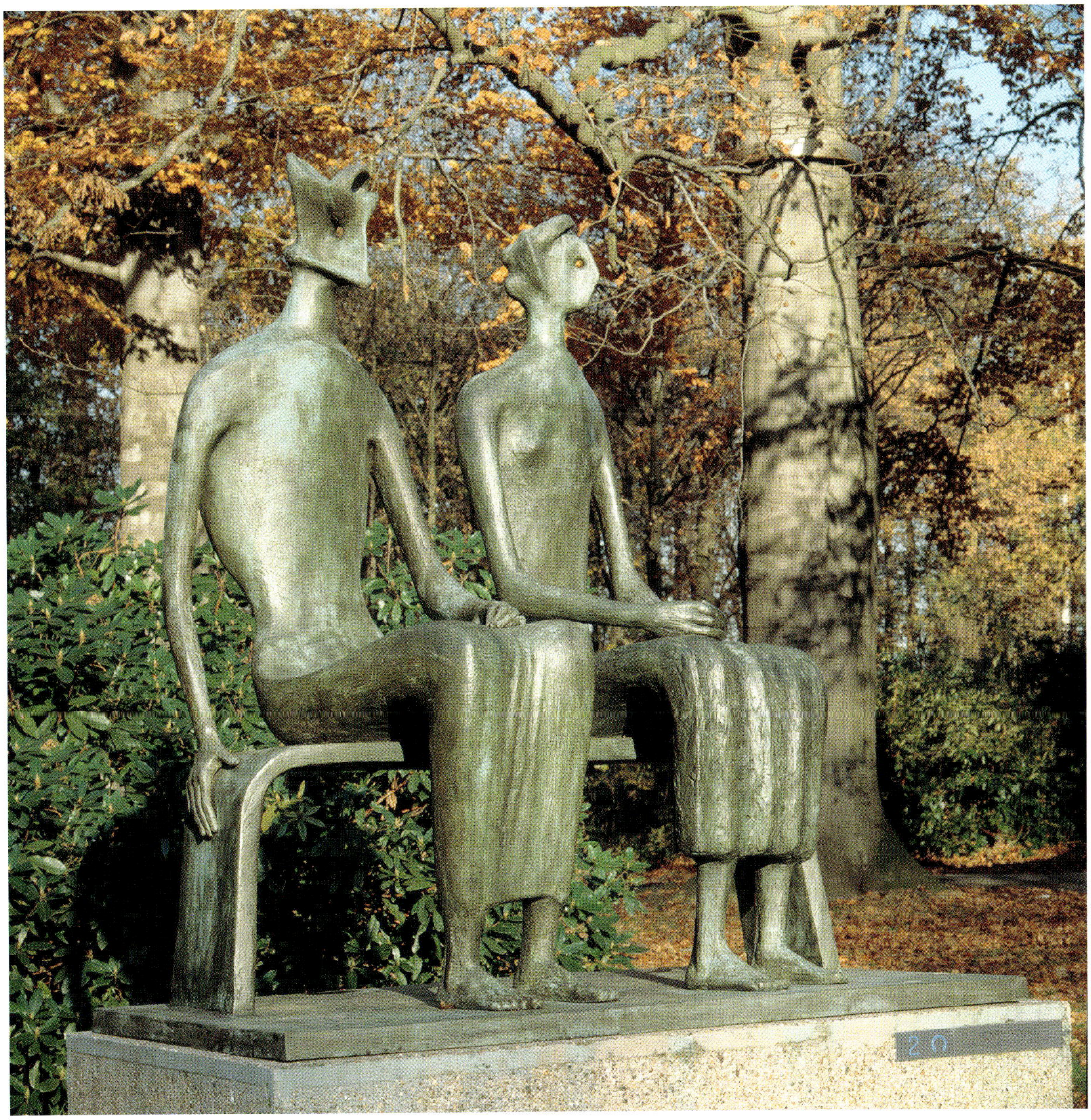

L'Empire des lumières,

René Magritte, 1954, huile sur toile, 1,46 × 1,14 m, Bruxelles, Musées royaux des beaux-arts de Belgique.

« Magritte, lui, va créer des images mentales. »

Dans *L'Empire des lumières*, peint en 1954, il y a tout le surréalisme de René Magritte. En apparence, tout est normal : l'eau, la maison, le réverbère, les arbres, les nuages. Tout, sauf cette rencontre entre un ciel bleu d'après-midi et une maison plongée dans la nuit ! Or, rappelez-vous ce qu'André Breton entendait par « surréalisme » : un « automatisme psychique pur par lequel on exprime le fonctionnement réel de la pensée ». Pour créer des images étranges, oniriques, les peintres surréalistes ne s'y sont pas tous pris de la même façon. Max Ernst a pratiqué la méthode du grattage et du collage, Juan Miró l'abstraction, Salvador Dalí a opté pour la « paranoïa critique ». Magritte, lui, va créer des images mentales. « La pensée surréaliste, disait-il, doit être imaginée mais elle n'est pas imaginaire. » Il va donc peindre le plus fidèlement possible, d'une manière presque académique, des objets, des animaux ou des personnages, mais il va corrompre les rapports qu'ils entretiennent normalement les uns avec les autres. Ses miroirs ne reflètent rien. Ses fenêtres ne s'ouvrent sur aucun extérieur. Quand il peint une pipe, il écrit : « Ceci n'est pas une pipe. » Et quand il peint une maison plongée dans la nuit, il fait grand jour. Pourquoi ? Mystère. Et ce mystère, présent dans toute son œuvre, c'est l'intervention du peintre. Son imagination interrompt brusquement le cours normal des choses. L'image devient mentale. Voilà ce qui fait de Magritte l'un des plus marquants surréalistes du XXe siècle.

René Magritte
21 novembre 1898 Lessines - 15 août 1967 Bruxelles

Peintre surréaliste belge, il s'installe à Paris en 1927 où il rencontre les surréalistes Breton, Dalí, Ernst, Arp, Tanguy… Il participe alors à des expositions du groupe et collabore au dernier numéro de *La Révolution surréaliste*. De retour à Bruxelles en 1930, il expose l'année suivante au palais des Beaux-Arts de Bruxelles, puis en 1936 à New York. Reconnu comme le chef de file du surréalisme belge, il est pourtant excommunié par Breton en 1945. Neuf ans plus tard, la première rétrospective de son œuvre est organisée à Bruxelles et, en 1957, il est élu à l'Académie libre de Belgique. Trois ans plus tard, il reçoit le prix du Couronnement de carrière pour la peinture. Et s'éteint en 1967 d'un cancer du pancréas.

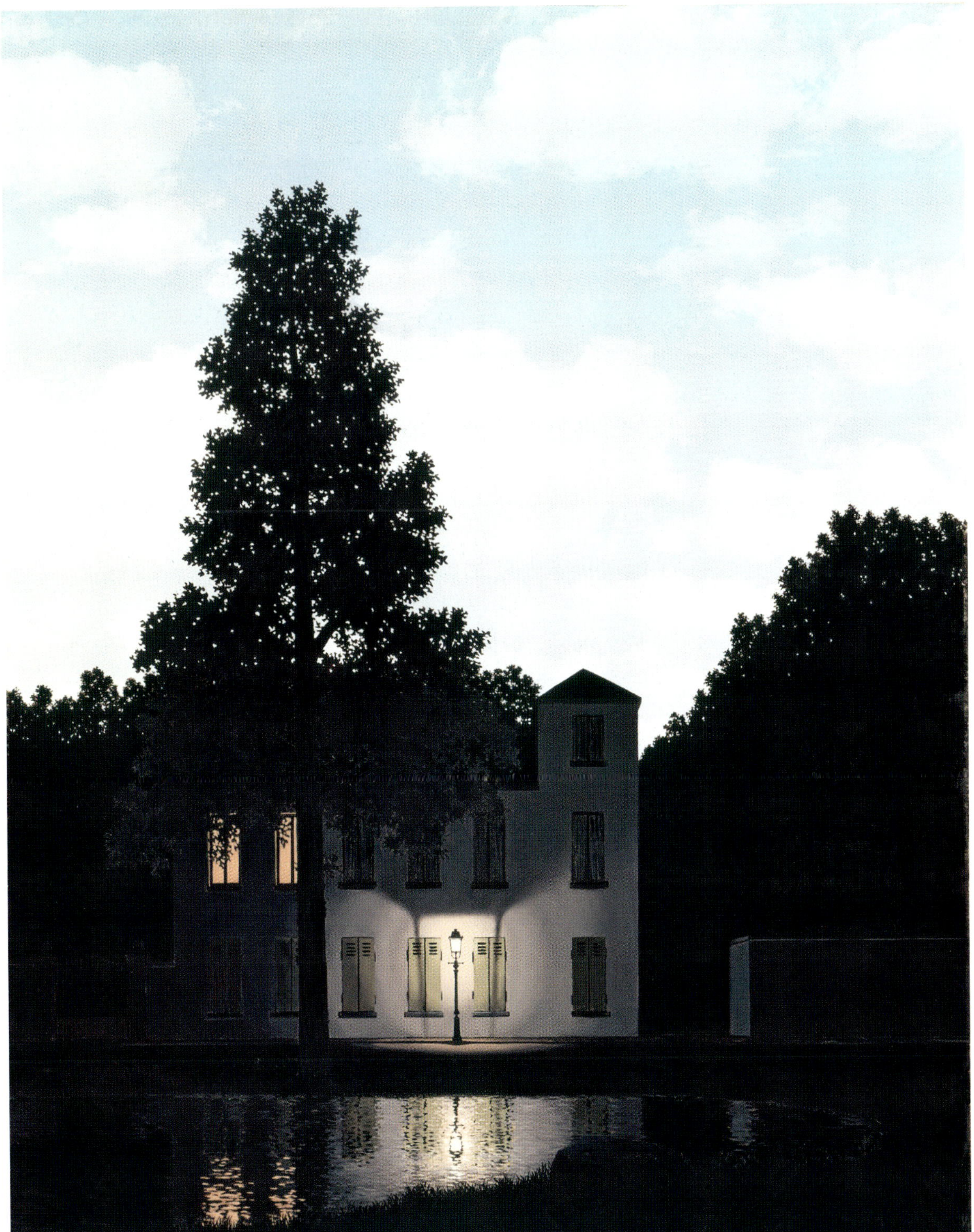
Magritte

Achrome,

Piero Manzoni, 1958, kaolin, 60 × 80 cm, Nantes, musée des Beaux-Arts.

« Un tableau pareil a-t-il sa place au musée ? »

Ce que vous prenez peut-être pour un rideau de douche est un *Achrome* blanc de Piero Manzoni de 1958 ! Un achrome et non un monochrome, car l'Italien ne s'est pas limité à une seule couleur, comme Yves Klein, il a carrément supprimé la couleur. En fait, cette toile n'est pas blanche. Elle est imprégnée de kaolin, une argile très pure, et de colle. C'est ça qui l'a froissée et durcie. Et ça représente l'infini. Cet infini qui, d'après Manzoni, est rigoureusement monochrome, ou mieux encore, sans couleur. Bon, j'imagine les questions que vous êtes en train de vous poser. Un peintre qui ne peint rien, qui n'utilise même pas de peinture, est-il bien un peintre ? Un tableau pareil a-t-il sa place au musée ? Et mérite-t-il de coûter plus d'un million de dollars ? Ne vous inquiétez pas, vous n'êtes pas les premiers à vous les poser. Ni les derniers ! Je suis sûr que Manzoni lui-même se les est posées et qu'en réalisant ses achromes et en les vendant très cher, il y a répondu. Manzoni a toujours été assez provocant. En 1961, par exemple, il a réalisé quatre-vingt-dix boîtes de *Merde d'artiste*. La sienne évidemment. Chacune était vendue selon la cotation journalière de l'or. Les collectionneurs se les arrachaient. Et ça aussi, ça donne une idée de l'infini. Non, croyez-moi, Manzoni avait du génie !

Piero Manzoni
13 juillet 1933 Soncino - 6 février 1963 Milan

Artiste italien, fils d'un aristocrate, il étudie dans un prestigieux collège de jésuites de Milan. Il commence à peindre en 1950 et, l'année suivante, s'inscrit à l'Accademia di Brera à Milan, où il étudie tout d'abord le droit, puis l'art et la philosophie. En 1956, il expose pour la première fois à la Quarta Fiera di Mercato du château Sforzesco de Soncino. Il signe le manifeste contre le style du Gruppo Nucleare en 1957, mais il quitte le groupe deux ans plus tard. En 1960, il expose avec celui qui l'a fortement influencé, Yves Klein. Malheureusement, un an après la mort de celui-ci, il est emporté à son tour par une crise cardiaque... à tout juste 30 ans.

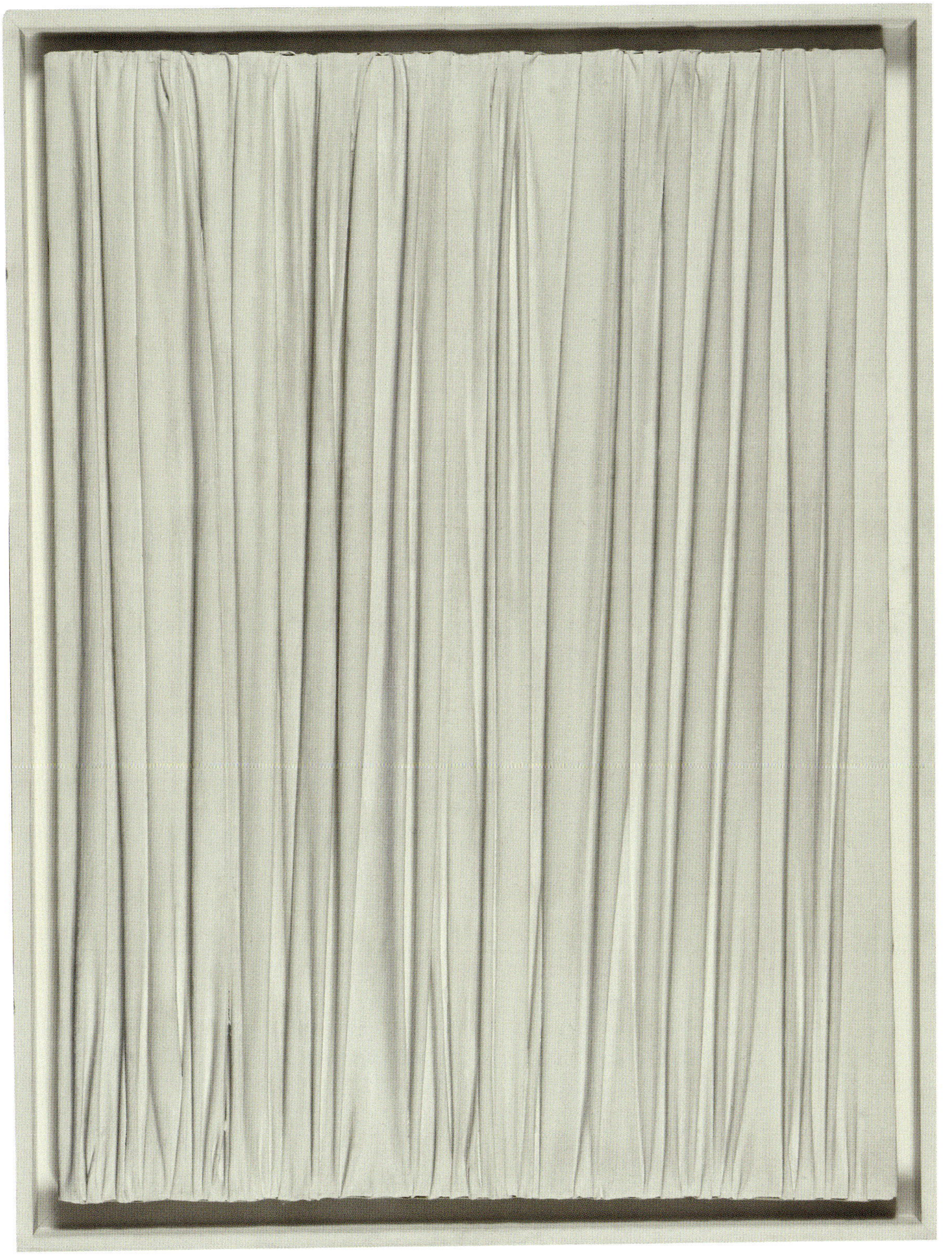

Vierge et Enfant,

Tsuguharu Fujita (dit Léonard Foujita), 1959, huile sur toile, 81,50 × 54,20 cm, Reims, musée des Beaux-Arts.

« Léonard est son prénom chrétien, en hommage à Vinci. »

Quand il peint *Vierge et Enfant* en 1959, Foujita n'en est pas à son premier tableau religieux. C'est un genre qu'il a déjà essayé en arrivant à Paris en 1913. Mais sa démarche était purement artistique. Foujita était bouddhiste et ses toiles portaient encore la signature « T. Foujita », le T étant l'initiale de Tsuguharu, son prénom japonais. Ce qui n'est pas le cas de celle-ci. Elle n'est pas non plus signée d'un simple « Foujita », patronyme sous lequel il est devenu célèbre après la Première Guerre mondiale grâce à ses nus féminins. Foujita était alors un dandy, un homme à femmes, portant des anneaux à l'oreille et une coupe de cheveux « à la chien ».
Mais, en 1959, au moment où il peint *Vierge et Enfant*, il n'est plus le même. Regardez la signature : « Léonard Foujita » ! Léonard est son prénom chrétien, en hommage à Vinci.
À 73 ans, Foujita vient de se convertir au catholicisme à la cathédrale de Reims – celle des rois de France – devant toute la presse internationale. Dans la foulée, il a peint ce tableau, dans lequel on voit bien l'influence de la Renaissance italienne, et qu'il date symboliquement du jour de son baptême, avant de l'offrir à l'archevêché. Fini le noceur, le scandaleux pornographe, qui divorçait comme on change de chemise. Oublié le peintre japonais qui, devenu le peintre officiel du régime impérial, peignait des tableaux militaristes à la gloire de l'armée japonaise. En 1955, Foujita a pris la nationalité française. Le 14 octobre 1959, il est devenu catholique. Il va consacrer les dix dernières années de sa vie à l'art sacré en construisant notamment la chapelle Notre-Dame-de-la-Paix à Reims où reposent aujourd'hui ses cendres, à côté du corps de sa dernière épouse.

Léonard Foujita
27 novembre 1886 Tokyo - 29 janvier 1968 Zurich

Peintre et graveur français d'origine japonaise, fils d'un général médecin de l'armée impériale, il est diplômé de l'École des arts de Tokyo en 1910. Trois ans plus tard, il s'installe à Paris, où il rencontre Modigliani, Soutine, Léger, Picasso et Matisse. Le succès arrive très vite et, en 1925, il est décoré de l'ordre de Léopold, en Belgique et fait chevalier de la Légion d'honneur, en France. En 1931, il s'envole pour l'Amérique du Sud où il triomphe. Deux ans plus tard, le Japon l'accueille en star. De retour en France en 1949, il s'y installe définitivement, mais s'éteint d'un cancer à Zurich à l'âge de 81 ans.

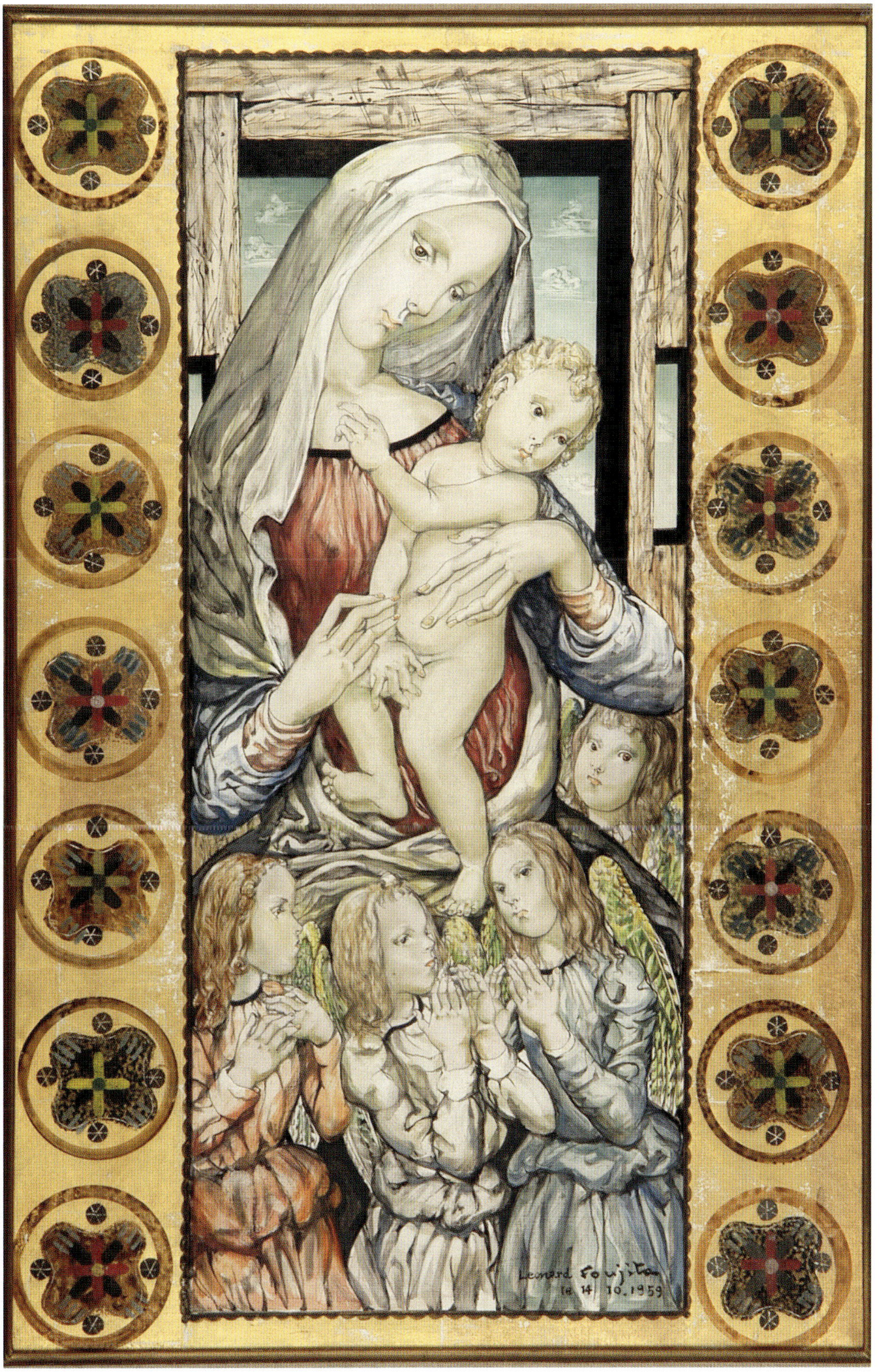
Leonard Foujita
le 14 10.1959

Orbes et Désorbes,

Pierre Fernandez Armand (dit Arman), 1962, accumulation de ressorts dans une boîte peinte en blanc, 144 × 66 × 11 cm, Paris, musée d'Art moderne de la Ville de Paris.

« Sur la plage de Nice, Yves Klein et lui se partagèrent le monde. »

C'est en 1962 qu'Arman réalise *Orbes et Désorbes*. Un an après avoir signé une déclaration qui allait devenir célèbre, celle du nouveau réalisme. Alors, qui sont les nouveaux réalistes ? Ils s'appellent Yves Klein, Raymond Hains, Jean Tinguely, César, Niki de Saint-Phalle… Malgré leurs techniques très différentes, ils ont une méthode commune : l'appropriation du réel. Ou plutôt, comme le disait le critique Pierre Restany, « le recyclage poétique du réel urbain, industriel, publicitaire ». Gérard Deschamps, par exemple, assemble des étoffes, des chiffons, des petites culottes. César, lui, compresse des automobiles. Quant à Arman, son choix d'accumuler les objets est probablement influencé par la boutique d'antiquités de son père. Il est certainement lié aussi à ce jour de 1947 où, sur la plage de Nice, Yves Klein et lui se partagèrent le monde. À Klein, le ciel, le vide, l'éthéré, qu'il signa d'ailleurs ce jour-là. À Arman, la terre, le plein, le concret. Et quoi de plus concret qu'un objet ? Arman se met donc à collecter des objets, tous semblables, qu'il fond ensuite dans du plexiglas. Dans *Orbes et Désorbes*, ce sont des ressorts, mais il va faire la même chose avec des boîtes de conserve ou des masques à gaz. Jusqu'à sa disparition, en 2005, Arman va s'atteler à effacer la singularité de l'objet par sa profusion et nous montrer, comme il l'avait écrit, « que les détritus, les objets, les produits manufacturés sont les témoins criants d'une société de l'aliénation… »

Arman
17 novembre 1928 Nice - 22 octobre 2005 New York

Peintre, sculpteur et plasticien français naturalisé américain, fils d'un antiquaire d'origine espagnole, il commence à peindre à 10 ans. En 1946, il entre à l'École des arts décoratifs de Nice et, l'année suivante, rencontre Yves Klein dans un club de judo. En 1949, il s'inscrit à l'École du Louvre puis étudie l'archéologie et les arts d'Extrême-Orient. Deux ans plus tard, il part à Madrid avec Klein et enseigne à la Bushido Kwai Judo School. En 1959, il commence ses *Accumulations d'objets* et, l'année suivante, participe à la fondation du nouveau réalisme. Et durant quarante ans, mondialement célèbre, il réalise plus de cinq cents expositions personnelles, que seul un cancer interrompt en 2005…

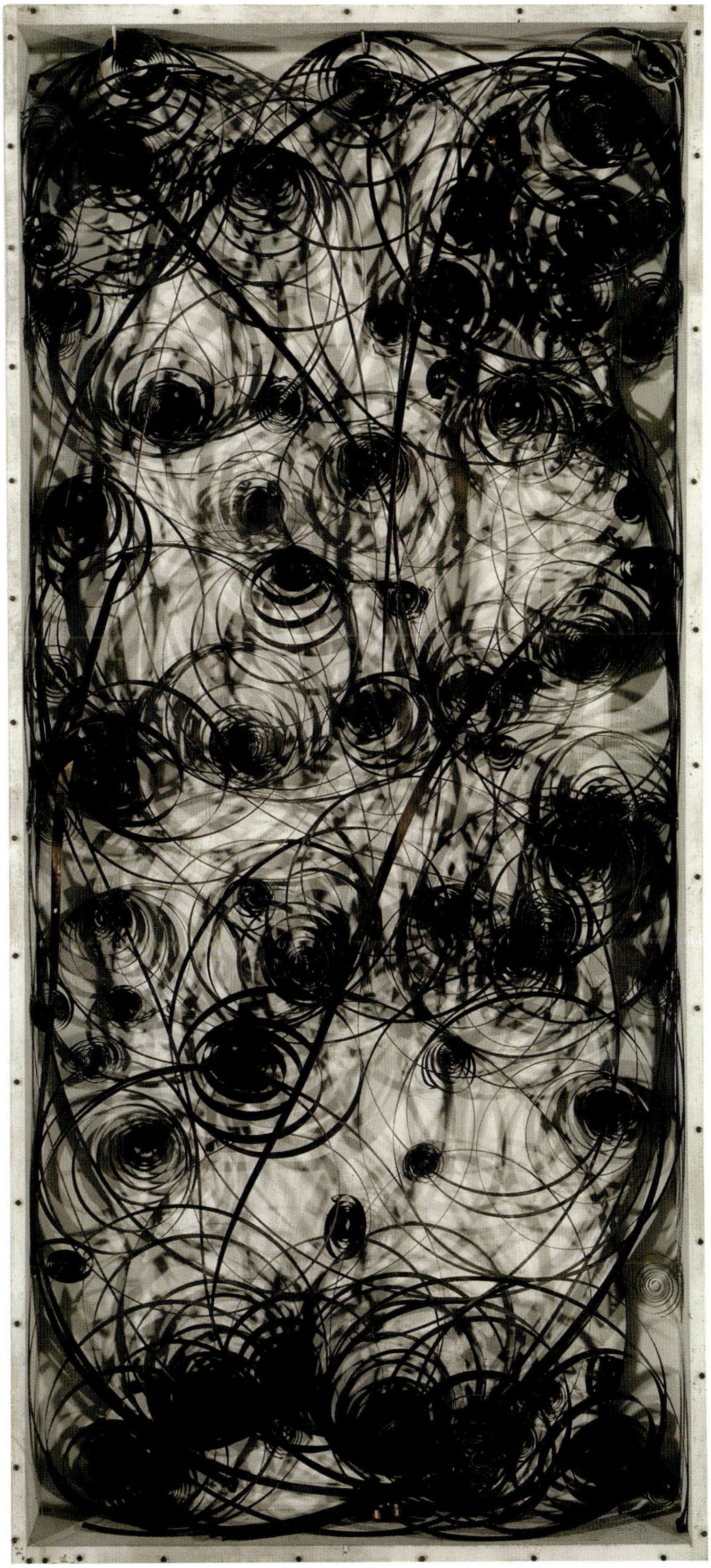

MARIALE (MANTEAU DE LA VIERGE),

SIMON HANTAÏ, 1963, huile et acrylique sur toile, 2,85 × 2,15 m, Paris, Musée national d'art moderne, centre Georges-Pompidou.

« Il se met en grève de la peinture. »

Au début des années 1960, lorsqu'il réalise sa série des *Mariales*, le peintre d'origine hongroise Simon Hantaï a décidé d'abandonner la toile montée sur châssis pour la méthode du pliage. Une *Mariale* comme celle-ci, également intitulée *Manteau de la Vierge*, a été finement pliée puis froissée et nouée avant d'être peinte en aveugle, le pinceau de Hantaï n'atteignant qu'une partie des plis. Et c'est seulement après, une fois dépliée, que son œuvre lui est apparue. Pendant vingt ans, Simon Hantai ne cessera plus de plier ses toiles avant de les peindre. Jusqu'en 1982 : cette année-là, après avoir représenté la France à la Biennale de Venise, il se retire brusquement de la scène artistique. Il se met, comme il dit, en grève de la peinture. C'est-à-dire qu'il reste chez lui et ne produit plus rien, il refuse même qu'on l'expose ou qu'on diffuse ses œuvres antérieures. Hantaï est alors âgé de 60 ans. S'agit-il comme on pourrait l'imaginer d'une panne d'inspiration ou d'un sentiment d'échec ? Pas du tout, réplique le peintre, c'est bien une grève de la peinture. Mais une grève contre quoi ? Contre la marchandisation de l'art. Cet ancien surréaliste, dont André Breton avait préfacé la première exposition en 1953, refuse que ses œuvres deviennent des produits de consommation courante ou la proie des spéculateurs. Or, c'est ce qui s'annonce, l'art est tellement à la mode dans les années 1980 qu'on va se mettre à spéculer sur les artistes comme on spécule sur l'immobilier. La grève de Hantaï durera seize ans. Finalement, il s'est remis à peindre, mais n'a jamais plus exposé…

SIMON HANTAÏ
décembre 1922 Biatorbágy - 12 septembre 2008 Paris

Peintre français d'origine hongroise, de 1942 à 1948, il étudie à l'Académie des beaux-arts de Budapest. Il traverse ensuite l'Italie à pied et s'installe à Paris l'année suivante. Bien que Breton ait préfacé sa première exposition parisienne en 1953, il rompt avec les surréalistes deux ans plus tard en découvrant Jackson Pollock et son *action painting* dont Breton refuse la comparaison avec l'écriture automatique surréaliste. En 1960, il adopte la méthode du pliage, et prend la nationalité française en 1966. Il réalise le film *Silence rétinien* en 1976. Et six ans plus tard, c'est en silence qu'il quitte la Biennale de Venise et se coupe du monde de l'art et des médias, jusqu'à la mort qui le surprend dans son sommeil à 85 ans.

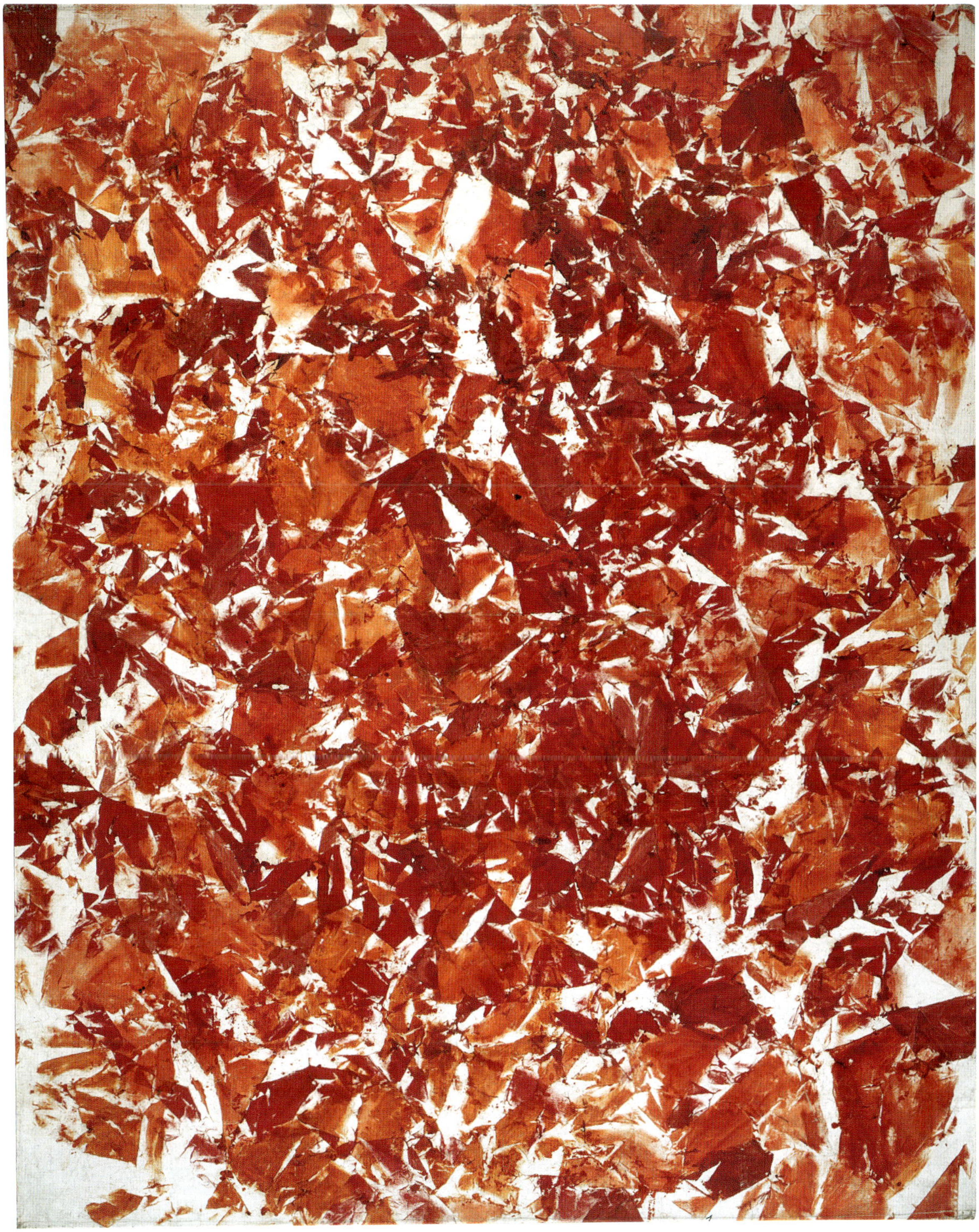

Ten Lizes,

Andrew Warhola (dit Andy Warhol), 1963, encre sérigraphique et peinture à la bombe sur toile, 2,01 × 5,645 m, Paris, Musée national d'art moderne, centre Georges-Pompidou.

« Il va même jusqu'à reproduire une chaise électrique. »

Vous reconnaissez tous Liz Taylor au sommet de sa gloire. On voit ici son image répétée dix fois : c'est *Ten Lizes*, une œuvre d'Andy Warhol de 1963. Mais pourquoi le maître du pop art s'amuse-t-il à reproduire à l'identique des photos de stars de cinéma ? C'est un symbole de la société de consommation où les mêmes marchandises s'étalent à l'infini sur les rayons des supermarchés, les affiches publicitaires et les pages des magazines. Par la répétition, il vide les mythes de l'Amérique de leur contenu et les tourne en dérision. Pour Warhol, l'image en série perd de son sens. Il va même jusqu'à reproduire une chaise électrique. Car il le dit lui-même : « Quand on voit et revoit une image épouvantable, ça ne fait plus réellement d'effet. » Ce n'est donc pas un hasard si Warhol emprunte à la publicité la technique de la sérigraphie, qui permet à ses assistants d'imprimer mécaniquement la même image autant de fois qu'il le désire. Pas un hasard, non plus, s'il place sur le même plan Liz Taylor et la fameuse boîte de soupe Campbell : ce qui élève la soupe au niveau de la star et la star au niveau de la soupe. Pas un hasard enfin s'il a baptisé son atelier new-yorkais la Factory, « l'usine ».

Andy Warhol
6 août 1928 Pittsburgh - 22 février 1987 New York

Artiste, photographe et cinéaste pop art américain, fils d'immigrés tchécoslovaques, à 9 ans, il souffre de ses premières crises de chorée – danse de Saint-Guy. En 1945, il entre au Carnegie Institute of Technology de Pittsburgh où il étudie la peinture et le dessin. À la fin de ses études en 1948, il s'installe à New York avec Philip Pearlstein, et sous le nom d'Andy Warhol débute une carrière d'illustrateur pour de grands magazines de mode et des campagnes publicitaires. Dès le début des années 1950, il expose ses œuvres et publie ses portfolios. En 1963, il s'installe dans sa première Factory et réalise ses sérigraphies. Et, durant vingt-cinq ans, considéré comme le pape du pop art, il révolutionne la scène artistique mondiale. Mais une opération de la vésicule biliaire le fauche à 58 ans.

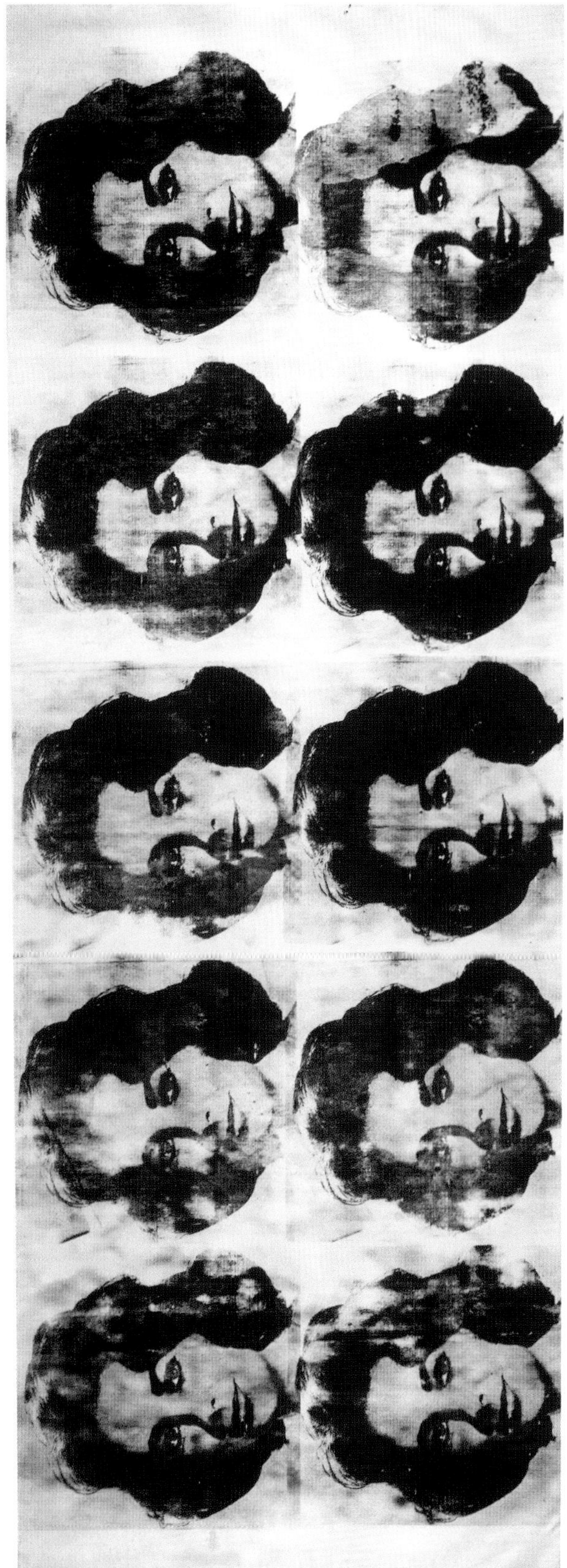

Kangourou femelle,

Billy Yirawala (ou Irvala), 1963, écorce d'eucalyptus, pigments, 73 × 70 × 4 cm, Paris, musée du quai Branly.

« Et durant des millénaires, les peuplades aborigènes se sont transmis "le Temps du rêve" à travers leurs peintures. »

Ce *Kangourou femelle* est une peinture sur écorce exécutée par Billy Yirawala, un aborigène australien, en 1963. On appelle ça aujourd'hui de « l'art du rayon X », car seul l'intérieur de l'animal est révélé. Regardez, on voit les organes et le squelette. Or, comme tous les artistes aborigènes, Billy Yirawala s'est inspiré des peintures préhistoriques de ses ancêtres de la Terre d'Arnhem, au nord de l'Australie. On pense qu'il y a plus de 50 000 ans, longtemps donc avant la grotte de Lascaux et très longtemps avant l'invention du rayon X par le physicien allemand Wilhelm Röntgen en 1895, les aborigènes de la Terre d'Arnhem dessinaient déjà des espèces de radiographies des kangourous ! C'étaient des aide-mémoire plus que des œuvres d'art à proprement parler. Les aborigènes peignaient des animaux, des êtres humains, des signes abstraits, des figures spirituelles, comme le faisaient nos ancêtres à Lascaux, mais eux, ce n'était pas une ode à la chasse, ils les racontaient, les expliquaient, les enseignaient aux générations futures. Et durant des millénaires, les peuplades aborigènes d'Australie se sont transmis leurs croyances, leur savoir, leur mythologie, leur conception du monde, ce qu'ils nomment « le Temps du rêve », à travers leurs peintures. Billy Yirawala fait partie de cette chaîne ininterrompue. Son appartenance à un groupe de filiation, le groupe Kunwinjku, et à la moitié Dua, transmise par héritage patrilinéaire, a déterminé le choix des thèmes auxquels il a eu accès en tant que peintre et les droits sur un rêve dont il a hérité.

Billy Yirawala
1903 - 17 avril 1976
Île de Croker

Artiste aborigène australien, fils d'un chef religieux détenteur des symboles sacrés et des peintures rupestres de leur groupe Kunwinjku, il fait l'apprentissage des dessins, des chansons et des histoires de son peuple auprès de son père. Après avoir exercé divers métiers pour survivre, il devient un peintre sur écorce renommé dès la fin des années 1950. Et, dans le même temps, il est l'un des chefs de file de son groupe Kunwinjku dont il est l'homme médecine. En 1971, il organise une exposition itinérante de ses œuvres à travers l'Australie. Et, deux ans plus tard, il représente le Kunwinjku à la Commission des droits des autochtones à Maningrida. Six ans après sa mort, une de ses œuvres est reproduite sur les timbres australiens de 27 cents.

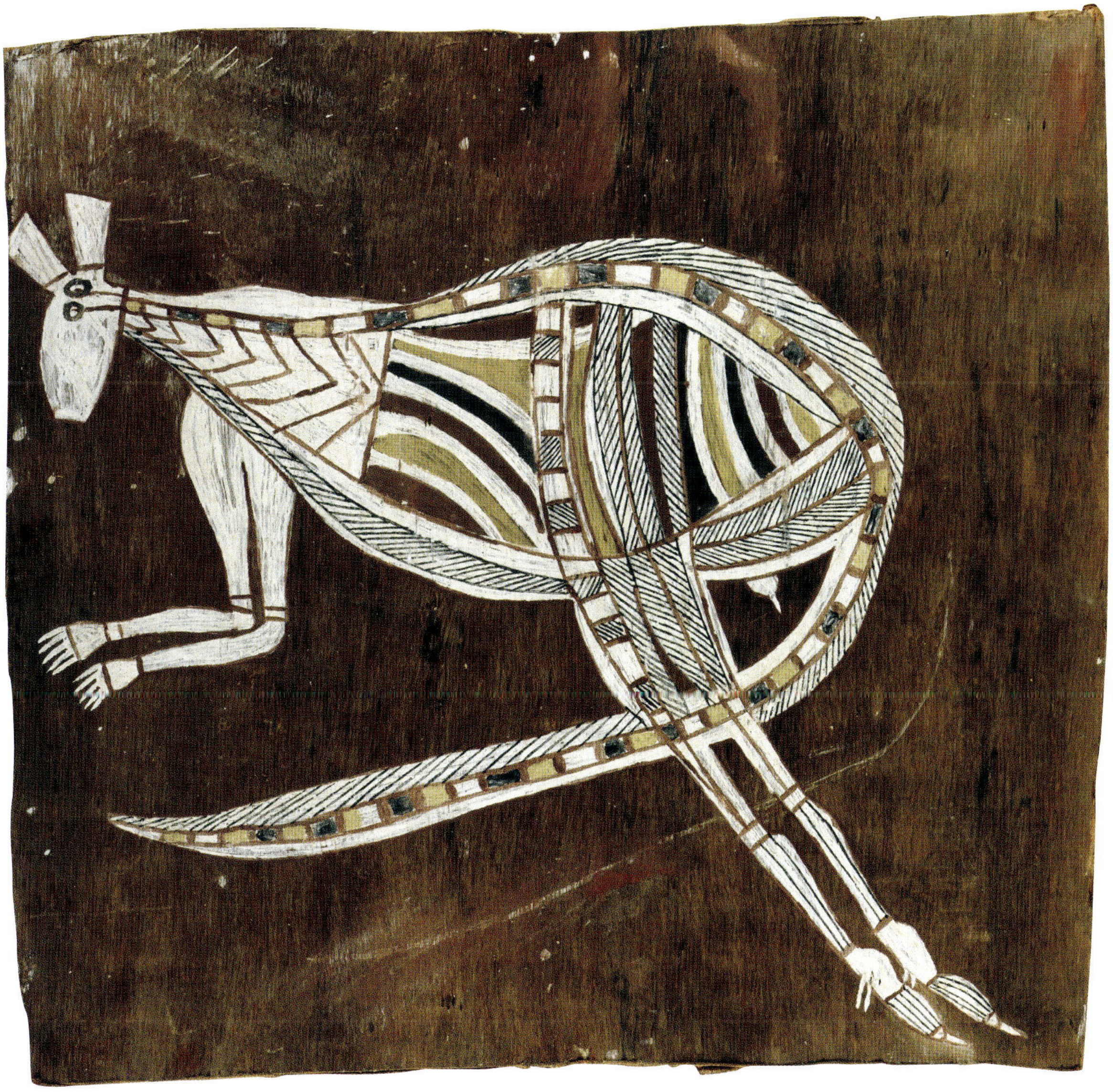

Désagrégation,

Henri Michaux, 1965, plume sur papier, 26,40 × 17,90 cm, Reims, musée des Beaux-Arts.

« Il aimait rappeler qu'il était "plutôt du type buveur d'eau". »

Désagrégation est un dessin mescalinien d'Henri Michaux. C'est en effet sous l'empire de la mescaline, un puissant hallucinogène utilisé par les Indiens d'Amérique, que le poète et peintre Henri Michaux a tracé en 1965 les « zigzags, pointes, hampes, crochetons » et autres figures qui recouvrent entièrement cette feuille de papier. Michaux n'était pas un drogué. Il aimait rappeler qu'il était « plutôt du type buveur d'eau. Jamais d'alcool. Pas d'excitants, et depuis des années pas de café, pas de tabac, pas de thé ». En fait, l'auteur de *Plume, Un barbare en Asie* et *Face aux verrous* avait trouvé dans la peinture un moyen d'échapper au caractère trop conscient de l'écriture. Libéré de cette « fabrique de mots » comme il la qualifiait, il explorait tous les moyens graphiques d'exprimer son « espace du dedans ». Ses premières expériences picturales lui avaient été dictées par le surréalisme, dont il appréciait le principe d'automatisme, plus particulièrement les frottages de Ernst. La nuit, sous l'emprise du sommeil, de la maladie ou de la fièvre, il laissait errer sa mine de plomb sur le papier pour y faire apparaître ses « fantômes intérieurs ». Cela ne suffisait pourtant pas à le débarrasser des contraintes oppressantes du « dehors ». À partir de 1955 et jusqu'au début des années 1970, il opta pour la mescaline, dont l'usage n'était pas encore interdit en France. Et le résultat dépassa ses espérances. La réalité se désagrégeait enfin. Ses dessins ne représentaient plus rien. Il n'y avait plus de limites. Pas de début et pas de fin. *Désagrégation* est une espèce de récit de voyage. Michaux voyage à l'intérieur de lui-même comme il a traversé jadis les océans. Mais il voyage à toute allure. Et le monde n'existe plus.

Henri Michaux
24 mai 1899 Namur - 19 octobre 1984 Paris

Écrivain, poète et peintre français d'origine belge, issu d'une famille de chapeliers aisés, il est pensionnaire dans la région de Malines puis entre au collège Saint-Michel de Bruxelles. En 1920, il abandonne ses études de médecine et s'engage comme matelot. À la même époque, il commence à écrire sous l'influence de l'œuvre de Lautréamont. En 1925, il s'installe à Paris et découvre Paul Klee, Giorgio De Chirico et Max Ernst puis se lie avec Jean Paulhan à qui il offre son premier dessin. Dès le milieu des années 1920, il parcourt le monde. En 1937 a lieu sa première exposition à la Galerie Pierre à Paris. Quatre ans plus tard, André Gide publie *Découvrons Henri Michaux* qui marque le début de sa notoriété. En 1955, il est naturalisé français.

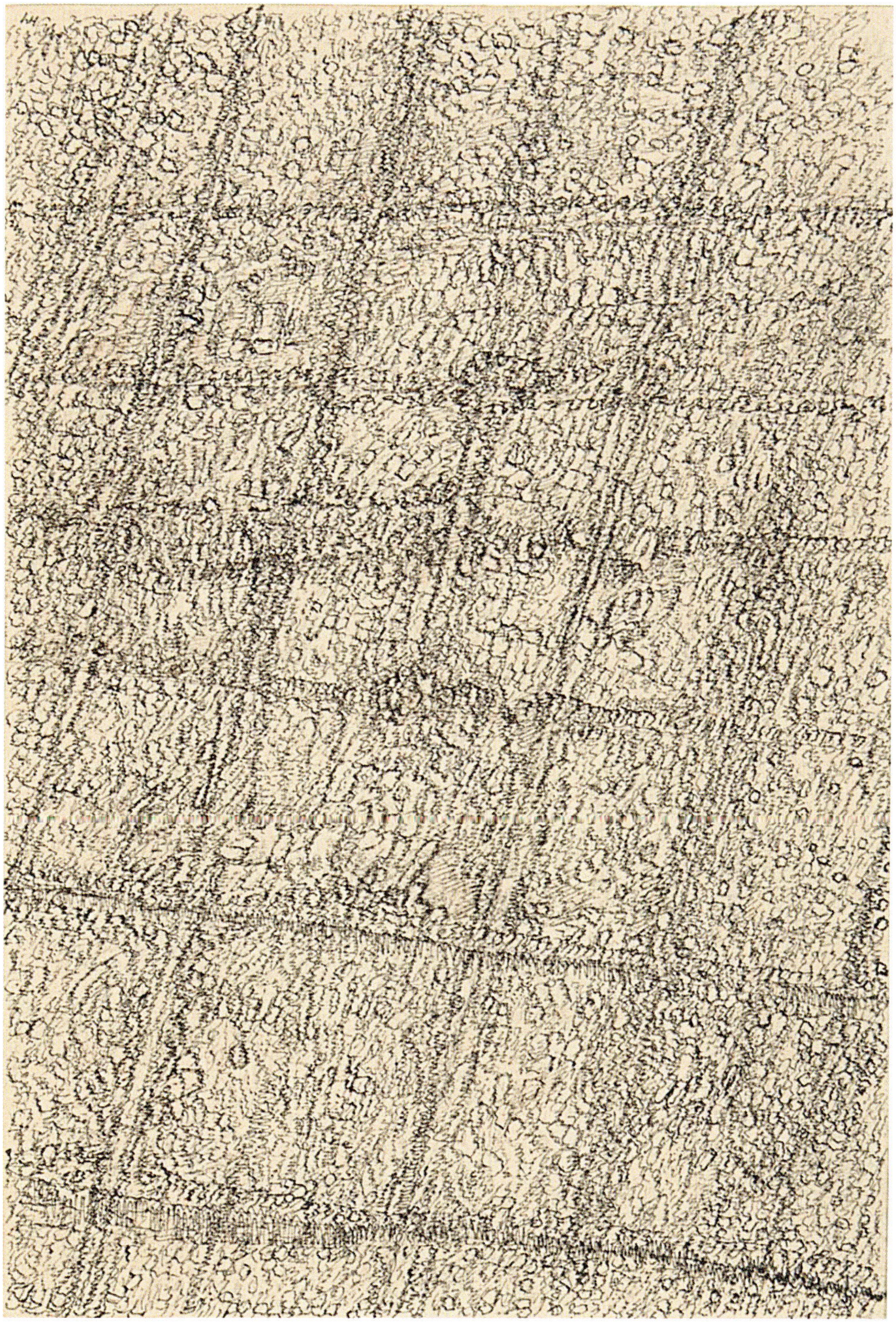

Moules rouges casserole,

Marcel Broodthaers, 1965, casserole et son couvercle en métal émaillé rouge contenant des coquilles de moules, 32 × 34,1 cm, Bruxelles, Musées royaux des beaux-arts de Belgique.

« Broodthaers fait lui aussi les poubelles. »

Moules rouges casserole est une œuvre de 1965 du Belge Marcel Broodthaers. C'est une vraie casserole, remplie de vraies coquilles de moules. Prenant exemple sur les peintres du pop art américain et les nouveaux réalistes français, Broodthaers, qui avait beaucoup d'humour, s'est servi lui aussi d'articles de consommation pour en faire des œuvres d'art. Tout a commencé en 1963. Cela faisait treize ans qu'il écrivait des poèmes que personne n'achetait. « Moi aussi, je me suis demandé si je ne pouvais pas vendre quelque chose et réussir dans la vie », écrira-t-il plus tard. Il prend alors quelques-uns de ses recueils de poèmes invendus, il les plâtre, il les expose, et ça marche ! Ces livres, qui n'intéressaient personne tant qu'ils étaient des livres, destinés à la lecture, une fois rigidifiés par le plâtre, deviennent des œuvres d'art, et ça intéresse du monde. Encouragé, Broodthaers fait lui aussi les poubelles, comme les nouveaux réalistes. Et que trouve-t-il dans les poubelles, en Belgique ? Des moules ! Qu'à cela ne tienne, il va se servir des moules comme les artistes américains se sont servis des bouteilles de Coca-Cola ou des boîtes de Campbell's Soup : comme des icônes de la consommation belge ! Cette fois, le succès ne le quittera plus, jusqu'à sa mort prématurée en 1976. Reste une question. Broodthaers, à qui l'on consacre aujourd'hui des rétrospectives, des monographies, se prenait-il au sérieux ? Était-il un authentique artiste conceptuel ou bien un poète qui s'était déguisé en plasticien pour tourner le monde de l'art en ridicule ? On en débat encore.

Marcel Broodthaers
28 janvier 1924 Bruxelles - 28 janvier 1976 Cologne

Artiste plasticien belge, il entreprend des études de chimie qu'il abandonne pour se consacrer à la poésie et, en 1943, écrit ses premiers poèmes. Trois ans plus tard, il rencontre Magritte et, la même année, ouvre une librairie pour subvenir à ses besoins. En 1957, il réalise le film *La Clef de l'horloge* et publie son premier recueil de poésie. Six ans plus tard, il décide de devenir artiste plasticien. En 1968, il crée le « musée d'Art moderne département des aigles » et s'en nomme conservateur. Deux ans plus tard, il interviewe son chat à propos de l'art contemporain. Et signe son dernier pied de nez à la scène artistique en nous quittant le jour de ses 52 ans.

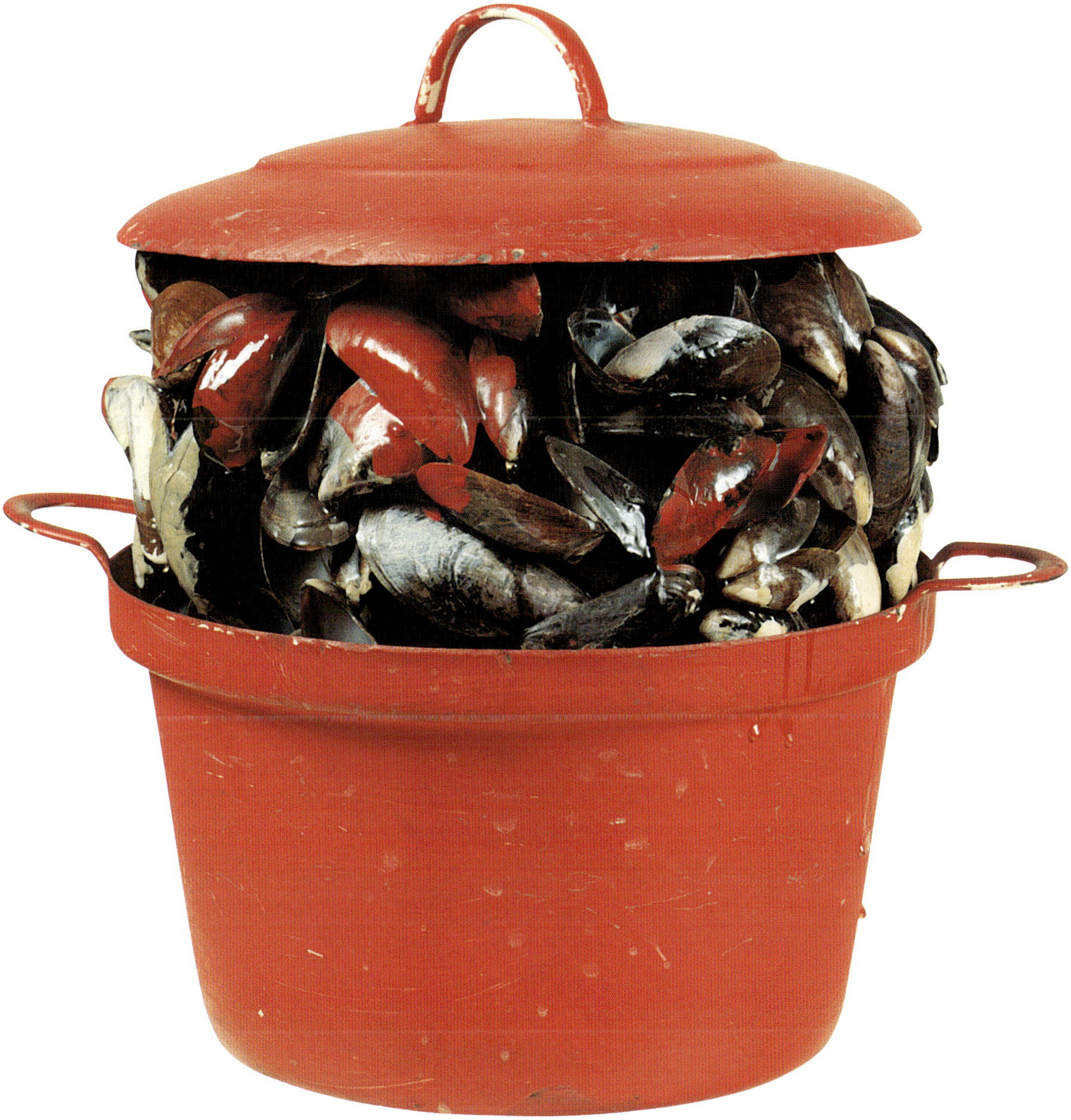

Étude pour une corrida n° 2,

Francis Bacon, 1969, huile sur toile, 1,983 × 1,475 m, Lyon, musée des Beaux-Arts.

« En pénétrant dans son atelier, on a découvert un amoncellement de milliers d'objets. »

Regardez cette *Étude pour une corrida* de 1969. Le peintre anglais Francis Bacon y a glissé un défilé nazi. Pourquoi un défilé nazi ? S'agit-il d'une condamnation de la corrida ? De l'Espagne franquiste ? Chaque fois qu'on interrogeait Bacon sur son inspiration pour tel ou tel tableau, il restait très évasif, carrément mystérieux. Ce n'est qu'à sa mort qu'une partie du mystère a été percée. En pénétrant dans son atelier londonien, on a découvert un amoncellement de plusieurs milliers d'objets. Des pinceaux, des tubes de couleur vides, des boîtes de conserve encore incrustées de peinture. Et d'innombrables pages de magazines, de livres, de journaux, qu'il avait déchirées et qu'il utilisait ensuite dans ses tableaux. Cette *Étude pour une corrida* lui avait été inspirée par des gravures de Goya, mais aussi par des livres, des magazines et des cartes postales de corrida.
Quant au défilé nazi, il sortait probablement d'un journal. Ce que l'on ne saura jamais, en revanche, c'est ce que Bacon voulait dire en associant les deux. La corrida et le défilé nazi. Mais bon, chacun est libre de l'interpréter comme il veut. Si vous voulez mon avis, en disant que ça a un rapport avec la mort, on ne court pas trop le risque de se tromper !

Francis Bacon
28 octobre 1909 Dublin - 28 avril 1992 Madrid

Peintre anglais, il souffre d'asthme dès l'enfance et, à 16 ans, son père le jette dehors en découvrant son homosexualité. Il s'installe à Londres et, l'année suivante, part pour Berlin puis Paris où il découvre Picasso et les surréalistes. De retour à Londres en 1929, il est architecte d'intérieur et designer. En 1934, il organise lui-même sa première exposition personnelle. Réformé à cause de son asthme en 1941, il se consacre entièrement à la peinture à la fin de la guerre et dépense ses premiers gains dans les casinos de Monaco. Dès le début des années 1970, il est un des artistes vivants les plus vendus et les plus célébrés dans le monde. Lors d'un séjour à Madrid, une pneumonie due à son asthme l'emporte à 83 ans.

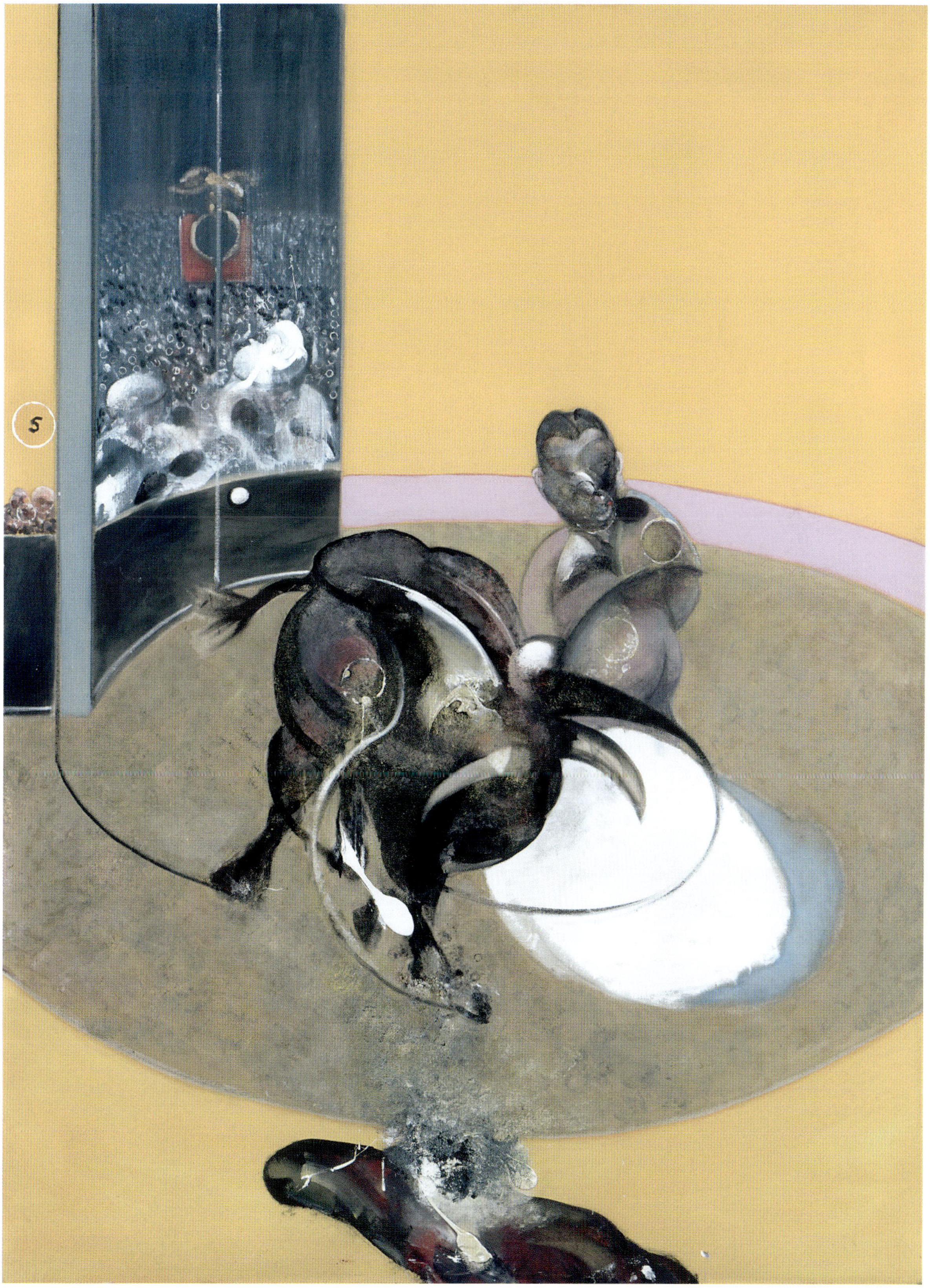
5

Parfois c'est l'inverse !,

Pierre Alechinsky, 1970, acrylique sur papier marouflé sur toile (le papier de la prédelle provient d'un registre du XVIIe siècle), 1,83 × 2,98 m, Bruxelles, Musées royaux des beaux-arts de Belgique.

« Alechinsky est un gaucher contrarié. »

Parfois c'est l'inverse ! est une toile de 1970 de Pierre Alechinsky. Si vous connaissez ce peintre, la bande de petites cases dessinées en noir et blanc au bas du tableau vous est certainement familière. Cela fait près d'un demi-siècle qu'Alechinsky encadre ou souligne l'image centrale de ses compositions avec ces « remarques marginales » qui tiennent à la fois des anciennes prédelles chrétiennes, du graffiti et de la bande dessinée. Il s'agit d'une sorte de dialogue entre la marge et le centre coloré, d'un échange de point de vue, mais aussi d'un moyen de relier la peinture à l'écriture. En effet, Alechinsky est un gaucher contrarié. Écolier, on l'a forcé à écrire de la main droite, mais heureusement on lui a laissé sa main gauche pour le dessin ! En 1949, il entre au groupe CoBrA, mouvement qui prône la spontanéité, l'expérimentation. Où les peintres écrivent et les écrivains peignent. Le groupe se dissout deux ans plus tard. Alechinsky développera alors ses recherches dans ce sens : dessiner, écrire. En 1955, il se rend en Extrême-Orient où il réalise un film, *Calligraphie japonaise*. Dix ans plus tard, il découvre à New York l'acrylique, qui, mieux que la peinture à l'huile, rend le pinceau du peintre aussi rapide que la plume de l'écrivain. Et c'est à l'acrylique qu'Alechinsky fera désormais ses tableaux à « remarques marginales » : ainsi nomme-t-il ses commentaires dessinés qui se lisent comme des mots. Regardez bien, ce sont ces petits personnages étranges en noir et blanc, enfermés dans des vignettes. Ils défilent sous les pieds de grands personnages aussi colorés que bizarres qui s'agitent dans tous les sens. En somme, une autre manière de relier la peinture à l'écriture. Et parfois c'est l'inverse…

Pierre Alechinsky
19 octobre 1927 Bruxelles

Peintre, graveur et écrivain belge. Vers la fin de la Seconde Guerre mondiale, il s'inscrit à Bruxelles dans l'Atelier d'illustration du livre et de typographie, à La Cambre, l'École nationale supérieure d'architecture et des arts décoratifs, Bruxelles. En 1947, il a 20 ans : première exposition personnelle. Après la période CoBrA, il s'installe à Paris où, dès les années 1970, il connaît un succès international : rétrospective de ses peintures au Carnegie Institute à Pittsburgh en 1977, au musée Guggenheim à New York en 1987, au musée du Jeu de paume à Paris en 1998 ; rétrospective de ses dessins au Centre Pompidou à Paris en 2004, puis de ses estampes et illustrations à la Bibliothèque nationale de France en 2005.

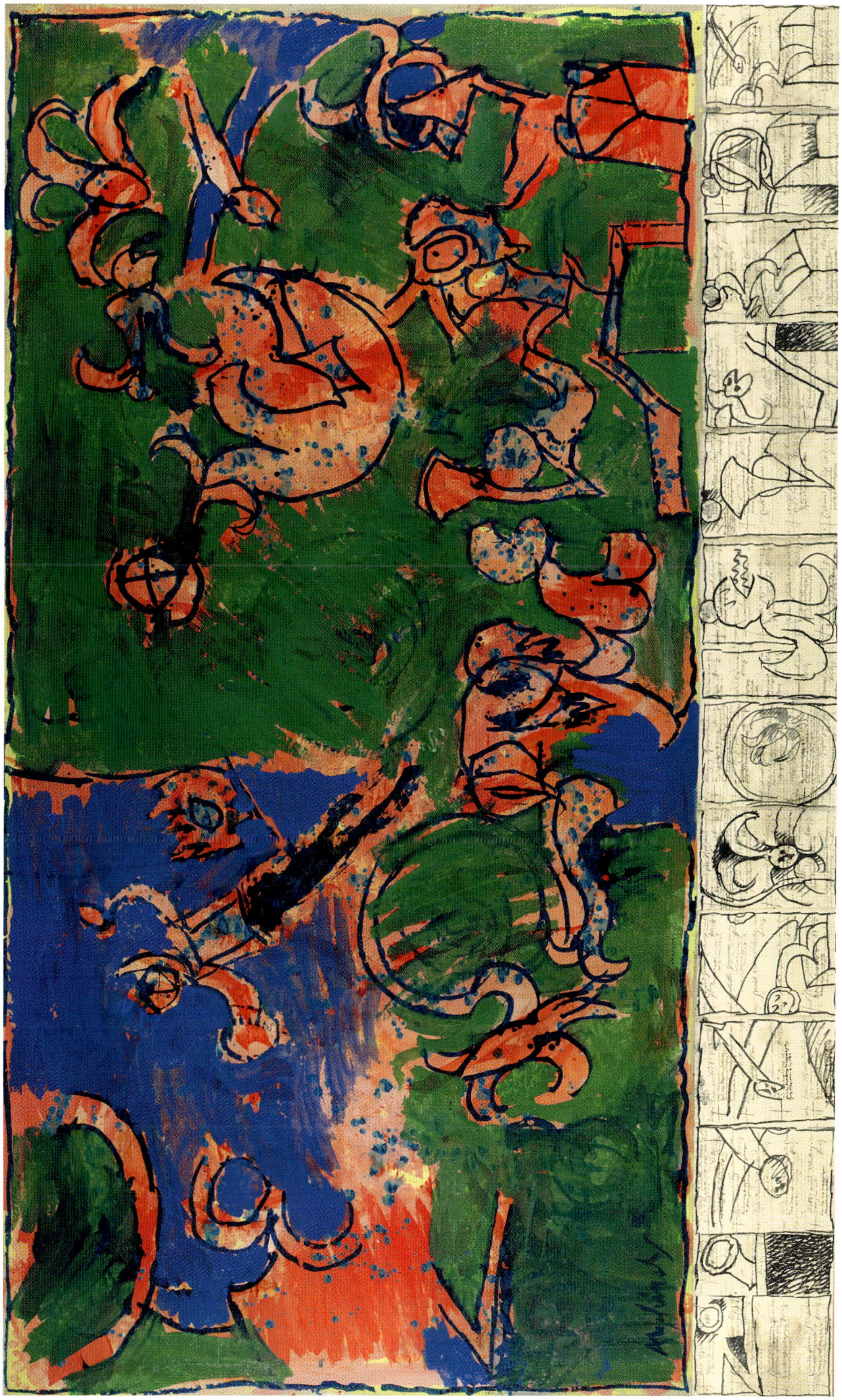

Le Cyclop,

Jean Tinguely, 1969-1987, poids : 350 t. d'acier, hauteur : 22,50 m, Milly-la-Forêt, Le bois des Pauvres.

« Leur travail va durer dix-huit ans pour construire "le monstre dans la forêt". »

Cette créature gigantesque, c'est *Le Cyclop* : le « grand œuvre » de Jean Tinguely. En 1969, avec sa femme Niki de Saint-Phalle, ils achètent un bout de terrain à Milly-la-Forêt et s'attaquent à la réalisation d'une mécanique monumentale. Leur travail va durer dix-huit ans. Tinguely est un assembleur, mais aussi un « rassembleur ». Il invite donc de nombreux artistes à construire « le monstre dans la forêt », comme il l'appelle alors. À mains nues, ils vont donner vie au *Cyclop*. Vous voyez cet œil ? Il nous suit. Cette oreille en acier nous écoute et nous entendons les grincements des rouages et des engrenages, orchestrés par cette tête de près de 23 mètres de haut. Le cœur de la machine est lui aussi riche en créations. De l'œuvre cacophonique de Soto à la chambre retournée, le *Tableau-piège* de Spoerri. En passant par le wagon dans lequel les mannequins d'Eva Aeppli rendent hommage aux déportés. Jusqu'au sommet du *Cyclop* où le bleu du ciel se reflète dans un bassin, un autre hommage posthume : celui de Tinguely au fameux « bleu Klein ». Jusqu'en 1987, tous ces artistes vont affronter les intempéries, mais surtout le vandalisme des promeneurs, et finalement Tinguely va décider d'offrir son œuvre à l'État français, mieux armé que lui pour la protéger.

Jean Tinguely
22 mai 1925 Fribourg - 30 août 1991 Berne

Artiste suisse, fils d'un employé d'une chocolaterie, il délaisse l'école au profit de la lecture dans les bois de Bâle. À 15 ans, il est arrêté à la frontière italienne alors qu'il essaie de rejoindre l'Albanie pour lutter contre le fascisme. En 1941, il s'inscrit dans une école d'arts appliqués de Bâle, l'Allgemeine Kunstgewerbeschule. En 1941, il épouse Eva Aeppli et, deux ans plus tard, ils s'installent à Paris, où il rencontre Yves Klein et Niki de Saint-Phalle qu'il épouse en 1971. Il participe à la fondation du nouveau réalisme en 1960 et, durant trente ans, il expose ses *machines happening* dans le monde entier. Jusqu'à l'attaque cérébrale qui l'emporte à 66 ans.

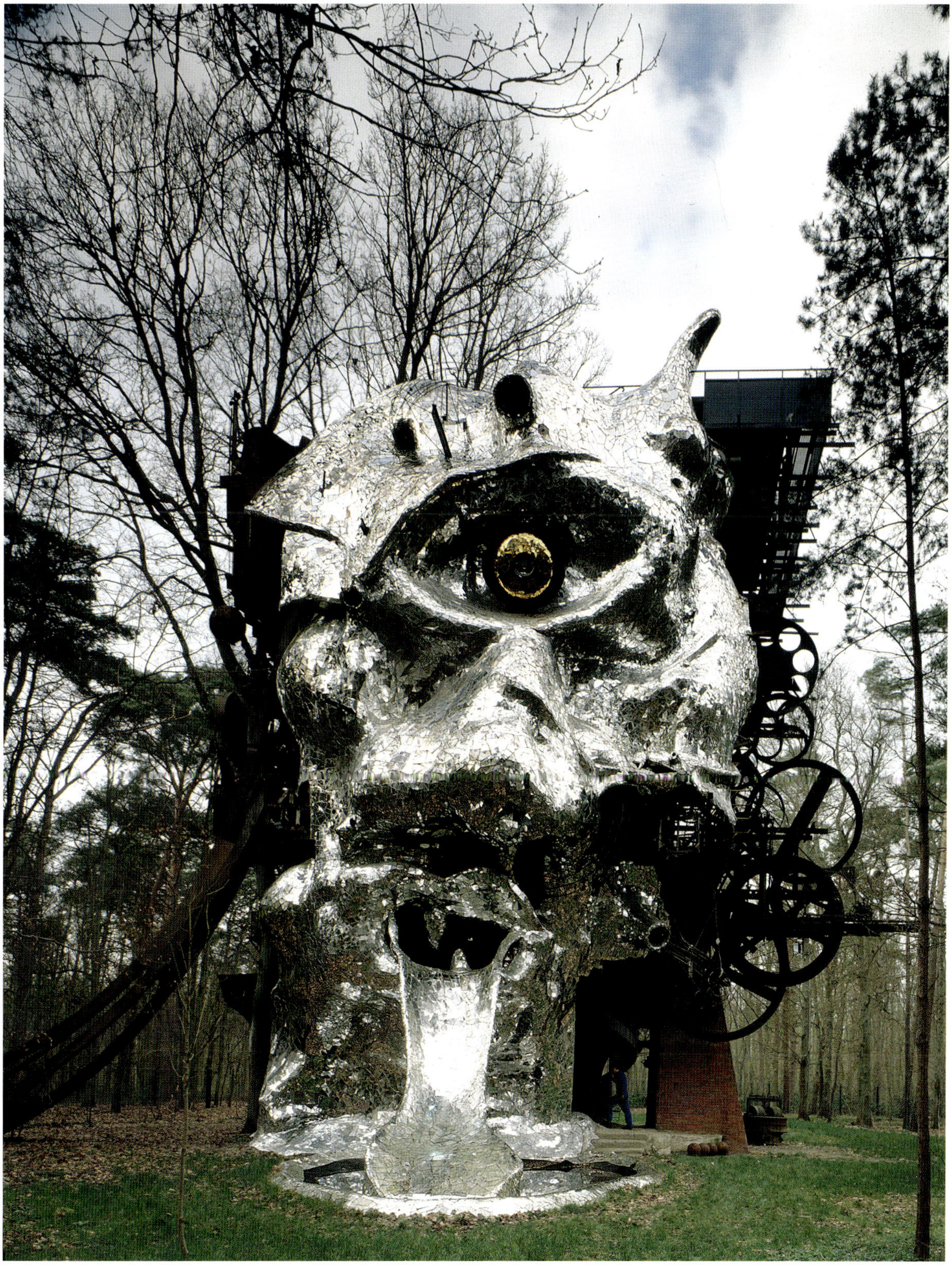

La Closerie Falbala,

Jean Dubuffet, 1971-1976, époxy et béton projeté peints au polyuréthane, 1 610 m^2, point le plus haut : 8 m, Périgny-sur-Yerres.

« L'art sort de ses limites. »

Les fous peuvent-ils être des artistes ? Pour Jean Dubuffet, cela ne fait aucun doute : ce sont des créateurs hors pair. En 1976, lorsqu'il achève *La Closerie Falbala*, il est depuis longtemps fasciné par les fous, parce qu'ils sont indemnes de toute culture artistique et que leur expression très personnelle qu'il va nommer « l'art brut » ne tient compte ni de la valeur marchande ni du jugement extérieur. *La Closerie Falbala* est une architecture monumentale de 1 600 mètres carrés fortement influencée par cet art brut. Ces motifs faits de lignes noires, par exemple, c'est « l'Hourloupe ». Un langage pictural totalement original dont Dubuffet est l'inventeur. Et voyez comme elle est instable, cette closerie. On dirait un paysage accidenté, un chemin de bosses et de trous. C'est comme si Dubuffet étendait son dessin à toute la nature environnante. L'art sort de ses limites. Il est partout. Mais surtout pas dans un cadre. Ni dans un musée. En plus, la closerie abrite « le Cabinet logologique », qui est sa raison secrète et dans lequel est contestée l'idée qu'il existe une réalité des choses, disait Dubuffet. À cette idée est substituée celle qu'il y a un nombre infini de réalités. Dans ce « Cabinet logologique » se trouve une porte, mais si vous voulez le voir il faudra y aller.

Jean Dubuffet
31 juillet 1901 Le Havre - 12 mai 1985 Paris

Peintre, sculpteur et plasticien français, fils de négociants en vin, il s'inscrit aux cours du soir de l'École des beaux-arts du Havre en 1917. L'année suivante, il s'installe à Paris et fréquente l'académie Julian puis, en 1922, l'atelier d'André Masson. Mais de 1924 à 1939, il abandonne deux fois la peinture pour se charger de l'affaire familiale. En 1942, il décide de se consacrer définitivement à la peinture et, trois ans plus tard, sa première exposition inspirée de l'art brut fait scandale à Paris. Alors qu'elle triomphe à New York l'année suivante. Et dès le début des années 1960, son succès est international. En 1985, il écrit *in extremis* sa *Biographie au pas de course* et « abandonne » définitivement la peinture...

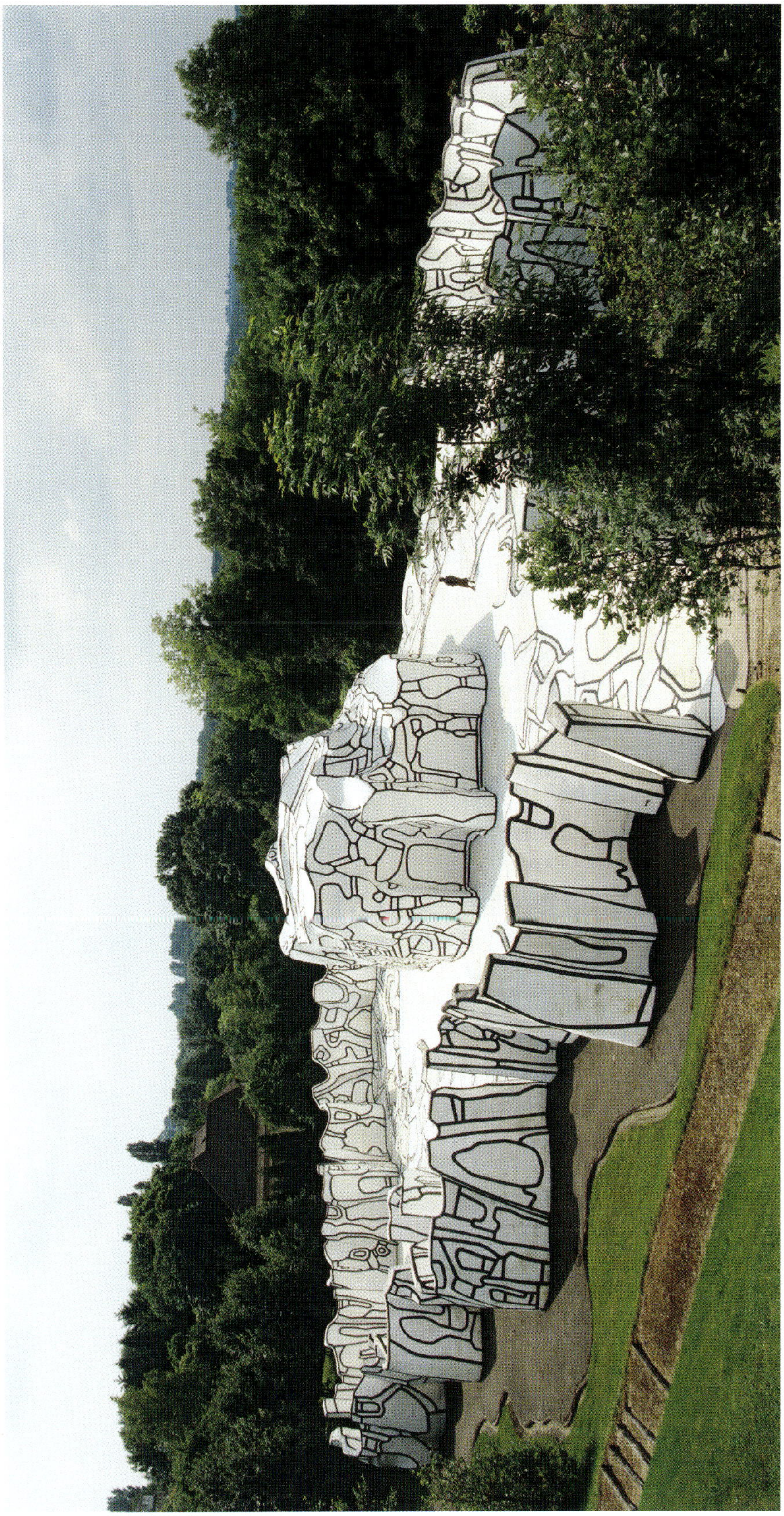

DEUX TRAMES DE GRILLAGE SUPERPOSÉES SUR UN BOIS FOND NOIR INCLINAISON : - 4° + 4°,

FRANÇOIS MORELLET, 1973, grillage sur bois, 100 x 100 cm, maille : 5 cm, Nantes, musée des Beaux-Arts.

« Qu'y a-t-il d'artistique là-dedans ? »

François Morellet est déroutant. Ses titres déjà. Cette œuvre de 1973 s'intitule *Deux trames de grillage superposées sur un bois fond noir inclinaison : - 4° + 4°*. On dirait une notice de chantier. Et pourtant, c'est exactement ce que vous avez sous les yeux : deux trames de grillage, superposées sur un bois, fond noir, inclinées de - 4° à + 4°. Morellet obéit à un mode de création systématique. Il pose certaines règles, le nombre de trames, le degré de leur inclinaison par rapport aux perpendiculaires du carré de la toile, des choses comme ça. Et puis, il suit la notice ! Il y ajoute parfois une part d'aléatoire. En 1961, par exemple, il divise sa toile en 40 000 carrés auxquels il attribue une couleur, rouge ou bleu, suivant les chiffres pairs et impairs d'un annuaire de téléphone ! Qu'y a-t-il d'artistique là-dedans ? Eh bien, pour Morellet, c'est la meilleure façon de ne rien dire de soi, de ne rien raconter, de produire des toiles d'une absolue neutralité, de réduire l'art à ses formes les plus élémentaires. Des lignes droites. Des carrés. « La ligne droite, c'est pur. La courbe, dit Morellet, c'est plus suspect, cela peut figurer des seins, des fesses, des fleurs, des cochonneries comme ça. »

FRANÇOIS MORELLET
30 avril 1926 Cholet

Peintre, graveur et sculpteur français, fils d'un industriel ami des peintres, son père influence sa vocation artistique. En 1941, il commence à peindre et, sept ans plus tard, entre dans l'entreprise familiale de puériculture et de jouets, tout en continuant à peindre en parallèle. En 1950, il séjourne au Brésil, découvre l'œuvre de Max Bill et s'oriente vers l'art abstrait. Deux ans plus tard, sa visite à l'Alhambra de Grenade le conforte dans son idée d'une abstraction géométrique. En 1961, il participe à la fondation du Groupe de recherche d'art visuel (GRAV) et à la création de l'art cinétique. Au début des années 1970, sa réputation devient internationale et, en 1975, il abandonne sa carrière industrielle pour se consacrer à son œuvre en constante évolution. En 2010, à 84 ans, il crée les vitraux de l'escalier Lefuel au Louvre, et en 2011 aura lieu au Centre Pompidou une grande rétrospective de ses installations.

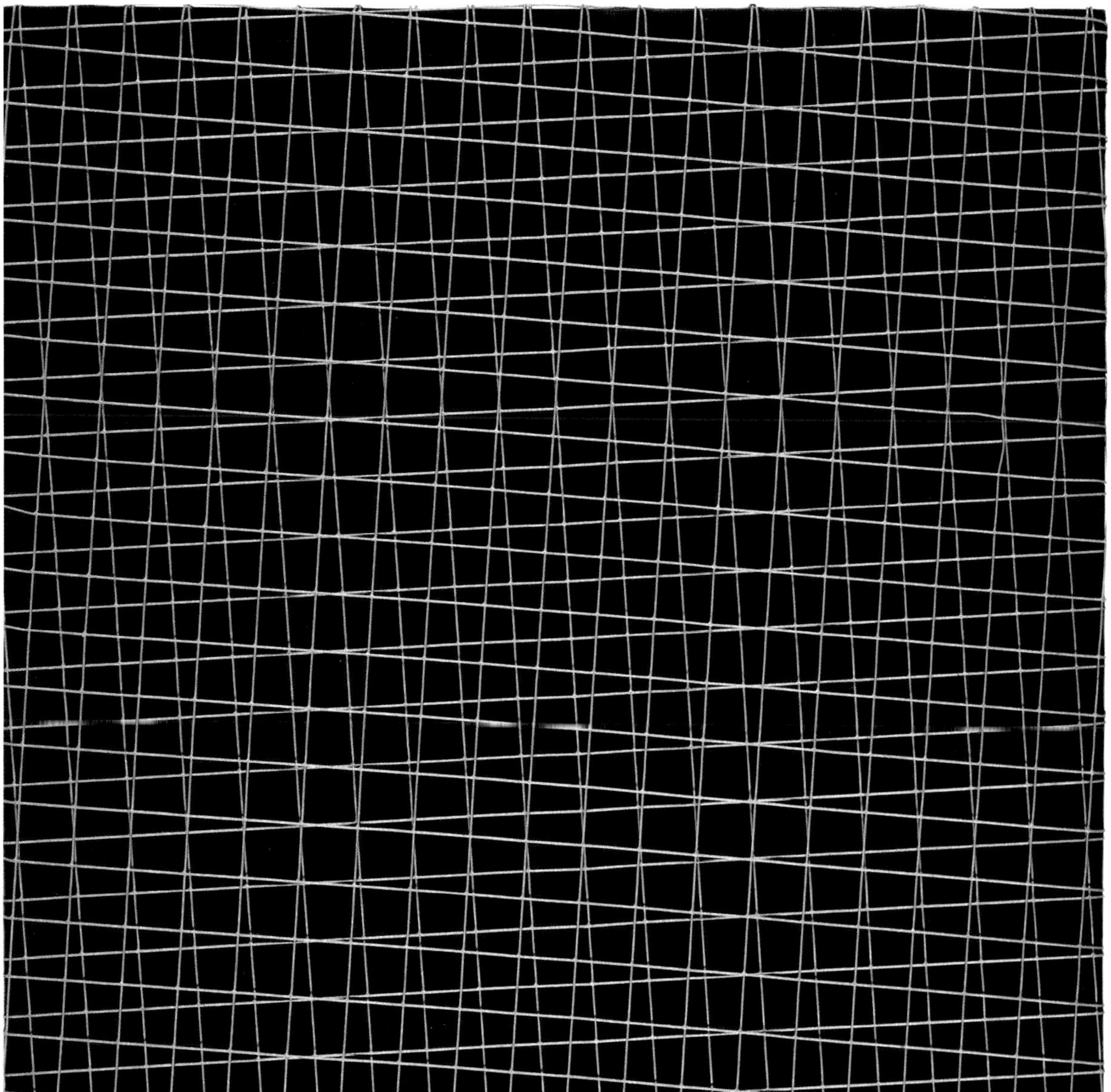

Le Signal,

Piotr Kowalski, 1974, tubes d'acier et néons, Vitry-sur-Seine, théâtre Jean Vilar, avenue Youri-Gagarine.

« Il faut les allumer tous les soirs et les éteindre tous les matins. »

Depuis 1974, les habitants de Vitry-sur-Seine peuvent voir *Le Signal* de Piotr Kowalski s'allumer chaque soir sur l'avenue Youri-Gagarine. Kowalski, décédé en 2004, fut l'un des pionniers de l'art technologique. Il ne se contentait pas d'imaginer ses œuvres, il les concevait de l'intérieur ! Diplômé du prestigieux MIT, le Massachusets Institute of Technology, à la fois sculpteur, architecte et mathématicien, l'artiste d'origine polonaise avait créé au début des années 1960 une compagnie pour la production d'art à travers la machine. Son but était d'intégrer dans ses œuvres aussi bien la lumière que l'énergie magnétique, l'hologramme ou, plus tard, Internet. Et, pour ce faire, il entraînait dans ses projets des sociétés comme IBM ou une municipalité comme Vitry. *Le Signal*, par exemple, est une tour de verre et d'acier dessinée par ses soins, dans laquelle il a installé des néons roses et verts. Leur éclairage est aléatoire. Il ne suit pas une série préalablement établie. Il faut en revanche les allumer tous les soirs et les éteindre tous les matins. Et, de temps en temps, changer un tube, bien sûr. C'est l'inconvénient de l'art technologique : les machines ne se contentent pas d'être restaurées, comme les sculptures ou les tableaux, il leur faut un entretien régulier.

Piotr Kowalski
2 mars 1927 Lviv - 7 janvier 2004 Paris

Sculpteur, plasticien, mathématicien et architecte français d'origine polonaise, à 18 ans, il émigre en Suède puis aux États-Unis, où il étudie les sciences et l'architecture au MIT de 1947 à 1952. Mais, inquiet des risques de la recherche scientifique liée à l'armement nucléaire, il abandonne les sciences et travaille dans le cabinet d'architecture d'I.M. Pei à New York. Installé à Montrouge en 1953, il exerce auprès des architectes Marcel Breuer et Jean Prouvé à Paris. Quatre ans plus tard, il crée une compagnie pour la production d'art à travers la machine et se consacre à la sculpture. Naturalisé français en 1971, il reçoit le Grand Prix national de sculpture dix ans plus tard. Et s'éteint d'une pneumonie à 76 ans.

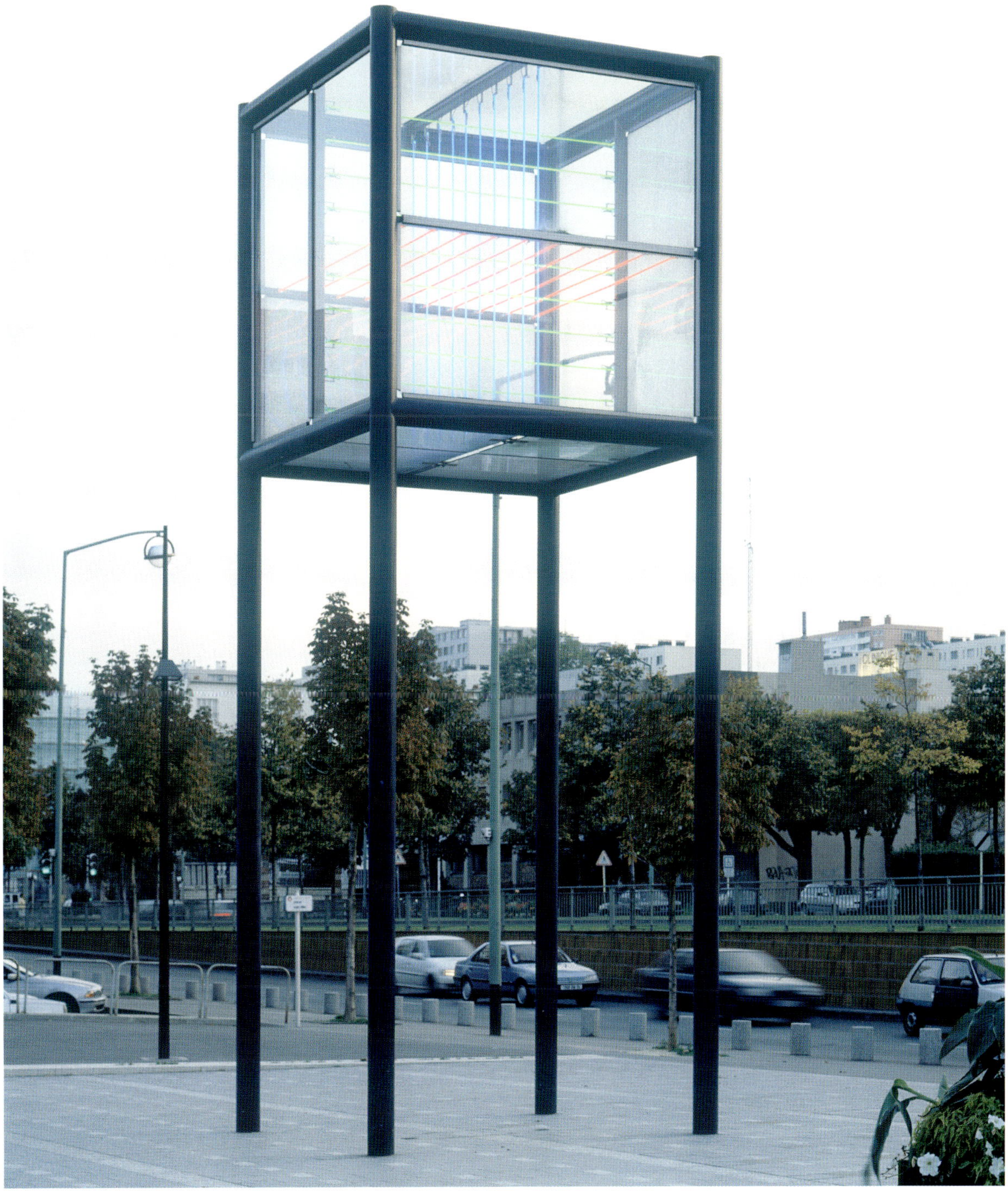

Cunt,

Gilbert & George, 1977, technique mixte, 2,41 × 2,01 m, Paris, musée d'Art moderne de la Ville de Paris.

« Cunt est un gros mot. »

Cunt est une œuvre de Gilbert & George, le plus célèbre tandem de l'art contemporain. Ce « vitrail » moderne d'environ 2,50 m sur 2 m date de 1977, l'année de l'explosion du punk. Il est destiné, selon ses auteurs, à « frapper le spectateur avant même qu'il ait le temps de réfléchir ». *Cunt*, en effet, est un gros mot – *dirty word* en anglais – qui désigne le sexe de la femme ; et des insultes comme celle-ci, les murs de Londres en étaient couverts à cette époque où l'Angleterre s'enfonçait dans la récession économique, le chômage et la violence urbaine. Gilbert & George vont donc s'emparer de ces graffitis obscènes – *cunt, fuck, suck*... – pour créer une série de photomontages intitulée *Dirty Words*. Je dis bien « s'emparer », car ils vont les photographier dans les rues, tels qu'ils ont été tracés, d'une écriture rapide, agressive et fragile, et photographier la rue elle-même, à la limite du chaos et de la désolation, avec ses sans-abri, ses soldats, ses monuments, et se photographier eux-mêmes, timides et hiératiques, dans leurs éternels costumes d'hommes d'affaires. Car il n'y a pas d'ironie dans les *Dirty Words* de Gilbert & George, pas de second degré comme dans le pop art américain ou la figuration libre française : « Nous aimons que l'image hurle littéralement à la face du spectateur, nous voulons que les gens soient affectés par la vision de nos tableaux. » Ce que nous montre une œuvre comme *Cunt* et la série des *Dirty Words*, avec l'alliance du noir et blanc et du rouge, la couleur du sang, la couleur de la révolte, c'est l'émergence dans la civilisation occidentale de quelque chose qui ressemble au chaos et si, trente ans plus tard, cette œuvre est toujours aussi brutale et subversive, c'est que, d'après Gilbert & George, elle est restée d'actualité, rien n'a vraiment changé.

Gilbert
1943 Italie
George
1942 Angleterre

Gilbert est né en Italie. Il étudie à la Wolkenstein School of Art et à la Hallein School of Art en Autriche puis à l'Akademie der Bildenden Künste de Munich. Il s'installe à Londres et s'inscrit en classe de sculpture à la Saint Martins School of Art (aujourd'hui Central Saint Martins College of Art and Design) où il rencontre George le 25 septembre 1967. George est né en Angleterre. Il étudie au Dartington Hall College of Art et à la Oxford School of Art. Il étudie ensuite la sculpture à la Saint Martins School of Art. Depuis 1968, ils vivent et travaillent ensemble à Londres, et se qualifient de « sculptures vivantes ». En 1986, ils ont reçu le prix Turner et ils ont représenté le Royaume-Uni à la Biennale de Venise en 2005. En 2008, ils ont été nommés professeurs honoraires de philosophie par la London Metropolitan University.

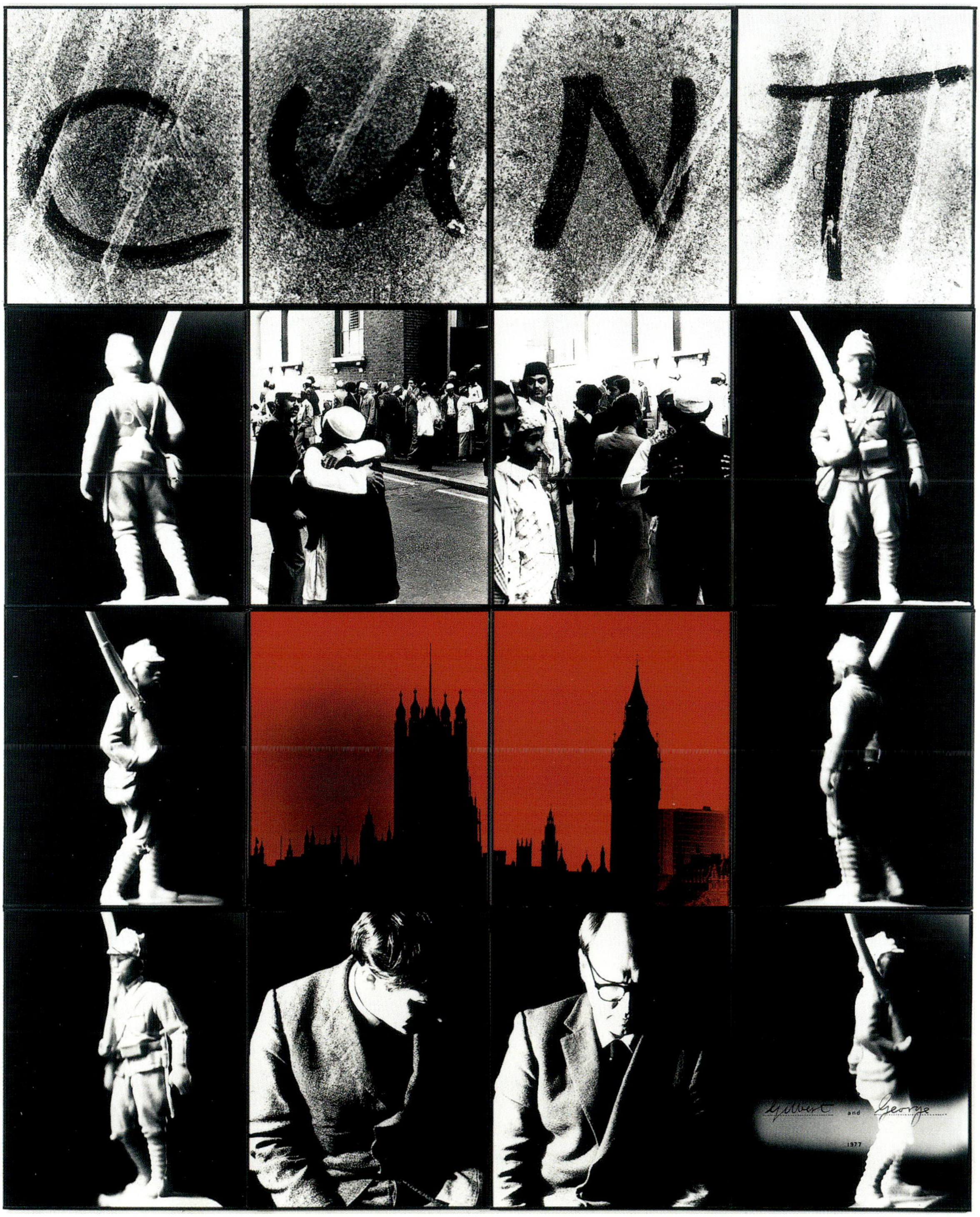
CUNT
Gilbert and George
1977

Slave Auction, Vente aux enchères d'esclaves,

Jean-Michel Basquiat, 1982, collage de papiers froissés, pastel gras et peinture acrylique sur toile, 1,83 × 3,05 m, Paris, Musée national d'art moderne, centre Georges-Pompidou.

« Basquiat a tout pour se faire remarquer. »

Slave Auction est une œuvre de Jean-Michel Basquiat de 1982. La carrière de cet artiste américain, fils d'une Portoricaine et d'un Haïtien, a été fulgurante. Star à 21 ans, il est mort à 27 ans d'une overdose. Mais quelle œuvre prolifique ! Basquiat peignait sur tout ce qu'il trouvait, murs, toiles, panneaux, placards... Du reste, il dessinait plus qu'il ne peignait. C'était un tagueur, un graffiteur. Tout a commencé par un double choc. Une voiture le renverse alors qu'il a 7 ans et, pendant sa convalescence, sa mère lui offre un livre d'anatomie. C'est la révélation. Il se met à le recopier. Dix ans plus tard, il couvre les murs de Manhattan de graffitis qu'il signe Samo pour *Same old shit*, « La même vieille merde ». Nouveau langage pictural, né dans la rue, à l'écart des galeries, le tag commence à intriguer le milieu artistique. Et Basquiat a tout pour se faire remarquer : il est beau, métis, intelligent et très, très talentueux. À 21 ans, lors de sa première exposition personnelle, tout le gratin new-yorkais se bouscule pour admirer l'enfant prodige. Et que voit-il ? Un chaos urbain peuplé de masques et de squelettes, l'Amérique revisitée par le vaudou ! Regardez *Slave Auction*, qui signifie « vente aux enchères d'esclaves ». Les visages aux dents menaçantes sont ceux des exploiteurs, les visages édentés ceux des opprimés. Ce bateau couleur d'or, c'est celui du trafic d'esclaves. Le fond bleu, c'est le blues. L'épouvantail est revêtu de l'habit des jazzmen de la Nouvelle-Orléans. Quant à la couronne d'épines, elle symbolise le sacrifice du peuple noir, dont il est un descendant. La peinture de Basquiat est explicite et figurative. Rien à voir avec le minimalisme ou l'art conceptuel. C'est à la fois magique et moderne.

Jean-Michel Basquiat
22 décembre 1960 New York - 12 août 1988 New York

Artiste américain, fils d'une amatrice d'art, très jeune il visite régulièrement le Museum of Modern Art de New York. À 17 ans, il sèche régulièrement la Edouard R. Murrow High School pour taguer les murs de Manhattan. L'année suivante, il quitte définitivement le lycée et la maison familiale puis survit en vendant des tee-shirts et des cartes postales dans la rue. Et, à partir de 1979, il obtient une certaine célébrité en participant régulièrement à des talk-shows télévisuels. En 1981, c'est la consécration internationale grâce à l'article de René Ricard dans le magazine *Artforum*, et le succès de sa première exposition personnelle à New York. Deux ans plus tard, il se lie avec Andy Warhol avec qui il collabore régulièrement. Mais il est fauché en pleine gloire par une overdose d'héroïne et de cocaïne à 27 ans.

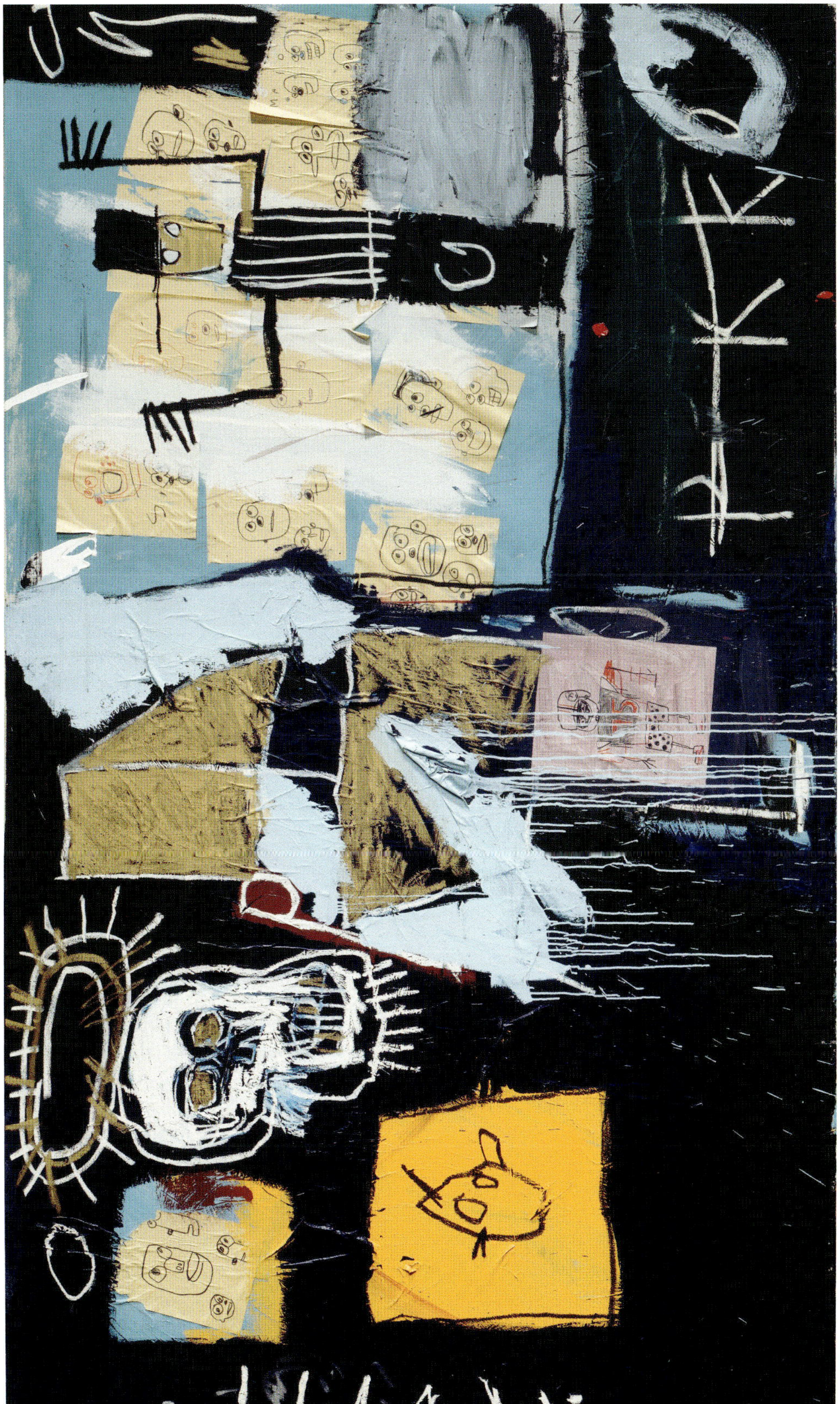

David et Goliath (d'après Caravage) réunissant les têtes tranchées de Caravage et Pasolini,

Ernest Pignon (dit Ernest Pignon-Ernest), 1988, dessin préparatoire pour Naples à la pierre noire, marouflé sur toile et photographies couleur, 3 × 1,4 m, Nice, musée d'Art moderne et d'Art contemporain.

« Il est allé la nuit, comme un conspirateur, coller son image sur un mur. »

Cette photo représente un dessin original qu'Ernest Pignon-Ernest a collé sur un mur de Naples en 1988. Depuis 1966, cet artiste niçois travaille sur les lieux et leur histoire. Pour lui, la rue est un matériau plastique et poétique. Son dessin devient indissociable de la façade sur laquelle il est collé. Sans la façade, pas d'œuvre d'Ernest Pignon-Ernest. Et, chaque fois que celui-ci choisit une ville, c'est en hommage à un personnage ou à un événement historique. Dans le cas de Naples, il a réalisé une « intervention » comme il dit, inspirée de *David et Goliath*, un tableau du peintre italien le Caravage. Sur son étude préparatoire, en plus de la tête de Goliath, qui est un autoportrait du Caravage, il a fait tenir à David la tête du cinéaste italien Pier Paolo Pasolini. Puis il est allé la nuit, comme un conspirateur, coller son image sur un mur. Le matin, au réveil, les Napolitains ont eu la surprise de découvrir *David et Goliath* sur la façade de leur église ! Et pour tous ceux qui n'étaient pas à Naples à cette époque, il reste les musées. Car les œuvres d'Ernest Pignon-Ernest sont des œuvres éphémères, visibles uniquement dans la rue, mais les musées exposent tout de même ses dessins préparatoires et les photos de ses interventions.

Ernest Pignon-Ernest
1942 Nice

Artiste plasticien français, il grandit à Nice dans le quartier du port. À 13 ans, il découvre Picasso dans un magazine : ce sera déterminant. Deux ans plus tard, il abandonne le lycée et entre dans un cabinet d'architecture. Au début des années 1960, il crée des affiches et des décors pour le théâtre. En 1966, il réalise avec des pochoirs sa première intervention *in situ* sur le plateau d'Albion. En 1971, pour le centenaire de la Commune de Paris, il inscrit une sérigraphie (un gisant grandeur nature) qu'il colle à travers Paris dans des lieux marqués par le souvenir de la semaine sanglante. Et depuis quarante ans, considéré comme le pionnier du street art, il poursuit ses interventions urbaines sauvages à travers le monde, simultanément à ses expositions dans les musées et les galeries.

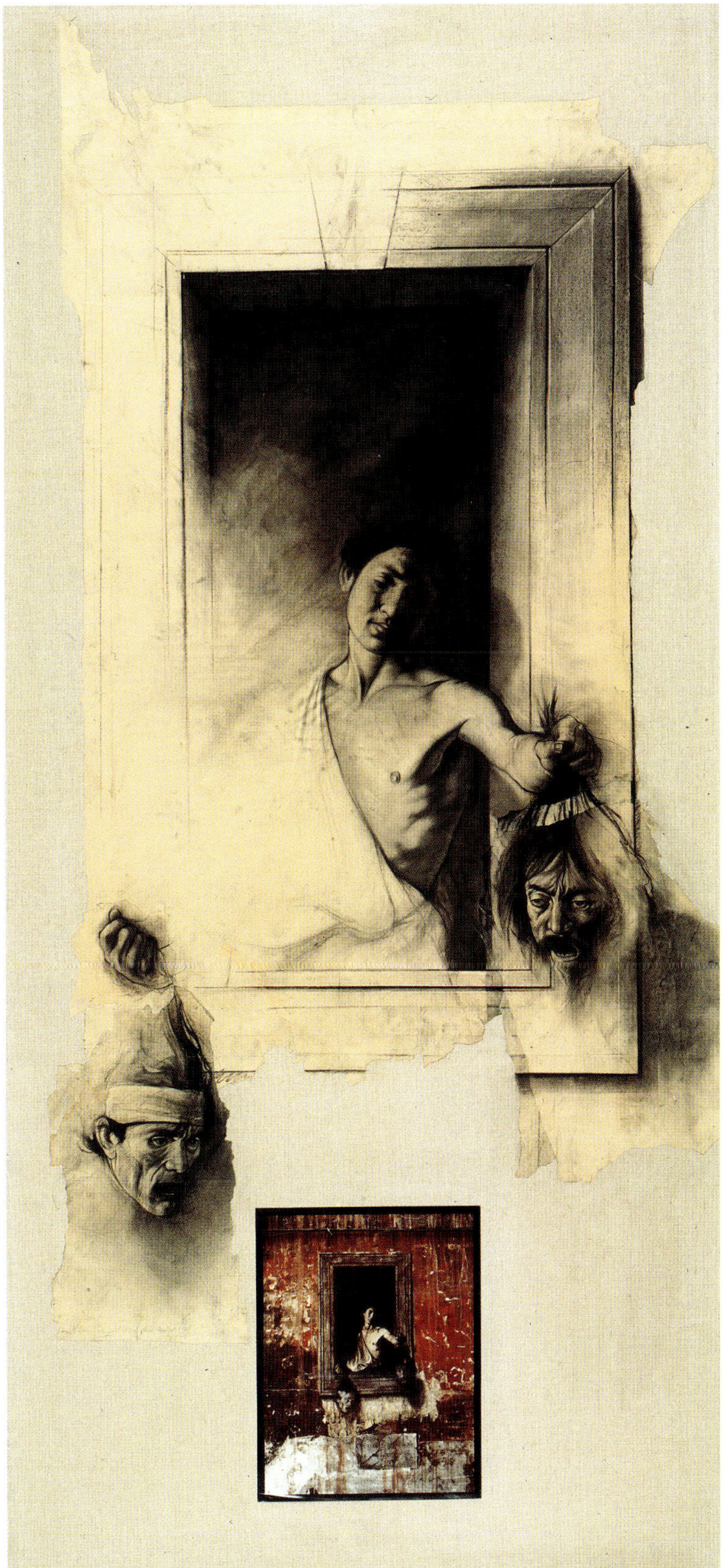

Portrait (Andrea Knobloch),

Thomas Ruff, 1990, tirage 2/4, épreuve chromogène, 2,10 × 1,65 m, Paris, Musée national d'art moderne, centre Georges-Pompidou.

« Quel est l'intérêt de faire des photos d'identité géantes ? »

Ceci n'est pas un Photomaton, c'est une œuvre du photographe allemand Thomas Ruff. C'est avec des épreuves chromogènes comme ce *Portrait (Andrea Knobloch)* de 1990 que Ruff est devenu célèbre à l'âge de 30 ans. Il s'agit pourtant de photos qu'on verrait plus logiquement sur un passeport qu'au musée. Mais c'est là toute l'astuce du travail de Thomas Ruff : il est documentaire, objectif et sériel. Une méthode initiée par Bernd et Hilla Becher, qui ne photographient que des ensembles industriels en respectant une même lumière neutre, un même angle de vue et un même cadrage pour chacune de leurs séries. Thomas Ruff a été leur élève et, depuis 1986, il applique une méthode similaire à ses portraits. Il les prend sur fond neutre, de face, sous une lumière crue et les tire en format monumental. Celui d'Andrea Knobloch mesure 1,65 mètre de large sur 2,10 mètres de haut ! Alors, vous vous demandez quel est l'intérêt de faire des photos d'identité géantes. C'est simple : il n'y a pas de portrait moins expressif, plus impersonnel, qu'une photo d'identité. À moins de connaître personnellement Andrea Knobloch, vous aurez beau la voir en très, très grand, vous aurez beau scruter son regard fixe, vous attarder sur les moindres détails de sa peau et de son visage, vous ne saurez rien d'elle. C'est un portrait où il n'y a personne. Thomas Ruff l'explique très bien : « Je veux que le spectateur soit conscient qu'il regarde une photographie et non un sujet. »

Thomas Ruff
1958 Zell am Harmersbach

Photographe allemand, après avoir hésité entre des études d'astronomie et de photographie, il entre à 19 ans à la Kunstakademie Düsseldorf, où il étudie la photographie auprès de Gerhard Richter et de Bernd et Hilla Becher jusqu'en 1985. Il développe alors sa méthode de photographie en série conceptuelle et devient très vite l'un des plus célèbres chefs de file de la nouvelle génération allemande. Au début des années 1990, il s'inspire des images de la guerre du Golfe, et son œuvre prend une orientation politique. En 2000, il reprend la chaire des Becher à la Kunstakademie Düsseldorf et y enseigne la photographie durant cinq ans.

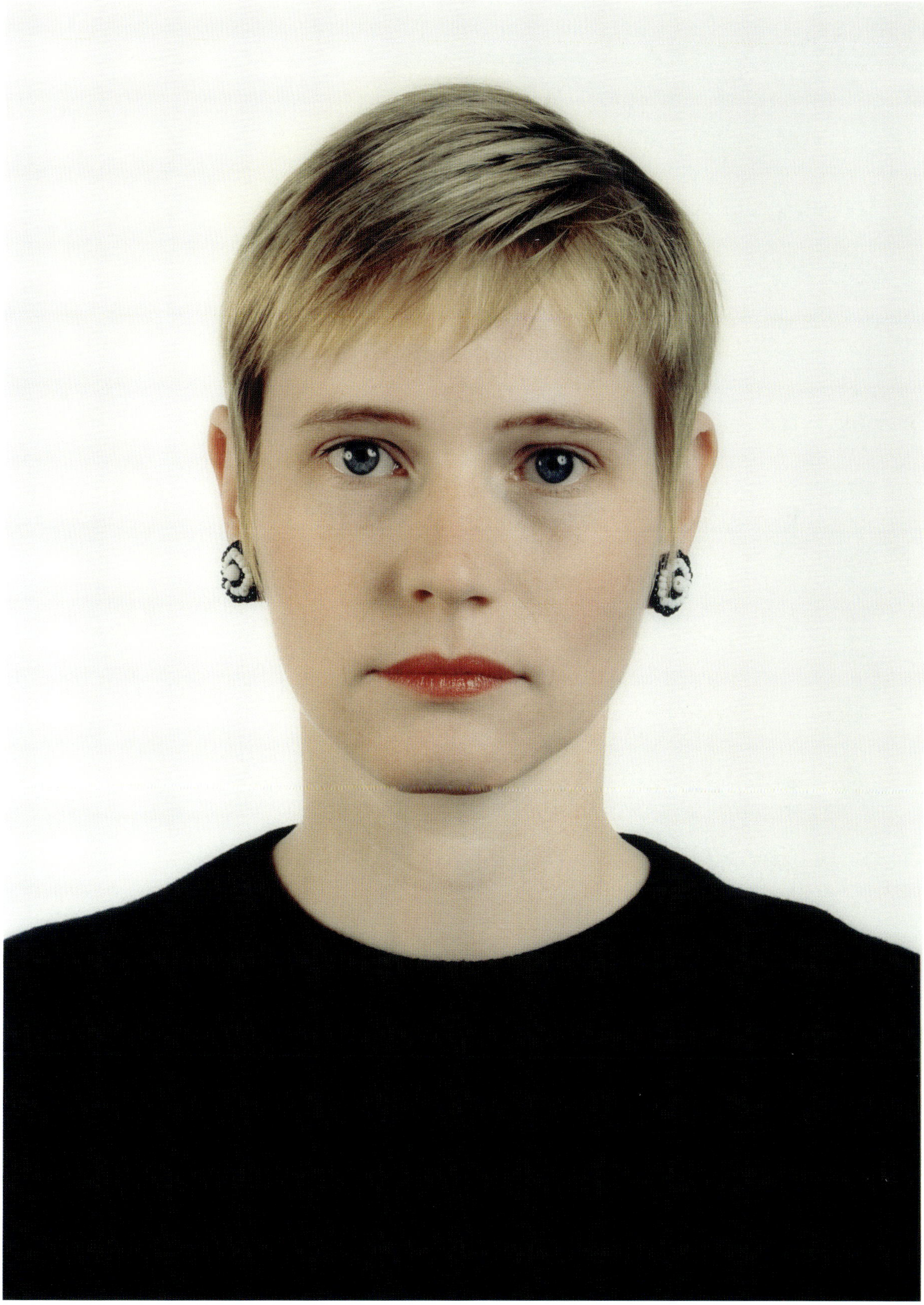

Wall Drawing n° 711,

Sol LeWitt, 1992, dessin mural, lavis d'encres de couleur apposées au chiffon, Amiens, musée de Picardie.

« Vous vous rappelez ce petit jeu dans les albums de coloriage. »

Dans la rotonde du musée de Picardie, les murs sont couverts de formes géométriques de couleurs vives. C'est une œuvre conceptuelle de l'Américain Sol LeWitt, intitulée *Wall Drawing n° 711*. Pourquoi conceptuelle, alors qu'il s'agit comme son nom l'indique d'un dessin mural ? Pour la bonne raison que Sol LeWitt n'a pas peint ces murs lui-même, ce sont ses assistants qui s'en sont chargés en 1992. LeWitt, lui, s'est contenté d'avoir l'idée, ce qui est le plus important dans l'art conceptuel, puisque c'est l'idée, le concept qui fait l'œuvre, et non pas sa réalisation. Et l'idée, ici, est toute simple. Vous vous rappelez ce petit jeu que l'on propose aux enfants dans les albums de coloriage ? Sol LeWitt avait remis un schéma à ses assistants pour savoir quelles formes ils devaient dessiner. Quant aux couleurs, il leur suffisait de se guider avec les numéros. Mais alors, si c'est l'idée qui compte, et pas la réalisation, qu'est-ce qui nous empêche de reproduire ce schéma dans notre salon ? Tout le monde pourrait être l'heureux propriétaire d'un Sol LeWitt.
Pas si bête ! Pour exister en tant qu'œuvre d'art, chaque *Wall Drawing* doit rester unique. Et si d'aventure le musée de Picardie voulait revendre le sien, c'est-à-dire le schéma muni de son certificat d'authenticité, il lui faudrait d'abord effacer le *Wall Drawing n° 711* avant que celui-ci puisse être reproduit ailleurs, exactement pareil.

Sol LeWitt
9 septembre 1928 Hartford - 8 avril 2007 New York

Artiste plasticien, sculpteur minimaliste et conceptuel américain, fils d'immigrés juifs russes, il étudie à la Syracuse University où il est diplômé en 1949. Il voyage ensuite en Europe où il découvre les maîtres classiques, puis participe à la guerre de Corée. À son retour, au début des années 1950, il s'installe à New York et travaille comme graphiste dans le cabinet de l'architecte I.M. Pei. En 1960, il est recruté par le Museum of Modern Art – MoMA – de New York et participe à ses premières expositions de groupe avec d'autres artistes minimalistes. Mais, à partir de 1967, il se consacre à l'art conceptuel et ses *Wall Drawings* le rendent célèbre dans le monde entier. Un cancer l'emporte à 78 ans...

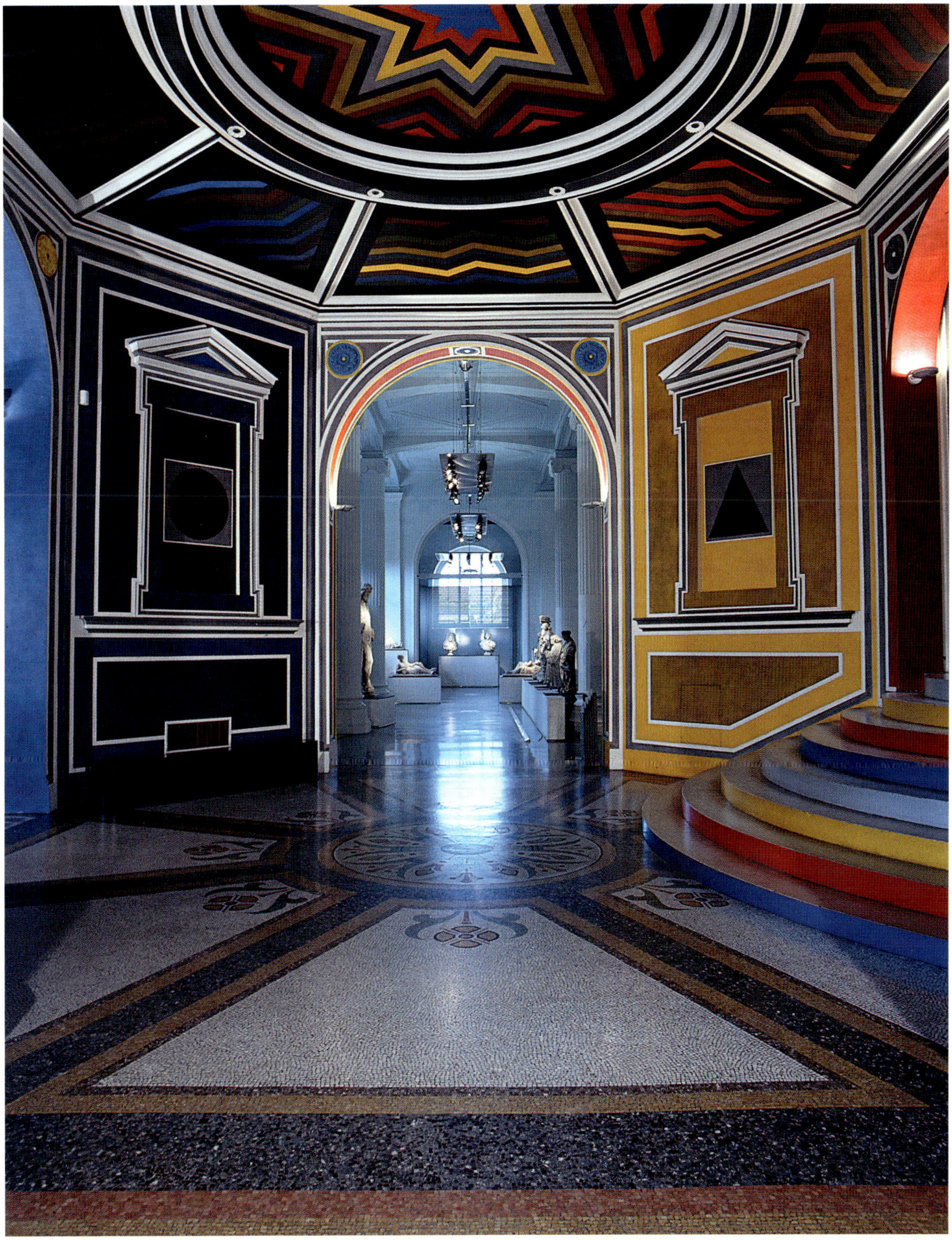

Le Rêve de Tjunginpa à Tjunginpa, nord-ouest de Kintore,

Mick Namarari Tjapaltjarri, 1996, peinture acrylique sur toile, 1,53 x 1,22 m, Paris, musée du quai Branly.

« En 1971, ses œuvres se vendaient 40 dollars australiens. »

Cette acrylique sur toile intitulée *Le Rêve de Tjunginpa à Tjunginpa, nord-ouest de Kintore* a été réalisée par Mick Namarari Tjapaltjarri, l'un des plus grands artistes aborigènes d'Australie, né en 1926 et mort en 1998. À l'origine, une peinture pointilliste comme celle-ci, représentant un rêve, c'est-à-dire un ancêtre mythique et l'itinéraire qu'il a suivi, était exécutée sur le corps d'un danseur ou sur un objet sacré, une pierre ovale ou une écorce de bois. Il s'agit d'une carte figurant des arbres, des fleuves, des collines, des chemins, des sites, mais une carte codée, qu'il est impossible de lire si l'on n'a pas été initié. Seuls de grands peintres traditionnels comme Mick Namarari Tjapaljtarri peuvent condenser en un minimum de signes un aussi grand nombre d'histoires et de lieux, illustrant, sans jamais le révéler, un rituel venu du fond des âges. C'est un professeur de dessin, Geoffrey Bardon, qui encouragea les artistes aborigènes à peindre leurs rêves sur de la toile afin de pouvoir les vendre aux Blancs et gagner un peu d'argent. Au début des années 1970, il créa à Papunya une coopérative artistique dont Mick Namarari Tjtapaltjarri devint la figure la plus célèbre. En 1971, ses œuvres se vendaient 40 dollars australiens. Trente ans plus tard, elles valent mille fois plus.

Mick Namarari Tjapaltjarri
1926 Mampi - 1998 Alice Springs

Peintre aborigène australien, il grandit dans le Bush où son père a été assassiné pendant qu'il chassait. Très jeune, il travaille pour un éleveur de bétail nommé McNamara, puis devient Mick Namarari. Au début des années 1970, il s'installe à Papunya où il devient peintre et participe à la fondation du Western Desert Art Movement. Et en 1981, avec deux autres artistes de Papunya, il participe à la première exposition de l'art du désert à Sidney. Dix ans plus tard, il reçoit le prix national Aboriginal Art et quatre ans avant sa mort le prix Australia Council Red Ochre pour sa contribution exceptionnelle à la reconnaissance nationale et internationale des artistes autochtones.

99 Cent,

Andreas Gursky, 1999, tirage 5/6, 2,07 × 3,36 x 0,05 m, Paris, Musée national d'art moderne, centre Georges-Pompidou.

« Ce n'est qu'en développant sa pellicule qu'il découvre de minuscules randonneurs. »

99 Cent mesure 2,07 mètres sur 3,36 mètres et vaut beaucoup plus cher que 99 cents, car il s'agit d'une œuvre d'Andreas Gursky et c'est avec ce genre de paysage en grand format que ce photographe allemand est devenu célèbre à la fin du xxe siècle. Tout a commencé en 1984. Gursky prend en photo un panorama alpin, à première vue désert. Ce n'est qu'en développant sa pellicule qu'il y découvre de minuscules randonneurs. Une découverte qui fait figure de révélation. Gursky prend conscience d'une évidence – l'appareil photo enregistre des détails que l'œil ne perçoit pas tout de suite – à partir de laquelle il va bâtir toute son œuvre. Il développe alors une méthode de prise de vue panoramique qui estompe les détails et les fait apparaître une fois que l'œil se fixe dessus. Ses décors de prédilection sont ceux qui semblent se répéter à l'infini : le verre et l'acier de l'architecture moderne, les masses indifférenciées de la globalisation, qu'elle soit financière ou culturelle, dans les salles de Bourse ou les rayons de la société de consommation. Dans *99 Cent*, les amoncellements de marchandises multicolores à prix unique absorbent les clients, les broient comme de gigantesques mâchoires avant de les recracher un par un. Mais, contrairement au panorama alpin de ses débuts, *99 Cent* n'est pas le fruit du hasard. Gursky a peaufiné sa méthode. Ici, il a utilisé plusieurs négatifs, qu'il a assemblés et recolorisés sur son ordinateur afin de créer de toutes pièces une photographie. C'est ce qu'il appelle « une composition qui aurait pu exister dans la réalité » et que certains n'hésitent pas à comparer aux tableaux d'histoire des siècles passés.

Andreas Gursky
15 janvier 1955 Leipzig

Photographe allemand, petit-fils et fils de photographes publicitaires, à la fin des années 1970 il étudie la photographie subjective à la Folkwangschule d'Essen dirigée par Otto Steinert. En 1981, il entre à la Kunstakademie Düsseldorf où il suit notamment les cours de Bernd et Hilla Becher qui développent la méthode de la photographie sérielle documentaire objective. Au début des années 1990, il voyage à travers le monde où il devient très vite célèbre. Il est aujourd'hui l'un des artistes vedettes du marché de l'art international.

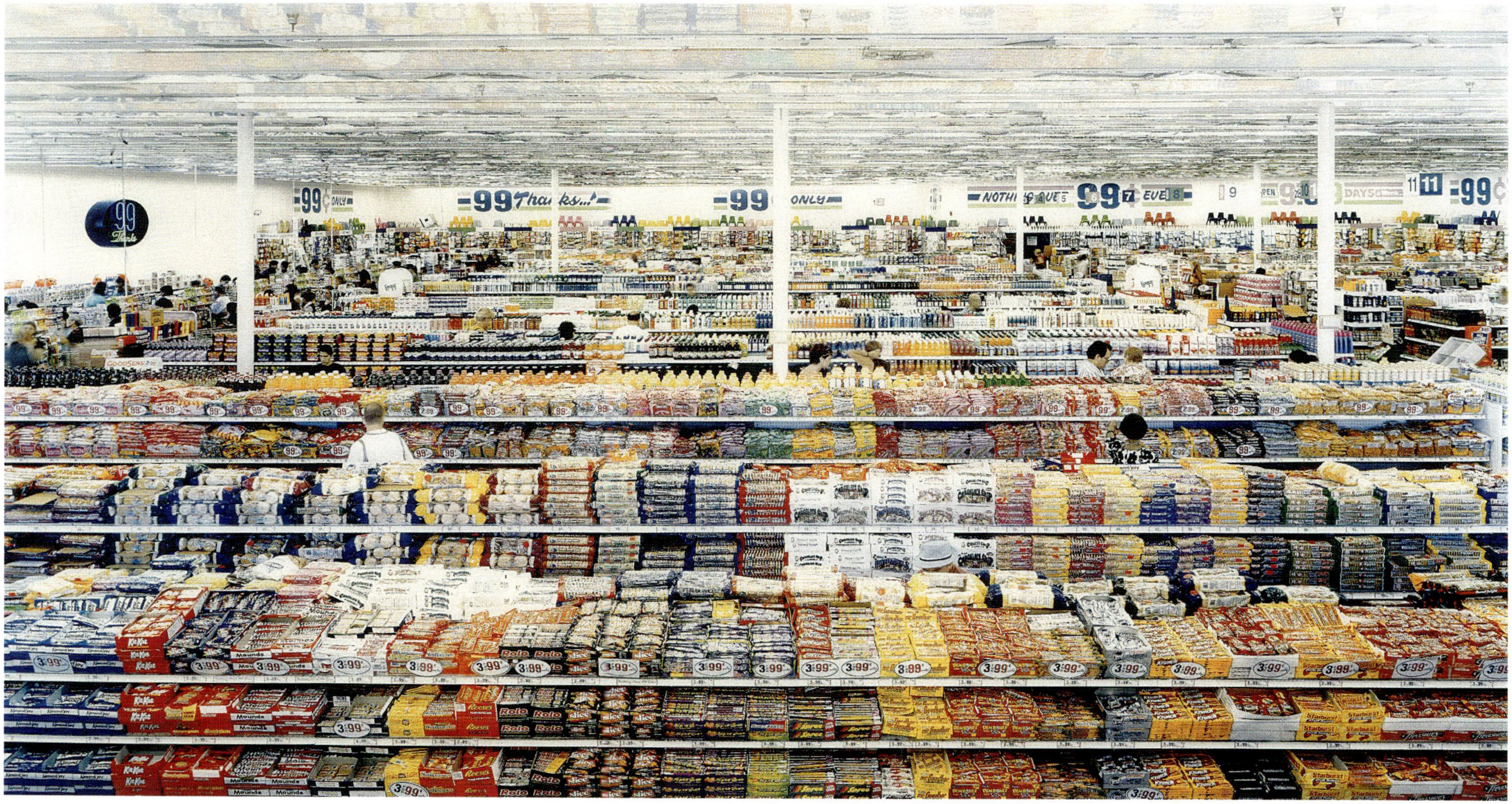

99¢ ONLY
99 Thanks...!
99 ONLY

Split-Rocker,

Jeff Koons, 2000, acier inoxydable, sol, tissu géotextile, système d'irrigation interne et plants de fleurs naturelles, 11,20 × 11,80 × 10,82 m, 90 000 fleurs, acquise en 2001 par François Pinault, exposée aux châteaux de Versailles et de Trianon en 2008.

« Je me suis imaginé Louis XIV qui fait un souhait. »

Cette gigantesque tête, c'est *Split-Rocker*, une sculpture végétale créée en 2000 par l'artiste américain Jeff Koons. Et, en 2008, elle se trouvait provisoirement dans le parterre de l'Orangerie du château de Versailles. Au grand dam de certains. Car Jeff Koons a beau compter parmi les artistes vivants les plus célèbres et les plus chers du monde, son style n'a rien de classique. En bon héritier de Marcel Duchamp et d'Andy Warhol, il s'approprie les objets du quotidien, ou de l'imagerie enfantine, pour les glorifier et les élever au rang d'œuvres d'art. C'est ainsi qu'il a enfermé des appareils ménagers dans des caisses en plexiglas, réalisé des bergères ou des petits cochons en sucre et même un Michael Jackson en porcelaine. Sans oublier son emblématique *Inflatable Rabbit*, un lapin gonflable en inox, suivi depuis par *Balloon Flower*, *Balloon Dog* ou son *Lobster* géant… Tous exposés à la même époque dans l'enfilade des grands appartements de Versailles. Mais revenons à *Split-Rocker*. Ne croyez pas qu'il a atterri à Versailles par hasard. « J'ai toujours été fasciné par Louis XIV », explique Jeff Koons qui a réalisé *Split-Rocker* comme s'il s'agissait d'un fantasme du Roi-Soleil : « Je me suis imaginé Louis XIV qui se réveille le matin, regarde par la fenêtre et fait un souhait : "J'aimerais voir une sculpture d'une douzaine de mètres de haut, faite de 90 000 fleurs fraîches, et qu'elle soit réalisée avant la tombée du jour." » Et Jeff Koons, comme Mansart ou Lenôtre en leur temps, s'est dépêché d'exécuter le souhait du roi ! Sauf qu'il lui a fallu un mois entier pour installer la structure métallique, verser les 10 tonnes de terre et planter les milliers de pétunias, pensées et géraniums…

Jeff Koons
21 janvier 1955 York

Artiste américain, il étudie au Maryland Institute College of Art de Baltimore où il est diplômé en 1976 et à la School of the Art de Chicago. Installé à New York, il est tout d'abord trader à Wall Street mais, à la fin des années 1980, il se consacre exclusivement à la création artistique. Il connaît très vite un succès international, notamment avec son *Inflatable Rabbit* en 1986, et expose dans les musées du monde entier. En 1991, il épouse l'actrice de films pornographiques Ilona Anna Staller, dite La Cicciolina, avec laquelle il crée des œuvres provocatrices. Dix ans plus tard, il est fait chevalier de la Légion d'honneur par le président Jacques Chirac. En 2008, la vente de son *Ballon Flower* atteint une somme record chez Christie's et il est durant plusieurs mois l'artiste vivant vendu le plus cher aux enchères.

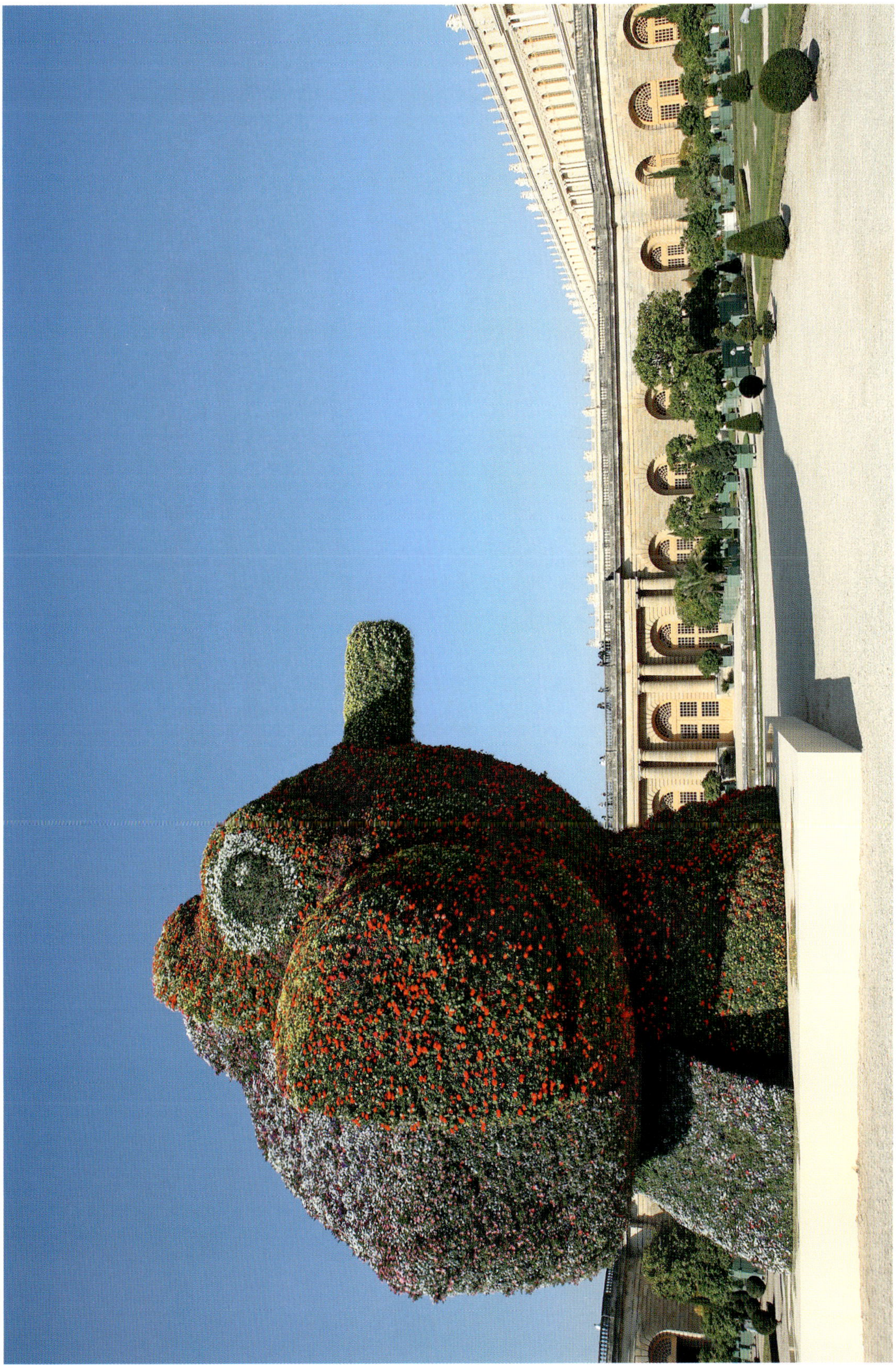

Le Kiosque des noctambules,

Jean-Michel Othoniel, 2000, perles de verre soufflé, aluminium et céramique, Paris, place Colette, station de métro Palais-Royal–Musée du Louvre.

« Une réalisation que ni l'artiste, ni son commanditaire n'avaient imaginée. »

Voici la bouche de métro la plus insolite de Paris. Depuis l'an 2000, pour entrer dans la station Palais-Royal–Musée du Louvre, sur la place Colette, face à la Comédie-Française, on passe sous *Le Kiosque des noctambules* du sculpteur français Jean-Michel Othoniel. Une réalisation que ni l'artiste, ni son commanditaire, la RATP, n'avaient imaginée en 1996, au début de leur collaboration. La RATP s'était contentée de demander à Othoniel un dessin, une œuvre imaginaire, pour un livre qui devait célébrer le centenaire du métro parisien, en juillet 2000. Et comme Othoniel est célèbre pour ses sculptures de verre évoquant et métamorphosant le corps humain, il était naturel qu'il choisisse de représenter une « bouche » de métro : « Par sa nature et sa fonction, expliquera-t-il, elle nourrit mes obsessions d'artiste. » Naturel aussi qu'il fasse référence au travail d'Hector Guimard, le génial architecte de l'art nouveau, qui avait habillé les premiers édicules du métro parisien en 1900. Et voilà la RATP séduite, d'autant plus séduite qu'Othoniel, quelques mois plus tard, fabrique une petite maquette en trois dimensions de son projet. Cette fois, la tentation est trop grande. La RATP décide de devenir maître d'ouvrage et d'offrir aux usagers du XXIe siècle cette extraordinaire bouche de métro aux mille perles de verre soufflé. Et voilà comment *Le Kiosque des noctambules* est l'œuvre la plus importante offerte par la RATP à la capitale depuis les créations d'Hector Guimard il y a cent ans.

Jean-Michel Othoniel
27 janvier 1964
Saint-Étienne

Artiste sculpteur français installé à Paris, il étudie à l'École des beaux-arts de Cergy-Pontoise auprès de Sophie Calle, Christian Boltanski, Annette Messager et Bernard Marcadé jusqu'en 1988. Quatre ans plus tard, il expose à la Documenta de Kassel et enchaîne les expositions. En 1993, il découvre le verre soufflé au CIRVA de Marseille et l'intègre dans son œuvre. Lauréat du prix de Rome en 1996, il intègre la villa Médicis. L'année suivante, il expose à la Fondation Guggenheim à Venise avec l'aide des maîtres verriers de Murano. Dès le début du XXIe siècle, il expose dans les plus prestigieux musées du monde et atteint une renommée internationale. En 2011, le Centre Pompidou lui consacrera sa première rétrospective.

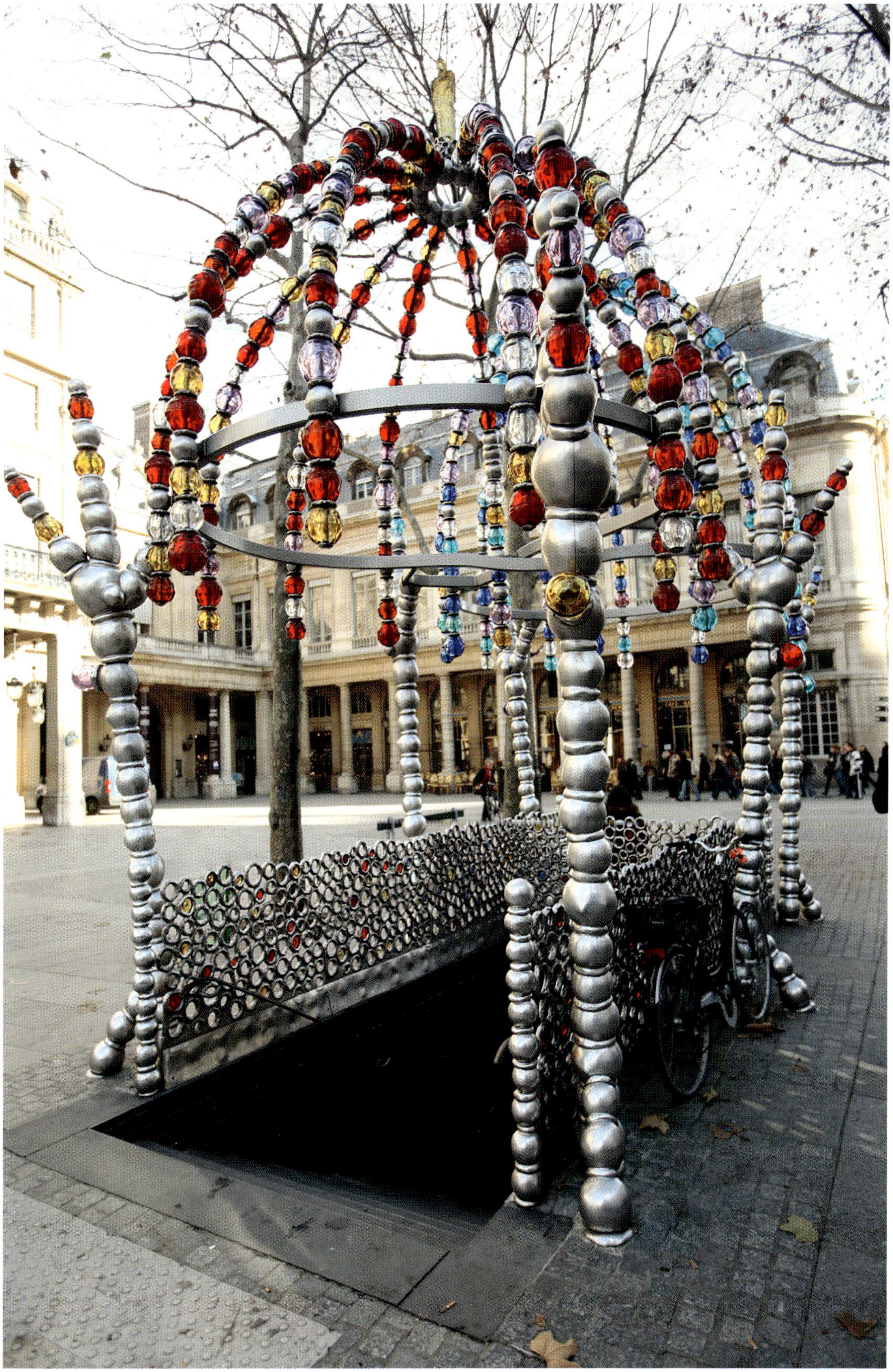

Sasa (Manteau),

Brahim El Anatsui, 2004, aluminium et fils de cuivre, 6,4 × 8,4 m,
Paris, Musée national d'art moderne, centre Georges-Pompidou.

« En Afrique, le recyclage est une activité quotidienne. »

Ne vous méprenez pas sur la souplesse et la légèreté de *Sasa*, réalisé par El Anatsui en 2004. Ce rideau d'un peu plus de 8 mètres sur 6 mètres n'est pas en textile ; il est composé de milliers de capsules de bouteilles reliées par du fil de cuivre ! Ne voyez pas non plus dans ce recyclage d'objets manufacturés l'influence du pop art ou du nouveau réalisme, El Anatsui est ghanéen et les Africains n'ont pas attendu César ou Arman, ni même Andy Warhol, pour faire de la récup' dans les poubelles de la société de consommation. En Afrique, pour des raisons économiques, le recyclage est une activité quotidienne. Tout objet s'y doit d'avoir une seconde vie. Ce que fait El Anatsui depuis trente ans, avec des pots cassés, des tessons de verre, des planches en bois ou des capsules de bouteilles, qu'il tronçonne, assemble et transforme en sculptures. Son art est donc profondément africain. D'autant plus africain que ses œuvres sont toujours inspirées de la tradition africaine, notamment celle des Ashanti du Nigeria. Motifs, symboles et techniques ancestrales se retrouvent dans chacune de ses pièces. Regardez *Sasa*. De près, ce sont des capsules de boissons gazeuses importées d'Europe ou d'Amérique ; de loin, c'est une magnifique étoffe, digne des plus grands tisserands africains. Et c'est cela qui a valu à El Anatsui d'être l'un des premiers artistes africains à participer à la Biennale de Venise en 1990 et d'y être retourné en 2007.

Brahim El Anatsui
1944 Anyako

Sculpteur ghanéen, il étudie à l'École supérieure des arts, université des Sciences et Technologies de Kumasi au Ghana, où il obtient une licence en sculpture et un diplôme universitaire supérieur en éducation d'art. Installé au Nigeria depuis 1975, il enseigne la sculpture à l'université du Nigeria, Nsukka, et fait partie du Nsukka Group. En 1990, il est sélectionné pour représenter l'Afrique à la Biennale de Venise où il a reçu une mention honorable. Neuf ans plus tard, il participe à l'exposition « Champ de sculptures » à Paris. Et depuis le début du XXIe siècle, il est présent dans les plus grands musées d'art contemporain du monde et les collections privées les plus prestigieuses.

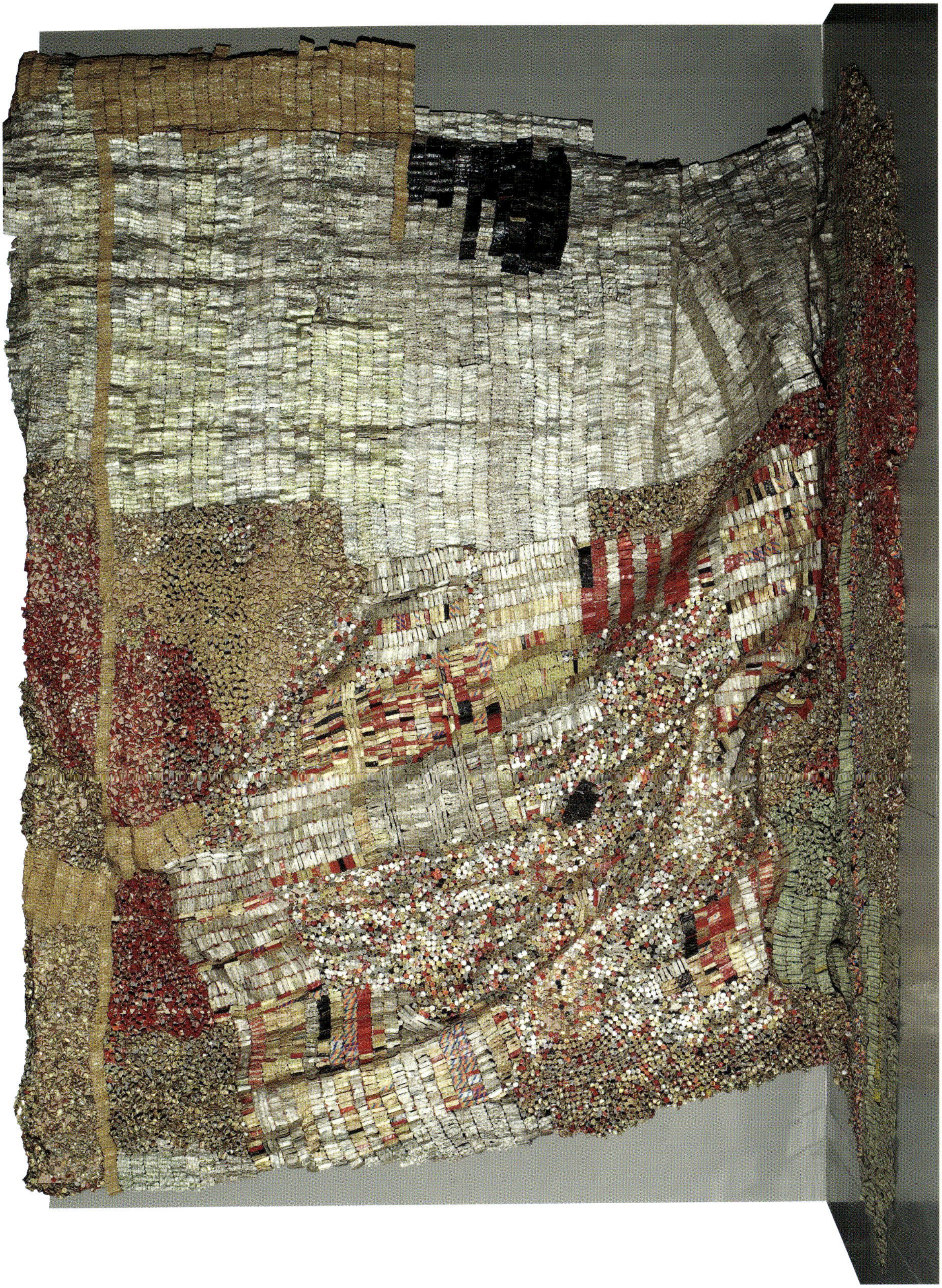

Balaam,

Gérard Garouste, 2005, huile sur toile, 2,7 × 3,2 m, Paris, Musée national d'art moderne, centre Georges-Pompidou.

« Il est le pionnier du retour à la peinture figurative. »

Peint en 2005 par Gérard Garouste, ce tableau illustre un épisode de la Haggada, le récit de la sortie d'Égypte du prophète mésopotamien Balaam. Celui-ci s'en est allé maudire les Hébreux à dos d'ânesse mais s'est retrouvé à les bénir après qu'un ange lui eut ouvert les yeux en dotant – ô miracle ! – sa monture de la parole. Dès les années 1980, Garouste a connu une reconnaissance internationale, et pourtant c'est un artiste tellement à contre-courant qu'on l'a qualifié d'iconoclaste à l'envers. Peintre au sens classique du terme, alors que ses camarades des Beaux-Arts ne rêvaient que d'installations, de performances ou de vidéos, il n'a jamais rompu avec le « beau métier », celui des grands maîtres qu'il vénère. Loin des groupes qui veulent « déconstruire la peinture », lui fait des nus, des natures mortes, des paysages. En plein règne de l'art conceptuel, il est le pionnier du retour à la peinture figurative. Il va même encore plus loin : il raconte des histoires ! Garouste renoue avec ce « sujet » qui a toujours habité la peinture avant d'être remisé au magasin aux accessoires au début du XXe siècle et d'être remplacé par un art de « l'idée ». Et son « sujet », Garouste va le chercher là où allaient le chercher les anciens, dans les grands mythes occidentaux, dont il fait des toiles monumentales aux couleurs éclatantes : dans *La Divine Comédie* de Dante, ou carrément dans la Bible ou la Haggada. Regardez *Balaam*. Même si ce tableau n'a rien d'académique, il s'agit bel et bien d'une peinture religieuse comme on n'en fait plus en France depuis une bonne centaine d'années. Pour Garouste, c'est l'intemporalité qui fait la force de l'art. Et l'art, c'est le contraire du conformisme et de la facilité.

Gérard Garouste
10 mars 1946 Paris

Peintre, sculpteur, illustrateur et décorateur français, il grandit en Bourgogne chez une tante et un oncle qui l'initient à l'art brut. Pensionnaire à l'école du Montcel à Jouy-en-Josas, il se lie avec Jean-Michel Ribes et François Rachlin. En 1965, il entre à l'École des beaux-arts de Paris où il passe sept ans dans l'atelier de Gustave Singier. Dès le début des années 1980, il expose dans le monde entier, notamment à la Biennale de Venise en 1984, et à la Leo Castelli Gallery de New York l'année suivante. En 1990, il crée l'association La Source dont le but est d'aider des jeunes défavorisés grâce à l'expression artistique.

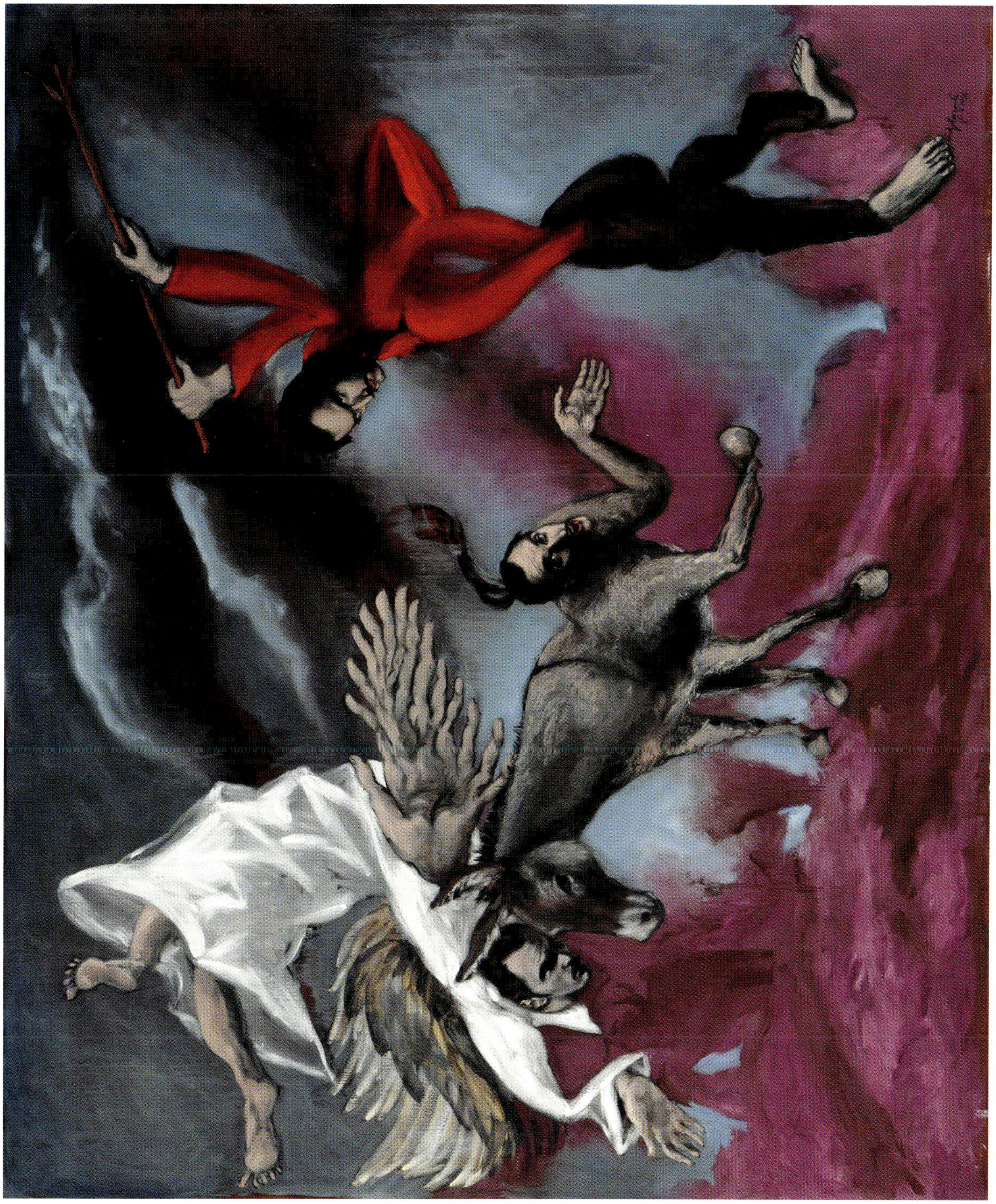

L'Alignement du XXIe siècle,

Marcelle Baron (dite Aurélie Nemours), 2005, granit, 9 × 8 = 72 colonnes, largeur : 1,8 m d'écart entre deux colonnes, longueur : 2,7 m entre deux colonnes, hauteur : 4,5 m, Rennes, parc de Beauregard, avenue André-Mussat.

« C'est la plus grande œuvre d'art interactive qui ait jamais existé ! »

Situé à Rennes à l'extrémité du parc de Beauregard, *L'Alignement du XXIe siècle* d'Aurélie Nemours, artiste majeure de l'abstraction géométrique disparue en janvier 2005, est l'une des plus grosses commandes publiques de ces quarante dernières années. Pour obtenir ces 72 colonnes identiques de 4,50 mètres de haut, il a fallu extraire cent blocs de granit, certains pesant plus de 15 tonnes, qui ont ensuite été coupés par d'énormes scies circulaires et travaillés au chalumeau. Les dimensions étant à chaque fois vérifiées au millimètre près. Et le résultat, c'est la plus grande œuvre d'art interactive qui ait jamais existé ! Imaginez-vous un instant à l'intérieur. Chaque reflet du soleil modifie votre impression d'ensemble, le moindre cri, le moindre souffle de vent. Et selon l'heure, la saison et le temps qu'il fait, votre expérience ne sera jamais la même. Bien entendu, *L'Alignement du XXIe siècle* est inspiré d'un autre alignement, vieux de cinq mille ans, celui des mégalithes de Carnac. Ce qui a toujours intéressé Aurélie Nemours, ce n'est ni la forme, ni la couleur, qu'elle réduit à leur plus simple expression, mais la répétition et le rythme qui en découlent, et le rythme ici existe en trois dimensions.

Aurélie Nemours
29 octobre 1910 Paris - 27 janvier 2005 Paris

Peintre et poète française, à 19 ans, elle entre à l'École du Louvre et étudie l'art égyptien et byzantin durant trois ans. En 1937, elle s'inscrit à l'atelier du graphiste Paul Colin et, quatre ans plus tard, entre à l'académie d'André Lhote où elle passe toute la guerre. En 1946, elle expose pour la première fois au Salon d'art sacré. De 1948 à 1951, elle fréquente l'atelier de Fernand Léger et s'oriente vers l'abstraction. En 1957, elle rejoint le groupe Espace d'André Bloc. Au milieu des années 1960, elle choisit le carré comme format essentiel et commence à être reconnue. Nommée commandeur de l'ordre des Arts et des Lettres en 1990, elle crée la Fondation Nemours dix ans plus tard.

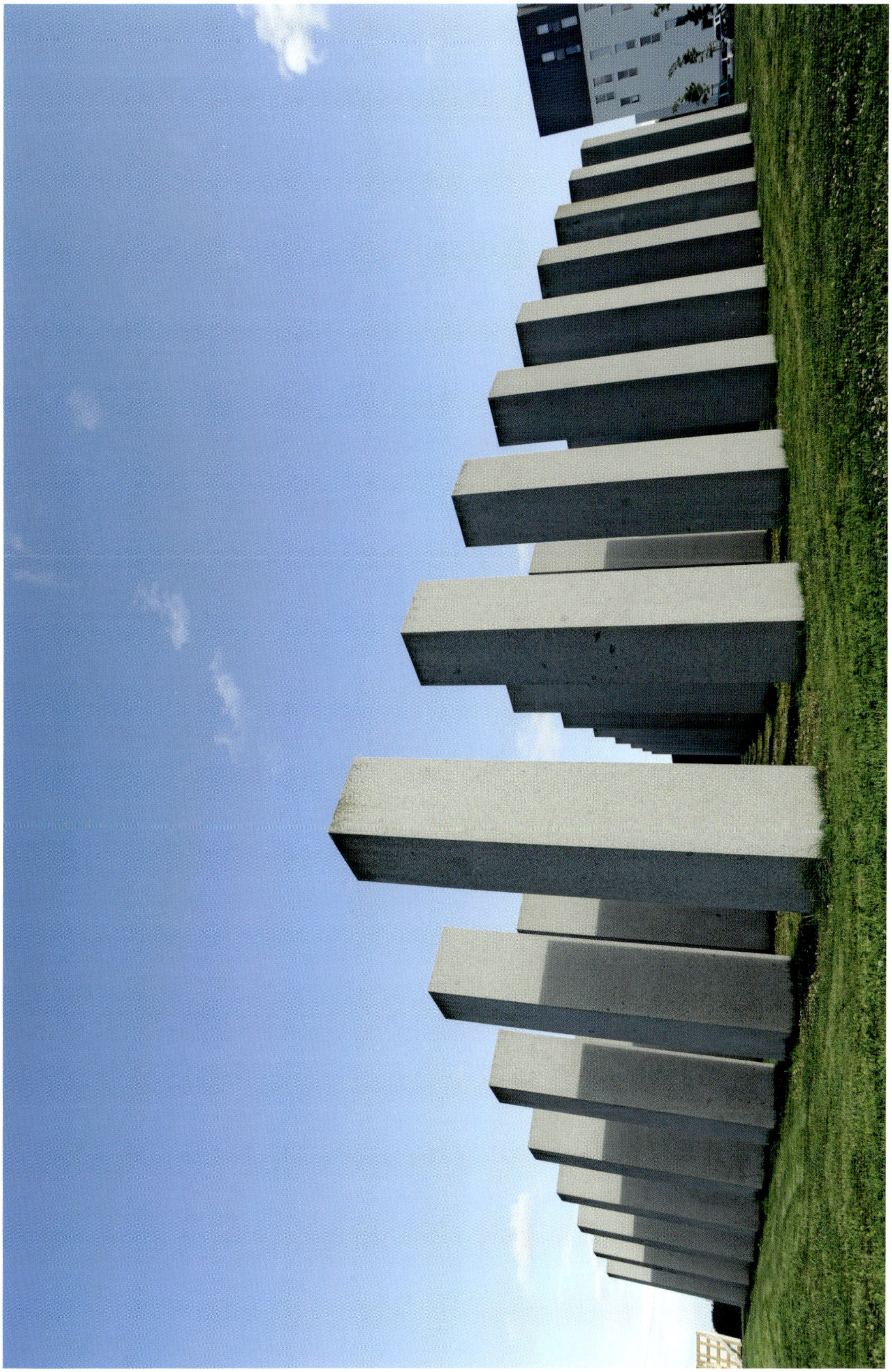

Le Téléphone,

Sophie Calle (avec la collaboration de Franck Ghery), 2006, fleur dont les six pétales sont faits en aluminium peint en rouge, jaune et rose, avec aspect de papier froissé, éclairage nocturne, hauteur : 5 m, Paris, pont du Garigliano.

« S'il sonne, en revanche, n'hésitez pas à décrocher. »

Depuis 2006, quand vous traversez le pont du Garigliano à Paris, vous tombez sur cette cabine téléphonique en forme de fleur. N'essayez pas de l'utiliser. Il y a un téléphone, mais pas de cadran. S'il sonne, en revanche, n'hésitez pas à décrocher. C'est Sophie Calle qui vous appelle ! *Le Téléphone* est son œuvre, commandée par la Ville de Paris pour accompagner le tracé du nouveau tramway. Une cabine téléphonique qu'elle n'a pas dessinée, c'est l'architecte Frank Gehry qui s'en est chargé. Elle ne l'a pas peinte non plus, ni assemblée. Mais elle en a eu l'idée ! Or, depuis le milieu du XXe siècle, l'art n'est plus seulement un art du geste, c'est aussi un art de l'idée. Et ce sont ses idées qui ont fait de Sophie Calle une artiste célèbre en France et à l'étranger. Dans les années 1970, elle suit des inconnus dans la rue, armée d'un appareil photo et d'un carnet. En 1979, elle propose à qui veut de partager la tiédeur de ses draps. Et ce sont les interviews et les clichés de ces *Dormeurs* qu'elle expose à la Biennale des jeunes de Paris en 1980. À partir de là, plus rien ne l'arrête. Ses œuvres, inspirées de situations qu'elle a créées de toutes pièces, sont entre le reportage et le journal intime. *Les Aveugles*, une série de photos de non-voyants à qui elle a demandé quelle était leur image de la beauté. *Chambre avec vue*, la nuit qu'elle passe au sommet de la tour Eiffel en compagnie d'inconnus lui racontant des histoires pour éviter qu'elle ne s'endorme. La plupart du temps, le spectateur, le passant, a un rôle actif. Pour *Le Téléphone*, Sophie Calle s'est engagée à appeler plusieurs fois par semaine. Mais, attention, elle avertit ses interlocuteurs qu'elle peut les enregistrer. Alors, réfléchissez avant de parler…

Sophie Calle
9 octobre 1953 Paris
(avec la collaboration de Franck Ghery [1929])

Artiste plasticienne, photographe, écrivaine et réalisatrice française, au début des années 1970, elle fait le tour du monde, de la Grèce au Guatemala… Deux ans après son retour à Paris et ses filatures de passants anonymes, elle demande à sa mère d'engager un détective privé pour la filer à son tour. Elle joue ensuite les stripteaseuses à Pigalle ou les femmes de chambre dans un hôtel… et expose avec succès le résultat de ses expériences. En 2003, a lieu sa première rétrospective au centre Georges-Pompidou. Quatre ans plus tard, elle représente la France à la Biennale de Venise et, en 2008, elle a les honneurs d'une exposition à la Bibliothèque nationale de France.

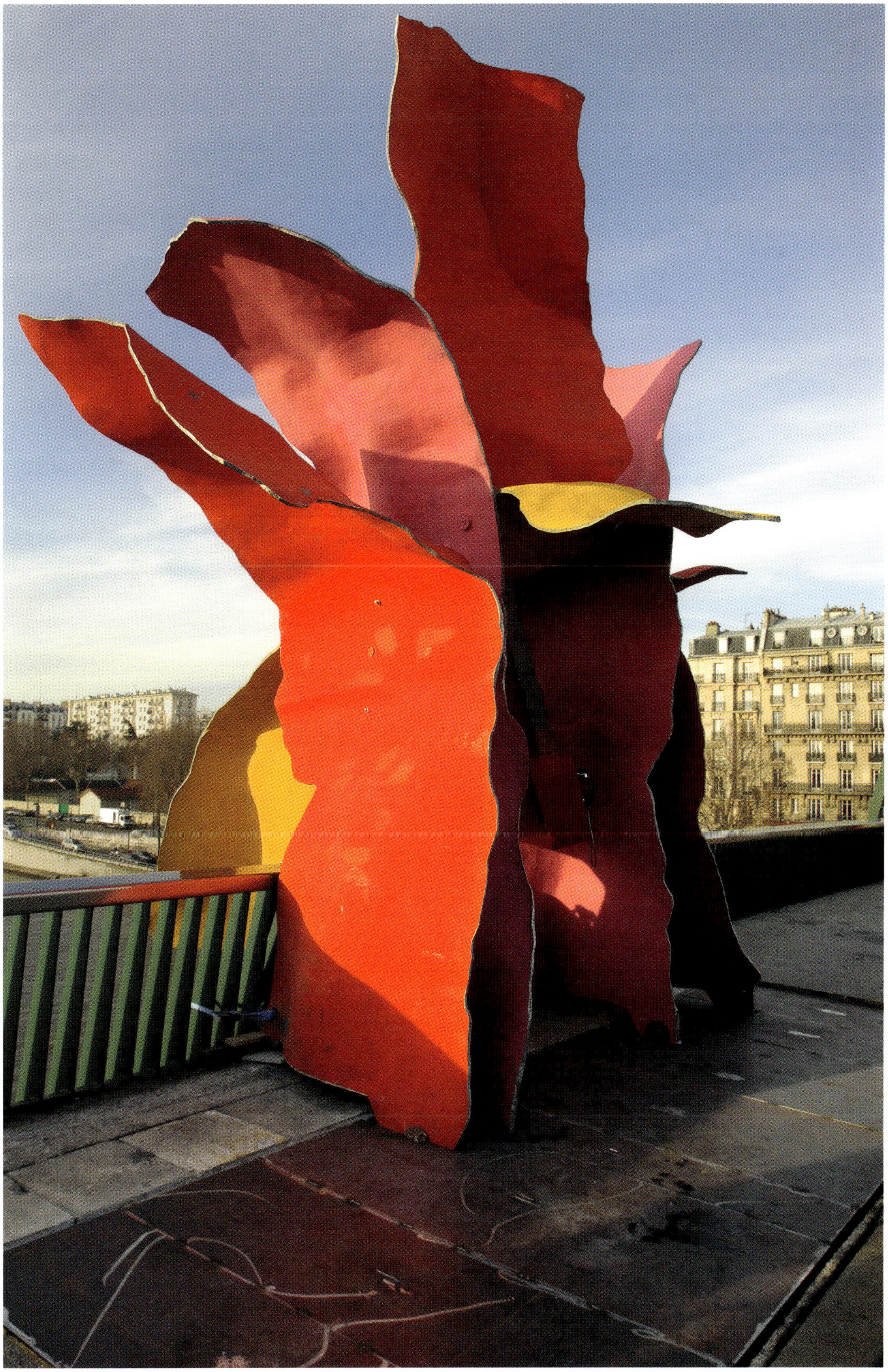

La Tour d'exercice,

Wang Du, 2008, acier inox, hauteur : 11 m, poids : 7 t, Paris, XVIIe arrondissement, place Jules-Renard.

« Il fallait absolument limiter au minimum le coût de son futur entretien. »

Avec *La Tour d'exercice*, inaugurée le 7 janvier 2008 sur la place Jules-Renard à Paris, l'artiste chinois Wang Du a comblé son commanditaire, la Ville de Paris. En réalisant un hommage explicite et spectaculaire aux pompiers de Paris, comme on le lui avait demandé, mais aussi parce qu'il s'agit d'une sculpture à l'épreuve du temps. Et ça, c'était également dans le cahier des charges. Il fallait absolument limiter au minimum le coût de son futur entretien. Vous allez comprendre pourquoi… Installé en France depuis 1990, Wang Du s'est inspiré, en accentuant la perspective, de la véritable tour d'exercice sur laquelle s'entraînent les soldats du feu dans la cour de la caserne. Son œuvre mesure 11 mètres de haut et pèse 7 tonnes, elle est en inox poli, un bon moyen de rappeler la brillance des casques des pompiers et de refléter le ciel et les immeubles environnants. L'inox a un autre avantage et pas des moindres, il est à l'épreuve de la pollution, contrairement à la pierre ou au marbre. La peinture n'y adhère pas non plus. Difficile de le taguer ou d'y graver ses initiales avec un canif. Et il ne nécessite aucun entretien particulier. Tout ça, c'est capital pour la Ville de Paris, qui dépense déjà plus de deux cent mille euros par an pour entretenir, restaurer, nettoyer et conserver les 650 œuvres de l'espace public parisien et les 35 000 œuvres qui se trouvent à l'intérieur des églises. Vous vous rendez compte ? Tout un musée qu'il faut faire survivre aux dégradations occasionnées par les passants et aux ravages du temps… Alors, vive l'inox !

Wang Du
25 décembre 1956 Wuhan

Artiste plasticien d'origine chinoise, il s'installe à Paris en 1990 où il développe une œuvre basée sur la critique de l'omniprésence des images et de l'hégémonie des médias. Collectant des photographies reproduites dans la presse et les transformant en icônes sculpturales, l'artiste met en scène et matérialise les images pour en dénoncer le pouvoir de manipulation sociale, intellectuelle et économique. En confrontant l'univers de la représentation à celui de la réalité, il livre un instantané saisissant du monde actuel et s'inscrit parmi les artistes contemporains qui en proposent l'une des lectures les plus acérées.

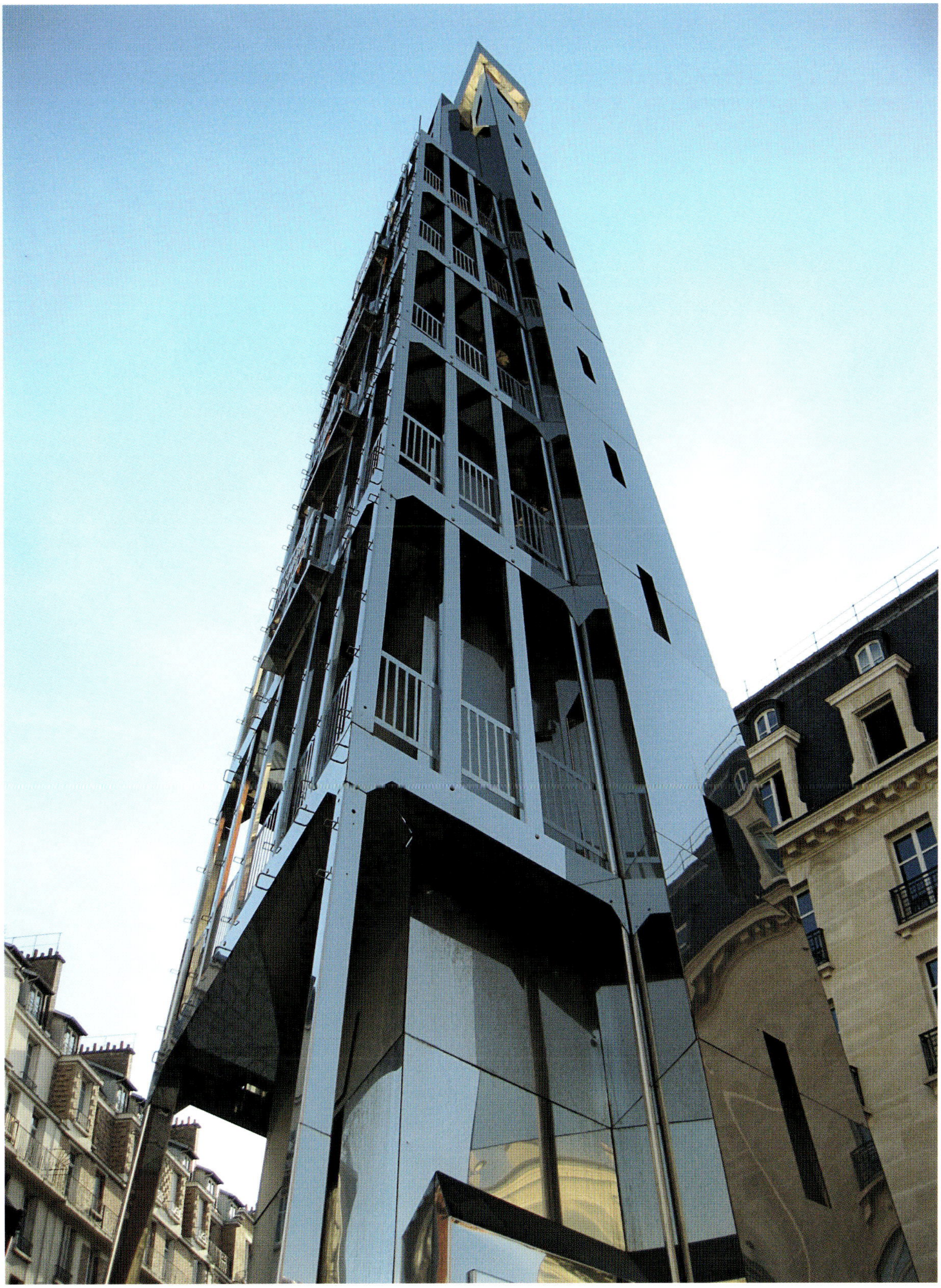

Glossaire

Abstraction : nouvelle forme de peinture non représentative et non figurative.
Abstraction géométrique : ligne et couleurs sont les bases structurelles de chaque œuvre.
Abstraction lyrique européenne : mouvement artistique opposé aux cubistes, aux surréalistes et à l'abstraction géométrique, qui applique les leçons de Kandinsky et qui se développe à Paris après la Seconde Guerre mondiale.
Allemande, américaine, flamande, française, hollandaise, espagnole, italienne (école) : école de peinture représentative de son pays et de son époque, classée par siècle.
Aeppli, Eva (1925) : artiste suisse.
Arp, Jean (ou Hans, 1886-1966) : sculpteur, peintre et poète français.
Art déco : mouvement artistique né en 1920 caractérisé par des formes épurées et essentiellement géométriques.
Assyrien (art) : production artistique entre le IIe siècle et le milieu du Ier siècle avant J.-C. en Assyrie (Moyen-Orient).
Aztèque (art) : production artistique et architecturale en Mésoamérique depuis l'époque postclassique récente jusqu'à la conquête espagnole.
Baargeld, Johannes Theodor (Alfred Emanuel Ferdinand Gruenwald, dit ; 1892-1927) : écrivain et plasticien allemand.
Bad Painting (« mauvaise peinture ») : mouvement artistique né aux États-Unis dans les années 1970 et caractérisé par un style volontairement négligé et grossier, narratif, figuratif et autobiographique, en réaction à l'art intellectuel de l'époque.
Badille, Antonio (1480-1560) : peintre italien.
Barbari, Jacopo de (ou Jacopo di Barberino ou Jacques de Barbary ; vers 1445-1516) : peintre et graveur italien.
Baroque : mouvement né en Italie à la jonction des XVIe et XVIIe siècles, caractérisé par l'exubérance, la surcharge et la grandeur décorative et dramatique, appelé Plein Baroque ou Baroque primitif.
Becher, Bernd et Hilla (Bernd 1931-2007 – Hilla, née 1934) : couple de photographes allemands.
Bin Emile, Jean-Baptiste Philippe (1825-1897) : peintre français.
Bloc, André (1896-1966) : architecte sculpteur et éditeur français.
Boltanski, Christian (1944) : plasticien français.
Bonnard, Pierre (1867-1947) : peintre, illustrateur et lithograveur français.
Boucher, Alfred (1850-1934) : sculpteur français.
Boudin, Eugène (1824-1898) : peintre français.
Bouguereau, William Adolphe (1825-1905) : peintre français.
Boulanger, Gustave Rodolphe Clarence (1824-1888) : peintre français.
Braque, Georges (1882-1963) : peintre et sculpteur français.
Breuer, Marcel Lajos (1902-1981) : architecte et designer de mobilier américain d'origine hongroise.
Briard, Gabriel (1729-1777) : peintre français.
Brown, Ford Madox (1821-1893) : peintre britannique.
Brunelleschi, Filippo (ou di Ser Brunellesco Lippi ; 1377-1446) : peintre et architecte italien.
Brut (art) : terme inventé par Dubuffet en 1945 désignant les productions de personnes exemptes de culture artistique, comme les handicapés mentaux.
Cabanel, Alexandre (1823-1889) : peintre français.
Calvaert, Denis (ou Denis le Flamand ; 1540-1619) : peintre flamand.
Capa, Robert (Endre Ern Friedmann, dit ; 1913-1954) : photographe américain d'origine hongroise.
Caravage (Michelangelo Merisi da Caravaggio, dit le ; 1571-1610) : peintre italien.

Caravagisme (ou école caravagesque) : courant pictural de la première moitié du XVIIe siècle influencé par le Caravage.
Carolingien (art) : période artistique qui s'étend pendant les règnes de Charlemagne et de ses héritiers directs entre 780 et 900.
Carrache : famille influente d'artistes italiens de la fin du XVIe siècle et du début du XVIIe siècle.
Casagemas, Carles (1881-1901) : peintre catalan espagnol.
Castillo, Juan del (vers 1590-vers 1657) : peintre espagnol.
Céramique (art de la) : premier « art du feu » qui regroupe l'ensemble des objets fabriqués en terre cuite ayant subi une transformation physico-chimique lors d'une cuisson à haute température.
Cézanne, Paul (1839-1906) : peintre français.
Cimabue (Giovanni Cenni di Pepo, dit ; vers 1240-vers 1302) : peintre italien.
Cinétique et optique (art) : courant artistique né en 1954 fondé sur l'esthétique du mouvement.
Classicisme (XVIIe-XVIIIe siècle) : idéal artistique fondé essentiellement sur l'œuvre de Raphaël, tendant vers un idéal de perfection et de beauté à travers des sujets qui exultent la noblesse des sentiments.
Clovio, Giorgio Giulio (ou Jure Glovi ; 1498-1578) : peintre, enlumineur et miniaturiste italien.
Cobra (CoBrA) : mouvement artistique né en 1948 caractérisé par un trait spontané, instinctif et inconscient.
Colin, Paul (1892-1985) : peintre, décorateur et affichiste français.
Collinson, James (1825-1881) : peintre britannique.
Conceptuel (art) : tendance artistique née en 1970 caractérisée par le primat de l'idée de l'œuvre et la désacralisation de l'objet d'art.
Contemporain (art) : regroupe la production artistique depuis les années 1960 jusqu'à nos jours.
Couture, Thomas (1815-1879) : peintre français.
Cubisme : mouvement artistique né en 1907 caractérisé par un abandon de la perspective au profit des plans et des angles.
Curiosité naturelle : bizarrerie de la nature suscitant l'intérêt.
Dada, dadaïsme : mouvement intellectuel, littéraire et artistique né en 1916 caractérisé par une remise en cause de toutes les conventions et contraintes idéologiques, artistiques et politiques.
Dégénéré (art) : qualificatif utilisé par le régime nazi à propos de l'art moderne.
Dehodencq, Edme Alexis Alfred (1822-1882) : peintre français.
Delaunay, Sonia (née Sarah Sophie Stern ; 1885-1979) : peintre française d'origine russe.
Delorme, Philibert (ou De l'Orme ; vers 1510-1570) : architecte français.
Denis, Maurice (1870-1943) : peintre, décorateur, graveur, théoricien et historien de l'art français.
Égyptien (art) : art de tradition religieuse qui s'étend d'environ 3200 à 30 avant J.-C.
Engebrechtsz, Cornelis (vers 1465-1527) : peintre hollandais d'origine flamande.
Expressionnisme abstrait : mouvement artistique né à New York à la fin des années 1940 caractérisé par l'expression des sentiments et des pensées à travers des formes abstraites.
Fauvisme : courant artistique né en 1905 caractérisé par l'audace et la nouveauté dans l'utilisation de couleurs violentes, pures et vives, et fondé sur l'instinct.
Fouquières, Jacques (vers 1580/1590-1659) : peintre français.
Futurisme : mouvement littéraire et artistique né en 1909 caractérisé par le rejet de la tradition esthétique et l'exaltation du monde moderne.
Gehry, Frank (1929) : architecte américano-canadien.
Genre hollandaise (peinture de) : œuvre picturale figurant des scènes contemporaines

prises sur le vif, présente dans les écoles hollandaises.

Gérôme, Jean-Léon (1824-1904) : peintre et sculpteur français.

Ghiberti, Lorenzo (Lorenzo di Cione, dit ; 1378-1455) : sculpteur-orfèvre italien.

Girardon, François (1628-1715) : sculpteur français.

Gleyre, Charles (ou Marc-Charles-Gabriel Gleyre ; 1806-1874) : peintre suisse.

Gobelins (Manufacture des) : créée en 1662 par Louis XIV et spécialisée dans la tapisserie de basse et de haute lisse jusqu'en 1826.

Gothique (art) : style de l'art de l'Europe occidentale entre le milieu du XIIe et le début du XVe siècle. Gothique flamboyant ou tardif, de la fin du XIVe siècle et jusqu'à la fin du XVe siècle, caractérisé par une exubérance dans l'ornement et la décoration. Gothique international, style commun de l'Europe occidentale et centrale de la fin du XIVe siècle au milieu du XVe siècle caractérisé par son raffinement, sa finesse et sa préciosité.

Grand Siècle : XVIIe siècle sous les règnes de Louis XIII et Louis XIV où la France, plus grande puissance démographique et militaire de l'Europe, atteint un prestige inégalé dans les domaines politique, littéraire et artistique.

Grec (art) : production artistique des régions parlant le grec entre le Xe et le Ier siècle avant J.-C.

Groupe de recherche d'art visuel (GRAV) : collectif d'artistes opto-cinétiques créé au début des années 1960 dans le but de permettre au spectateur d'approcher et de participer à leurs œuvres en les touchant et les manipulant.

Groupe Espace : collectif d'artistes fondé en 1951 dans le but de réaliser une véritable synthèse entre art et architecture.

Guérin, Pierre-Narcisse (baron ; 1774-1833) : peintre français.

Hispano-mauresque (art) : production artistique de la péninsule Ibérique pendant la présence musulmane du VIIIe au XVe siècle et, par extension, de certaines régions du Maghreb occidental.

I.M. Pei (Ieoh Ming, dit ; 1917) : architecte américain d'origine chinoise.

Impressionnisme : mouvement artistique né au XIXe siècle caractérisé par une représentation en plein air de la mobilité des phénomènes naturels et des impressions fugitives.

Ingres, Jean Auguste Dominique (1780-1867) : peintre et musicien français.

Japonisme : influence de l'art japonais Ukiyo-e de l'époque Edo sur les artistes français puis européens à la fin du XIXe siècle.

Klee, Paul (1879-1940) : peintre suisse.

Klein, Yves (1928-1962) : peintre et auteur de performances français.

Koechlin, Raymond (1860-1931) : journaliste et collectionneur d'art.

Lallemand, Georges (ou Lallemant ; vers 1575-1636) : peintre français d'origine lorraine.

Lamothe, Louis (1822-1869) : peintre français.

Lanfranco, Giovanni (1582-1647) : peintre italien.

Le Fauconnier, Henri Victor (1881-1946) : peintre français.

Lefebvre, Jules Joseph (1836-1911) : peintre français.

Léger, Fernand (1881-1955) : peintre français.

Lhote, André (1885-1962) : peintre, théoricien de l'art et enseignant français.

Lumières (siècle des) : période allant de la mort de Louis XIV à la Révolution française, marquée par le rationalisme philosophique et l'explosion des sciences.

Man Ray (Emmanuel Rudnitsky, dit ; 1890-1976) : peintre, photographe et réalisateur américain d'origine russe.

Marcadé, Bernard (?) : critique d'art, commissaire d'expositions indépendant, professeur d'esthétique et d'histoire de l'art français.

Marinetti, Filippo Tommaso (1876-1944) : écrivain italien.

Marquet, Albert (ou Pierre-Albert Marquet ; 1875-1947) : peintre français.
Masaccio (Tommaso di Giovanni Cassai ou Tommaso di Ser Giovanni di Mone Cassai, dit ; 1401-vers 1428) : peintre italien.
Masson, André (1896-1987) : peintre français.
Meissonier, Jean-Louis-Ernest (1815-1891) : peintre et sculpteur français.
Menn, Barthélemy (1815-1893) : peintre suisse.
Mésopotamien (art) : production artistique de la région du Moyen-Orient située entre le Tigre et l'Euphrate jusqu'au IIe siècle avant J.-C.
Messager, Annette (1943) : artiste et plasticienne française.
Métaphysique (peinture) : esthétique picturale active entre 1910 et 1920, liée à un petit groupe de peintres, caractérisée par un refus d'axer leurs œuvres sur l'unique recherche formelle.
Metzinger, Jean (1883-1956) : peintre et graveur français.
Michallon, Achille-Etna (1796-1822) : peintre français.
Michel-Ange (Michelangelo di Lodovico Buonarroti, Simoni, dit ; 1475-1564) : peintre, sculpteur, poète et architecte italien.
Millais, John Everett (1829-1896) : peintre et illustrateur britannique.
Minimal (art, ou minimalisme) : courant artistique né au début des années 1960, caractérisé par une perception de l'espace et des objets dans une globalité.
Moderne (art) : période allant de 1907 aux années 1960 fondée sur la notion de modernité.
Modigliani, Amedeo Clemente (1884-1920) : peintre et sculpteur italien.
Mondrian, Piet (Pieter Cornelis Mondriaan, dit ; 1872-1944) : peintre néerlandais.
Montald, Constant (1862-1944) : peintre et sculpteur belge.
Moreau, Gustave (1826-1898) : peintre, graveur et dessinateur français.
Moyen Empire égyptien : période allant de 2033 à 1786 avant J.-C. sous les XIe et XIIe dynasties.
Néoclassicisme : mouvement artistique né à la fin du XVIIIe siècle caractérisé par un retour à la vertu et à la simplicité de l'Antiquité.
Nouveau réalisme : mouvement artistique né en 1960 fondé sur un retour à la réalité et l'utilisation d'objets du quotidien.
Nouvelle objectivité : mouvement artistique né dans les années 1920, caractérisé par la volonté de représenter le réel sans fard, notamment la société corrompue de l'après-guerre.
Or espagnol (Siècle d') : période de grandeur économique et politique de l'Espagne allant de la première moitié du XVIe siècle à la première moitié du XVIIe siècle.
Orphisme : appellation proposée par Apollinaire en 1912 pour caractériser certains aspects de la peinture d'avant-garde.
Paléolithique : période de la préhistoire allant de l'apparition de l'homme il y a 3 millions d'années à 12 000 ans avant notre ère.
Pariétal (art) : ensemble des œuvres d'art réalisées par l'homme sur des parois de grottes.
Paris (école de): ensemble des artistes étrangers arrivés à Paris au début du XXe siècle.
Patinir, Joaquim (ou Patinier ou Patiner ; vers 1485-1524) : peintre et dessinateur de style flamand.
Paysagiste hollandaise (école) : école de peinture caractérisée par des œuvres figurant la nature en tant que sujet indépendant, notion initiée par Joaquim Patinir.
Pearlstein, Philip (1924) : peintre américain.
Pen, Jehuda (1854-1937) : peintre et enseignant lithuanien.
Perrier, François (Jean-François, dit ; 1590-1650) : peintre et graveur français.
Pigalle, Jean-Baptiste (1714-1785) : sculpteur français.
Pisano, Giovanni (1248-1317) : architecte et sculpteur Italien.

Pissarro, Jacob Abraham Camille (1830-1903) : peintre français
Pointillisme aborigène : style de peinture consistant à juxtaposer des points de couleur pour créer des formes évoquant les symboles des histoires sacrées mêlées au rêve.
Pont-Aven (école de) : école de peinture française née au XIXe siècle sous l'impulsion de Gauguin, influencée par son synthétisme.
Pop art : mouvement artistique né dans les années 1950 fondé sur l'idée d'un art éphémère, jetable, bon marché, équivalent à un objet de consommation.
Postimpressionnisme : ensemble des mouvements, courants et tendances artistiques successeurs de l'impressionnisme de 1885 à 1905 en France.
Poussin Nicolas (1594-1665) : peintre français.
Pré-impressionnisme : ensemble des mouvements, courants et tendances artistiques précurseurs de l'impressionnisme au XIXe siècle en France et en Europe.
Premier (art, ou art primitif) : productions artistiques des sociétés dites « traditionnelles », « sans écriture » ou « primitives ».
Préraphaélisme : mouvement artistique né au XIXe siècle, caractérisé par un retour à la pureté artistique des primitifs italiens, prédécesseurs de Raphaël.
Primitifs flamands : peintres du XVe siècle au service de la religion et de puissants commanditaires qui introduisirent dans la peinture flamande l'observation minutieuse de l'homme et du monde et la technique de la peinture à l'huile.
Primitifs italiens : peintres des XIIIe et XIVe siècles qui introduisirent dans la peinture italienne l'humanisation des personnages représentés, des paysages et des architectures complexes.
Raphaël (Raffaello Santi, dit ; 1483-1520) : peintre et architecte italien.
Réalisme : mouvement artistique du XIXe siècle fondé sur l'étude et la représentation objective et authentique de la réalité.
Rembrandt (Rembrandt Harmenszoon Van Rijn, dit ; 1606-1669) : peintre hollandais.
Renaissance tardive (ou maniérisme) : mouvement artistique du XVIe siècle, renouant avec l'idéal humaniste de la Renaissance.
Renaissance : période de renouveau littéraire, artistique et scientifique née en Italie, dite Première Renaissance ou Quattrocento au XVe siècle et Haute Renaissance ou Cinquecento au XVIe siècle.
Renoir, Pierre Auguste (1841-1919) : peintre français.
Révoil, Pierre Henri (1776-1842) : peintre français.
Richter, Gerhard (1932) : peintre allemand.
Rivera, Diego (1886-1957) : peintre mexicain.
Rodger, George (1908-1995) : photographe britannique.
Romain (art) : production artistique dans les territoires de la Rome antique depuis la fondation de Rome en 753 avant J.-C. et jusqu'à la chute de l'empire d'Occident en 476.
Roman (art) : considéré comme le premier style de l'art international, apparu simultanément en France, en Italie, en Allemagne et en Espagne au début du XIe siècle et qui s'est prolongé jusqu'à la moitié du XIIe siècle, dont le domaine est essentiellement religieux.
Romanisme : courant artistique influencé par les peintres romanistes, des artistes étrangers, et plus particulièrement des Néerlandais ayant étudié et travaillé à Rome au XVIe siècle.
Romantisme : courant artistique né à la fin du XVIIIe siècle fondé sur l'imagination et la sensibilité.
Rossetti, William Michael (1829-1919) : écrivain et critique littéraire anglais.

Saint-Luc (guildes de) : organisations strictement réglementées, de type corporatif, de peintres, de sculpteurs et d'imprimeurs existant depuis le XIVe siècle en Italie, aux Pays-Bas et en France.
Saint-Phalle, Niki de (Catherine Marie-Agnès Fal de Saint-Phalle, dite ; 1930-2002) : peintre, sculpteur et réalisatrice française.
Seurat, Georges (1859-1891) : peintre français.
Seymour, David (Chim, dit ; 1911-1956) : photographe et photojournaliste américain.
Signac, Paul (1863-1935) : peintre français.
Singier, Gustave (1909-1984) : peintre français d'origine belge.
Sisley, Alfred (1839-1899) : peintre britannique.
Soutine, Chaïm (1893-1943) : peintre français d'origine russe.
Steinert, Otto (1915-1978) : photographe allemand.
Stephens, Frederic George (1828-1907) : peintre et critique d'art anglais.
Street Art (ou art urbain) : mouvement artistique regroupant les artistes qui utilisent l'affiche, le sticker, le pochoir, la peinture, la mosaïque, les installations ou encore l'animation dans l'espace urbain.
Surréalisme : mouvement artistique né au XXe siècle fondé sur l'expression du fonctionnement réel de la pensée, de l'inconscient libéré de tout contrôle, et de toute préoccupation esthétique ou morale.
Symbolisme : mouvement artistique né vers 1870, basé sur la représentation d'un monde idéal et sensationnel, à l'aide de symboles exprimant la réalité supérieure de la sensibilité.
Tanguy, Yves (1900-1955) : peintre et dessinateur français naturalisé américain.
Toulouse-Lautrec, Henri de (Henri Marie Raymond de Toulouse-Lautrec-Montfa, dit ; 1864-1901) : peintre et lithographe français.
Turner, Joseph Mallord William (1775-1851) : peintre, aquarelliste et graveur britannique.
Uccello, Paolo (Paolo di Donno di Paolo, dit ; 1397-1475) : peintre italien.
Vallmitjana, Venancio (1830-1919) : sculpteur espagnol.
Van Aelst, Pieter Coecke (1502-1550) : peintre et architecte-scénographe flamand.
Van de Velde, Esaias (1587-1630) : peintre allemand.
Van der Straeten, Charles (1771-1834) : architecte actif en Belgique.
Van der Weyden, Rogier (1399/1400-1464) : peintre flamand.
Van Gogh, Théo (Théodore, dit ; 1857-1891) : marchand d'art néerlandais.
Van Goyen, Jan (1596-1656) : peintre et dessinateur néerlandais.
Van Noort, Adam (1562-1641) : peintre flamand.
Van Veen, Otto (1557-1626) : peintre et théoricien d'art flamand.
Vandivert, William (1912-1989) : photographe américain.
Velázquez, Diego Rodríguez de Silva y (1599-1660) : peintre espagnol.
Vénitienne (école) : école de peinture italienne née au XIVe siècle.
Vernet, Claude-Joseph (1714-1789) : peintre, dessinateur et graveur français.
Vernet, Carle (Antoine Charles Horace Vernet, dit ; 1758-1836) : peintre, dessinateur et lithographe français.
Vlaminck, Maurice de (1876-1958) : peintre français.
Vos, Simon de (1603-1676) : peintre flamand.
Vouet, Simon (1590-1649) : peintre français.
Wisigoth (art) : production artistique dans le royaume wisigoth, notamment dans la péninsule Ibérique, depuis le Ve siècle jusqu'au début du VIIe siècle.
Wolgemut, Michael (ou Wohlgemut ou Wohlgemuth ; 1434-1519) : peintre, dessinateur et graveur allemand.
Woolner, Thomas (1825-1892) : sculpteur et poète anglais.
Zurbarán, Francisco de (1598-1664) : peintre espagnol.

Index

INDEX DES ARTISTES

INDEX DES ŒUVRES

INDEX DES ÉPOQUES, COURANTS, MOUVEMENTS, STYLES ET ÉCOLES...

CRÉDITS PHOTOGRAPHIQUES

h : en haut
b : en bas

© Adagp, Paris 2010 : 191, 197, 205, 211, 213, 215, 217, 219, 221, 223, 225, 227, 229, 233, 235, 239, 243, 247, 251, 253, 255, 257, 259, 261, 263, 265, 267, 269, 271, 273, 275, 277, 279, 283, 285, 287, 289, 291, 293, 297, 301, 303, 305, 307
© 1990. Photo Scala, Florence : 15, 31, 41, 59, 73, 135
© 2004, Banco de México Diego Rivera & Frida Kahlo Museums Trust, México D.F, Adagp, Paris 2010 / Collection Centre Pompidou, Dist. RMN / Jean-Claude Planchet : 239
© 2005, Photo Art Media / HIP / Scala, Florence : 13
© 2006, Andy Warhol Foundation for the Visual Arts / Adagp, Paris 2010 / Collection Centre Pompidou, Dist. RMN / Adam Rzepka : 261
© 2006, Musée du Quai-Branly, photo Hughes Dubois / Scala, Florence : 157, 165
© 2007, Musée du Quai-Branly, photo Hughes Dubois / Scala, Florence : 137
© 2008, Photo Scala, Florence : 35
© 2010, Tamara Art Heritage / ADAGP, Paris 2010 : 223
© 2010, Musée du Quai-Branly, photo Daniel Ponsard / Scala, Florence : 75
© Adagp, Banque d'Images, Paris 2010 : 275, 279
© Aisa / Leemage : 77
© Akg-images : 229, 251
© Akg-images / CDA / Guillemot / St : 273
© Akg-images / Erich Lessing : 55, 63 (h) 81, 147, 163, 181
© C2RMF, Jean-Louis Bellec : 161 (b)
© CG 91 Musée français de la Photographie Bièvres / Barbara Lelann : 237
© CMN- Les Eyzies : 9
© Collection Centre Pompidou, Dist RMN / Adam Rzepka : 211, 219, 233
© Collection Centre Pompidou, Dist RMN / Georges Meguerditchian : 215, 259
© Collection Centre Pompidou, Dist RMN / Jean-Claude Planchet : 213, 287
© Collection Centre Pompidou, Dist RMN / Philippe Migeat : 197, 247, 301
© Collection Centre Pompidou, Dist RMN / Philippe Migeat ; Courtesy : Monika Sprüth Galerie, Köln / Adagp, Paris, 2010 : 293
© Collection Dagli Orti / Musée des Beaux Arts Dijon / Gianni Dagli Orti : 109
© DACS / Giraudon / The Bridgeman Art Library / Musée des Beaux-Arts, Orléans, France : 223
© Délégation aux arts Plastiques en 1992, Collection du Musée de Picardie / Photo Marc Jeanneteau : 289
© El Anatsui / Collection Centre Pompidou, Dist. RMN / Georges Meguerditchian : 299
© Fondation Paul Delvaux, St-Idesbald, Belgique / Adagp, Paris, 2010 / Musées royaux des beaux-arts de Belgique, Bruxelles / photo Cussac : 243
© Gilbert&George / Courtesy musée d'Art moderne de la Ville de Paris : 281
© Henri Cartier-Bresson / Magnum Photos : 241
© Jeff Koons. Courtesy Galerie Jérôme de Noirmont, Paris / Photo12.com / Alamy : 295
© Koninklijk Museum voor Schone Kunster Antwerpen / Lukas – Art in Flanders vzw : 45
© Luisa Ricciarini / Leemage : 145
© Lyon MBA / Photo Alain Basset : 47, 85
© Marc Verhille / Mairie de Paris : 305
© Middelheimmuseum / photo Bart Huysmans / Reproduced by permission of the Henry Moore Foundation : 249
© Musée d'Art moderne et d'Art contemporain de Nice / Photo Muriel Anssens : 285
© Musée de Grenoble / Akg-images / André Held : 203
© Musée des Beaux-Arts de Dijon / Photo François Jay : 153
© Musée des Beaux-Arts de Strasbourg / Photo Musées de la ville de Strasbourg, M. Bertola : 95
© Musée du Louvre, Paris, France / The Bridgeman Art Library / Giraudon : 141
© Musées des Beaux-arts de Reims / photo C. Devleeschauwer : 159, 193, 209, 255, 265
© Musées royaux des Beaux-Arts de Belgique, Bruxelles / photo Speltdoorn & Fils : 103, 127, 205, 267
© Musées royaux des Beaux-Arts de Belgique, Bruxelles / photo Buro Lefevre, Heule : 271
© Philippe Joffre / Musée d'Art Moderne / Roger-Viollet : 257
© Photo Josse / Leemage : 89, 189, 207
© L&M Services B. V. The Hague 20091104 / Photo Josse / Leemage : 206
© Photo12.com – Hachedé : 97
© Photo12.com – Oronoz : 231
© Photo12.com : 307
© Photo12.com / Gilles Targat : 297
© RMN (Château de Versailles) / DR : 133
© RMN (Musée d'Orsay) / DR : 169 (h)
© RMN (Musée d'Orsay) / Gérard Blot : 201
© RMN (Musée d'Orsay) / Hervé Lewandowski : 161 (h), 171, 173, 175, 183, 185, 187, 199
© RMN (Musée d'Orsay) / Jean-Gilles Berizzi : 177
© RMN (Musée d'Orsay) / Philipp Bernard : 169 (b)
© RMN (Musée d'Orsay) / Thierry Ollivier : 191
© RMN / Agence Bulloz : 143, 217
© RMN / Christian Jean : 79
© RMN / Daniel Arnaudet : 155
© RMN / DR : 25, 27, 49, 53, 131
© RMN / DR / Hervé Lewandowski : 225
© RMN / DR / René-Gabriel Ojéda : 291
© RMN / Franck Raux : 69, 111, 121, 129
© RMN / Gérard Blot : 39, 51, 61, 71, 83, 99, 101, 107, 115, 117, 139, 263
© RMN / Gérard Blot / Christian Jean : 19, 21
© RMN / Gérard Blot / Hervé Lewandowski : 123
© RMN / Hervé Lewandowski : 23, 33, 87, 105, 119, 151
© RMN / Jean-Gilles Berizzi : 43, 63 (b), 65
© RMN / Les frères Chuzeville : 11
© RMN / Michèle Bellot : 125, 167
© RMN / Michèle Bellot / Jean Schormans : 67
© RMN / Michèle Bellot / Madeleine Coursaget : 179
© RMN / Philipp Bernard : 17, 29, 91, 93
© RMN / René-Gabriel Ojéda : 37, 113, 149, 253
© RMN / René-Gabriel Ojéda / Thierry Le Mage : 57
© Salvador Dalí, Fondation Gala-Salvador Dalí / Adagp, Paris 2010 / Collection Centre Pompidou, Dist RMN / Jacques Faujour : 227
© Stéphanie Priou : 303
© Succession Marcel Duchamp / Adagp, Paris 2010 / Philippe Joffre / Musée d'Art Moderne / Roger-Viollet : 235
© Succession H. Matisse / Photo : collection George Pompidou, Dist RMN / Philippe Migeat : 245
© Succession Picasso 2010 / 1990. Photo Scala, Florence : 195
© The Calder Foundation, N.Y. / Adagp, Paris 2010 / Collection Centre Pompidou, Dist. RMN / Georges Meguerditchian : 221
© The Estate of Francis Bacon / Adagp, Paris / RMN / René-Gabriel Ojéda / Thierry Le Mage : 269
© The Estate of Jean-Michel Basquiat / Adagp, Paris 2010 / Collection Centre Pompidou, Dist. RMN / Philippe Migeat : 283
© Ville de Nantes – Musée des Beaux-Arts / Photographie A. Guillard : 277

N.B. : Les ayants-droit que l'éditeur n'a pu retrouver malgré toutes ses recherches sont invités à se manifester.

REMERCIEMENTS

Marie-Isabelle et Frédéric Taddeï remercient les artistes d'hier, d'aujourd'hui et de demain, et plus particulièrement Pierre Alechinsky, Brahim El Anatsui, Sophie Calle, Wang Du, Gérard Garouste, Gilbert & George, Andreas Gursky, Jeff Koons, François Morellet, Jean-Michel Othoniel et Ernest Pignon-Ernest. Ils remercient également leurs héritiers, ainsi que les conservateurs des musées qui leur ont ouvert leurs portes. Et bien sûr Fabienne Kriegel et Nathalie Lefebvre grâce à qui *d'Art d'Art* existe aussi en livres.

L'éditeur remercie Franck Cymes et Karine Hammachi qui lui ont offert la possibilité de réaliser ce livre et qui l'ont accompagné tout au long de sa réalisation. Il remercie également l'ensemble des musées pour leur aide précieuse et leur disponibilité, et plus particulièrement le musée national du Moyen Âge (thermes et hôtel de Cluny), le musée du quai Branly, le musée de la préhistoire des Eyzies, le musée d'Art moderne et d'Art contemporain de Liège, le musée d'Art moderne et d'Art contemporain de Nice, le musée de Grenoble, le musée de Picardie, le musée des Beaux-Arts de Dijon, le musée des Beaux-Arts de Nantes, le musée des Beaux-Arts de Lille, le musée des Beaux-Arts de Lyon, le musée des Beaux-Arts d'Orléans, le musée des Beaux-Arts de Pau, le musée des Beaux-Arts de Reims, le musée des Beaux-Arts de Strasbourg, le musée national du château de Pau, le musée Fabre de Montpellier, le musée français de la photographie de Bièvres, le musée Mayer van den Bergh à Anvers, le musée Middelheim à Anvers, les musées royaux des Beaux-Arts de Belgique, le palais des Beaux-Arts d'Anvers et le palais des Beaux-Arts de Lille. L'éditeur remercie également Émilie Jean et Marie Marin pour leur collaboration à cet ouvrage.

La production remercie Fabrice Hourlier, réalisateur de l'émission, Bruce Lassaux, réalisateur du générique et Betty Durot, de France 2, sans qui la série n'aurait jamais existé. Elle remercie également les équipes de Froggies et de d'Art d'Art : Fouzia Kechkech, Lauren Janos, Émilie Jean, Philippe Denizot et Chloé Boyeldieu ; ainsi que les équipes de France 2 : Yves Bigot, Muriel Rosé, Stephen Harlé, Nicolas Auboyneau, Geneviève Broust, Brigitte Schmidt, François Tron et Christopher Baldelli.

Cet ouvrage est adapté de l'émission télévisée *d'Art d'Art, c'est l'histoire d'une œuvre d'art*, diffusée sur France 2 et coproduite par Froggies et d'Art d'Art.

Programme réalisé par Fabrice Hourlier sur une idée de Natalie Boels-Kugel et Tim Newman.

ÉDITIONS DU CHÊNE

Directrice générale : Fabienne Kriegel
Éditrice : Nathalie Lefebvre
Directrice artistique : Nancy Dorking, assistée de Marion Rosière
Réalisation graphique : CGI
Recherche iconographique : Christelle Fucili
Lecture-correction : Carine Merlin et Blandine Houdart
Fabrication : Isabelle Hortal
Partenariats et ventes directes : Claire Le Cocguen
clecocguen@hachette-livre.fr

FRANCE TÉLÉVISIONS DISTRIBUTION

Directeur droits dérivés et événements : Franck Cymes
Chef de projets d'édition : Karine Hammachi

Photogravure : APS Chromostyle
Achevé d'imprimer en Espagne
Dépôt légal : octobre 2010
ISBN : 978-2-81230-101-8
34/2263/1-02

Frédéric Taddeï
commence sa carrière en 1990 en lançant le magazine *Maintenant*. Repéré par Jean-François Bizot, il entame une longue collaboration avec le magazine *Actuel* et *Radio Nova*. Il fait ses débuts à la télévision comme chroniqueur à *Nulle Part Ailleurs* sur Canal +, puis remplace Thierry Ardisson en 1998 dans l'émission *Paris Dernière*. Il commence l'animation de *D'Art d'art* en 2002 et présente depuis septembre 2006 sur France 3 l'émission quotidienne *Ce soir (ou jamais !)*. Il anime également sur Europe 1 *Regarde les hommes changer*. En décembre 2007, il reçoit le premier prix Philippe-Caloni, du meilleur intervieweur de l'année.

Marie-Isabelle Taddeï
entame des études de droit en dilettante à Paris V, après avoir profité d'une année sabbatique à Londres. Elle collabore parallèlement au magazine *Maintenant*. Elle multiplie ensuite les activités professionnelles par tranche de quatre ans, dirigeant successivement une multiservices aux entreprise, une galerie d'art, un restaurant et un hôtel... Coauteur de l'émission *D'Art d'art* depuis 2002, elle partage son temps entre Paris et Madrid depuis 2003.

Couverture, de gauche à droite, et de haut en bas :

Autoportrait ou Portrait de l'artiste tenant un chardon, Albrecht Dürer, 1493, 56,5 x 44,5 cm, Paris, musée du Louvre, © RMN / Jean-Gilles Berizzi.

Saint-Moritz, Tamara Gurwick-Gorska (dite Tamara de Lempicka), 1929, 47,8 x 39 cm, Orléans, musée des Beaux-Arts, © 2010, Tamara Art Heritage / ADAGP, Paris 2010 / DACS / Giraudon / The Bridgeman Art Library / musée des Beaux-Arts, Orléans, France.

Autoportrait « The Frame », Magdalena Carmen Frida Kahlo Calderón (dite Frida Kahlo), 1938, 32,2 x 24,4 cm, Paris, musée national d'Art moderne, centre Georges-Pompidou, © 2004, Banco de México Diego Rivera & Frida Kahlo Museums Trust, México D.F, ADAGP, Paris, 2010 / Collection Centre Pompidou, Dist. RMN / Jean-Claude Planchet.

Portrait en pied de Louis XIV âgé de 63 ans en grand costume royal, Hyacinthe Rigaud, 1702, 3,13 x 2,05 m, Versailles, châteaux de Versailles et de Trianon, © RMN / Gérard Blot.